JN037609

＼この1冊で合格！／

2024-2025年版

岩田美貴の

FP2級

最短完成テキスト

LEC専任講師
岩田美貴 著

LEC東京リーガルマインド 監修

KADOKAWA

本書には、「**赤色チェックシート**」がついています。

　こんにちは、FP試験講座の講師を務める岩田美貴です。本書を手に取っていただき、ありがとうございます。この本は、2級FP技能検定合格を目指すみなさんが効率よく学習を進め、最短で合格をつかみとるためにまとめたテキストです。**過去に出題された本試験問題を詳細に分析し、出題されやすい項目を中心に、FP2級試験の出題範囲を網羅**しました。

　ファイナンシャル・プランナー（以下、FP）は、**個人のライフプランを実現するための経済的なアドバイスをする仕事**です。FPの業務には、顧客の人生全般にかかわるお金の知識が必要とされます。そのため、FP2級試験においては、資産運用や保険商品の知識に加えて、税金、社会保険制度、不動産や相続に関する問題なども幅広く出題されます。つまり、FP2級試験に合格したいなら、これらの**幅広い内容を「効率よく学習すること」**が必要です。

　本書では、**本試験で出題頻度が高い項目を重点的に解説し、試験に出る重要箇所を赤色で表示**しています。この重要ポイントについては、理解するのはもちろん、確実に暗記をして、自分のものにしてください。

　各テーマの最後にある一問一答は、実戦力を身につけるために、必ず解きましょう。さらに実戦力を高めるには、『この1冊で合格！ 岩田美貴のFP2級最短完成問題集』も活用していただけると幸いです。

　FP資格の社会的認知度は、年々高まっています。**金融機関や保険会社、不動産業界では、FP資格は必携**です。業務によっては、FP2級までの取得を求められることもめずらしくありません。

　最後になりますが、FP2級の知識を備えることで、あなた自身のライフプランも、より熟慮できるでしょう。知識を得たことによって、将来にわたって安定した経済生活を設計でき、日々の生活が豊かになるはずです。

　本書を手にしたみなさんが、FP2級試験合格を勝ち取り、その知識を仕事や生活に十分に活かしてくださることを願っています。

　　　LEC専任講師

　　　CFP®・1級ファイナンシャル・プランニング技能士　岩田 美貴

LECで大人気の岩田講師が最短＆独学合格を全力サポート！

本書は、資格の総合スクールLECで大人気の岩田美貴講師が執筆しています。多くの受検者を合格に導いてきたわかりやすい解説を誌面で再現！　合格に必須なポイントが端的にまとまっているため、初学者でも独学者でも、楽しく学びながら最短合格が実現できます！

必修ポイントをしっかり押さえて一発合格を手にしましょう！

LEC 専任講師
岩田 美貴

本書の4大ポイント！

1 LEC の人気講義を誌面で再現

LEC の FP 講座で講師歴 22 年の大人気の講師が、試験で問われるポイントをわかりやすく解説。講義を受けている感覚で学ぶことができ、合格知識がどんどん身につきます！

2 膨大な試験範囲をギュッと凝縮

試験は 6 科目にわたり、範囲はとても広いです。そこで岩田講師がこれまでの経験とデータをもとに、試験に受かるための必修ポイントを抽出。合格知識が優先的に学べます！

3 一問一答と例題で知識が確実に定着

効率よく復習できるように、一問一答を掲載。また、苦手な人が多い計算問題などの例題も掲載しているため、テキストで学んだ知識がしっかり定着します！

4 暗記に便利な赤シート付

重要語句を赤字で掲載。付属の赤シートを使うことで隠しながら覚えることができるため、暗記しながら読み進めることもできます。直前期の復習にも効果大！

オールカラー＋豊富な図表＋一問一答＋わかりやすい解説で合格へ一直線！

合格に必須なテーマを岩田講師がわかりやすく解説。テキストを読んだら、一問一答や例題にもチャレンジ！　どんどん知識が深まります。一問一答の感覚で、赤字の重要語句を暗記に便利な赤シートで隠して、解きながら読み進めるのもオススメです。

❶ 必修ポイント
各セクションで学ぶ内容を掲載。まずはここをチェックしてからテキストを読み進めていこう

❷ 重要度
各セクションの重要度を3段階で表示。直前期に重要度の高いものを復習するなどして活用しよう

重要度：高 ★★★ ＞ ★★ ＞ ★ 低

重要度 ★★★

03 ライフプランニングの手法

必修ポイント
- ライフプランニングの手順を知る
- キャッシュフロー表と個人バランスシートの作り方
- 6つの係数の種類と使い方

1 ライフプランニングとは

ライフプランニング（＝生涯生活設計）とは、ライフデザインと予想されるライフイベントに基づいて、将来にわたる資金計画を立てることです。

一般的なライフイベントには、結婚、出産、子どもの教育、マイホームの取得、相続などがありますが、必要になる資金の額が大きい教育費、住宅取得、老後資金などに大きな影響を与えます。

ライフデザインとは、個人の価値観のことです。ライフプランを立てるときは、それぞれのライフデザインに応じたプランニングを行います。

2 ライフプランニングの手順

FPが顧客に対してライフプランニングを行うときは、次の6つのステップに沿って進めていきます。

■ ライフプランニングの6つのステップ

Step 1　顧客との関係確立とその明確化
FPは自身について顧客にアドバイスする仕事であるため、顧客との信頼関係が重要

Step 2　顧客データの収集と目標の明確化
顧客の収支、資産、年金や保険の加入状況、負債、目標や嗜好も事実などの情報を収集

Step 3　顧客のファイナンス状態の分析と評価
キャッシュフロー表や個人バランスシートなどを作成し、顧客のファイナンス状態を分析

Step 4　ファイナンシャル・プランの検討・作成と提示
Step 3の分析と評価に基づき、顧客のファイナンス上の問題を解決するプランを作成

Step 5　ファイナンシャル・プランの実行援助
顧客がプランを無理なく実行できるよう、アドバイスや支援を行う

Step 6　ファイナンシャル・プランの定期的見直し
顧客の家族構成や生活状況が変わらないかなど、ライフプランの見直しを行う

ライフプランニングの6つのステップの順番をしっかりと押さえましょう！

22

---

3 ライフプランニングの手法

■ 顧客情報の収集

FPが顧客のライフプランニングを行う際には、顧客情報を収集する必要があります。収集の方法には、面談（インタビュー）による方法と質問紙による方法があります。

● 面談（インタビュー）

面談によって得られる情報は、顧客の生活目標や希望するライフスタイル、健康状態、趣味、リスク許容度などです。これらの情報を定性的情報（数値化することが難しい情報）といいます。

● 質問紙

質問紙は、顧客自身に収入や支出などの情報を記載してもらう方法です。質問紙によって得られるのは、家族構成や年間収入、年間支出、貯蓄残高、公的年金や保険の加入状況、負債（ローンなどの借入れ）に関する情報です。これらの情報を定量的情報（数値化することができる情報）といいます。

■ ライフイベント表

ライフイベント表とは、将来予想される家族のライフイベントと必要資金を時系列にまとめた表です。ライフイベント表を作成することにより、家族の将来の姿が明確になり、資金計画を立てやすくなります。

■ ライフイベント表の例　※家族の年齢は、12月31日時点の年齢で統一する

| 経過年数（年） | 西暦（年） | 家族の年齢（歳） | | | 家族のライフイベント | 必要資金 |
		隆志	優子	涼		
現在	2024	35	34	5		
1	2025	36	35	6	住宅取得	1,000万円
2	2026	37	36	7	小学校入学	15万円
3	2027	38	37	8		
4	2028	39	38	9	車買換え	200万円
5	2029	40	39	10		
6	2030	41	40	11		
7	2031	42	41	12		
8	2032	43	42	13	中学校入学	30万円

23

---

❸ ワンポイントアドバイス
大事なポイントなどを岩田講師が直接アドバイス！　要チェック！

❹ 図表
テキストの内容などを豊富な図表でも解説。絵で見て覚えることもできるので、必修知識がしっかり定着！

豊富なカラー図解で楽しく学べます！

知識を身につけたら一問一答を解いて
しっかりと定着させましょう！

❺ 重要語句
覚えておきたい用語などを赤字で掲載。
付属の赤シートで隠しながら覚えよう

❻ まとめ
必修テーマについて、テキストで学んだ重要
ポイントをまとめて掲載。試験直前期の見直
しにも役立つ！

の新たな保険に加入する方法です。前契約を解約するより、保険料が安く有利
ですが、あくまでも新契約であるため、新たに告知または医師の診査が必要に
なり、保険料は転換時の年齢と保険料率により計算されます。
3 保険料の支払が困難になった場合
　保険料の払込みが困難になった場合、保険契約の解約や減額のほかに延長（定
期）延長保険に変更する方法があります。

●延長（定期）保険
　延長（定期）保険は、保険料の払込みを中止して、その時点の解約返戻金を
利用して、従前の保険金額と同額の一時払い定期保険に変更する方法です。一
般的に、延長（定期）保険に変更した場合、保険期間は短くなります。

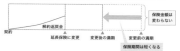

●払済保険
　払済保険は、保険料の払込みを中止して、その時点の解約返戻金を利用して、
従前と同じ保険期間の一時払い保険に変更する方法です。一般的に、払済保険
に変更した場合、保険金額は少なくなります。

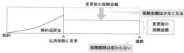

ひとくちポイント！

延長（定期）保険や払済保険に変更した場合、それ以降の保険料の支払いは
不要ですが、その時点で、もとの保険に付いていた各種特約は消滅します

114

まとめ｜生命保険のしくみ

・生命保険料は、純保険料と付加保険料に分けられ、予定死亡率、予定利率、
　予定事業費率をもとに計算される
・契約者が、通常、保険料の支払義務者となり、被保険者と同一の場合や
　被保険者と異なる場合もある
・保険料の払込みが困難になった場合、延長（定期）保険や払済保険に変更
　することができ、それ以降、保険料の支払いは不要になる

一問一答・チャレンジ問題！

次の文章で正しいものには○、誤っているものには×で
答えなさい。

①保険料は、将来の保険金・給付金の支払いの財源になる純保険料と、保
　険事業を維持・管理するために必要な経費等の財源になる付加保険料で
　構成される。

②予定死亡率と予定利率は、いずれもその率が高くなるほど保険料が高く
　なる。

③保険会社が実際に要した事業費が、予定していた事業費よりも少なかっ
　た場合、利差益が生じる。

④低解約返戻金型終身保険では、保険料払込期間中の解約返戻金が低く抑
　えられているため、割安な保険料が設定されている。

⑤申込書の提出、告知または医師の診査、保険会社の承諾の3つが完了し
　た日が保険会社の責任開始日となる。

解答&ポイント解説
①○　②×　③×　④○　⑤×
予定利率が高くなるほど、保険料は低くなります。③で生じるのは費差益です。
責任開始日には保険会社の承諾は関係なく、第1回保険料の払込みが必要です。

115

---

❼ ひとくちポイント
テキストの内容について、より深く理解する
ために知っておきたいポイントを解説。試験
直前期にも確認しよう

❽ 一問一答
テキストを読んだらチャレンジ！　学んだ
内容が身についているかを確認し、最終的
には全問正解を目指そう！

5

2級 FP 技能士を取得しよう！
～資格の概要＆受検・取得までの流れ

① FP 資格には、国家資格と民間資格がある

　FP試験には、**国家資格と民間資格**があります。国家資格は**ファイナンシャル・プランニング技能士**（以下、**FP 技能士**）で、**FP 技能検定試験**に合格すると取得でき、1 級・2 級・3 級の 3 段階があります。

　一方、民間資格には、**AFP 資格**[※1]と**CFP® 資格**[※2]があります。

　※1　AFP 資格：アフィリエイテッド・ファイナンシャル・プランナー
　※2　CFP® 資格：サーティファイド・ファイナンシャル・プランナー

② 2級 FP 資格とは

　2 級 FP 資格は、FP 技能士資格の中では中級の資格です。専門家という位置付けですから、仕事で FP 資格を活用するなら、2 級の取得は必須です。また、身近な人にライフプランニングのアドバイスをしたり、自身のライフプランを本気で考えたいという場合も、2 級以上の取得をおすすめします。

▨ FP 資格の概要

	3級FP技能士	2級FP技能士	1級FP技能士	AFP	CFP®
資格分類	国家資格			民間資格	
認定機関	厚生労働省 試験実施機関：日本 FP 協会 金融財政事情研究会			日本 FP 協会	
受検要件	なし	・3 級合格 ・認定研修の修了 ・実務経験(2年)	・2 級合格 ・実務経験(5年)	認定研修の修了	AFP 認定者
資格更新	更新は不要			2 年ごとの更新	

③ 2級 FP 技能士⇒ AFP 資格・CFP® 資格の取得へ

　2 級 FP 技能士になると、一定の要件のもと、日本 FP 協会に入会して AFP 資格を取得できます。そして、AFP 資格を取得することで、CFP® 資格審査試験を受験することが可能になります。

　民間資格の最高峰が CFP® 資格、国家資格の最高峰が 1 級 FP 技能士ですから、2 級 FP 技能士は、それらの入り口となる資格といえるでしょう。

④ 2 級 FP 技能検定の受検方法

受検要件

2 級 FP 技能検定は、次のいずれかに該当すると受検できます。

- ● 3 級 FP 技能検定合格者
- ● 日本 FP 協会認定の AFP 認定研修を修了した者
- ● FP 業務に関する 2 年以上の実務経験を有する者

試験実施日

2 級 FP 技能検定試験は**年 3 回実施**されます。2024 年度は、5 月 26 日（日）に実施済みで、以後、**9 月 8 日（日）**、**2025 年 1 月 26 日（日）**に実施されます。2025 年度以降は、CBT 試験に移行予定です。

試験形式・試験科目

2 級 FP 試験には、**学科試験**と**実技試験**があります。学科試験はマークシート方式（四肢択一）、実技試験は記述式（択一、語群選択、空欄記入など）です。

実技試験には、5 つの科目があり、いずれかを選択して受検します。

実技試験の選択科目	試験実施団体
資産設計提案業務	日本 FP 協会
個人資産相談業務	金融財政事情研究会
中小事業主資産相談業務	
生保顧客資産相談業務	
損保顧客資産相談業務	

合格基準

2 級 FP 技能検定は、**6 割以上の正解で合格**となります。**学科試験と実技試験は別々に合否判定**し、両方合格した場合に 2 級 FP 技能士を取得できます。

どちらか片方のみ合格した場合は、一部合格となり、翌々年度末まで、その合格は有効となります。

受検申請

受検申請は、試験実施団体の HP からインターネットで申請（受検申請書の郵送も可）できます。

- ● NPO 法人日本 FP 協会：https://www.jafp.or.jp/
- ● 金融財政事情研究会　：https://www.kinzai.or.jp/fp

2級FP試験に合格するための勉強法&合格スケジュール
～インプット&アウトプットを効果的に回していこう

①インプットとアウトプットを効果的に取り入れて、実力アップ！

　2級FP試験に合格するために必要な学習時間は、**100時間程度**といわれています。意外と少ない、と思われましたか？　そうです、効率的に学習できれば、短期間で合格することも可能なのです。そして、効率的に学習するときに重要になってくるのが、**インプット（知識の習得）とアウトプット（問題の解法の習得）**です。この2つをタイミングよく繰り返すのがポイントです。

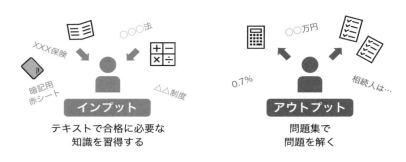

テキストで合格に必要な
知識を習得する

問題集で
問題を解く

　まず、テキストでしっかり知識を習得しましょう。その後、問題集などを使って、実際の試験問題を解いてみてください。

　中にはわからない問題や間違ってしまった問題があると思います。その場合は、再びテキストに戻って、該当箇所をもう一度学習してください。

　インプットとアウトプットを何回か繰り返していくと、どんどん実力がついて、合格レベルの知識が自然に身についていきます。「インプット→アウトプット」のサイクルは、**3回程度繰り返す**ことをおすすめします。

②本書を使った勉強の進め方

　まず、全体をざっと通して読んでみると、試験の全体像がつかめるでしょう。全体像がわかっている方は、初めからじっくり読み進めて構いません。

　学科試験の科目数は **6科目** で、次の順番で出題されます。

①ライフプランニングと資金計画
②リスク管理
③金融資産運用
④タックスプランニング
⑤不動産
⑥相続・事業承継

本書も本試験の科目順の構成ですが、FP試験は科目ごとに学習する内容が異なるので、順番に関係なく、興味のある科目から読んでも構いません

　本書では、**重要な箇所のみ赤字で表示** しています。試験で出題頻度が高い箇所です。「ひとくちポイント」は、より深く理解するために知っておきたい内容です。各項目の最後にある「一問一答」では、実戦力を身につけます。学習内容が落とし込まれているので、問題を解く訓練になります。

③計算問題への対応

　2級FP試験では、**学科試験と実技試験の両方で計算問題** が出題されます。

　本書では、計算問題が頻出の項目については、具体的な数値を使った例題を提示しています。まずは自分で計算して、それから答えを確認してください。答えが導かれるまでの途中式も記載しているので、よく理解しておきましょう。

④本試験に合格する「暗記」の力

　本試験では、**公式や数値を覚えていないと正解できない問題も出題** されます。本書では、暗記すべき公式や数値も赤字で示してあります。根気よく、くり返し暗記するように努めてください。付属の赤シートをのせると赤字の重要箇所が見えなくなります。ぜひ、こちらも活用してください。

この方法で
合格しました！

合格者のオススメ勉強法

● 「テキストで学習した後、すぐに問題集を解いてみて、解けない問題があったらテキストに戻って学習しました。これを繰り返すうちに力がつきました」
● 「単語帳を作って持ち歩き、空いた時間に見るようにしました。時間を有効に使えて、効率的に勉強できました」

⑤オススメ合格スケジュール（約3カ月間）

　ここでは、約3カ月間の学習期間を想定した、おおまかなスケジュールを紹介します。より具体的なスケジュールは、次ページを参考にしてください。

Step1　インプット　イメージをつかむ！
『FP2級 最短完成テキスト』（本書）をざっと通して読む　1週間

Step2　インプット　覚えるつもりで読む！ ～テキスト　1回目
『FP2級 最短完成テキスト』（本書）を理解しながら読む　4週間

Step3　アウトプット　チャレンジ！ ～問題集　1回目
問題集※にチャレンジする
※『この1冊で合格！ 岩田美貴のFP2級 最短完成問題集』をオススメ！　2週間

Step4　インプット　復習＆苦手なところを読む！ ～テキスト　2回目
『FP2級 最短完成テキスト』（本書）をメリハリつけて読む　3週間

Step5　アウトプット　再チャレンジ！ ～問題集　2回目
問題集にチャレンジする
⇒問題集が終わったら、模擬試験にトライ　2週間

Step6　インプット／アウトプット　イメージをつかむ！
『FP2級 最短完成テキスト』（本書）をざっと通して読む　1週間

合格すると
こんな良いことも！

FP2級　合格者の声

● 「会社（金融機関）から2級を取得するようにいわれて受検し、取得しましたが、たしかに実際に業務に役立っています」
● 「2級合格で、会社（不動産関係）から3万円の報奨金がもらえました！」
● 「合格後、いままで聞き流していた経済関係のニュースの内容が理解できるようになりました。今後は経済新聞も読みこなせるようになりたいです」
● 「生命保険の加入を検討していましたが、営業の人の話がよくわかり、疑問も解消できました。自分に合った保険に加入できて満足です」

2級FP試験は、コツコツ勉強すれば必ず合格できます。一緒にがんばりましょう！

資格取得のカギはスケジュールにアリ！
～目指す試験日に向けて、効果的な学習計画を立てよう

　試験は、2024年9月、2025年1月に実施され、2025年4月以降はCBT試験に移行予定です。9月と1月の試験については、下記を参考にして学習計画を立て、勉強を進めていきましょう。

		2024年9月試験	2025年1月試験
Step1 インプット **イメージをつかむ！**	1週間	6/9～6/15	10/27～11/2
		まずは本書をざっと一気読み！　暗記しなくてもOK！試験で問われる内容をざっと「知る」ことで、次のStep2の学習効果が高まります。合格知識がざっと学べる『岩田美貴のFP2級1冊目の教科書』を読むのもオススメ！	
Step2 インプット **覚えるために読む！**	4週間	6/16～7/13	11/3～11/30
		ここからが本番！　わからないことがあっても焦らずに1つひとつ理解しながら読み進めていきましょう	
Step3 アウトプット **チャレンジ！**	2週間	7/14～7/27	12/1～12/14
		『岩田美貴のFP2級最短完成問題集』にトライ！　解けない問題があってもOK！　試験で問われる内容を押さえながら、どんどん解き進め、解法を習得しましょう	
Step4 インプット **復習＆苦手を読む！**	3週間	7/28～8/17	12/15～1/4
		問題を解いてわからなかった部分を重点的に読むなど、メリハリをつけて読みます。一問一答にもトライ！	
Step5 アウトプット **再チャレンジ！**	2週間	8/18～8/31	1/5～1/18
		再び問題集にチャレンジ＆模擬試験（問題集の巻末に収録）にもトライ！　間違えた問題は、本書で復習！	
Step6 イン＋アウトプット **イメージをつかむ！**	1週間	9/1～9/7	1/19～1/25
		問題集2回目で間違えた問題や知識があいまいな箇所などについて、本書を読み返したり問題を解き直したりして重点的に学び、本番の試験に備えましょう！	
Step7 **いよいよ試験日！**		9月8日	1月26日

セットで学ぶと
効果的です！
合格へ一直線！

祝・合格！

Contents

はじめに ………………………………………………………… 2

本書の特徴 ……………………………………………………… 3

本書の使い方 …………………………………………………… 4

FP 試験の概要 ………………………………………………… 6

オススメ勉強法 ………………………………………………… 8

FP2 級 合格への道 …………………………………………… 11

第 1 章　ライフプランニングと資金計画

01　ファイナンシャル・プランナーとは ……………………… 18

02　FP と関連法規 ……………………………………………… 19

03　ライフプランニングの手法 ………………………………… 22

04　教育資金設計 ………………………………………………… 31

05　住宅取得資金設計 …………………………………………… 35

06　リタイアメントプランニング ……………………………… 42

07　さまざまな決済手段と各種ローン ………………………… 43

08　中小法人の資金計画 ………………………………………… 45

09　社会保険制度 ………………………………………………… 49

10　労災保険 ……………………………………………………… 50

11 雇用保険 ……………………………………………… 53

12 健康保険 ……………………………………………… 60

13 介護保険 ……………………………………………… 67

14 公的年金制度 ………………………………………… 70

15 老齢給付 ……………………………………………… 75

16 障害給付 ……………………………………………… 84

17 遺族給付 ……………………………………………… 87

18 公的年金の手続きと税金 ………………………… 92

19 企業年金等 …………………………………………… 95

第2章 リスク管理

01 リスク管理とは ……………………………………… 102

02 保険制度の概要 …………………………………… 103

03 生命保険のしくみ ………………………………… 109

04 生命保険商品 ……………………………………… 116

05 医療保険 …………………………………………… 122

06 個人年金保険 ……………………………………… 124

07 損害保険のしくみ ………………………………… 127

08 損害保険商品 ……………………………………… 131

09 保険と税金 ………………………………………… 143

第3章 金融資産運用

01 経済指標と金融政策 …………………………………… 154

02 金利と貯蓄型金融商品 …………………………………… 161

03 債券 …………………………………………………… 173

04 株式 …………………………………………………… 184

05 投資信託 ……………………………………………… 199

06 外貨建て商品 ………………………………………… 210

07 金投資 ………………………………………………… 216

08 デリバティブ（金融派生商品）……………………… 217

09 ポートフォリオ ……………………………………… 222

10 消費者保護 …………………………………………… 226

第4章 タックスプランニング

01 税制の概要 …………………………………………… 232

02 所得税の基本知識 …………………………………… 233

03 所得税の計算の概要 ………………………………… 236

04 各種所得の計算 ……………………………………… 241

05 損益通算 ……………………………………………… 252

06 所得控除 ……………………………………………… 255

07 所得税額の計算 ……………………………………… 264

08 税額控除 ……………………………………………… 265

09 所得税の申告と納付 ……………………………………… 269

10 青色申告制度 ……………………………………………… 273

11 個人住民税・個人事業税 ………………………………… 275

12 法人税の概要 ……………………………………………… 278

13 法人税の計算 ……………………………………………… 279

14 法人の決算書の見方と法人成り ………………………… 287

15 消費税 ……………………………………………………… 290

第5章 ▶ 不動産

01 不動産の基礎 ……………………………………………… 294

02 不動産登記 ………………………………………………… 296

03 不動産の価格と鑑定評価 ………………………………… 301

04 不動産の取引 ……………………………………………… 304

05 借地借家法 ………………………………………………… 310

06 区分所有法 ………………………………………………… 316

07 都市計画法 ………………………………………………… 319

08 建築基準法 ………………………………………………… 323

09 その他の法律 ……………………………………………… 334

10 不動産の取得と税金 ……………………………………… 339

11 不動産の保有と税金 ……………………………………… 344

12 不動産の譲渡と税金 ……………………………………… 348

13 不動産の有効活用 ………………………………………… 356

14 不動産の投資分析 **360**

第6章 相続・事業承継

01 親族関係 **364**

02 相続の基礎知識 **367**

03 遺産分割 **377**

04 相続税 **387**

05 相続税の申告と納付 **397**

06 贈与税 **401**

07 贈与税の非課税措置 **409**

08 相続財産の評価 **412**

09 取引相場のない株式の評価 **422**

索引 **425**

［校閲］ 歌代将也　　　　　　　［校正］ 群企画
［本文デザイン］ Isshiki　　　　　［本文イラスト］ 寺崎愛
［本文DTP］ エヴリ・シンク　　　　［編集協力］ 川田さと子

第 1 章

ライフプランニングと
資金計画

　この章では、ファイナンシャル・プランニングの
考え方と手法を学習します。教育資金、住宅取得資
金、老後資金を中心としたプランニングに必要な知
識と手順を理解しましょう。また、健康保険や公的
年金などの社会保険制度は、制度のしくみと給付の
内容をしっかりと覚えましょう。

01 ファイナンシャル・プランナーとは

必修ポイント
- FP の社会的役割を理解する
- FP に求められる包括的視野
- FP に求められる職業倫理

1 FP に求められる包括的プランニング

　ファイナンシャル・プランナー（以下、FP）は、顧客のライフプランの実現のために経済的なアドバイスを行う専門家です。FP は、金融商品、保険、不動産、税金などについての幅広い知識だけではなく、顧客の人生全般に対する深い理解を持って、包括的にプランニングを行う必要があります。

　また、専門分野にかかわる提案が必要な場合は、弁護士、税理士、社会保険労務士などの専門家と協力してライフプランの提案をします。

2 FP に求められる職業倫理

　FP が業務を行うに当たって、金融サービス提供法や消費者契約法などの関連する法律を順守する必要があります（法令順守＝コンプライアンス）。

　さらに、顧客の信頼を得るためには、顧客の利益を最優先することや、顧客情報の守秘義務を厳守するなどの高い職業倫理が求められます。

▨ FP に求められる職業倫理

顧客利益の優先	FP の業務は、顧客のライフプランを実現すること。そのため、顧客の立場で、顧客の利益を最優先するプランニングが求められる
守秘義務の厳守	FP 業務を行う中で知り得た顧客の家族構成や財政状況などの情報を、顧客の同意を得ずに外部に漏らしてはいけない

　このほかにも、FP が業務を行うに当たっては、顧客が適切な情報に基づいて意思決定できるように、顧客に十分な説明を行うこと（説明義務＝アカウンタビリティ）や、事前に説明して顧客の理解を得たうえで顧客の同意を得ること（説明と同意＝インフォームド・コンセント）も重要です。

02 FP と関連法規

必修ポイント

● FP が順守すべき法律
● 士業（税理士、社会保険労務士、弁護士など）との関係
● FP の業務にかかわる法律

1 FP の業務と関連業法

FP の業務は、税務や法律、金融など広範囲にわたりますが、税理士や弁護士、社会保険労務士などの資格を持つ専門家しかできない業務もあるので、それらの専門家と連携して業務を行います。

また、保険業法や金融サービス提供法、著作権法など、FP 業務に関連する法律も順守する必要があります。

1 税理士法との関係

税理士の資格を持たない FP は、税理士業務（税務代理、税務書類の作成、税務相談）を行うことはできません。有償の場合だけでなく、無償の場合や顧客から依頼された場合においても、税理士法に抵触する恐れがあります。

税理士資格を持たない FP ができること・できないこと

できる	○ 顧客に一般的な税解釈を伝える ○ 顧客の相談に対して、仮定の数値（事例）をもとに回答する ○ 税制改正のセミナーの講師を担当する　など
できない	× 顧客の確定申告書を作成する × 相談に対して実際の数値に基づいて回答する × 顧客に代わって税務申告を行う

2 社会保険労務士法との関係

社会保険労務士資格を持たない FP は、社会保険労務士法に定められた社会保険関係の書類作成や官公署への提出手続業務を行うことはできません。ただし、社会保険制度の説明や質問への回答、年金の給付要件や請求方法の説明、年金受給額の試算は、社会保険労務士資格を持たない FP でもできます。

3 弁護士法との関係

弁護士資格を持たない FP は、弁護士法に定められた法律相談や法律事務を行うことはできません。

弁護士資格を持たない FP ができること・できないこと

できる	○ 相続関連のセミナーの講師を務める ○ 自筆証書遺言の内容やメリット・デメリットを伝える ○ 公正証書遺言などの証人になる ○ 成年後見制度における任意後見人になる
できない	× 遺言書の作成のアドバイスをする × 相続財産の分割案を提示する × 相続問題の和解案を提示する

4 保険業法との関係

保険募集人の登録を受けていない FP は、保険の募集や勧誘・販売を行うことはできません。保険募集人になるには、保険募集人の試験に合格したうえで、内閣総理大臣の登録を受ける必要があります。

保険募集人資格を持たない FP ができること・できないこと

できる	○ 顧客が加入している保険契約の分析や見直しの提案 ○ 顧客が死亡した場合の必要保障額の計算 ○ 顧客のライフプランに適した保険商品の紹介
できない	× 生命保険・損害保険の募集（契約・媒介・代理） × 変額保険の募集 × 保険提携商品の募集

5 金融商品取引法との関係

金融商品取引法における金融商品取引業者の登録を受けていない FP は、具体的な有価証券投資の助言を行うことや、顧客と一任契約を結び、顧客の資産の運用を自らの判断で行うことはできません。なお、金融商品取引業者の登録を受けていない FP であっても、一般的な経済状況や景気動向、企業業績などの投資判断の基礎となる情報を提供することは可能です。

6 個人情報保護法

個人情報保護法では、「個人情報データベース等を事業の用に供している者」は、事業者の規模に係わらず、個人情報取扱業者とされています。個人情報取扱業者は、不正な手段で個人情報を取得してはならず、取得したら速やかに利用目的を通知、公表しなければなりません。

7 著作権法との関係

他人の著作物を、許諾を受けずにコピーや転載して使用することは、著作権法に抵触します。ただし、次のような場合は例外です。また、法令や白書など

のように、国や地方公共団体が公表しているものは許諾なしに使えます。

〈例外〉・私的使用のために複製
・学校教育における利用
・引用（ただし、引用する側が「主」、引用部分が「従」であること）

まとめ｜FP の基本・FP と関連法規

・FP が業務をするに当たっては、「顧客利益の優先」や「顧客情報の守秘義務の厳守」などの職業倫理を順守する必要がある
・税理士、社会保険労務士、弁護士、保険募集人などの資格を持たない FP には、できない業務がある

一問一答・チャレンジ問題！

次の文章で正しいものには○、誤っているものには×で
答えましょう。

①税理士の資格を有しない FP は、仮定の事例に基づく計算や、一般的な税法の解説であっても税務相談に該当するので、行ってはならない。

②社会保険労務士の資格を有しない FP は、顧客の求めに応じて、老齢基礎年金や老齢厚生年金の受給要件や請求方法について説明することができる。

③生命保険募集人の登録を受けていない FP は、顧客からライフプランの相談を受け、老後資金を準備するための生命保険の一般的な活用方法を説明することができる。

解答&ポイント解説

①× ②○ ③○
税理士や弁護士、社会保険労務士などの資格を有しない FP は、それぞれの資格で定められた業務を行うことはできません。ただし、一般的な税法の説明や、年金の受給額の計算などは行うことができます。

1 ライフプランニングと資金計画

2 リスク管理

3 金融資産運用

4 タックスプランニング

5 不動産

6 相続・事業承継

03 ライフプランニングの手法

必修ポイント
- ライフプランニングの手順を知る
- キャッシュフロー表と個人バランスシートの作り方
- 6つの係数の種類と使い方

1 ライフプランニングとは

<u>ライフプランニング</u>（＝<u>生涯生活設計</u>）とは、ライフデザインと予想されるライフイベントに基づいて、将来にわたる資金計画を立てることです。

一般的なライフイベントには、結婚、出産、子どもの教育、マイホームの取得、相続などがありますが、必要になる資金の額が大きい教育費、住宅取得、老後資金が、ライフプランニングに大きな影響を与えます。

<u>ライフデザイン</u>とは、個々人の価値観のことです。ライフプランを立てるときは、それぞれのライフデザインに応じたプランニングを行います。

2 ライフプランニングの手順

FPが顧客に対してライフプランニングを行うときは、次の6つのステップに沿って進めていきます。

 ライフプランニングの6つのステップ

Step 1　顧客との関係確立とその明確化
FPはお金について顧客にアドバイスをする仕事であるため、顧客との信頼関係が重要

Step 2　顧客データの収集と目標の明確化
顧客の収支、貯蓄、年金や保険の加入状況、負債、目的や優先事項などの情報を収集

Step 3　顧客のファイナンス状態の分析と評価
キャッシュフロー表や個人バランスシートなどを作成し、顧客のファイナンス状態を分析

Step 4　ファイナンシャル・プランの検討・作成と提示
Step 3の分析と評価に基づき、顧客のファイナンス上の問題を解決するプランを作成

Step 5　ファイナンシャル・プランの実行援助
顧客がプランを無理なく実行できるように、アドバイスや支援を行う

Step 6　ファイナンシャル・プランの定期的見直し
顧客の家族構成や仕事が変わるなどの人生の節目で、ライフプランの見直しを行う

ライフプランニングの6つのステップの順番をしっかりと押さえましょう！

1 ライフプランニングと資金計画

2 リスク管理

3 金融資産運用

4 タックスプランニング

5 不動産

6 相続・事業承継

3　ライフプランニングの手法

1 顧客情報の収集

　FP が顧客のライフプランニングを行う際には、顧客情報を収集する必要があります。収集の方法には、面談（インタビュー）による方法と質問紙による方法があります。

●面談（インタビュー）

　面談によって得られる情報は、顧客の生活目標や希望するライフスタイル、健康状態、趣味、リスク許容度などです。これらの情報を定性的情報（数値化することが難しい情報）といいます。

●質問紙

　質問紙は、顧客自身に収入や支出などの情報を記載してもらう方法です。質問紙によって得られるのは、家族構成や年間収入、年間支出、貯蓄残高、公的年金や保険の加入状況、負債（ローンなどの借入れ）に関する情報です。これらの情報を定量的情報（数値化することができる情報）といいます。

2 ライフイベント表

　ライフイベント表とは、将来予想される家族のライフイベントと必要資金を時系列にまとめた表です。ライフイベント表を作成することにより、家族の将来の姿が明確になり、資金計画を立てやすくなります。

▨ ライフイベント表の例

※家族の年齢は、12月31日時点の年齢で統一する

経過年数（年）	西暦（年）	家族の年齢（歳）			家族のライフイベント	必要資金
		隆志	優子	涼		
現在	2024	35	34	5		
1	2025	36	35	6	住宅取得	1,000万円
2	2026	37	36	7	小学校入学	15万円
3	2027	38	37	8		
4	2028	39	38	9	車買換え	200万円
5	2029	40	39	10		
6	2030	41	40	11		
7	2031	42	41	12		
8	2032	43	42	13	中学校入学	30万円

3 キャッシュフロー表

　キャッシュフロー表とは、現在の収入・支出と今後のライフイベントに基づいて、将来の収支や金融資産残高の推移を予想して表にまとめたものです。

　キャッシュフロー表を作成することで、今後の家計のお金の動きがわかり、ライフイベントを実現するための問題点を把握することができます。

　キャッシュフロー表には、①年間収入、②年間支出、③年間収支、④金融資産残高の4項目を記載します。

①年間収入

　給与収入や年金収入などの収入金額を記載します。キャッシュフロー表に記載する金額は、収入から所得税や住民税などの税金と社会保険料を差し引いた可処分所得です。複数の収入がある場合は、項目を分けて記載します。また、夫と妻の両方に収入がある場合も分けて記入します。

　可処分所得の求め方は、次のようになります。

> **可処分所得 ＝ 収入金額 －（所得税・住民税 ＋ 社会保険料）**

※社会保険料は、厚生年金保険・国民年金、健康保険、介護保険、雇用保険などの保険料で、実際に負担した額

②年間支出

　年間の支出金額を記入します。一般的には、次のような項目に分けます。

基本生活費	：食費、水道光熱費、通信費、被服費、交際費などの基本的な生活に必要な金額
住居費	：マンションなどの家賃や住宅ローンの額など
教育費	：子どもの教育費のこと。学校教育費だけでなく、塾や習い事などの学校外教育費も含めて考える
保険料	：生命保険や医療保険などの保険料
その他の支出	：上記以外の支出。レジャー費、冠婚葬祭費など
一時的支出	：住宅購入時の住宅ローンの頭金や諸費用、車の買換え費用、自宅のリフォーム費用などの一時的な支出

③年間収支

　年間収入から年間支出を引いた金額

④金融資産残高

　その時点における、貯蓄額などの金融資産の残高のこと

4 キャッシュフロー表で使用する主な計算式

キャッシュフロー表の項目で<u>変動率</u>が設定されている項目については、翌年以降は変動率を加味した<u>将来値</u>で金額を計算します。

変動率とは、変化の割合のことで、給与収入では年間の昇給率、基本生活費や教育費などでは物価上昇率（インフレ率）のことです。金融資産残高における変動率は、運用利回りです。

● 変動率が設定されている項目の計算方法

◇給与収入の計算

n年後の給与収入 ＝ 本年の給与収入 × （1 ＋ 変動率）^{n}

〈例〉本年の給与収入が 500 万円、変動率が 1％の場合の翌年の給与収入

500 万円 × （1 ＋ 0.01） ＝ 505 万円

〈例〉本年の給与収入が 500 万円、変動率が 1％の場合の 3 年後の給与収入

500 万円 × （1 ＋ 0.01）^{3} ≒ 515 万円

◇金融資産残高の計算

翌年の金融資産残高
＝ 本年の金融資産残高 × （ 1 ＋ 変動率）± 翌年の年間収支

〈例〉前年の金融資産残高が 1,400 万円、変動率 1％
　　　本年の年間収支が「－785 万円」の場合の金融資産残高

1,400 万円 × （1 ＋ 0.01）－ 785 万円 ＝ 629 万円

ひとくちポイント！

電卓で累乗（同じ数を何回か掛けること）の計算をする場合は「×」を2回押した後、「＝」を乗数より1回少ない回数押します

　　（1.01）^{4} の場合　　[電卓] **1.01 × × ＝ ＝ ＝**　　⇒　1.04060401

　　　　　　　　　　　　　　┗━ 4 乗なので「＝」を3回押す！

1 ライフプランニングと資金計画

2 リスク管理

3 金融資産運用

4 タックスプランニング

5 不動産

6 相続・事業承継

■ キャッシュフロー表の例

（単位：万円）

経過年数			現在	1	2	3	4	5	6	7	8
西暦（年）			2024	2025	2026	2027	2028	2029	2030	2031	2032
家族構成	小宮 隆志		35	36	37	38	39	40	41	42	43
	優子		34	35	36	37	38	39	40	41	42
	涼		5	6	7	8	9	10	11	12	13

家族のライフイベント

					住宅取得		車買換え				
					小学校入学						中学校

収入（万円）

	変動率										
給与収入（夫）	1%	500	505	510	515	520	526	531	536	541	
給与収入（妻）	1%	200	202	204	206	208	210	212	214	217	
収入合計		700	707	714	721	728	736	743	750	758	

支出（万円）

	変動率										
基本生活費	1%	250	253	255	258	260	263	265	268	271	
住居費		150	180	180	180	180	180	180	180	180	
教育費	1%	20	20	35	36	36	36	37	37	68	
保険料		25	25	25	25	25	25	25	25	25	
その他の支出	1%	15	15	15	15	16	16	16	16	16	
一時的支出			1000			200					
支出合計		460	1493	510	514	717	520	523	526	560	
年間収支		240	-786	204	207	11	216	220	224	198	
金融資産残高	1%	1400	628	838	1054	1075	1302	1535	1774	1990	

キャッシュフロー表の作成のポイント

・家族の年齢は、各年の 12 月 31 日時点の年齢に統一する

・金額は万円単位とし、万円未満は四捨五入する

・収入は、可処分所得（税金や社会保険料を差し引いた金額）の額を記入

・変動率が設定されている項目は、翌年以降は変動率を加味した将来値で計算する

4　資金計画のための 6 つの係数

　資金計画を立てる際には、必要とされる資金の将来値（現在の金額が将来いくらの価値になるか）や現在値（将来必要な金額の現在の価値はいくらか）を知る必要があります。係数を使うことによって、将来値や現在値を簡単に計算することができます。

　係数には、次の 6 種類があります。

6 種類の係数

係数	係数の使い方
終価係数	現在値から将来値を求める係数。現在の元本を、一定期間、一定の利率で運用した場合にいくらになるかを求める
現価係数	将来値から現在値を求める係数。将来、一定の金額を得るために、現在いくらあればいいかを求める
年金終価係数	積立における将来値を求める係数。一定期間にわたって毎年同じ金額を、一定の利率で運用しながら積み立てた場合、いくらになるかを求める
減債基金係数	積立における現在値を求める係数。将来、一定の金額を準備するために、一定の期間にわたって運用しながら積み立てる場合、毎年いくら積み立てればいいかを求める
年金現価係数	取崩し額から現在値を求める係数。一定の期間にわたって毎年同じ金額を受け取るためには、現在いくらあればいいかを求める
資本回収係数	現在値から取崩し額を求める係数。現在の金額を運用しながら一定期間にわたって毎年同じ額を受け取る場合、いくら受け取ることができるかを求める。 住宅ローンを一定期間で返済するには、毎年いくら返済すればいいかを求める場合に使う

係数の計算は、試験でよく出題されます。「終価係数と現価係数」「年金終価係数と減債基金係数」「年金現価係数と資本回収係数」を、それぞれセットで覚えましょう！

1 ライフプランニングと資金計画
2 リスク管理
3 金融資産運用
4 タックスプランニング
5 不動産
6 相続・事業承継

◇係数を使う問題を解いてみよう

【問題】下記の係数表を使って、次の①～③の問いに答えなさい。

係数表（利率1％の場合）

期間＼係数	終価係数	現価係数	年金終価係数	減債基金係数	年金現価係数	資本回収係数
1年	1.010	0.9901	1.000	1.0000	0.990	1.0100
5年	1.051	0.9515	5.101	0.1960	4.853	0.2060
10年	1.105	0.9053	10.462	0.0956	9.471	0.1056
15年	1.161	0.8613	16.097	0.0621	13.865	0.0721
20年	1.220	0.8195	22.019	0.0454	18.046	0.0554

① 300万円を定期預金に預け入れ、利率1％で5年間運用した場合、いくらになるか。

計算式　<u>終価係数</u>を使う　300万円×<u>1.051</u>＝<u>3,153,000</u>円

⇒5年後に315万3,000円になる

② 10年後に500万円を準備したい場合、利率1％で運用するとすると毎年いくら積み立てればいいか。

計算式　<u>減債基金係数</u>を使う　500万円×<u>0.0956</u>＝<u>478,000</u>円

⇒毎年47万8,000円の積立が必要

③ 3,000万円の住宅ローンを利率1％で借入れ、20年間で返済する場合、毎年いくらずつ返済すればいいか。

計算式　<u>資本回収係数</u>を使う　3,000万円×<u>0.0554</u>＝<u>1,662,000</u>円

⇒毎年166万2,000円の返済が必要

試験では、「どんなときに、どの係数を使えばよいか？」が問われる問題と、係数を使った計算問題の両方が出題されます。それぞれの係数がどのようなときに使われるのかを確実に覚えましょう！

1 ライフプランニングと資金計画

2 リスク管理

3 金融資産運用

4 タックスプランニング

5 不動産

6 相続・事業承継

5 個人バランスシート

　個人バランスシートとは、ある時点の家計の資産と負債のバランスを見るために作成するもので、キャッシュフロー表ではわからない家計の総資産と総負債の状況を明らかにすることができます。

　個人バランスシートの資産合計から負債合計を引いた額が、その家計における**純資産**です。

個人バランスシートの例

〇〇家の個人バランスシート　　　　　　　　　　　　　　　　2024年12月31日現在

【資産】		【負債】	
現金・預金等	300万円	自動車ローン	100万円
投資信託	1,100万円	住宅ローン	2,000万円
外貨預金	400万円		
保険	150万円	負債合計	2,100万円
自動車	70万円	【純資産】	3,420万円
自宅	3,500万円		
資産合計	5,520万円	負債・純資産合計	5,520万円

個人バランスシートの作成のポイント

【資産】

- ・株式や投資信託などの金融資産や自動車、自宅などは、取得価格ではなく作成時の時価で計上する
- ・外貨建て商品は、作成時のＴＴＢで円換算した額を計上する
- ・保険は、保険金額ではなく、作成時の解約返戻金の額を計上する

【負債】

- ・負債は、作成時の元金の残高を計上する

まとめ｜ライフプランニングの手法

- ・ライフプランニングには6つのステップ（手順）がある
- ・ライフプランニングを行う際は、ライフイベント表、キャッシュフロー表、個人バランスシートなどを用いて家計を分析する
- ・6つの係数は、係数の名前と使い方をしっかり覚える

次の文章で正しいものには○、誤っているものには×で
答えましょう。

①キャッシュフロー表の作成において、可処分所得は、年間の収入金額から直接税、社会保険料および生命保険料の額を控除した額を計上する。

②キャッシュフロー表の作成において、各年の金融資産残高は、「前年末の金融資産残高×（1＋運用利率）± 当年の年間収支」で計算した額を計上する。

③毎年50万円を利率2％で運用しながら積み立てた場合の10年後の残高を計算する場合、利率2％、期間10年の減債基金係数を用いる。

④60歳から5年間にわたって、利率1％で運用しながら毎年100万円受け取るとき、60歳時点でいくらあればいいかを計算する場合、利率1％、期間5年の年金現価係数を用いる。

⑤個人バランスシートとは、現在の家計の収支をもとにして、将来予想される収入・支出、金融資産残高の推移を表形式にまとめたものである。

⑥保険商品を保有している場合、個人バランスシートの資産の額として、保険事故が起こった場合に受け取ることができる保険金額を記入する。

解答＆ポイント解説

① ×　② ○　③ ×　④ ○　⑤ ×　⑥ ×

キャッシュフロー表は、現在の家計の収支をもとに、将来の年間収支、金融資産残高の推移をまとめたもので、個人バランスシートは、ある時点での家計の総資産と総負債のバランスを見るものです。キャッシュフロー表の作成において、可処分所得とは、年間の収入金額から直接税と社会保険料を控除したものです。また、問題③のケースでは、年金終価係数を用いて計算します。個人バランスシートに保険商品を記入する際は、保険金額ではなく、解約返戻金の額を記入します。

04 教育資金設計

必修ポイント
- 教育資金の準備に適した金融商品
- 教育資金が不足した場合の国の教育ローンについて
- 日本学生支援機構の奨学金（貸与型・給付型）について

1 教育資金計画とは

　子どもの教育にかかる費用は年々増加傾向にあります。住宅取得資金、老後資金と並び、「人生の三大支出」ともいわれるほど家計への負担は重く、必要なとき、すぐに準備ができるものではありません。ただし、教育費は、必要となる時期とおおよその金額があらかじめ予想できるので、早めに計画して準備をはじめることが可能です。

　子どもの教育費には、学校教育費と学校外教育費があります。

1 学校教育費

　子どもが学校教育を受けるうえで最低限必要となる費用で、入学金や授業料、教科書代、給食費などです。

2 学校外教育費

　学校教育費とは別に必要となる教育上の費用のことで、学習塾や家庭教師の費用、スポーツや習い事などの文化活動にかかる費用などです。

2 こども保険（学資保険）

　教育資金の準備を目的とした保険商品に、こども保険（学資保険）があります。こども保険には次のような特徴があります。

〈こども保険のポイント〉

- 満期の時期は15歳、18歳、22歳など、いくつかの選択肢から選ぶことができる
- 満期保険金、入学時の祝い金などを受け取ることができ、貯蓄性が高い
- 一般的には契約者を親、被保険者を子どもとするが、契約者を祖父母にできる商品もある
- 契約者（親）が死亡、高度障害の場合、それ以降の保険料の支払いが免除され、保障は継続する。親の死亡後、育英年金が支払われる商品もある

3　公的な教育ローン

公的な教育ローンが日本政策金融公庫の教育一般貸付です。

▨ 教育一般貸付（国の教育ローン）の概要

金融機関	日本政策金融公庫
貸付対象者	対象となる学校に入学・在学する学生の保護者（安定した収入があるなどの要件を満たせば学生本人も可）。年収制限がある
融資限度額	350万円。ただし、自宅外通学、修業年限5年以上の大学（昼間部）、大学院、海外留学（修業年限3カ月以上）の場合は450万円
金利	固定金利、返済期間18年以内（在学中は元金据置可）
資金使途	入学金、授業料、受験費用、教科書代、定期券代、アパート代、パソコン購入費など
保証人	連帯保証人か、教育資金融資保証基金による保証のいずれかを選択

▨ 教育一般貸付の年収制限

扶養する子どもの人数	年収制限	
	給与所得者（世帯年収）	事業所得者（所得）
1人	790万円	600万円
2人	890万円	690万円
3人	990万円	790万円

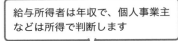

給与所得者は年収で、個人事業主などは所得で判断します

4　日本学生支援機構の奨学金

日本学生支援機構が行う奨学金には、貸与型と給付型があります。

◻ 貸与型奨学金

貸与型奨学金は、学生本人に資金を貸し付け、卒業後に本人が返済する奨学金です。貸与型奨学金には、無利子で貸与を受けられる第一種奨学金と有利子の第二種奨学金があります。第二種奨学金のほうが審査は緩やかですが、いずれも本人と生計維持者の収入基準による要件があります。教育一般貸付（国の教育ローン）と日本学生支援機構の奨学金を併用することも可能です。

■ 貸与型奨学金の種類と概要

	第一種奨学金	第二種奨学金
貸付対象者	学生本人（貸付終了後、学生本人が返還）	
利子	無利子	有利子（上限金利は3%） ただし、在学中は無利息
選考	特に優れた学生または学習意欲があり生計維持者の収入が一定以下の者	第一種奨学金より緩やかな基準で選考された者
返還方式	定額返還方式または 所得連動返還方式の選択可	定額返還方式

※定額返還方式は、返還が難しくなった場合に、月々の返済額を少なくする減額返還制度や、返還時期を遅らせる返還期限猶予制度などの適用を受けることができる

② 給付型奨学金

　給付型奨学金は、経済的に困難な学生等の修学を支援する制度で、返還義務はありません。世帯収入の基準を満たした学生等に毎月一定の額が給付されます。また、給付型奨学金の対象となれば、大学・専門学校等の授業料・入学金も免除または減額されます。

　給付型奨学金には、毎年、適格認定があり、学業不振の場合などは、給付の停止や廃止となることがあります。

ひとくちポイント！

貸与型奨学金と給付型奨学金は、併用することも可能です！ また、日本学生支援機構の奨学金と教育一般貸付を併用することも可能です。

まとめ｜教育資金設計

・子どもの教育費を準備するための代表的な保険商品が、こども保険
・公的な教育ローンである教育一般貸付（国の教育ローン）の特徴を押さえる
・日本学生支援機構の奨学金には、貸与型と給付型があり、貸与型には第一種奨学金（無利子）と第二種奨学金（有利子）がある

1 ライフプランニングと資金計画
2 リスク管理
3 金融資産運用
4 タックスプランニング
5 不動産
6 相続・事業承継

一問一答・チャレンジ問題！

次の文章で正しいものには○、誤っているものには×で
答えましょう。

①こども保険では、契約者である親が死亡、高度障害となった場合、それ
　以降の保険料の支払いが免除され、あらかじめ定められた満期保険金を
　受け取ることができる。

②日本政策金融公庫の教育一般貸付（国の教育ローン）を利用するために
　は、世帯年収（所得）が、申込人の扶養する子どもの数に応じた額以内
　であることが要件となる。

③教育一般貸付（国の教育ローン）の資金使途は、大学等の受験料、入学
　金、授業料に限られる。

④教育一般貸付（国の教育ローン）の融資限度額は、学生等が自宅外通学
　の場合、350万円である。

⑤日本学生支援機構の貸与型奨学金には、無利子の第一種奨学金と、有利
　子の第二種奨学金がある。

⑥日本学生支援機構の第一種奨学金の返還方式は、定額返還方式と所得連
　動返還方式のいずれかを選択することができる。

⑦日本学生支援機構の貸与型奨学金を受ける者は、給付型奨学金の給付を
　申し込むことはできない。

解答＆ポイント解説

①○　②○　③×　④×　⑤○　⑥○　⑦×
日本政策金融公庫の教育一般貸付（国の教育ローン）は、扶養する子どもの数
に応じた年収制限があります。また、自宅外通学の場合の融資限度額は450万
円です。日本学生支援機構の貸与型奨学金は、給付型奨学金と併用できます。

05 住宅取得資金設計

必修ポイント
- 住宅取得資金の準備のための自己資金の準備
- 住宅ローンの組み方とフラット35
- 住宅ローンの繰上げ返済について

1 住宅取得資金のプランニング

　マイホームを購入する際は、住宅ローンを組むのが一般的ですが、住宅ローンの借入額は、物件価格の8割程度に設定されていることが多いため、物件価格の2割程度の頭金を準備することが望ましいです。また、購入物件以外にも、諸経費や税金があるので、物件価格の3割程度の自己資金が必要です。

住宅取得時にかかる諸費用

不動産取得税	不動産（土地、建物）を取得した者に課せられる
登録免許税	不動産を登記する際に、登記する者に課せられる
固定資産税	固定資産を所有している者に課せられる
都市計画税	都市計画区域内に土地および建物を所有している者に課せられる
印紙税	課税文書（売買契約書、請負契約書、金銭消費貸借契約書など）を作成する際に課せられる
ローン保証料	ローン保証会社に支払う
団体信用生命保険料	団体信用生命保険に加入する場合の保険料（民間の住宅ローンの場合、一般的に金利に含まれる）
その他	事務手数料、仲介手数料、修繕積立金など

2 財形住宅貯蓄

　マイホームを購入する際の自己資金の準備を目的とした積立制度が、財形住宅貯蓄です。利用できるのは、会社員やパート・アルバイト、派遣社員、公務員などの勤労者で、勤務先に財形制度がある者です。要件を満たすことで元利合計550万円まで（貯蓄型の場合）非課税で積み立てることができます。

　会社役員や自営業者、自由業者などは、財形住宅貯蓄制度を利用できません。

▨ 財形住宅貯蓄の概要

利用者	契約時に 55 歳未満の勤労者、1 人 1 契約
目的	自己名義の住宅の建築、購入、一定の増改築
積立方法	給与天引き
積立期間	5 年以上（目的払い出しの場合 5 年未満でも可）
払い出し	・目的払い出しの場合、非課税で払い出し可 ・目的外払い出しの場合、 　　貯蓄型は過去 5 年の利子に 20.315％の源泉分離課税 　　保険型は積立開始時からの利息相当分に 20.315％の源泉分離課税
目的払い出し	持家としての住宅の取得、持家である住宅の増改築等

3 住宅ローン

1 住宅ローンの金利

　住宅ローンの金利には、固定金利、変動金利、固定金利選択型があります。

　固定金利では借入時の金利が満期まで変わりませんが、変動金利では借入時の金利に係わらず市場金利の変動に応じて返済期間中に適用金利が変動します。

　固定金利選択型は、借入れ当初から一定期間を固定金利とし、固定金利期間終了後は、その時点の金利で、再度、固定金利か変動金利を選択します。

▨ 住宅ローンの金利の種類と特徴

固定金利	・借入時の金利が返済終了まで変わらない ・金利が低いときは有利だが、金利が高いときは市場金利が下がっても適用利率が変わらない
変動金利	・市場金利の変動にあわせて適用利率が変動する ・原則、適用利率の見直しは半年に一度で、返済額の変動は最大 25％とするのが一般的 ・金利の上昇局面では、支払う金利や返済額が増加する
固定金利選択型	・当初の一定期間は固定金利が適用される ・固定金利の期間を 2 年、5 年、7 年、10 年などの中から選択できる ・固定金利の期間が終了すると、そのときの金利で、固定金利か変動金利を再度選択する ・固定金利の期間が長いほど、適用利率が高くなる

1 ライフプランニングと資金計画

2 リスク管理

3 金融資産運用

4 タックスプランニング

5 不動産

6 相続・事業承継

2 住宅ローンの返済方法

住宅ローンの返済方法には、元利均等返済と元金均等返済があります。

元利均等返済は、元金と利息を合計した返済額が満期まで変わらない方法です。元金均等返済は、元金を均等に返済していく方法で、利息の返済額は元金の返済が進むにつれて少なくなります。

住宅ローンの返済方法と特徴

元利均等返済	・毎回の返済額（元金と利息の合計）が一定である ・返済当初は利息部分の割合が多いが、返済が進むと元金に充当する金額が増えていく ・毎回の返済額が変わらないので、返済計画を立てやすい ・総返済額は、元金均等返済より多い
元金均等返済	・元金を均等に返済する。利息は当初は多いが、元金の返済が進むと利息が少なくなる ・当初は返済額（元金と利息の合計）が多い ・総返済額は、元利均等返済より少ない

元利均等返済と元金均等返済のイメージ

返済額は一定

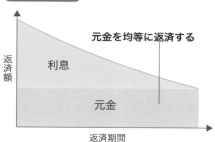

返済額は減少していく

住宅ローンの返済方法は、元利均等返済と元金均等返済の違いを理解するだけでなく、このイメージ図もあわせて覚えましょう！

3 公的な住宅ローン

　フラット35は、住宅金融支援機構と民間金融機関が協調して融資を行う住宅ローンです。固定金利で長期の住宅ローンを組むことができるのが特徴で、融資をする主体は民間金融機関です。機構買取型の場合、住宅金融支援機構が融資をする民間金融機関から住宅ローン債権を買い取り、その住宅の第1順位の抵当権者になります。

フラット35の概要（機構買取型）

融資主体	民間金融機関（融資後、機構がローン債権を買い取る）
融資対象	本人や親族の居住用住宅の建設・購入、中古住宅の購入
融資金額	100万円以上、最高8,000万円（建設・購入費用の100%まで利用可）
金利	融資をする金融機関が決定し、金融機関により異なる 全期間固定金利、融資実行時点の金利が適用
返済期間	15年（60歳以上の場合10年）〜35年（80歳完済）
返済方法	元利均等返済と元金均等返済の選択可
物件の要件	・床面積：一戸建て70m² 以上、共同住宅30m² 以上 ・店舗併用住宅は、住宅部分の床面積が2分の1以上
収入要件	総返済負担率が年収の一定割合以下 　年収400万円未満の場合：30%以下 　年収400万円以上の場合：35%以下
融資手数料	金融機関によって異なる
物件の検査	検査費用（2万円〜3万円）が必要
保証人・保証料	不要
団体信用生命保険	原則、機構の団体信用生命保険に加入
繰上げ返済	窓口の場合100万円以上で可、インターネットの場合10万円以上で可。手数料は無料

ひとくちポイント！

　フラット35は、新築住宅の建築・購入、中古住宅の購入だけでなく、住宅のリフォームや住宅ローンの借換えにも利用することができます

　財形住宅融資は、財形貯蓄の利用者が利用することができる住宅ローンです。

財形住宅融資の概要

申込資格	・財形貯蓄（種類は問わない）を 1 年以上積み立てしている ・貯蓄残高が 50 万円以上ある ・自分が所有および居住するための住宅の建設・購入費
融資限度額	貯蓄残高の 10 倍以内（最高 4,000 万円）、住宅取得価額の 90%以内
適用金利	5 年固定金利（5 年ごとに適用金利を見直す）

4 住宅ローンの繰上げ返済

　住宅ローンの繰上げ返済とは、返済期間中に、ローン残高の全部または一部を予定より早く返済することです。繰上げ返済した額は元金の返済に充てられるため、支払うはずだった利息が軽減される効果があります。

　繰上げ返済には、期間短縮型と返済額軽減型があります。

● 期間短縮型

　毎月の返済額は変えずに、返済期間を短縮する方法です。繰上げ返済する額を元金に充当することで返済期間を短縮します。早い時期に繰上げ返済したほうが、利息軽減効果は高くなります。

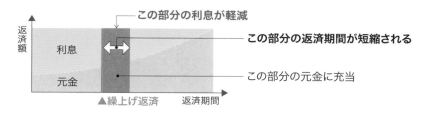

● 返済額軽減型

　返済期間は変えずに、毎月の返済額を軽減する方法です。期間短縮型よりも利息軽減効果は少なくなります。

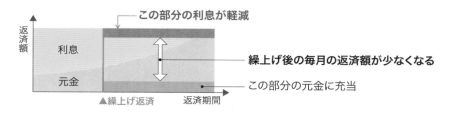

1 ライフプランニングと資金計画

2 リスク管理

3 金融資産運用

4 タックスプランニング

5 不動産

6 相続・事業承継

住宅ローンを期間短縮型で繰上げ返済した場合の効果を見てみましょう。

【事例】下記の償還予定表の住宅ローン（全期間固定金利、返済期間30年、元利均等返済、ボーナス返済なし）の120回目の返済後に、100万円以内で期間短縮型の繰上げ返済をする場合、軽減される利息の額を計算する。

償還予定表

返済回数	毎月返済額（円）	うち元金（円）	うち利息（円）	残高（円）
120	115,050	65,608	49,442	21,124,151
121	115,050	65,761	49,289	21,058,390
・	・	・	・	・
・	・	・	・	・
・	・	・	・	・
132	115,050	67.469	47,581	20,324,815
133	115,050	67,626	47,424	20,257,189
134	115,050	67,784	47,266	20,189,405
135	115,050	67,942	47,108	20,121,463

121回から134回まで繰上げ返済すると100万円以内に収まる！

・120回返済後の残高は21,124,151円なので、100万円以内で返済できる回数を計算する。

21,124,151円 − 20,189,405円（134回返済後の残高）= 934,746円

⇒ 121回から134回までの14回分を繰上げ返済する！

・14回分の返済額の合計を計算する

115,050円 × 14回 = 1,610,700円

・軽減される利息の額を計算する

1,610,700円 − 934,746円 = 675,954円

⇒ 675,954円の利息が軽減される

まとめ｜住宅取得資金設計

・住宅ローンの返済方法には、元利均等返済と元金均等返済がある
・フラット35は、長期固定金利で融資を受けられるメリットがある（フラット35については、そのほかの特徴も確実に押さえておく）
・住宅ローンの繰上げ返済の方法には、期間短縮型と返済額軽減型がある

1 ライフプランニングと資金計画

2 リスク管理

3 金融資産運用

4 タックスプランニング

5 不動産

6 相続・事業承継

一問一答・チャレンジ問題！

次の文章で正しいものには○、誤っているものには×で
答えましょう。

①財形住宅貯蓄（貯蓄型）は、給与からの天引きで積立を行い、元利合計
　550万円までが非課税の扱いとなる。

②住宅ローンの固定金利選択型は、当初固定金利の期間を2年、5年、7年、
　10年などの中から選択することができ、固定金利期間が長いほど適用
　利率は低くなる。

③住宅ローンの元利均等返済と元金均等返済では、元利均等返済のほうが
　元金と利息を合計した総返済額は多い。

④フラット35の融資限度額は、住宅の建設費または購入価額以内で、最
　高1億円である。

⑤フラット35は民間金融機関が融資を行い、融資金利は住宅金融支援機
　構が定めるため、融資を受ける金融機関による金利の違いはない。

⑥住宅ローンの繰上げ返済では、期間短縮型と返済額軽減型を比較すると、
　期間短縮型のほうが、利息軽減効果が高い。

⑦期間短縮型で繰上げ返済をする場合、借入れを行った当初からの期間が
　長いほど利息軽減効果が高くなる。

解答＆ポイント解説

① ○　② ×　③ ○　④ ×　⑤ ×　⑥ ○　⑦ ×
住宅ローンの固定金利選択型では、固定金利期間が長いほど適用利率は高くな
ります。フラット35の融資限度額の上限は8,000万円で、適用利率は融資を
行う金融機関によって異なります。期間短縮型では、借入れを行った当初から
の期間が短いほど、利息軽減効果が高くなります。

06 リタイアメントプランニング

必修ポイント
- 老後資金の計画の立て方
- 老後資金の資産運用のポイント
- リバースモーゲージ（持ち家担保融資）について

1 老後資金の計画の立て方

退職後や老後の生活設計を<u>リタイアメントプラン</u>といいます。

一般的に、退職後は収入が少なくなり、公的年金等が生活費の柱となります。そのため、受給できる公的年金の額をあらかじめ計算し、足りない分は貯蓄や個人年金保険などでまかなえるように準備をする必要があります。

老後資金は、生活資金（生活に必要なお金）、予備資金（入院や介護、自宅のリフォームなどの費用）、ゆとり資金（旅行、趣味などの費用）の3つに分け、それぞれの必要額を計算してみると計画が立てやすくなります。

2 老後資金の運用方法

老後の資金運用は、リスクの低い安全・確実な商品で運用します。収入が減少し、運用期間も短くなるためです。

収益性が高い金融商品はリスクも高いため、損失を被った場合、生活に費用な資金まで失ってしまうことも考えられます。安全性と流動性を重視して金融商品を選択することが望まれます。

3 リバースモーゲージ（持ち家担保融資）

<u>リバースモーゲージ</u>とは、自宅を担保にして、そこに住み続けながら生活資金の融資を受ける方法です（借入人が死亡したときに、担保となっている不動産を処分し、借入金を返済するしくみ）。自宅に住み続けながら老後資金の借入れができることが、借入人のメリットです。

リバースモーゲージは、金融機関や各都道府県の社会福祉協議会などが取り扱っています。金融機関が取り扱うリバースモーゲージでは、借入人が生存中は利息分のみを支払い、元金は、死亡後に相続人が自宅を売却するなどして一括で返済するのが一般的です。売却後に残金がある場合は、相続人に支払われます。

07 さまざまな決済手段と各種ローン

必修ポイント

- クレジットカード、デビットカード、電子マネーについて
- コード決済などの新しい決済手段について
- 貸金業法の総量規制

1 現金以外のさまざまな決済手段

　買い物をするときには、現金以外にも、クレジットカード、デビットカード、電子マネーといった決済手段があります。

カードの種類と概要

	クレジットカード	デビットカード	電子マネー
概要	・クレジットカード会社からカードを貸与される ・あらかじめ審査がある	金融機関のキャッシュカードに支払い機能を持たせたカード	現金情報を記録したICカード（プリペイド方式）
本人確認方法	暗証番号、サイン	暗証番号	なし
利用限度額	あらかじめ設定された利用限度額	預貯金の残高	チャージされた額
決済時期	後払い	即時払い	前払い

〈クレジットカードの特徴〉
- クレジットカードは、カード会社から貸与されたものであり、本人以外は、親族であってもそのカードを使うことはできない
- 支払方法は一括払い、分割払い、ボーナス一括払い、リボルビング払いなど
- クレジットカードを紛失した場合、カード会社に届ければ、60日前以降のカード利用代金の支払いが免除される
- 無担保借入（キャッシング）は、貸金業法の総量規制の対象となり、返済時には利息がかかる

2 スマホを利用したコード決済

　コード決済とは、スマートフォンを用いた決済システムのことです。いわゆる「○○ Pay」も、コード決済です。カードは発行されず、店頭レジに設置さ

れた QR コードなどをスマートフォンのカメラで読み取るか、アプリにバーコードなどを表示して、店側に読み取ってもらうことで決済します。

3 貸金業法の総量規制

クレジット会社や消費者金融などの貸金業者から、個人が無担保で借入れできる金額は、貸金業法による<u>総量規制</u>の対象となり、借入残高が年収の<u>3分の1</u>を超えた場合、新たな借入れはできません。

クレジットカードによる<u>キャッシング</u>は総量規制の対象となりますが、商品の購入は総量規制の<u>対象外</u>です。また、自動車ローン、住宅ローン、銀行のカードローンも総量規制の<u>対象外</u>です。

まとめ｜さまざまな決済手段と各種ローン

・クレジットカード、デビットカード、電子マネーの決済時期と支払いのタイミングを覚える
・貸金業法の総量規制では、借入残高は年収の<u>3分の1</u>までとされる

一問一答・チャレンジ問題！

次の文章で正しいものには○、誤っているものには×で答えましょう。

①クレジットカードは、クレジットカード会社が所有権を有しており、会員本人以外が使用することはできない。

②クレジットカードのキャッシングを利用し、返済方法として翌月一括払いを選択した場合、利息はかからない。

解答＆ポイント解説

① ○　② ×

クレジットカードのショッピングにおける翌月一括払いには利息がかかりませんが、キャッシングには利息が<u>かかります</u>。

08 中小法人の資金計画

必修ポイント
- 企業の決算書（財務諸表）の種類と目的
- 企業の財務分析の指標
- 中小法人の資金調達の方法

1 企業の財務諸表

　財務諸表とは、企業の財務状況や経営状況をまとめた書類です。その中でも、貸借対照表、損益計算書、キャッシュフロー計算書を財務三表といいます。

　中小企業にはキャッシュフロー計算書の作成は義務づけられていませんが、金融機関の審査を受ける際には、提出を求められることが多いです。

1 貸借対照表（B/S）

　貸借対照表は、期末日など、ある時点における企業の財務状態を表すものです。貸借対照表の資産の部では、1年以内に現金化できるものを流動資産、それ以外を固定資産と分けます。負債の部では、1年以内に返済義務のあるものを流動負債、それ以外を固定負債と分けます。

2 損益計算書（P/L）

　損益計算書は、企業の一会計期間の損益の状況を表します。売上高からさまざまな費用や法人税などの税金を差し引き、売上総利益、営業利益、経常利益、税引前当期純利益などを計算し、当期純利益を算出します。

3 キャッシュフロー計算書

　キャッシュフロー計算書は、企業が営業活動でどれだけのキャッシュを獲得し、それを投資活動や財務活動に有効に活用したかを見るものです。

　キャッシュフロー計算書におけるキャッシュフローは、営業活動によるキャッシュフロー、投資活動によるキャッシュフロー、財務活動によるキャッシュフローに分けられます。

2 企業の財務分析の指標

　企業の経営成績や財務内容を分析する指標には、次のようなものがあります。

1 自己資本比率（％）　自己資本 ÷ 総資本 × 100

　総資本に対する自己資本の割合を示す指標で、比率が高いほど財務の健全性が高いといえます。

2 流動比率（%） 流動資産 ÷ 流動負債 × **100**

　流動負債に対する流動資産の割合を示す指標で、企業の短期的な債務の支払い能力を見る尺度となります。流動比率が100％以上あれば財務的に安全とされます。

3 当座比率（%） 当座資産 ÷ 流動負債 × **100**

　流動負債に対する当座資産の割合を示す指標で、企業の短期的な債務の支払い能力を、より厳密に見る指標です。

4 固定比率（%） 固定資産 ÷ 自己資本 × **100**

　固定資産への投資額と自己資本を比較したもので、固定資産に投資した資金がどのくらい自己資本でまかなわれているかを見る指標です。一般的に60％以下が望ましいとされています。

5 固定長期適合率（%） 固定資産 ÷（自己資本＋固定負債）× **100**

　長期の資金（自己資本と固定負債）で固定資産をどれだけまかなっているかを表す指標で、固定比率の補助的な指標といえます。

6 総資本経常利益率（%） 経常利益 ÷ 総資本 × **100**

　企業がすべての資本（総資本）を使って、どれだけの経常利益を生み出したかを示す指標です。

7 売上高総利益率（%） 売上高総利益 ÷ 売上高 × **100**

　売上高に対する売上高総利益の割合を示す指標で、販売している商品の利益率を表します。

8 総資本回転率（回） 売上高 ÷ 総資本

　総資本に対する売上高の割合を示す指標で、総資本がどれだけ効率的に売上高を生み出し、総資本が売り上げとして何回転しているかを表します。

3　中小企業の資金計画

1 直接金融と間接金融

　中小企業の資金調達の方法には、直接金融と間接金融があります。

　直接金融は、企業が証券市場で株式や社債などを発行して、出資者から直接、資金を調達する方法です。

　間接金融は、金融機関が預貯金として集めた資金を企業に融資する方法です。中小企業では、間接金融による資金調達が中心となります。

② 直接金融による資金調達

直接金融による資金の調達方法には、<u>株主割当増資</u>、<u>第三者割当増資</u>、<u>公募増資</u>、社債の発行などがあります。

▨ 直接金融による資金の調達方法

株主割当増資	既存の株主に対して、新株引受権を与えて資金を調達する方法
第三者割当増資	特定の第三者に新株引受権を与えて資金を調達する方法
公募増資	広く一般に株主を募集して、新しく株式を発行することで資金を調達する方法
私募債の発行	特定の投資家に対して債券を発行し、資金を調達する方法

これ以外に、企業が担保を付けて約束手形を発行する<u>資産担保コマーシャルペーパー</u>や、不動産を担保として融資を受ける<u>抵当証券ローン</u>などがあります。

③ 間接金融による資金調達

間接金融による資金の調達方法には、<u>手形貸付</u>、<u>当座貸越</u>、<u>インパクトローン</u>、<u>ABL</u> などがあります。

▨ 間接金融による資金の調達方法

手形貸付	企業が、金融機関を受取人とする約束手形を振り出して融資を受ける方法
当座貸越	企業と金融機関が当座貸越契約を結ぶことで、契約時に設定した限度額の範囲内であれば当座預金の残高が不足していても融資を受けて支払いができる
インパクトローン	米ドルなどの外貨によって資金を調達する方法で、資金使途の制限はない。企業が設備資金や輸入代金の決済など、さまざまな支払いに充てることができる
ABL （動産・債権担保融資）	企業が保有する売掛債権等の債権や在庫・機械設備等の動産を担保として資金を調達する方法

④ そのほかの資金調達の方法

直接金融や間接金融によって資金を調達する以外に、国や地方自治体の補助金や助成金を受ける方法があります。こうした補助金や助成金は、それぞれの支給要件を満たせば受けられ、返済する必要もありません。ただし、事業計画書の提出など、必要書類の作成や手続きが求められることも多いです。

1 ライフプランニングと資金計画

2 リスク管理

3 金融資産運用

4 タックスプランニング

5 不動産

6 相続・事業承継

- 代表的な財務諸表は、<u>貸借対照表</u>、<u>損益計算書</u>、<u>キャッシュフロー計算書</u>の3つ
- 企業の財務分析の指標（当座比率、固定比率、固定長期適合率など）の計算式と使用目的を理解する
- 直接金融では、第三者割当増資、私募債、間接金融では、<u>手形貸付</u>、当座貸越、<u>インパクトローン</u>の資金調達の方法をチェック！

一問一答・チャレンジ問題！

次の文章で正しいものには○、誤っているものには×で答えましょう。

①貸借対照表の資産の部における流動資産とは、現金・預金のほか、売掛金、棚卸資産などの1年以内に現金化できる資産をいう。

②自己資本比率は、総資本に対する自己資本の割合を示したものであり、一般に、この比率が高いほうが財務の健全性が高いとされる。

③固定長期適合率は、総資産に対する固定資産の割合を示したものであり、一般に、この数値が高いほうが、財務の健全性が高いとされる。

④私募債は、特定の投資家が直接引き受ける社債であり、企業が資金の貸し手から直接資金を調達する直接金融の手段の1つである。

⑤インパクトローンは、米ドルなどの外貨によって資金を調達する方法で、資金使途は輸入取引の外貨決済に限られている。

解答＆ポイント解説

①○　②○　③×　④○　⑤×

固定長期適合率は、自己資本と固定負債の合計に対する<u>固定資産</u>の割合を示したものです。この数値は、<u>低い</u>ほうが財務の健全性が高いとされます。

09 社会保険制度

- 社会保険制度の意義と制度の枠組み
- 代表的な社会保険制度（医療保険、介護保険、年金保険、労災保険、雇用保険）の種類と加入対象

1 社会保険とは

社会保険とは、憲法25条に記されている国民の「健康で文化的な最低限度の生活を営む権利」を実現するために、国が行っている制度です。

私たちが生活していくうえで、傷病、障害、出産、老齢、失業などによって、本人やその家族が生活を維持することが難しくなってしまうことがあります。そのようなときに、さまざまな給付を行うのが社会保険制度です。

社会保険制度には、<u>医療保険</u>、<u>介護保険</u>、<u>年金保険</u>、<u>労働者災害補償保険（労災保険）</u>、<u>雇用保険</u>などがありますが、このうち労災保険と雇用保険は労働者が対象となり、あわせて労働保険と呼ばれます。

2 それぞれの社会保険制度の加入対象

医療保険や年金保険は、職業などによって、加入する制度が異なります。

また、労災保険と雇用保険は、<u>会社員</u>等が対象となり、自営業者等、国家公務員等は加入しません。

▨ 職域ごとの社会保険制度

職域 種類	会社員等	自営業者等	国家公務員 地方公務員等
医療保険	健康保険	国民健康保険	国家公務員共済 地方公務員共済
年金保険	厚生年金保険 （同時に国民年金にも加入）	国民年金	厚生年金保険 （同時に国民年金にも加入）
労災保険	労働者災害補償保険	—	
雇用保険	雇用保険		
介護保険	介護保険（40歳以上）		

※国家公務員、地方公務員には、労働者災害補償保険に準ずるものとして、国家（地方）公務員災害補償制度がある

10 労災保険

- 労災保険の給付の対象となる災害の種類
- 労災保険の対象となる労働者
- 労災保険の給付の内容

1 労災保険の給付の対象

労災保険（労働者災害補償保険）は、労働者の業務上または通勤途上の負傷、疾病、障害、死亡に対して給付を行う制度です。

1 業務災害

業務災害とは、労働者の業務上の負傷、疾病、障害、死亡ですが、業務災害と認められるためには、業務遂行性と業務起因性を満たすことが必要です。

●業務遂行性

業務遂行性とは、労働者が事業主の支配下にあるとともに、施設管理下にあるかどうか、業務に従事しているかどうかで判断します。

●業務起因性

業務起因性とは、業務と負傷や疾病などとの間に一定の因果関係があることをいいます。

2 通勤災害

通勤とは、労働者が業務に就くために、住居と就業場所との間を合理的な経路および方法により往復することです。例えば、帰宅途中に寄り道をした場合、寄り道をしている間だけでなく、その後も通勤とはみなされません。ただし、日用品の購入や病院での診察、選挙権の行使（投票所に立ち寄る）などを経て、合理的な経路および方法に戻ったときは、その後も通勤とみなされます。

2 労災保険の概要

1 保険者

労災保険の保険者（制度を運営する主体）は、政府（厚生労働省）です。

2 適用労働者

労働者を1人でも使用する事業主は、労災保険の強制適用事業所となり、労働者は、正社員、アルバイト、パートタイマーなどの雇用形態や国籍を問わず、被保険者となります。会社役員や自営業者は労災保険の適用対象外です。

1 ライフプランニングと資金計画

2 リスク管理

3 金融資産運用

4 タックスプランニング

5 不動産

6 相続・事業承継

3 保険料

　労災保険の保険料は<u>全額事業主負担</u>で、労働者の負担はありません。業務によって労働災害が起こる頻度や規模が異なるため、災害発生率に応じて保険料率は 1000 分の 2.5 ～ 1000 分の 88 の範囲で業種別に定められています。

〈労災保険の特別加入制度〉

　会社役員や個人事業主は労災保険の対象外ですが、中小企業の役員などは労働者と同様の働き方をすることも多いため、申請により<u>特別加入</u>することができます。

　<u>特別加入</u>の対象は、<u>中小事業主</u>、<u>一人親方</u>（個人タクシー、大工・左官、漁師など）、特定作業従事者（農業者、芸能関係作業従事者、IT フリーランスなど）、<u>海外派遣者</u>です。

3 労災保険の給付

　それぞれの労災保険の給付内容などを下表で確認しましょう。

労災保険の給付の種類と内容

療養補償給付 （療養給付）	業務災害、通勤災害により負傷、疾病の場合に医療機関で行われる現物給付。原則、<u>自己負担はない</u>が、通勤災害の場合は初回のみ 200 円の負担
休業補償給付 （休業給付）	業務災害、通勤災害による療養のため労働できず、賃金が支払われないときの給付。<u>通算して休業 4 日目</u>から 1 日につき給付基礎日額の 6 割が支給される。休業特別支給金と合わせると 8 割の支給となる
傷病補償年金 （傷病年金）	療養（補償）給付を受ける労働者の傷病が <u>1 年 6 カ月</u>たっても治らず傷病等級 1 ～ 3 級に該当する場合、休業（補償）給付に代えて支給される
障害補償給付 （障害給付）	業務災害、通勤災害による傷病が治った後も心身に障害が残った場合に、障害等級 1 ～ 7 級に該当する場合は年金が、8 ～ 14 級の場合は一時金が支給される
介護補償給付 （介護給付）	常時または随時介護を要する状態にあって、実際に介護を受けた場合、かかった費用が実費で支給される
遺族補償給付 （遺族給付）	業務災害、通勤災害で死亡した場合、遺族に一時金または年金が支払われる
埋葬料 （埋葬給付）	業務災害、通勤災害で死亡した労働者の葬儀を行った場合に支給される

※カッコ内は、通勤災害による給付を受ける場合の名称

- 労災保険の対象は、<u>業務災害</u>と<u>通勤災害</u>
- 労働者が1人でもいると労災保険の強制適用事業所となり、雇用の形態（正社員、パート、アルバイト）にかかわらず、労働者は被保険者となる
- 中小事業主、一人親方、海外派遣者などは、<u>特別加入</u>が可能
- 休業補償給付（休業給付）は、業務災害または通勤災害で、<u>通算3日</u>以上休業したときに<u>4日</u>目から支給される

一問一答・チャレンジ問題！

次の文章で正しいものには○、誤っているものには×で答えましょう。

①通勤途上で、合理的な経路および方法を外れ、スーパーマーケットで日用品の買い物をした後、合理的な経路および方法に戻って事故にあった場合は、通勤災害と認められる。

②労災保険の適用事業所に雇用される外国人は、労災保険の対象とならない。

③労災保険の適用事業所である中小事業主は、原則として、労災保険の対象外であるが、申請により特別加入することができる。

④労災保険の保険料を計算する際の保険料率は一律であり、適用事業所の事業の種類による違いはない。

⑤休業補償給付は、労働者が業務災害により連続して3日間休業し、賃金が支払われない場合、4日目から給付を受けることができる。

解答&ポイント解説

① ○　② ×　③ ○　④ ×　⑤ ×

休業補償給付（休業給付）は、<u>通算</u>して<u>3日</u>休業したときに（連続していなくても可）、<u>4日</u>目から受けられます。

11 雇用保険

必修ポイント
- 雇用保険の被保険者と保険料
- 雇用保険の給付のしくみと種類
- 育児休業給付や介護休業給付などの給付内容

1 雇用保険とは

雇用保険は、労働者が失業した際に給付を行ったり、再就職を支援したり、育児や介護で働くのが難しい場合の休業給付を行うなど、雇用を安定させるためのさまざまな事業を行う制度です。

1 保険者

雇用保険の保険者は、政府（厚生労働省）ですが、手続きなどの窓口は公共職業安定所（ハローワーク）です。

2 被保険者

雇用保険の被保険者には、一般被保険者、高年齢被保険者、短期雇用特例被保険者、日雇労働被保険者の４つがあります。

雇用保険の被保険者の種類

一般被保険者	次の要件を満たす者 ・1 週間の所定労働時間が 20 時間以上であること ・31 日以上雇用されることが見込まれること ・65 歳未満の常用労働者 ※パートタイマーやアルバイトも、上記の要件を満たせば雇用保険の被保険者となる
高年齢被保険者	雇用保険の適用事業所で雇用されている 65 歳以上（上限なし）の者で、1 週間の所定労働時間が 20 時間以上で、31 日以上雇用される見込みの者
短期雇用特例被保険者	季節的に雇用される人や短期（1 年未満）で雇用される者
日雇労働被保険者	日々雇用される人など

雇用保険の被保険者には国籍の要件はないため、適用事業所に雇用される場合、日本国籍がない者も被保険者になります。ただし、法人の役員や個人事業主とその家族などは、雇用保険の対象外です。

3 保険料

雇用保険の保険料は、失業等給付と育児休業給付の分は事業主と労働者が折半して負担し、雇用保険二事業（雇用安定事業・能力開発事業）の分は全額事業主が負担します。保険料は、事業の種類により異なります。

雇用保険の保険料率

事業の種類	保険料率	被保険者負担	事業主負担
一般の事業	15.5／1,000	6／1,000	9.5／1,000
農林水産業・清酒製造業	17.5／1,000	7／1,000	10.5／1,000
建設の事業	18.5／1,000	7／1,000	11.5／1,000

雇用保険の保険料は、事業主負担の割合が多く、「労使折半」ではありません

2　雇用保険の給付

1 求職者給付（基本手当）

基本手当は、失業時に支給される求職者給付の中でも代表的な給付で、失業の状態にあるとき（働く意思と能力があるのに仕事が見つからない）の生活の安定を図ることが主な目的です。

●基本手当の受給要件

基本手当は、原則として、離職日以前 2 年間に被保険者期間が通算して 12 カ月以上ある人が、失業の状態にあるときに支給されます。ただし、解雇・倒産等の離職（特定受給資格者）や期間の定めのある労働契約が更新されなかったため離職した場合（特定理由離職者）は、離職日以前 1 年間に被保険者期間が 6 カ月以上あれば支給されます。

●基本手当の日額

基本手当の日額は、以下の算式で計算された額です。

> **基本手当の日額 ＝ 賃金日額 × 給付率（45%〜80%）**

賃金日額とは、離職日以前 1 年間のうち最後の 6 カ月間に支払われた賃金総額を 180 で割った額です。

1 ライフプランニングと資金計画

2 リスク管理

3 金融資産運用

4 タックスプランニング

5 不動産

6 相続・事業承継

●基本手当の受給期間

　基本手当の支給を受けることができる期間を受給期間といい、原則として、離職日の翌日から 1 年間 となります。受給期間を過ぎると、所定給付日数が残っていても、それ以降、基本手当を受けることはできませんが、例外として、所定給付日数が 330 日の場合は 1 年＋ 30 日、360 日の場合は 1 年＋ 60 日が受給期間となります。

　また、病気やケガ、出産、育児などで就業できない場合は受給期間を 3 年延長し最長 4 年 まで、定年退職者は 1 年延長し最長 2 年 まで受給が可能です。

●基本手当の所定給付日数

　基本手当の支給を受けることができる日数を所定給付日数といい、一般の被保険者と特定受給資格者、特定理由離職者で異なります。

▨ 一般の受給資格者の所定給付日数（自己都合退職、定年退職者）

被保険者期間	1 年未満	1 年以上 5 年未満	5 年以上 10 年未満	10 年以上 20 年未満	20 年以上
全年齢		90 日		120 日	150 日

▨ 特定受給資格者・特定理由離職者（雇止めなどの場合）の所定給付日数

年齢　　　被保険者期間	1 年未満	1 年以上 5 年未満	5 年以上 10 年未満	10 年以上 20 年未満	20 年以上
30 歳未満		90 日	120 日	180 日	－
30 歳以上 35 歳未満		120 日	180 日	210 日	240 日
35 歳以上 45 歳未満	90 日	150 日	180 日	240 日	270 日
45 歳以上 60 歳未満		180 日	240 日	270 日	330 日
60 歳以上 65 歳未満		150 日	180 日	210 日	240 日

　特定受給資格者とは、リストラ、倒産などで解雇された者、特定理由離職者とは、有期雇用で雇止めになった者などです

●基本手当の待期期間と給付制限

　基本手当を受けるには、公共職業安定所で求職の申込みをして、失業の認定を受ける必要があります。受給資格決定日から 7 日間 は 待期期間 として支給

を受けることはできません。また、本人の重大理由による解雇の場合や、自己都合退職の場合は、待期期間の終了後さらに 2 カ月間（5 年間で 3 回目以降は 3 カ月間）の給付制限があり、その間は基本手当は支給されません。

失業の認定は、原則として 4 週間に 1 回で、失業の認定を受けた日が基本手当の支給の対象となります。

ひとくちポイント！

定年退職や会社都合の退職の場合は、上記の 2 カ月間（3 カ月間）の給付制限はありません

2 高年齢求職者給付金

基本手当は 65 歳未満の者が失業したときに受給できますが、65 歳以上の者が離職した場合は、基本手当の代わりに高年齢求職者給付金の支給を受けられます。離職の日以前に、被保険者期間が通算して 6 カ月以上あることが支給の要件です。

3 高年齢雇用継続給付

高年齢雇用継続給付は、高齢者の雇用の継続を支援・促進することを目的とした給付で、高年齢雇用継続基本給付金と高年齢再就職給付金があります。

●高年齢雇用継続基本給付金

被保険者であった期間が 5 年以上あり、60 歳時点と比較して賃金が 75% 未満に低下した場合、60 歳に達した月から 65 歳に達した月まで、賃金の最大 15%（賃金が 61% 未満の場合）の高年齢雇用継続基本給付金の支給を受けられます。

▨ 高年齢雇用継続基本給付金のイメージ

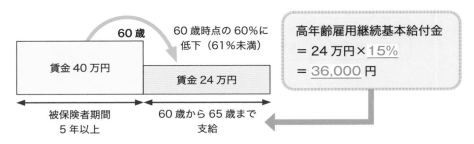

1 ライフプランニングと資金計画

2 リスク管理

3 金融資産運用

4 タックスプランニング

5 不動産

6 相続・事業承継

●高年齢再就職給付金

被保険者であった期間が5年以上ある人で、60歳以降に再就職し、離職時の賃金と比較して75%を下回るときに支給されます。対象は、基本手当を受給後に再就職した人です。

支給期間は2年間ですが、基本手当の支給残日数が200日未満の場合は1年、100日未満の場合は支給されません。

●高年齢雇用継続給付と在職老齢年金の併給調整

65歳未満の人が、高年齢雇用継続給付と60歳台前半の老齢厚生年金を同時に受けるときには、60歳台前半の老齢厚生年金が、在職による年金の支給停止に加えて、<u>標準報酬月額の最大6%</u>に相当する額が支給停止となります。

4 介護休業給付

介護休業給付では、家族の介護のために休業した場合に、介護休業給付金が支給されます。ただし、休業期間中に、休業前の賃金の80%以上が支払われている場合は支給されません。

介護休業給付金の支給要件と支給の内容

対象となる家族	配偶者、父母、子、配偶者の父母、祖父母、兄弟姉妹、孫
支給額	休業開始時賃金の <u>67%</u>相当額
支給期限	最高 <u>93日</u>間、最大で <u>3回</u>まで分割して取得することが可能

介護休業給付は、親の介護をする場合だけでなく、その他の親族の介護や、配偶者同士の介護の場合も利用できます

5 教育訓練給付

教育訓練給付は、働く人のスキルアップを支援して、雇用の安定と再就職の促進につなげることを目的にした給付です。

教育訓練給付には、一般教育訓練給付金、専門実践教育訓練給付金、特定一般教育訓練給付金があります。

●教育訓練給付の対象者

受講開始日において、雇用保険の一般被保険者である者または離職日の翌日から1年以内の者で、被保険者期間が <u>3年</u>以上ある者が対象となります。

ただし、初回のみは被保険者期間が <u>1年</u>以上で支給を受けることができます。

◪ 教育訓練給付の支給要件と支給の内容

	対象者	支給額
一般教育訓練給付金	厚生労働大臣が指定する教育訓練の受講を修了した者	教育訓練費用の 20% （上限 10 万円） ※教育訓練費用が 4,000 円以下の場合は対象外
専門実践教育訓練給付金	厚生労働大臣が指定する専門的・実践的な教育訓練講座を修了した者	・受講費用の 50% 　（上限は 1 年当たり 40 万円） ・資格取得が就職に結びついた場合は 20%を追加で給付する
特定一般教育訓練給付金	厚生労働大臣が指定する講座を修了した者	教育訓練費用の 40% （上限は 20 万円）

6 育児休業給付

●育児休業給付金

　育児休業給付金は、子どもの養育のために育児休業を取得した場合に男女を問わず支給されます。ただし、事業主から休業開始前賃金の 80%以上が支払われている場合は支給されません。

◪ 育児休業給付金の支給要件と支給の内容

支給要件	・原則、1 歳未満（パパ・ママ育休プラスの要件を満たす場合は 1 歳 2 カ月未満）の子を養育するために育児休業をする場合（保育所に入園できないなどの場合は子が 2 歳に達するまで） ・育児休業前 2 年間に賃金支払い基礎日数が 11 日以上ある月が 12 カ月以上あること
支給額	・休業開始から 180 日目までは休業開始時賃金日額の 67%相当額 ・休業開始から 181 日目以降は休業開始時賃金日額の 50%相当額

●出生時育児休業給付金

　男性が、子の出生から 8 週間以内に最長 4 週間の出生時育児休業（産後パパ育休）を取得した場合、休業開始時賃金日額の 67%相当額の出生時育児休業給付金が支給されます。

育児休業給付金では、支給の対象となる育児休業を
2 回まで分割して取得できます！

まとめ｜雇用保険

- 基本手当は、原則として、離職日以前 <u>2 年</u>間に被保険者期間が通算して <u>12 カ月</u>以上ある人が対象
- 自己都合退職の場合、待期期間の後に <u>2 カ月</u>間の給付制限がある
- 介護休業給付金は、対象となる家族の介護のために休業した場合に給付を受けられる
- 育児休業給付金は、休業開始から 180 日目までは休業開始時賃金日額の <u>67%</u>相当額の給付

一問一答・チャレンジ問題！

次の文章で正しいものには○、誤っているものには×で答えましょう。

①雇用保険の適用事業所に雇用される者のうち、1 週間の所定労働時間が 20 時間以上であり、31 日以上継続して雇用される者は、雇用保険の被保険者となる。

②基本手当は、原則として、離職の日以前 2 年間に被保険者期間が通算して 12 カ月以上ある者が、失業の状態になった場合に支給される。

③自己都合によって退職した場合、基本手当の支給には 7 日間の待期期間の後、3 カ月間の給付制限がある。

④育児休業給付金は、休業開始から 180 日目までは、休業開始時賃金日額の 50%相当額が支給される。

解答&ポイント解説

① ○　② ○　③ ×　④ ×

自己都合で退職した場合の給付制限は待期期間の後、<u>2 カ月</u>です（<u>5</u> 年間で <u>2</u> 回まで）。育児休業給付金は、休業開始から 180 日目までは、休業開始時賃金日額の <u>67%</u>が支給されます。

1 ライフプランニングと資金計画

2 リスク管理

3 金融資産運用

4 タックスプランニング

5 不動産

6 相続・事業承継

12 健康保険

必修ポイント
- 健康保険の保険者と被保険者
- 療養の給付などの健康保険のさまざまな給付
- 国民健康保険と任意継続被保険者制度

1 健康保険とは

　健康保険は、民間企業に雇用される人とその被扶養者の<u>業務外</u>の病気、ケガ、出産、死亡に対して給付を行う制度です。

1 健康保険の種類

　健康保険には、全国健康保険協会が保険者となる<u>全国健康保険協会管掌健康保険（協会けんぽ）</u>と健康保険組合が保険者となる<u>組合管掌健康保険</u>があります。

2 適用事業所

　民間の法人企業は、強制的に健康保険の適用を受けます（強制適用事業所）。個人事業でも、農林水産業、サービス業などを除き、従業員<u>5人</u>以上であれば強制適用事業所となり、それ以外の事業所は、要件を満たせば加入できる任意適用事業所となります。

3 被保険者

　適用事業所に雇用される通常の労働者は、健康保険の被保険者となります。パート・アルバイトなどの短時間就労者は、1週間の労働時間が通常の労働者の所定労働時間の<u>4分の3</u>以上かつ1カ月間の所定労働日数が通常の労働者の所定労働日数の<u>4分の3</u>以上の者が被保険者となります。

4 短時間労働者の適用拡大

　従業員101人以上の企業に雇用される短時間労働者は、以下の4つの要件を満たせば被保険者となります。

> ①週の所定労働時間が<u>20時間</u>以上
> ②雇用期間の見込みが<u>2カ月</u>超
> ③賃金の月額が<u>8万8千円</u>以上
> ④学生でない（夜間部、定時制を除く）

　さらに、2024年10月からは従業員数51人以上の企業に対象が拡大されま

す。雇用期間の要件は、以前は1年以上でしたが、2022年10月から<u>2カ月</u>超に短縮されました。

5 被扶養者

　健康保険では、被保険者に扶養されている3親等内の親族も被扶養者として保険給付の対象となります。被扶養者となる要件は、国内居住者で被保険者に生計維持されていること、年収<u>130万円</u>未満（60歳以上または障害者は180万円未満）であり、かつ被保険者の年収の<u>2分の1</u>未満であることです。別居の場合は、年収が被保険者の仕送り額未満であることが要件です。

▨ **健康保険の被扶養者となる条件**

被保険者と別居でも可	同居が要件となる者
配偶者（内縁関係も含む）、子、孫、本人の兄弟姉妹、本人の直系尊属	左記以外の3親等内の親族 内縁関係の配偶者の父母および子

※75歳以上は後期高齢者医療制度の対象となるため、被扶養者でなくなる
※留学生や海外赴任に同行する家族などは、海外特例要件で被扶養者になれる

6 保険料

　健康保険の保険料は、<u>総報酬制</u>によって給与（標準報酬月額）と賞与（標準賞与額）に保険料率を乗じて計算します。

> 標準報酬月額：毎月の給与を50等級に区分し、上限額は139万円。例えば、給与が195,000円以上210,000円未満の場合、17等級で標準報酬月額は200,000円
> 標準賞与額：年間の賞与額の千円未満を切り捨てた額で、573万円が上限

　全国健康保険協会管掌健康保険では、<u>都道府県</u>ごとに保険料率が異なります。全国の平均は10.00％で、被保険者と会社が<u>半額</u>ずつ負担します（<u>労使折半</u>）。

　組合管掌健康保険では規約により保険料率を定めますが、その範囲は30～130／1,000と決められています。事業主と被保険者の負担割合も規約により定めますが、被保険者の負担割合が2分の1を超えることはできません。

2 ▶ 健康保険の給付

　健康保険では、<u>業務外</u>の病気やケガ、出産、死亡に対して保険給付を行います。業務上のケガについては、原則として労災保険の対象です。

　保険給付には、現物給付と現金給付があります。現物給付とは、病気の際の

1 ライフプランニングと資金計画
2 リスク管理
3 金融資産運用
4 タックスプランニング
5 不動産
6 相続・事業承継

病院での治療など、医療そのものを給付することで、現金給付は、現金で支給される給付です。

① 療養の給付（家族療養費）

業務外の病気やケガの場合に、診療、投薬、処置、手術、入院などの現物給付を受けることができます。療養の給付（家族療養費）を受ける場合は、<u>被保険者証（保険証）</u>を提示しなければならず、一定の自己負担があります。自己負担割合は、被保険者・被扶養者とも、原則として治療費の<u>3割</u>です。

▨ 自己負担割合

小学校就学以上 70 歳未満	<u>3 割</u>
70 歳以上 75 歳未満	2 割（ただし現役並み所得者は <u>3 割</u>）
小学校就学前	<u>2 割</u>

※現役並み所得者とは、単身者の場合では、標準報酬月額 28 万円以上
（健康保険）または課税所得 145 万円以上（国民健康保険）の者

② 高額療養費

被保険者や被扶養者が 1 カ月（同一月）に支払った医療費の額（自己負担額）が一定額を超える場合に、その超える額が高額療養費として支給されます。同一月に同一世帯で 21,000 円以上の自己負担が複数ある場合は、世帯でそれらを合算することができます。入院時の食事代や差額ベッド代、先進医療の技術代など健康保険の適用外の医療費は高額療養費の対象となりません。

▨ 自己負担限度額の基準（70 歳未満）

標準報酬月額	自己負担限度額	多数回該当※
83 万円以上	252,600 円＋（医療費－ 842,000 円）× 1%	140,100 円
53 万円～ 79 万円	167,400 円＋（医療費－ 558,000 円）× 1%	93,000 円
<u>28 万円～ 50 万円</u>	<u>80,100 円＋（医療費－ 267,000 円）× 1%</u>	44,400 円
26 万円以下	57,600 円	44,400 円
住民税非課税	35,400 円	24,600 円

一般的な会社員の場合、このゾーンの人が多い

※ 1 年間に同一世帯で 3 カ月以上高額療養費の支給を受けた場合は、
多数回該当として 4 カ月目から自己負担限度額が下がる

自己負担限度額を計算する問題も出題されますが、計算式は
与えられるので、この表を暗記する必要はありません

1 ライフプランニングと資金計画

2 リスク管理

3 金融資産運用

4 タックスプランニング

5 不動産

6 相続・事業承継

③ 傷病手当金

　被保険者が病気やケガで働くことができず、<u>連続して３日間</u>休業したときに、４日目から傷病手当金が支払われます。

▨ 傷病手当金の支給開始の判定

例1	出勤	休	休	休	出勤	出勤	休	休	休	休

　　　　←―― 連続した３日間休み ――→　　　　支給開始 ――――――――→

例2	出勤	休	休	出勤	休	出勤	休	休	休	休

　　　　　　　　　　　　　　　　　　　　　　　←―― 連続した３日間休み ――→　支給開始

　傷病手当金の額は、給料の日額（直近１年間の標準報酬日額の平均）の<u>３分の２</u>に相当する額で、支給開始から通算<u>１年６カ月</u>にわたり支給されます。

　ただし、会社から給料の全部または一部が支払われたときは、傷病手当金と給料の差額のみが支払われます。

④ 出産育児一時金（家族出産育児一時金）

　被保険者が産科医療補償制度に加入している分娩機関で出産した場合は、<u>出産育児一時金</u>として<u>50万円</u>が支払われます（それ以外の分娩機関は48万8,000円）。被保険者の配偶者が出産した場合は、家族出産育児一時金として同じ金額が支払われます。両方の要件に該当する場合（共働きで、それぞれが被保険者である場合など）は、どちらかを選択して給付を受けます。妊娠４カ月（85日）以上の出産で支給され、流産や死産の場合も支給されます。

ひとくちポイント！

産科医療補償制度とは、分娩に関連して発症した重度脳性麻痺に対する補償などを行う制度で、分娩機関の99.9％が加入しています

⑤ 出産手当金

　被保険者が出産のために休業した場合に、出産の日以前42日から出産の日後56日間の休業した日について出産手当金が支払われます。出産手当金の額は１日につき標準報酬日額（直近１年間の標準報酬日額の平均）の<u>３分の２</u>に相当する額です。ただし、会社から給料の全額または一部が支払われた場合は、出産手当金と給料の差額のみが支払われます。

　被保険者が死亡した場合は、被保険者により生計を維持していた人で埋葬を行う人に対して5万円が支給されます。被扶養者が死亡した場合は、被保険者に家族埋葬料として5万円が支給されます。

3 ▶ 任意継続被保険者制度

　任意継続被保険者制度とは、会社を退職した後も引き続き今までの健康保険に加入することができる制度です。任意継続被保険者になるには、以下の要件を満たす必要があります。

・健康保険の被保険者期間が継続して2カ月以上あること
・被保険者資格喪失後、20日以内に申請手続きをすること

　任意継続被保険者制度には、健康保険の資格喪失後、最長で2年間加入することができます。

　保険料は全額自己負担となりますが、被保険者資格喪失時の標準報酬月額と全被保険者の標準報酬月額の平均額（協会けんぽでは30万円）の低いほうをもとに保険料を算出します。

4 ▶ 国民健康保険

　国民健康保険は、健康保険や各種共済組合の適用を受けない自営業者や退職者などを対象とする医療保険制度で、保険者は市区町村と都道府県です。また、同種の事業または業務に従事する300人以上で組織される国民健康保険組合もあります。

　国民健康保険では、業務上の病気やケガも給付の対象となり、以下のような給付があります。自己負担割合は、健康保険と同じです。

健康保険の給付

法定必須給付	療養の給付、高額療養費　など
法定任意給付	出産育児一時金、葬祭費　など
任意給付	傷病手当金、出産手当金（国民健康保険組合で一部行われている以外、市区町村では行われていない）

　国民健康保険には被扶養者の概念がないため、原則としてすべての加入者が

被保険者となり、家族の保険料は世帯主がまとめて支払います。保険料は市区町村により一律ではなく、所得割、資産割、被保険者均等割、世帯別平均割により求められます。

5 退職後の医療保険

会社を退職後の医療保険は、健康保険の任意継続被保険者になるか、国民健康保険に加入するか、子や配偶者などの健康保険の被扶養者になるかを選択します。また、原則として75歳以上のすべての人は、後期高齢者医療制度に加入することになります。

6 後期高齢者医療制度

後期高齢者医療制度は、以下に該当するすべての人が対象になり、病気やケガに対して保険給付が行われます。

・75歳以上の人
・65歳以上75歳未満で、寝たきりの状態にある人

後期高齢者医療制度の運営の主体は、都道府県単位の広域連合であり、保険料も広域連合ごとに定められます。

保険料は均等割と所得割の合計額で、原則として年金からの天引（特別徴収）ですが、年金の受給額が年額18万円未満の場合は、口座振替も可能です（普通徴収）。

医療費の自己負担割合は、原則1割ですが、現役並み所得者は3割の負担、一定以上所得者は2割の負担です。

まとめ｜健康保険

・医療保険には、健康保険、国民健康保険、後期高齢者医療制度などがあり、本人や配偶者の職業、年齢などにより加入する制度が異なる
・健康保険では、業務外の病気やケガなどに対する治療などが給付の対象となる
・健康保険の被保険者は、退職後、要件を満たせば、最長2年間、任意継続被保険者となることができる
・75歳以上になると、すべての人が後期高齢者医療制度に加入する

1 ライフプランニングと資金計画

2 リスク管理

3 金融資産運用

4 タックスプランニング

5 不動産

6 相続・事業承継

次の文章で正しいものには○、誤っているものには×で答えましょう。

①健康保険の被扶養者になるためには、被保険者に扶養されている国内居住者で、年収が130万円未満かつ被保険者の年収の2分の1未満であることなどの要件がある。

②全国健康保険協会管掌健康保険（協会けんぽ）の保険料は、全国一律であるが、組合管掌健康保険の保険料率は組合により異なる。

③標準報酬月額が30万円の場合、1カ月の医療費が90万円であったときの自己負担限度額は86,430円である。

④健康保険の被保険者が、病気やケガで働くことができず通算で3日間休業した場合、4日目から傷病手当金を受けることができる。

⑤健康保険の被保険者資格を喪失する日の前日まで引き続き2カ月以上被保険者期間があった者は、被保険者資格を喪失した日から2カ月以内に申請することで任意継続被保険者になることができる。

⑥国民健康保険は、業務上の病気やケガも給付の対象となる。

⑦後期高齢者医療制度の自己負担割合は原則1割であるが、一定以上の所得がある者の自己負担割合は2割または3割となる。

解答&ポイント解説

① ○　② ×　③ ○　④ ×　⑤ ×　⑥ ○　⑦ ○

協会けんぽの保険料率は、<u>都道府県</u>によって異なります。傷病手当金は、<u>連続した3日間</u>休業することが給付の要件です。任意継続被保険者の申請は、被保険者資格を喪失してから<u>20日</u>以内に行う必要があります。

13 介護保険

必修ポイント
- 介護保険の第1号被保険者と第2号被保険者
- 要介護状態（要支援・要介護）の目安と区分
- 介護保険の給付について

1 介護保険とは

　介護保険は、高齢で介護が必要な状態（要介護状態）になったときに、必要な保健医療や福祉サービスの給付を受けることができるものです。

1 保険者

　介護保険の保険者は、<u>市町村</u>および<u>特別区</u>です。

2 被保険者

　介護保険の被保険者は、年齢により<u>第1号被保険者</u>と<u>第2号被保険者</u>に区分されます。

🟩 介護保険の概要

	第1号被保険者	第2号被保険者
対象者	市町村（特別区）の区域内に住所を有する<u>65歳</u>以上の者	<u>40歳以上65歳未満</u>の医療保険加入者
受給権の認定基準	要介護者、要支援者	老化を原因とする特定疾病（末期がんを含む）により要介護状態になった者
保険料	年金額が18万円以上の者は、原則年金から天引き	医療保険の保険料に上乗せして徴収（協会けんぽの場合の保険料率は一律1.82%で労使折半）

3 要介護状態とは

　身体上、精神上の障害があるために、入浴、排せつ、食事等の日常生活における基本的な動作について、継続的に介護を必要とする状態で、定められた要支援・要介護状態区分のいずれかに該当するものを要介護状態といいます。

　<u>要支援</u>の区分は、要支援1、要支援2の<u>2区分</u>、<u>要介護</u>の区分は要介護1～5の<u>5区分</u>で、身体の状態により全部で<u>7段階</u>の区分があります。

4 介護保険の給付

●要介護認定

介護保険の給付を受けるためには、被保険者（または被保険者の家族など）が市区町村の窓口に申請し、要介護または要支援の認定を受ける必要があります。

●介護サービス計画（ケアプラン）の作成

介護サービスを受ける際は、まず、介護サービス計画（ケアプラン）を作成します。通常はケアマネジャーなどに作成を依頼しますが、被保険者本人が作成することも可能です。ケアマネジャーに依頼した場合でも、介護サービス計画の作成費用は無料です。

●利用者負担

介護保険では、利用者負担は原則1割ですが、一定以上所得者の場合、2割または3割の負担となり、要支援または要介護の段階によって給付できる金額の上限が定められています。同一月内に利用者の負担が上限額を超えた場合は、超えた額が高額介護サービス費として支給されます。

●介護サービス

介護保険で利用できるサービスには、要支援者が対象となる予防給付と要介護者が対象となる介護給付があります。

▨ 主な介護サービス

要支援の場合
- 介護予防サービス　⇒介護予防訪問介護、介護予防通所介護　など
- 地域密着型介護予防サービス　⇒グループホーム　など
- 住宅改修

要介護の場合
- 居宅サービス　⇒訪問介護、通所介護、短期入所生活介護　など
- 施設サービス　⇒特別養護老人ホーム（要介護3以上）　など
- 地域密着型サービス　⇒夜間対応訪問介護、グループホーム　など
- 住宅改修

1 ライフプランニングと資金計画

2 リスク管理

3 金融資産運用

4 タックスプランニング

5 不動産

6 相続・事業承継

 まとめ｜介護保険

- 介護保険の被保険者は、第1号被保険者（65歳以上）と第2号被保険者（40歳以上65歳未満）に区分される
- 第1号被保険者は、要支援（1, 2）、要介護（1～5）の要介護状態になったとき給付を受けられる
- 給付を受けるには、申請による要介護認定が必要
- 介護サービス計画の作成は無料。介護サービスの利用者負担は原則1割

一問一答・チャレンジ問題！

次の文章で正しいものには○、誤っているものには×で答えましょう。

①介護保険の第2号被保険者が、交通事故により介護が必要な状態になった場合、申請をすることにより介護保険の給付を受けることができる。

②第2号被保険者の介護保険の保険料は、加入する医療保険の保険料に上乗せして徴収される。

③介護保険における要介護は1、2の2区分、要支援は1～5の5段階に区分される。

④介護保険における介護サービス計画（ケアプラン）の作成は無料である。

⑤介護保険の利用者負担は原則1割であるが、一定以上所得者の場合、2割または3割の負担となる。

解答＆ポイント解説

① × ② ○ ③ × ④ ○ ⑤ ○

第2号被保険者が給付を受けられるのは、特定疾病のみです。介護保険の要介護状態は、要支援2段階、要介護5段階に区分されます。

14 公的年金制度

必修ポイント
- 公的年金の全体像について
- 国民年金・厚生年金保険の被保険者の要件
- 国民年金の保険料免除制度と猶予制度

1 公的年金の全体像

　公的年金制度は、全国民共通の国民年金が基礎年金として位置づけられ、その上に2階部分の厚生年金保険があり、一般企業の会社員や公務員などが加入します。公的年金制度が作られ国民皆年金が実現したのが1961年、基礎年金が導入され、現在の2階建ての制度になったのが1986年です。

公的年金の全体像

色のついている部分が公的年金です

確定拠出年金（個人型）		
	確定拠出年金（企業型）	確定給付企業年金
確定拠出年金（個人型）		
国民年金基金	厚生年金保険	確定拠出年金（個人型）

2階／**1階**

国民年金（基礎年金）

第1号被保険者（自営業者、学生など）	第2号被保険者（会社員、公務員など）	第3号被保険者（第2号被保険者の被扶養配偶者）

2 年金給付の種類

　公的年金には、国民年金と厚生年金保険のそれぞれに、老齢給付、障害給付、遺族給付の3種類があります。

給付の種類	国民年金	厚生年金保険
老齢給付	老齢基礎年金（付加年金）	老齢厚生年金
障害給付	障害基礎年金	障害厚生年金 障害手当金
遺族給付	遺族基礎年金 寡婦年金、死亡一時金	遺族厚生年金

3　国民年金の被保険者

　国民年金は、日本国内に住所がある20歳以上60歳未満のすべての人が加入し、第1号被保険者、第2号被保険者、第3号被保険者に区分されます。

国民年金の被保険者の区分

種別	対象者	年齢要件	国内居住要件
第1号被保険者	自営業者、学生、無職など、第2号被保険者、第3号被保険者以外の者	20歳以上60歳未満	あり
第2号被保険者	会社員、公務員など、被用者年金の被保険者	なし	なし
第3号被保険者	専業主婦（夫）など、第2号被保険者の被扶養配偶者	20歳以上60歳未満	あり

1 第1号被保険者

　第1号被保険者には年齢要件と国内居住要件はありますが、国籍要件はないため、国内に居住している外国人も含まれます。第1号被保険者になるときには、原則として、本人が所定の事項を市町村（特別区）に届け出ます。

2 第2号被保険者

　厚生年金保険の被保険者は、第2号被保険者になります。年齢要件はありませんが、65歳以降は、老齢給付等の受給権がない者に限られます。国内居住要件はないため、海外勤務をしている日本企業の社員なども対象となります。

3 第3号被保険者

　第3号被保険者は、第2号被保険者の被扶養配偶者ですが、年収130万円未満かつ被保険者の収入の2分の1未満であることが、被扶養配偶者になる要件です。国内居住要件がありますが、留学生や海外赴任への同行などの場合は、特例で第3号被保険者になることができます。第3号被保険者になるための手続きは、第2号被保険者の勤務先が行います。

4 任意加入被保険者

　強制加入被保険者に該当しない人のための制度が、任意加入被保険者です。60歳に達した時点で国民年金の加入期間が短く年金の受給額が満額に達しない場合や、海外に在住の日本国籍を持つ者などは、国民年金に任意加入することができます。

1 ライフプランニングと資金計画
2 リスク管理
3 金融資産運用
4 タックスプランニング
5 不動産
6 相続・事業承継

4 ▶ 国民年金の保険料

国民年金の保険料は、種別によって払い方が異なります。

> **第 1 号被保険者**：月額 16,980 円（2024 年度）を自分で納める
> **第 2 号被保険者**：厚生年金保険制度が国民年金に拠出金を支払っているため、別途、国民年金の保険料を納める必要はない
> **第 3 号被保険者**：保険料の<u>負担</u>はない。制度全体で拠出するため被扶養配偶者のある第 2 号被保険者の保険料が高くなることはない

　第 1 号被保険者の保険料は、該当月の分を翌月末までに支払うことになっています（月払い）が、<u>前納</u>（半年払い、年払い、2 年払い）制度があり、保険料が割引になります。現金だけでなく、口座振替やクレジットカード払いも可能です。未納の保険料がある場合は、過去 <u>2 年</u>分をさかのぼって支払うことができます。

5 ▶ 保険料の免除・猶予制度

　経済的に保険料の納付が難しい第 1 号被保険者のために、国民年金の保険料の免除・納付猶予制度が設けられています。

1 法定免除

　障害基礎年金や被用者年金の障害給付（3 級を除く）を受けている者や、生活保護法による生活扶助を受けている者が、市区町村に届出をすることにより保険料が<u>全額免除</u>されます。

2 申請免除

　前年の所得（本人、配偶者または世帯主）によって、<u>全額免除</u>、<u>4 分の 3 免除</u>、<u>2 分の 1 免除</u>、<u>4 分の 1 免除</u>が受けられます。申請免除の場合、国庫負担分を除いて、納付した保険料分が年金額に反映<u>されます</u>。

3 学生の納付特例

　20 歳以上の学生（第 1 号被保険者）で前年の所得（本人）が一定以下の場合、申請によって保険料の納付が猶予されます。猶予された期間は受給資格期間に反映<u>されます</u>が、保険料を追納しない限り年金額には反映<u>されません</u>。

4 納付猶予制度

　50 歳未満で前年の所得（本人および配偶者）が一定以下の場合、申請により

保険料の納付が猶予されます。猶予された期間は受給資格期間に反映<u>されます</u>が、保険料を追納しない限り年金額には反映<u>されません</u>。

▨ 保険料の免除・猶予制度

		年金額への反映		受給資格期間
		2009年3月以前	2009年4月以降	への反映
法定免除		1/3	<u>1/2</u>	
申請免除	全額免除	1/3	<u>1/2</u>	
	4分の3免除	1/2	5/8	
	2分の1免除	2/3	3/4	反映される
	4分の1免除	5/6	7/8	
学生の納付特例		なし		
納付猶予制度				

※国民年金保険料の国庫負担割合が1/3（2009年3月以前）から1/2（2009年4月以降）に変わったため、年金額に反映される割合も異なる

5 追納制度

　免除または猶予を受けた保険料は、<u>10年</u>以内の期間であれば<u>追納</u>することができます。追納することで、受給する年金額に反映されます。

6 ▶ 厚生年金保険の適用事業所と保険料

1 適用事業所

　民間の法人企業は、強制的に厚生年金保険の適用を受けます（強制適用事業所）。個人事業でも、農林水産業、サービス業などを除き従業員<u>5人</u>以上であれば強制適用事業となり、それ以外の事業所は、要件を満たせば加入できる任意適用事業所となります。

2 保険料

　厚生年金保険の保険料は、標準報酬月額および標準賞与額に保険料率を掛けた額を被保険者と事業主が<u>半分ずつ</u>負担します（<u>労使折半</u>）。

> 厚生年金保険の保険料
> 標準報酬月額 × 18.30%（標準報酬月額の上限は65万円）
> 標準賞与額 × 18.30%（標準賞与額の上限は1回の賞与につき150万円）

　産前産後休業中および育児休業期間中（子が3歳に達するまで）の保険料は、

1 ライフプランニングと資金計画
2 リスク管理
3 金融資産運用
4 タックスプランニング
5 不動産
6 相続・事業承継

本人負担・事業主負担分とも申請により免除され、育児休業開始時の標準報酬月額で納付されたものとして年金額が計算されます。

まとめ｜公的年金制度

- 公的年金制度は、国民年金（基礎年金）と厚生年金保険の2階建ての制度となっている
- 第2号被保険者は、国民年金と厚生年金保険の両方に加入する
- 第1号被保険者の国民年金の保険料には、法定免除、申請免除、学生の納付特例、納付猶予制度などの免除・猶予制度がある
- 学生の納付特例の場合、受給資格期間には反映されるが、年金額には反映されない

一問一答・チャレンジ問題！

次の文章で正しいものには○、誤っているものには×で答えましょう。

①国民年金の第1号被保険者には、日本国内に住所を有する20歳以上65歳未満の者が該当する。

②国民年金の保険料の申請免除において全額免除を受けた場合、免除を受けた期間に係る年金の給付額には反映されない。

③国民年金の保険料免除期間は、老齢基礎年金の受給資格期間には算入されない。

④国民年金の保険料免除を受けた場合、免除期間の保険料は10年以内のものに限り追納することができる。

解答&ポイント解説

① ×　② ×　③ ×　④ ○

国民年金の保険料の免除・猶予期間は受給資格期間には反映されます。ただし、猶予期間については、追納をしない限り年金額には反映されません。

15 老齢給付

必修ポイント
- 老齢基礎年金の受給資格期間
- 老齢基礎年金の繰上げ受給、繰下げ受給
- 老齢厚生年金と加給年金額の受給要件

1 老齢基礎年金の受給資格期間

老齢基礎年金は、受給資格期間（10年）を満たした者が、原則として65歳以降に受給することができます。受給が決定した老齢給付は、原則として生涯にわたって受給することができます。

> **受給資格期間**
> ＝保険料納付済期間＋保険料免除期間＋合算対象期間（カラ期間）≧10年

保険料納付済期間	第1号被保険者が国民年金の保険料を支払った期間、第2号被保険者の20歳から60歳までの期間、第3号被保険者期間
保険料免除期間	第1号被保険者の法定免除・申請免除期間、学生の納付特例・納付猶予制度の適用を受けた期間
合算対象期間	海外に居住していた期間のうち、任意加入をしなかった期間など

2 老齢基礎年金の概要

1 老齢基礎年金の受給開始

老齢基礎年金は、原則として65歳から受給することができます。ただし、最長5年間年金の受給を繰り上げて60歳から64歳の間に年金の受給を開始する（繰上げ受給）ことや、最長10年間年金の受給を繰り下げて66歳から75歳までの間に年金の受給を開始する（繰下げ受給）こともできます。

●繰上げ受給

繰上げ受給では、1カ月単位で年金の受給を繰り上げることができます。ただし、繰り上げた月数に応じて1カ月当たり0.4%（1962年4月2日以降生まれの場合）の年金額が減額されます。

また、老齢基礎年金と老齢厚生年金は、同時に繰り上げる必要があります（＝老齢厚生年金も減額される）。

▨ 繰上げ受給の減額率（1962 年 4 月 2 日以降生まれの場合）

支給開始年齢	減額率
60 歳	24.0%
61 歳	19.2%
62 歳	14.4%
63 歳	9.6%
64 歳	4.8%

5 年間繰り上げた場合の減額率の計算
60 カ月（12 カ月×5 年）× 0.4% ＝ 24.0%

▨ 繰上げ受給のデメリット

- 減額された年金額が一生涯続く
- 65 歳前に障害者や寡婦になった場合、障害基礎年金や寡婦年金は支給されない
- 遺族厚生年金の受給権を取得した場合、65 歳になるまで老齢給付か遺族給付のどちらかしか受給できない

●繰下げ受給

　66 歳〜 75 歳までの間で、年金の受給開始を 1 カ月単位で繰り下げることができ、繰り下げた月数に応じて 1 カ月当たり 0.7%の年金額が増額されます。
　老齢基礎年金と老齢厚生年金のどちらか一方のみ繰り下げることも可能です。

▨ 繰下げ受給の増額率（1952 年 4 月 2 日以降生まれの場合）

支給開始年齢	増額率	支給開始年齢	増額率
66 歳	8.4%	71 歳	50.4%
67 歳	16.8%	72 歳	58.8%
68 歳	25.2%	73 歳	67.2%
69 歳	33.6%	74 歳	75.6%
70 歳	42.0%	75 歳	84.0%

② 老齢基礎年金の年金額

　20 歳から 60 歳まで 40 年間の国民年金加入期間にわたって保険料を支払った場合、満額の 816,000 円（2024 年度の年額）が老齢基礎年金として支給されますが、保険料納付済期間が短い場合や免除期間がある場合は、その期間に応じて年金額が減額されます。

◢ 老齢基礎年金の年金額（2024年度の年額）

● 2009年3月分まで

$$816{,}000\text{円} \times \dfrac{\boxed{\substack{\text{保険料}\\\text{納付済}\\\text{月数}}} + \boxed{\substack{\text{全額免除}\\\text{月数}}} \times \dfrac{1}{3} + \boxed{\substack{\text{4分の3}\\\text{免除月数}}} \times \dfrac{1}{2} + \boxed{\substack{\text{2分の1}\\\text{免除月数}}} \times \dfrac{2}{3} + \boxed{\substack{\text{4分の1}\\\text{免除月数}}} \times \dfrac{5}{6}}{\text{加入可能年数} \times 12\text{月}}$$

● 2009年4月分以降

$$816{,}000\text{円} \times \dfrac{\boxed{\substack{\text{保険料}\\\text{納付済}\\\text{月数}}} + \boxed{\substack{\text{全額免除}\\\text{月数}}} \times \dfrac{1}{2} + \boxed{\substack{\text{4分の3}\\\text{免除月数}}} \times \dfrac{5}{8} + \boxed{\substack{\text{2分の1}\\\text{免除月数}}} \times \dfrac{3}{4} + \boxed{\substack{\text{4分の1}\\\text{免除月数}}} \times \dfrac{7}{8}}{\text{加入可能年数} \times 12\text{月}}$$

※ 2009年4月分以降は、年金額における国庫負担が2分の1となったため、2009年3月分までとは計算式が異なる

ひとくちポイント！

年金額の計算をする際に端数が生じた場合、計算過程、年金額ともに円未満を四捨五入します。本試験では、問題文中にある端数処理の指示に従って計算しましょう

③ 付加年金

　国民年金の第1号被保険者のみ、国民年金の保険料に上乗せして、付加年金の保険料（月額 <u>400円</u>）を納付できます。付加保険料を納付すると、老齢基礎年金を受け取るときに、付加年金が上乗せされます。

> 付加年金額（年額）＝ <u>200円</u> × 付加保険料納付月数

　付加保険料を20歳から60歳までの40年間（480月）納付した場合、96,000円（年額）の付加年金が受給できます

3 ▶ 老齢厚生年金の概要

　老齢厚生年金には、60歳以上65歳未満に支給される特別支給の老齢厚生年金と、65歳から支給される老齢厚生年金があります。

1 ライフプランニングと資金計画
2 リスク管理
3 金融資産運用
4 タックスプランニング
5 不動産
6 相続・事業承継

▨ 特別支給の老齢厚生年金と老齢厚生年金の受給要件

	特別支給の老齢厚生年金	老齢厚生年金
受給年齢	60歳から65歳に達するまで	65歳から
受給要件	老齢基礎年金の受給資格期間（10年）を満たしていること	
	厚生年金の被保険者期間が1年以上あること	厚生年金の被保険者期間が1カ月以上あること

1 老齢厚生年金

　老齢厚生年金は、老齢基礎年金と同様に65歳から支給されます。

2 特別支給の老齢厚生年金

　老齢厚生年金は1986年の改正により、老齢基礎年金と同じ65歳から支給されることになりました。しかし、それ以前は60歳から支給されていたため、経過措置として、当分の間60歳から65歳までの間、特別支給の老齢厚生年金を支給することになりました。

　特別支給の老齢厚生年金は、定額部分と報酬比例部分からなりますが、それぞれ段階的に引き上げられ、定額部分は1949年4月2日以降生まれ、報酬比例部分は1961年4月2日以降生まれの人（男性の場合）は支給されません。

▨ 特別支給の老齢厚生年金の支給開始年齢

生年月日（上段：男性、下段：女性）

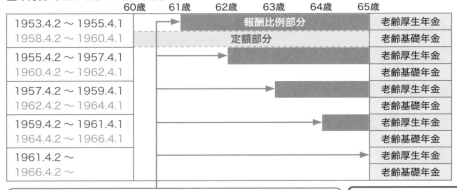

報酬比例部分が段階的に引き上げられ、1961.4.2生まれ以降（女性は1966.4.2生まれ以降）は特別支給の老齢厚生年金の支給はない

定額部分　以前は老齢基礎年金に相当する定額部分が支給されていたが、支給開始年齢を引き上げた結果、1949.4.2生まれ以降（女性は1954.4.2生まれ以降）は定額部分の支給はない

老齢給付では、女性は「男性の5年遅れ」で計算します

③ 特別支給の老齢厚生年金の年金額

2003 年 4 月 1 日から総報酬制が導入されたため、報酬比例部分の年金額は、2003 年 3 月までの期間は平均標準報酬月額をもとに、2003 年 4 月以降の期間は平均標準報酬額をもとに、それぞれ計算します。

● 報酬比例部分の年金額

報酬比例部分の年金額は、支払った保険料と被保険者期間をもとに計算します。

> 報酬比例部分の年金額 ＝ ① ＋ ②
>
> ① **2003 年 3 月以前の被保険者期間分**
>
> 平均標準報酬月額 × $\dfrac{9.5 \sim 7.125}{1000}$ × 被保険者期間の月数
>
> ② **2003 年 4 月以降の被保険者期間分**
>
> 平均標準報酬額 × $\dfrac{7.308 \sim 5.481}{1000}$ × 被保険者期間の月数

ひとくちポイント！

平均標準報酬月額とは、被保険者期間の給与の平均、平均標準報酬額は被保険者期間の給与とボーナスを合計した額の平均ですが、それぞれ物価の上昇を考慮した値で計算し直しています

● 定額部分の年金額

定額部分の年金額は、被保険者期間をもとに計算します。65 歳以降の老齢基礎年金に相当する額ですが、まったく同じ額ではありません。

> 定額部分の年金額 ＝ 1,701 円 × 生年月日による乗率 × 被保険者期間の月数

④ 老齢厚生年金の年金額

老齢厚生年金の年金額は、特別支給の老齢厚生年金の報酬比例部分と同じ計算式で計算します。

⑤ 加給年金額

<u>加給年金額</u>は老齢給付に加算される年金で、厚生年金保険の被保険者期間が<u>20 年</u>以上ある者が、65 歳以降の老齢厚生年金が支給されるとき、その者によって生計維持されている <u>65 歳未満の配偶者</u>や <u>18 歳</u>になって最初の 3 月 31 日までの子がいるときに支給されます。

1 ライフプランニングと資金計画
2 リスク管理
3 金融資産運用
4 タックスプランニング
5 不動産
6 相続・事業承継

加給年金額の要件

年齢	配偶者	<u>65 歳</u>未満
	子	<u>18 歳</u>になって最初の 3 月 31 日までの間にある子 （障害等級 1 級または 2 級の場合は 20 歳未満）
生計維持		将来にわたって年収が 850 万円未満であること ※配偶者の被保険者期間が <u>20 年</u>以上の場合は支給停止

　加給年金額は、対象となる配偶者や子が要件を満たさなくなると<u>支給停止</u>となります。

6 経過的加算

　経過的加算とは、65 歳からの老齢基礎年金の額が、65 歳までの特別支給の老齢厚生年金の定額部分の額より少ない場合に、老齢給付の額が減らないようにその差額を支給するものです。

> **経過的加算の額**
> 　＝ 特別支給の老齢厚生年金の定額部分の額 － 老齢基礎年金の額

※ 1949 年 4 月 2 日以降生まれ（女性は 1954 年 4 月 2 日以降生まれ）の者は
定額部分の支給はないが、支給があったものとして経過的加算の額を計算する

7 振替加算

　老齢厚生年金に加算される配偶者加給年金額は、配偶者が 65 歳に達すると支給停止となります。配偶者は老齢基礎年金を受給しますが、世帯としての年金額が減らないように、1966 年 4 月 1 日生まれまでの配偶者には、<u>振替加算</u>が支給されます。

老齢給付の受給図

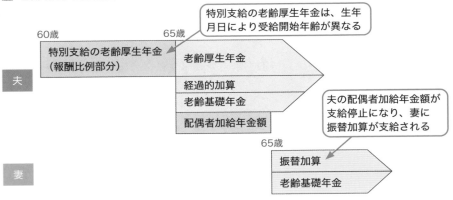

4 在職老齢年金

60歳以降に厚生年金の被保険者として在職中の者に支給される老齢厚生年金を在職老齢年金といい、年金額と報酬・賞与額の合計が一定以上になると、減額または全額支給停止となります。

1 60歳台前半の在職老齢年金

①総報酬月額相当額と年金の基本月額の合計が50万円以下の場合
　⇒基本月額が全額支給される（支給停止なし）

②50万円以上の場合
　⇒以下の金額が支給停止となる

$$支給停止額 = （総報酬月額相当額 + 基本月額 - 50万円） \times \frac{1}{2}$$

※総報酬月額相当額 = 標準報酬月額＋（その月以前1年間の標準賞与額の総額÷12）
　基本月額 ＝老齢厚生年金（報酬比例部分）の額÷12

2 60歳台後半の在職老齢年金

65歳以降は老齢基礎年金と老齢厚生年金が支給されますが、在職老齢年金の対象となるのは報酬比例部分のみで、老齢基礎年金、経過的加算は全額支給されます。ただし、報酬比例部分が全額支給停止となった場合は、加給年金額も支給停止されます。

60歳台後半の在職老齢年金も、60歳台前半の在職老齢年金と同様に、総報酬月額相当額と基本月額の合計が50万円以上になった場合に、年金額が減額または全額支給停止となります。

3 在職定時改定制度

65歳以降も働きながら老齢厚生年金を受給する場合、毎年10月1日を基準日として年金額を再計算し、年金額が上乗せされます。

5 雇用保険と老齢給付を同時に受けられる場合

1 高年齢雇用継続給付との調整

60歳台前半の老齢厚生年金の受給権者が、高年齢雇用継続給付の支給を受けるときは、在職老齢年金から標準報酬月額の最高6%に相当する額が差し引かれます。

2 基本手当との調整

60歳台前半の老齢厚生年金は、受給権者が雇用保険の求職の申込みをした

1 ライフプランニングと資金計画

2 リスク管理

3 金融資産運用

4 タックスプランニング

5 不動産

6 相続・事業承継

ときは、基本手当の受給が終わるまで<u>老齢厚生年金が支給停止</u>となります。

 離婚時の年金分割制度

1 合意分割

夫婦が離婚した場合、<u>夫婦間の合意</u>または家庭裁判所の決定があれば、どちらか一方からの請求によって婚姻期間中の厚生年金記録の分割が可能です。

> ・分割の対象は、厚生年金の<u>報酬比例部分</u>のみが対象
> ・離婚日の翌日から2年以内に日本年金機構に請求すること
> ・分割割合の上限は、婚姻期間中の厚生年金保険料の納付済記録（夫婦の合計）の<u>2分の1</u>

2 3号分割

国民年金の第3号被保険者は、請求により2008年4月1日以降の第3号被保険者期間について、配偶者である第2号被保険者の厚生年金記録の<u>2分の1</u>を分割できます。

> ・分割の対象は、厚生年金の報酬比例部分のみ
> ・離婚日の翌日から2年以内に日本年金機構に請求すること
> ・配偶者の同意は<u>必要ない</u>

 まとめ｜老齢給付

・老齢基礎年金は<u>10年</u>の受給資格期間を満たした場合に、原則<u>65歳</u>から受給できる
・老齢基礎年金は、「繰上げ受給」「繰下げ受給」が可能であり、年金額が「<u>減額</u>」「<u>増額</u>」される
・65歳から支給される老齢厚生年金は、老齢基礎年金の受給資格期間を満たしたうえで、<u>1カ月</u>以上老齢厚生年金の被保険者期間があれば受給できる
・加給年金額は、65歳以降の年金を受給するときに、対象となる<u>配偶者</u>や<u>子</u>がいる場合に受給することができる。ただし、対象となる者が要件を満たさなくなった場合は<u>支給停止</u>となる
・60歳以降も厚生年金保険に加入しながら仕事をする場合、<u>在職老齢年金</u>の対象となるため、年金額と総報酬月額相当額の合計が基準を超えると、年金額が減額または支給停止となる

1 ライフプランニングと資金計画

2 リスク管理

3 金融資産運用

4 タックスプランニング

5 不動産

6 相続・事業承継

一問一答・チャレンジ問題！

次の文章で正しいものには○、誤っているものには×で
答えましょう。

①老齢基礎年金は、10年間の受給資格期間を満たした者が、原則として、65歳から受給することができる。

②老齢基礎年金の繰上げ受給を受け、60歳から受給を開始した場合、年金額は65歳から受給したときと比べて30%減額される。

③付加年金の保険料は月額200円で、「400円×付加保険料納付月数」の額の付加年金を受給することができる。

④1961年4月2日以降生まれの男性は、厚生年金保険の加入月数にかかわらず、特別支給の老齢厚生年金を受給することができない。

⑤加給年金額は、厚生年金保険の被保険者期間が10年以上ある者が、要件を満たす配偶者、子を有する場合に受給することができる。

⑥60歳台後半の在職老齢年金は、老齢基礎年金と老齢厚生年金が支給額の調整の対象となる。

⑦2008年4月1日以降の第3号被保険者期間については、当事者のどちらか一方からの請求により、厚生年金の保険料納付記録を分割することができる。

解答＆ポイント解説

① ○ ② × ③ × ④ ○ ⑤ × ⑥ × ⑦ ○

繰上げ支給では1カ月当たり0.4%の年金額が減額されるので、5年間（60カ月）繰り上げた場合の減額率は24%です。加給年金額は、厚生年金保険の被保険者期間が20年以上ある場合に対象となります。60歳台後半の在職老齢年金は、報酬比例部分のみが調整（減額）の対象となります。

16 障害給付

必修ポイント
- 障害給付における基本事項
- 障害基礎年金の支給要件と受給額
- 障害厚生年金の支給要件と受給額

1 障害給付の基本事項

障害給付は、被保険者等が一定の障害の状態になったときに支給される給付で、障害基礎年金と障害厚生年金があります。障害給付では、受給する要件などにおいて独自の考え方があります。

障害給付の基本用語

初診日	・障害の原因となった病気やケガで初めて受診した日 ・初診日にどの年金制度に加入していたかで受給できる障害給付の種類が決まる
障害認定日	・障害等級を判定する基準日 ・初診日から1年6カ月を経過した日、もしくは1年6カ月以内に治ったときはその治った日が障害認定日となる ・初診日が20歳前で障害認定日も20歳前のときは20歳に達した日が障害認定日となる
保険料納付要件	初診日の前々月までの被保険者期間のうち、保険料を滞納していた期間が3分の1未満であること（ただし、初診日が2026年4月1日前であれば、初診日の前々月までの1年間に保険料の滞納期間がなければ、保険料納付要件を満たすこととされる）

 ひとくちポイント！

障害給付における「治った」とは、障害の状態のまま症状が安定し、それ以上は改善されない状態をいいます

2 障害基礎年金

障害基礎年金は、国民年金の被保険者が一定の障害の状態になったときに支給される年金です。

■ 障害基礎年金の支給要件と年金額

支給要件	・初診日に国民年金の被保険者であること、または20歳前もしくは60歳以上65歳未満で日本国内に住所を有していること ・障害認定日に障害等級1級または2級に該当すること ・初診日の前日における保険料納付要件を満たしていること
年金額	障害等級1級：816,000円×1.25 ＋子の加算 障害等級2級：816,000円＋子の加算 子の加算：1人当たり234,800円、3人目以降78,300円
その他	20歳未満で障害の状態にある場合は、20歳からの支給となる

3 ▶ 障害厚生年金

　障害厚生年金は、厚生年金保険の被保険者が一定の障害の状態になったときに支給される年金です。

■ 障害厚生年金の支給要件と年金額

支給要件	・初診日に厚生年金保険の被保険者であったこと ・障害認定日に障害等級1級、2級または3級に該当すること ・初診日の前日における保険料納付要件を満たしていること
年金額	障害等級1級：報酬比例部分の年金額× 1.25 ＋配偶者加給年金額 障害等級2級：報酬比例部分の年金額＋配偶者加給年金額 障害等級3級：報酬比例部分の年金額（ただし障害等級2級の場合の 　　　　　　　障害基礎年金の4分の3の額が最低保証される）
その他	障害の状態が3級に至らない場合は障害手当金が支給される

■ 障害厚生年金の報酬比例部分の年金額

報酬比例部分の年金額 ＝ ① ＋ ②

① 2003年3月以前の被保険者期間分

$$平均標準報酬月額 \times \frac{7.125}{1000} \times 被保険者期間の月数$$

② 2003年4月以降の被保険者期間分

$$平均標準報酬額 \times \frac{5.481}{1000} \times 被保険者期間の月数$$

※被保険者期間の月数が 300月 に満たない場合は 300月 として計算する

1 ライフプランニングと資金計画

2 リスク管理

3 金融資産運用

4 タックスプランニング

5 不動産

6 相続・事業承継

- 障害基礎年金には障害等級1級と2級があり、障害等級1級では、2級の <u>1.25</u>倍の年金額が受給できる
- 障害厚生年金には、障害等級1級、2級、3級があり、より症状が軽い 場合は<u>障害手当金</u>が給付される
- 障害厚生年金の年金額を計算する際、被保険者期間が<u>300 月</u>に満たない 場合は<u>300 月</u>として計算する
- 障害基礎年金には<u>子の加算</u>があり、障害厚生年金には<u>配偶者加給年金額</u>が ある

一問一答・チャレンジ問題！

次の文章で正しいものには○、誤っているものには×で 答えましょう。

①初診日が2026年4月1日前にある場合、初診日の前々月までの1年 間に保険料の滞納期間がなければ、保険料納付要件を満たすとされる。

②障害等級1級に該当する場合に支給される障害基礎年金の額は、障害等 級2級の場合の100分の150に相当する額である。

③障害基礎年金の受給権者が所定の要件を満たす場合、配偶者加給年金額 が加算される。

④障害厚生年金の年金額を計算する際に、被保険者期間の月数が300月 に満たない場合は300月として計算する。

解答&ポイント解説

① ○　② ×　③ ×　④ ○

障害等級1級に該当する場合、障害等級2級の<u>1.25</u>倍の年金が受給できます。 障害基礎年金では<u>子の加算</u>がありますが、障害厚生年金では1級、2級の場合、 <u>配偶者加給年金額</u>が加算されます。

17 遺族給付

- 遺族基礎年金の支給要件と受給額
- 遺族厚生年金の支給要件と受給額
- 寡婦年金、死亡一時金、中高齢寡婦加算など

1 遺族基礎年金

遺族基礎年金は、国民年金の被保険者等が死亡したとき、<u>子のある配偶者</u>または<u>子</u>が受給できる年金です。

遺族基礎年金の支給要件と受給額

支給要件	・国民年金の被保険者、または被保険者であった者で日本国内に住所を有している 60 歳以上 65 歳未満の者が死亡したとき（保険料納付要件を満たしていること※）　※保険料納付要件は、障害給付の場合と同じ ・老齢基礎年金の受給権者または保険料納付済期間と保険料免除期間をあわせて 25 年以上の者が死亡したとき
遺族の要件	被保険者の死亡当時、生計を維持されていた次の遺族 ・<u>子のある配偶者</u> ・<u>18 歳</u>に達する日以降の最初の 3 月 31 日までの間にある子（障害等級 1 級または 2 級に該当する場合は 20 歳未満）で婚姻していない者
年金額	<u>816,000 円</u>（基本年金額）＋<u>子の加算</u> 子の加算：1 人当たり <u>234,800 円</u>、3 人目以降 78,300 円 ・子が受け取る場合、子 2 人の場合は基本年金額に 234,800 円が、子 3 人の場合はさらに 78,300 円が加算される

 ## ひとくちポイント！

遺族基礎年金は「<u>子のあること</u>」が支給の要件です。子のある父も、子のある母も、要件を満たせば受給できます。両親とも死亡したときは、子が受給します。配偶者や子が要件を満たさなくなったときは、支給停止となります

2 寡婦年金と死亡一時金

遺族基礎年金は「<u>子のあること</u>」が支給の要件であるため、子のない配偶者は受給することが<u>できません</u>。第 1 号被保険者の保険料の掛け捨てを防ぐために、国民年金独自の<u>寡婦年金</u>や<u>死亡一時金</u>といった制度があります。

1 寡婦年金

寡婦年金は、次の要件を満たす夫が老齢基礎年金や障害基礎年金を受給せず死亡した場合、妻が受給できます。

支給要件	・第1号被保険者としての保険料納付済期間と保険料免除期間が 10 年以上である夫が死亡したこと ・夫の死亡時、夫によって生計を維持していたこと ・夫との婚姻関係（事実婚を含む）が 10 年以上継続していたこと ・妻が 65 歳未満であること
支給期間	妻が 60 歳から 65 歳の間
受給額	夫が受給するはずだった老齢基礎年金の額の 4 分の 3 相当額

2 死亡一時金

死亡一時金は、次の要件を満たす者が老齢基礎年金や障害基礎年金を受給せずに死亡した場合、遺族が受給できます。

支給要件	・第1号被保険者としての保険料納付済期間と保険料免除期間が 36 月以上ある者が死亡したこと ・死亡した者と生計を同じくしていたこと
受給できる遺族	配偶者、子、父母、孫、祖父母、兄弟姉妹（優先順位の高い者から受給する）
受給額	保険料納付済期間と保険料免除期間により受給額が異なり、最高（420 月以上の場合）320,000 円

第1号被保険者の夫が死亡した妻の場合は、寡婦年金と死亡一時金の両方の受給権が発生することがありますが、その場合でも両方は受給できず、どちらかを選択して受給します

3　遺族厚生年金

遺族厚生年金は、厚生年金保険の被保険者などが死亡したとき、その遺族が受給できる年金です。老齢基礎年金より受給できる遺族の範囲は広いですが、夫や父母、祖父母が受給権者となる場合は受給に一定の要件があり、子、孫は、18 歳に達する日以降の最初の 3 月 31 日までしか受給できません。

1 ライフプランニングと資金計画

2 リスク管理

3 金融資産運用

4 タックスプランニング

5 不動産

6 相続・事業承継

1 遺族厚生年金の支給要件と受給額

受給要件	**【短期要件】** ①厚生年金保険の被保険者が死亡したとき ②被保険者であったときの傷病により、初診日から 5 年以内に死亡したとき ③障害厚生年金（1 級または 2 級）の受給権者が死亡したとき 　　　　※受給要件①と②に該当する場合は、保険料納付要件を満たす必要があります **【長期要件】** ④老齢厚生年金の受給権者または受給資格期間（保険料納付済期間、保険料免除期間、合算対象期間の合計が 25 年以上）を満たしている者
遺族の要件	被保険者の死亡当時、生計を維持されていた次の遺族 配偶者・子、父母、孫、祖父母（上位順位者から順に受給する） 【夫、父母、祖父母】被保険者の死亡時 55 歳以上の者で支給開始は 60 歳から 【子、孫】18 歳に達する日以降の最初の 3 月 31 日まで（障害等級 1 級または 2 級の場合は 20 歳未満）で婚姻していない者

2 遺族厚生年金の額

報酬比例部分の年金額 ＝（①＋②）× $\dfrac{3}{4}$

① 2003 年 3 月以前の被保険者期間分

平均標準報酬月額 × $\dfrac{7.125}{1000}$ × 被保険者期間の月数

② 2003 年 4 月以降の被保険者期間分

平均標準報酬額 × $\dfrac{5.481}{1000}$ × 被保険者期間の月数

※短期要件に該当する場合、被保険者期間の月数が 300 月に満たない場合は 300 月として計算する
※長期要件に該当する場合は、実際の被保険者期間をもとに計算する

3 そのほかのポイント

・夫が死亡した当時に 30 歳未満で子のない妻の場合は 5 年間の有期年金となる
・遺族が夫である場合、妻の死亡当時 55 歳以上の場合に 60 歳から受給できるが、遺族基礎年金を受給する場合は、60 歳未満であっても遺族厚生年金をあわせて受給できる

4 ▶ 中高齢寡婦加算と経過的寡婦加算

◢ 中高齢寡婦加算

　中高齢寡婦加算は、遺族基礎年金の支給を受けられない妻が、遺族厚生年金に上乗せして受給できる年金です。

支給要件（夫）	・厚生年金保険に加入している夫が死亡したとき ・長期要件に該当する場合は、20年以上の加入期間が必要
支給要件（妻）	・夫の死亡当時に40歳以上65歳未満であること ・妻が40歳に達したとき、18歳に達する日以降の3月31日（障害等級1級、2級の場合は20歳）までの子があること
支給期間	妻が40歳から65歳になるまで（ただし、遺族基礎年金を受給している間は支給停止）

◢ 経過的寡婦加算

　遺族厚生年金を受給している妻が65歳に達すると、老齢基礎年金を受給できるため中高齢寡婦加算は受給できなくなります。1986年4月に年金改正が行われたときにすでに30歳以上であった者（旧年金では専業主婦などは任意加入だった）は、老齢基礎年金の額が中高齢寡婦加算の額よりも低額となる場合があるため、中高齢寡婦加算に代えて経過的寡婦加算を受給することができます。

支給要件	・1956年4月1日以前に生まれた者で、遺族厚生年金の受給権を取得したときに65歳以上の者 ・遺族厚生年金の受給権者で、1956年4月1日以前に生まれた者
年金額	受給権者の生年月日によって異なる

経過的寡婦加算を受給できるのは、
1956年（昭和31年）4月1日以前生まれの女性のみです

5 ▶ 年金の併給調整

　年金は、原則として「1人1年金」で、支給事由の異なる年金を同時に受給することはできません。ただし、受給できる年金額が少なくならないように、次の場合は例外として、異なる年金を同時に受給することができます。

1 ライフプランニングと資金計画

2 リスク管理

3 金融資産運用

4 タックスプランニング

5 不動産

6 相続・事業承継

1 障害基礎年金と老齢厚生年金・遺族厚生年金の併給

障害基礎年金受給中は、第1号被保険者期間の保険料が免除になるため、老齢基礎年金と老齢厚生年金をあわせても障害基礎年金より少なくなることがあります。そのため、65歳以降は、障害基礎年金と老齢厚生年金または遺族厚生年金との併給ができます。

2階部分	老齢厚生年金	遺族厚生年金
1階部分	障害基礎年金	障害基礎年金

※併給できるのは65歳以降

2 老齢厚生年金と遺族厚生年金の併給調整

65歳以降に、老齢厚生年金と遺族厚生年金の両方の受給権がある場合、老齢基礎年金と併給できます。その場合は、以下のように併給調整をします。

2階部分		遺族厚生年金	遺族厚生年金×2/3
	老齢厚生年金		老齢厚生年金×1/2
1階部分	老齢基礎年金	老齢基礎年金	老齢基礎年金

※遺族厚生年金に代えて「遺族厚生年金×2/3＋老齢厚生年金×1/2」で計算した額を受け取ることができる
※まず老齢厚生年金を受給したうえで、遺族厚生年金のほうが多い場合は、その差額を受給する

6 老齢年金生活者支援給付金

老齢基礎年金を受給し、同一世帯の全員が住民税非課税であるなどの要件を満たした場合、老齢年金生活者支援給付金を受給することができます。

〈受給額〉

保険料納付済期間 ＝ 5,310円 × 保険料納付済期間／480月
保険料免除期間 ＝ 11,333円 × 保険料免除期間／480月

※障害基礎年金を受給する一定以下所得の者は障害年金生活者支援給付金（障害等級2級：月額5,310円、障害等級1級：月額6,638円）が、遺族基礎年金を受給する一定以下所得の者は、遺族年金生活者支援給付金（月額5,310円）が支給される

18 公的年金の手続きと税金

- 公的年金の裁定請求の手続き
- 障害給付、遺族給付の税金（非課税）
- 老齢給付の税金（雑所得）

1 年金の裁定請求

　公的年金は、受給権者が請求の手続きをすることで受給することができます。これを裁定請求といいます。請求しなかった年金は、<u>5 年</u>前までさかのぼって裁定請求することができます。

① 年金の裁定請求先

加入していた年金	裁定請求の手続きの窓口	
国民年金（第 1 号被保険者）	<u>市区町村の国民年金課</u>	
厚生年金保険の被保険者期間、第 3 号被保険者期間がある人	<u>年金事務所</u>	最後が国民年金：住所地管轄
		最後が厚生年金：勤務地管轄
共済年金	共済組合または年金事務所	

② 年金の支払期日

　公的年金は、受給権が発生した日の属する月の翌月から 1 カ月を単位として支給されます。年金の支給日は、原則として、<u>偶数月</u>の <u>15 日</u>に、前月分と前々月分を後払いすることとなっています。

③ ねんきん定期便

　原則として、毎年 1 回誕生月に日本年金機構から<u>ねんきん定期便</u>が届きます。ねんきん定期便には、公的年金の加入期間や保険料納付済額、加入実績に応じた年金の見込み額などが記載されます。50 歳以上になると、60 歳まで加入したと仮定した見込み額が記載されます。

2 公的年金の税金

① 保険料

　公的年金の保険料は、個人が負担した分は全額が<u>社会保険料控除</u>の対象となります。事業主が負担した分は全額損金算入となります。

2 年金給付

　公的年金の給付のうち、老齢給付は、<u>雑所得</u>として所得税・住民税の課税対象となります。障害給付、遺族給付は、<u>非課税</u>です。公的年金等の雑所得を計算する際は、年金収入から<u>公的年金等控除額</u>を控除することができます。

> 公的年金等に係る雑所得 ＝ 年金収入 － 公的年金等控除額

　公的年金等控除額は、受給者の年齢と受給額によって以下のようになります。

公的年金等控除額の速算表

公的年金等の収入金額		65歳未満	65歳以上
	130万円未満	<u>60万円</u>	<u>110万円</u>
130万円以上	330万円未満		
330万円以上	410万円未満	収入金額×25％＋27.5万円	
410万円以上	770万円未満	収入金額×15％＋68.5万円	
770万円以上	1,000万円未満	収入金額×5％＋145.5万円	
1,000万円以上		195.5万円	

※公的年金等に係る雑所得以外の所得が1,000万円以下の場合

　一定額以上の老齢給付等を受給する場合、公的年金等控除額や所得控除を考慮した所得税額が源泉徴収されます。そのため、公的年金等の収入が<u>400万円以下</u>で、その他の所得が20万円以下の者は、確定申告は<u>不要</u>です。

まとめ｜遺族給付・公的年金の手続きと税金

- 遺族基礎年金を受給できるのは、要件を満たす<u>子のある配偶者または子</u>のみ
- 第1号被保険者の保険料の掛け捨てを防ぐため、<u>寡婦年金</u>、<u>死亡一時金</u>の制度がある
- 遺族厚生年金の額は、死亡した者が受け取るはずだった老齢厚生年金の<u>4分の3</u>相当額
- <u>40歳</u>以上65歳未満の妻は<u>中高齢寡婦加算</u>が上乗せされる
- 老齢給付は<u>雑所得</u>として所得税・住民税の対象だが、障害給付、遺族給付は<u>非課税</u>

1 ライフプランニングと資金計画
2 リスク管理
3 金融資産運用
4 タックスプランニング
5 不動産
6 相続・事業承継

次の文章で正しいものには○、誤っているものには×で
答えましょう。

①遺族基礎年金を受給できる遺族は、国民年金の被保険者に生計維持されていた配偶者・子、父母、孫、祖父母である。

②寡婦年金は、保険料納付済期間と保険料免除期間の合計が10年以上ある国民年金の第1号被保険者が老齢基礎年金や障害基礎年金を受給せずに死亡した場合に、要件を満たす妻が受給できる。

③遺族厚生年金の年金額は、死亡した者の厚生年金の被保険者記録をもとに計算した報酬比例部分の額の3分の2相当額である。

④中高齢寡婦加算は、夫の死亡時に40歳以上65歳未満であった妻が受給することができる。

⑤65歳以降は、障害基礎年金と遺族厚生年金を同時に受給することができる。

⑥公的年金の保険料は、企業が負担した分も含めて、その全額が社会保険料控除の対象となる。

⑦公的年金の老齢給付は、年金収入から公的年金等控除額を控除した額が、雑所得として総合課税の対象となる。

解答＆ポイント解説

① ×　② ○　③ ×　④ ○　⑤ ○　⑥ ×　⑦ ○

遺族基礎年金を受給できるのは、死亡した者に生計維持されていた<u>子のある配偶者または子</u>です。遺族厚生年金の額は、死亡した者の年金記録をもとに計算した報酬比例部分の額の<u>4分の3</u>相当額です。公的年金の保険料は、自らが実際に負担した額が社会保険料控除の対象です。

19 企業年金等

必修ポイント
- 確定給付企業年金
- 確定拠出年金（企業型年金、個人型年金（iDeCo））
- 中退共、国民年金基金、小規模企業共済

1 企業年金の概要

企業年金は、企業が従業員の退職後に支給する年金で、公的年金の上乗せの年金制度といえます。企業年金には、確定給付型と確定拠出型があります。

企業年金の全体像

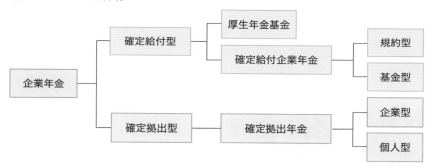

2 確定給付型の企業年金

1 厚生年金基金

厚生年金基金は、老齢厚生年金の一部を国に代わって運用・給付し、さらに企業年金独自の給付を上乗せすることで、手厚い給付を行う制度です。かつては企業年金の中心でしたが、運用環境の悪化などの影響で予定運用利回りを確保できない基金が増加したため、代行部分を国に返上（代行返上）することが可能となりました。

2014 年以降は、新たな基金の設立は認められず、代行割れとなっている基金は 5 年以内に解散することになりました。

2 確定給付企業年金

確定給付企業年金には<u>規約型</u>と<u>基金型</u>があります。

●規約型

労使の合意に基づき、企業が外部機関（信託銀行、生命保険会社など）と契

約を結び、社外で年金資産を管理・運用する企業年金です。

●基金型

　企業とは別に企業年金基金を設立し、労使の合意に基づく規約を作成し、基金が年金資産の管理・運用を行う企業年金です。

●確定給付企業年金の給付

　確定給付企業年金の給付には、法定給付と任意給付があります。

確定給付企業年金の給付

法定給付	老齢給付金	・60歳以上70歳以下の規約に定める年齢に達した者に、終身または5年以上の期間、年1回以上定期的に支給する ・規約により50歳以上の退職者に支給することもできる
	脱退一時金	・一定の年齢に達する前に老齢給付金に代えて支給する ・支給要件としての加入期間は3年を超えてはいけない
任意給付	障害給付金、遺族給付金	

3 確定拠出年金

　確定給付企業年金は、あらかじめ決められた年金額が支給されますが、確定拠出年金は、加入者が自己の責任で運用商品を選択し、運用した実績によって受給できる年金額が変動します。

　確定拠出年金には、企業型年金と個人型年金（iDeCo）があります。

　企業型年金では、原則として、企業が掛金を拠出し、従業員が運用を行います。個人型年金は、自ら掛金を拠出し、自分で運用を行う自助努力型の年金制度です。

① 企業型年金

●加入対象者

　企業型年金の加入対象者は、勤務先の企業が企業型年金を導入している70歳未満の厚生年金被保険者です。

●拠出限度額

　掛金は企業が拠出しますが、規約により定めることで加入者が掛金を上乗せして拠出することができます（マッチング拠出）。ただし、加入者の掛金額は、事業主の掛金額を超えない範囲で、かつ事業主の掛金の額との合計が拠出限度

額以下でなければなりません。拠出限度額は以下のとおりです。

確定給付型企業年金あり	330,000 円（年額）
確定給付型企業年金なし	660,000 円（年額）

●加入者が離転職した場合

　加入者が勤務先の企業を離転職した場合、3 年以上の勤務期間があれば、年金資産の全額を転職先の企業型年金や個人型年金に移管できます。資格喪失の翌日から 6 カ月以内に移管の手続きを取らない場合、積立資金は現金化されて、個人型年金の運営主体である国民年金基金連合会に自動移管されます。

2 個人型年金（iDeCo）

●加入対象者

　個人型年金の加入対象者は、20 歳以上 65 歳未満の国民年金の被保険者（第 1 号、第 2 号、第 3 号）、65 歳未満の任意加入被保険者です。第 2 号被保険者については、マッチング拠出による企業型年金の掛金拠出者は、個人型年金に加入することはできません。

●拠出限度額

　個人型年金の掛金は、加入者本人が拠出します。拠出限度額（年額）は、以下のとおりです。

会社員	確定給付企業年金あり	144,000 円[1]
	確定給付企業年金、企業型年金あり	
	企業型年金あり	240,000 円
	確定給付企業年金、企業型年金なし	276,000 円
公務員、私立学校教職員		144,000 円
自営業、無職等（第 1 号被保険者）		816,000 円[2]
被扶養配偶者（第 3 号被保険者）		276,000 円

※1 2024 年 12 月以降は 240,000 円
※2 国民年金基金の掛金、付加保険料との合計額

3 掛金の拠出

　確定拠出年金の掛金の拠出は 5,000 円以上 1,000 円単位で、拠出額の変更は年に 1 回、行うことができます。月単位で拠出するだけでなく、複数月分や 1 年分をまとめて拠出することも可能です。

1 ライフプランニングと資金計画
2 リスク管理
3 金融資産運用
4 タックスプランニング
5 不動産
6 相続・事業承継

老齢給付金	<u>10 年</u>以上の加入期間があれば <u>60 歳</u>から受給することができる。10 年に満たない場合は、加入年数に応じて受給開始年齢が引き上げられる
障害給付金	75 歳に達する前日までに、障害基礎年金の 1 級または 2 級に該当する程度の障害に至ったときに受給することができる
死亡一時金	加入者または加入者であった者が死亡したときに遺族に支給される
脱退一時金	企業型年金は資産額が 15,000 円に満たないとき、個人型年金は国民年金保険料の免除者となったときなどに認められる

5 税制

　企業の拠出金は全額損金算入、個人の拠出金は<u>小規模企業共済等掛金控除</u>の対象、老齢給付金は<u>雑所得</u>として<u>公的年金等控除</u>の適用対象です。

4 中小企業退職金共済制度（中退共）

　中小企業退職金共済制度（中退共）は、単独で退職金制度を持つことが困難な中小企業に対して、国の援助で退職金制度を推進するもので、勤労者退職金共済機構が運営しています。

加入対象企業	要件を満たす中小企業（一般業種では常用従業員数 300 人以下または資本金 3 億円以下など）
加入対象者	従業員は、原則<u>全員加入</u>（会社役員や個人事業主は加入できない）
掛金	・全額<u>事業主</u>負担 ・月額 5,000 円から 3 万円までの 16 種類 ・新規加入の場合、加入後 4 カ月目から 1 年間、国の助成金制度がある
税制	掛金：<u>全額損金算入</u> 退職金：一時金は<u>退職所得</u>、分割払いの場合は<u>雑所得</u>

5 自営業者のための制度

1 国民年金基金

　国民年金基金は、国民年金の第 1 号被保険者が加入する公的年金で、国民年金の上乗せの給付を行う制度です。全国国民年金基金が運営していますが、そのほかに職能型基金として 3 つの基金があります。

国民年金基金の概要

加入対象者	・国民年金の第1号被保険者（60歳未満の者および60歳から65歳の任意加入被保険者） ・国民年金保険料の免除を受けている者、保険料滞納者、付加年金の加入者などは加入できない
掛金	・加入口数、年齢、性別により掛金が異なる ・月額68,000円が上限（iDeCoに加入している場合は合算して68,000円）
税制	掛金：全額社会保険料控除の対象 給付金：老齢年金として受け取る場合は雑所得

国民年金基金の種類

終身年金	A型	65歳支給開始・終身年金（15年間保証）
	B型	65歳支給開始・終身年金（保証期間なし）
確定年金	I型	65歳支給開始・15年確定年金
	II型	65歳支給開始・10年確定年金
	III型	60歳支給開始・15年確定年金
	IV型	60歳支給開始・10年確定年金
	V型	60歳支給開始・5年確定年金

※1口目は終身年金。全体で確定年金の額が終身年金の額を超えることはできない

2 小規模企業共済

小規模企業共済は、従業員が20人以下の企業の事業主や役員が事業を廃業・退職した場合の退職金制度です。

小規模企業共済の概要

加入対象者	一般業種の場合、従業員20名以下の小規模企業の個人事業主や役員
掛金	月額1,000円から7万円で、500円刻みで選択可能
共済金の受け取り	一括受取り、分割受取り、一括と分割の併用
税制	掛金：全額小規模企業共済等掛金控除の対象 共済金：一括受取りは退職所得、分割受取りは雑所得

1 ライフプランニングと資金計画

2 リスク管理

3 金融資産運用

4 タックスプランニング

5 不動産

6 相続・事業承継

まとめ｜企業年金等

- 企業年金等は、公的年金の上乗せの年金で、第1号、第2号、第3号被保険者によって加入できる制度が異なる
- 確定拠出年金は、掛金を加入者本人が<u>運用し</u>、運用成果によって受け取る年金額が<u>変わる</u>
- 確定拠出年金の企業型年金は、原則<u>事業主</u>が掛金を全額拠出し、<u>従業員</u>が運用の指示をする
- 中小企業や個人事業主のための年金制度として、中退共、国民年金基金、小規模企業共済などがある

一問一答・チャレンジ問題！

次の文章で正しいものには○、誤っているものには×で答えましょう。

①国民年金の第2号被保険者である会社員は、原則として、確定拠出年金の個人型年金に加入することができる。

②個人型年金の加入者が国民年金の第3号被保険者である場合、掛金の拠出限度額は、年間144,000円である。

③個人が拠出した確定拠出年金の掛金は、その全額が社会保険料控除の対象となる。

④国民年金の付加保険料を支払っている者は、国民年金基金に加入することはできない。

解答&ポイント解説

① ○　② ×　③ ×　④ ○

第3号被保険者の場合、個人型年金の供出限度額は年間<u>276,000</u>円です。個人が拠出した確定拠出年金の掛金は、全額が<u>小規模企業共済等掛金控除</u>の対象です。

第 2 章

リスク管理

　この章では、生命保険、損害保険、医療保険などの保険について学習します。保険の基本的なしくみを理解するとともに、保険商品の種類と特徴を学びましょう。また、保険に関する税金についても、試験では頻出です。支払った保険料と受け取る保険金などに関連する税金のしくみは、確実に理解しておきましょう。

01 リスク管理とは

必修ポイント
- リスクマネジメントとは
- リスクマネジメントの手法①リスク・コントロール
- リスクマネジメントの手法②リスク・ファイナンシング

1 リスクマネジメントとは

　私たちを取り巻く環境には、個人、企業活動にかかわらず、さまざまなリスクが存在します。リスクの発生によって受ける精神的な打撃はもとより、経済的な損失もはかりしれません。リスクの発生を未然に防ぎ、損失を軽減するのが、リスクマネジメントです。

2 リスクマネジメントの手法

① リスク・コントロール

　リスク・コントロールとは、損失の発生頻度や規模を軽減させたり、リスクそのものを<u>変える</u>ことをいい、次の5つに分けることができます。

▨ リスク・コントロールの5つの手法

回避	リスクの原因そのものをなくし、損失の発生確率をゼロにする
損失制御	リスクの発生頻度や深刻度を軽減する
結合	リスク管理の対象を増やすことで、リスクを予測しやすくする
分離	リスク管理の対象を細分化することで、損失の影響を軽減する
移転	第三者に責任を転嫁（移転）する

② リスク・ファイナンシング

　リスク・ファイナンシングは、リスクそのものは<u>変えず</u>、リスクによって被る経済的な損失を軽減するもので、保有と移転に分けて考えることができます。

保有	財務的損失を自分で負担する方法 自家保険　⇒予想される損害の額を<u>自分で準備</u>しておく キャプティブ⇒グループ企業が<u>グループ内に保険会社</u>を作る
移転	財務的影響を他者に<u>転嫁（移転）</u>する方法 ⇒生命保険や損害保険などの保険や共済に加入する

　生命保険や損害保険に加入することは、リスク・ファイナンシングによる「リスクの移転」と考えられます

02 保険制度の概要

必修ポイント
- 保険業法、保険法などの保険に係わる法律
- 保険会社の健全性を判断する指標
- 保険契約者保護機構

1 保険業法

　保険業法は、保険会社の健全・適切な運営、保険募集の公正の確保、保険契約者等の保護などを目的とした法律です。保険業法によって、保険募集の禁止行為やその違反の処分・罰則などが定められています。

1 保険募集に関する規制

　保険募集ができるのは、生命保険募集人、損害保険募集人、少額短期保険募集人、保険仲立人（ブローカー）に限られています。

保険募集人	顧客と保険会社の保険契約締結の媒介を行う者。所定の研修を受けたうえで、試験に合格し、内閣総理大臣の登録を受けることで保険募集人になれる
保険代理店	保険会社の委託を受けて、保険契約の締結の代理や媒介を行う者。個人だけでなく法人も保険代理店になることができるが、保険募集を行うには各人に募集人資格が必要
保険仲立人（ブローカー）	中立的な立場で保険契約の媒介をする者。保険募集人と異なり、保険契約締結権、告知受領権、保険料領収権はない。金融庁の登録を受ける必要がある

2 銀行による保険募集（銀行窓販）

　2001年4月から銀行などによる保険の窓口販売が解禁されました。その後、2007年12月には全面解禁され、現在では、すべての保険商品を銀行の窓口で取り扱うことができます。

3 保険募集に関する禁止行為

　保険募集は、保険業法に基づいて保険募集人しか行うことができず、保険募集人に対しても以下の行為が禁止されています。

・虚偽の説明	・不完全な説明
・告知義務違反を勧める行為	・契約の不当な乗り換え行為
・特別の利益の提供	・威迫、業務上の地位の不当利用
・誤解を招く表示・説明	・他社契約の誹謗・中傷

2　保険法

　保険法は、契約者当事者間における契約ルールについて定めた法律で、保険業法とは役割が異なります。保険法の主な内容は以下のとおりです。

・生命保険、損害保険だけでなく、共済契約、少額短期保険にも適用される
・保険金の支払時期についての規定を新設し、原則、請求書類が保険会社に
　届いた日の翌日から5営業日以内とする
　（保険法施行以前に締結された契約にも適用される）
・片面的強行契約規定の導入
　（保険法の規定よりも保険契約者などに不利な内容の約款は無効）
・生命保険契約において、被保険者の同意を取り付けることを明確化
・遺言による保険金受取人の変更が可能であることを明文化

3　クーリング・オフ

　クーリング・オフとは、保険契約者からの一方的な意思表示により、申込みの撤回、契約の解除を認める制度です。クーリング・オフにより保険契約は無効になり、払い込んだ保険料は全額払い戻されます。

1 クーリング・オフの期限

　起算日（「契約日」または「クーリング・オフの内容を記載した書面の交付日」のいずれか遅い日）から8日以内に意思表示を行う必要があります。クーリング・オフの内容を記載した書面を受け取っていない場合は、起算日が到来していないと考えられ、いつでも撤回を通知できます。

2 撤回・解除の方法

　保険契約の撤回、解除の意思表示は書面（電磁的方法を含む）で行う必要があり、電話や口頭での申出は認められません。郵送（封書やハガキなど）も可能で、その場合の意思表示の期日は消印で認定されます。ただし、以下のような保険契約では、クーリング・オフは認められません。

・保険期間1年以内の契約
・契約することを通知したうえで、保険会社の事務所等（代理店を含む）に
　訪問した場合

・保険会社が指定した<u>医師の診査</u>が終了している場合

・加入義務のある保険（自賠責保険など）

・法人が契約者の保険、営業・事業のための保険

1 ライフプランニングと資金計画
2 リスク管理
3 金融資産運用
4 タックスプランニング
5 不動産
6 相続・事業承継

4 少額短期保険業

　少額短期保険業とは、保険業法上で、少額かつ短期の保険のみ行う事業のことです。少額短期保険業は、「最低資本金 1,000 万円以上」「年間収受保険料 50 億円以下」「保険期間の上限が損害保険 2 年、生命保険、医療保険 1 年」「被保険者 1 人当たりの保険金額の上限が次の範囲内で、かつ総額 1,000 万円まで」などの規制が設けられています。少額短期保険業者は、保険契約者保護機構による補償の<u>対象外</u>ですが、保証金の供託制度があります。

少額短期保険業の保険金の上限

疾病による重度障害・死亡	<u>300 万円</u>
疾病・傷害による入院給付金等	80 万円
傷害による重度障害・死亡	600 万円
損害保険	1,000 万円

5 保険会社の健全性を判断する指標

　保険会社の健全性を判断する指標として、ソルベンシー・マージン比率、格付け、実質純資産額、基礎利益などがあります。

1 ソルベンシー・マージン比率

　ソルベンシー・マージンとは、大災害の発生などの予想外のリスクが発生したときの「支払い余力」のことで、ソルベンシー・マージン比率とは、この支払い余力をどの程度有しているかを示す指標です。

$$\text{ソルベンシー・マージン比率} = \frac{\text{ソルベンシー・マージン総額}}{\text{リスク合計額} \times 1/2}$$

※ソルベンシー・マージン総額：保険会社の資本金、準備金　など
※リスク合計額：引受けリスク、運用リスク　など

比率の数値が大きいほどリスクへの対応力があり、一般的に <u>200%</u> 以上が

健全性の目安です。200%未満になると、金融庁の早期是正措置が発動されます。

ソルベンシー・マージン比率	早期是正措置の内容
100%〜200%未満	経営改善計画の提出およびその実行の命令
0%〜100%未満	自己資本充実計画の提出およびその実行　など
0%未満	業務の一部または全部停止命令

2 格付け

保険会社の財務力や保険金支払い能力を AAA（トリプル A）や AA（ダブル A）などの記号で表したもので、第三者機関である格付け会社が独自に調査して発表します。一般的に BBB（トリプル B）以上の格付けが投資適格とされます。

3 実質純資産額、基礎利益

実質純資産額	含み損益を反映した有価証券や不動産等の資産の合計額から、価格変動準備金や危険準備金等を控除した負債の額を差し引いて計算する。保険会社が実質的に債務超過に陥っていないかを判断する

基礎利益	保険会社の 1 年間の本業の収益を示す指標 　　基礎利益 ＝ 経常利益 － キャピタル損益 － 臨時損益

6　保険契約者保護機構

保険会社が破綻した場合の資金援助や契約者保護を目的として、保険契約者保護機構が設立されています。

外資系保険会社を含む日本国内で営業する保険会社はすべて、その免許の種類（生保・損保）に応じて、生命保険契約者保護機構または損害保険契約者保護機構に加入することが義務付けられています。

ただし、共済、少額短期保険業者、再保険は保護の対象外です。民営化後のかんぽ生命は対象となります。また、銀行の窓口で契約した保険契約も保護の対象となります。

1 資金援助と保険契約の承継

保険会社が破綻した場合、まず、保険契約者保護機構が破綻した保険会社を救済する保険会社を募集します。救済する保険会社が現れた場合は、その救済保険会社に破綻した保険会社の保険契約を移転し、保険契約者保護機構が資金援助を行います。

救済保険会社が現れない場合は、保険契約者保護機構の子会社として承継保険会社を設立して保険契約を承継させるか、保険契約者保護機構が自ら契約を引き継ぎます。

2 保険契約の補償内容

保険会社が破綻した場合の保険契約の補償の内容は、次のとおりです。

生命保険契約はすべて同じ補償ですが、損害保険契約は保険種類ごとに補償内容が異なります。

〈生命保険契約者保護機構の補償〉

すべての生命保険契約（医療保険、個人年金保険を含む）

原則、責任準備金の 90％の補償

ただし、高予定利率契約の場合は、補償割合が追加で引き下げられる

※高予定利率契約とは、破綻時に過去5年間で予定利率が基準利率（2024年4月時点では3％）を常に超えていた契約のこと

損害保険契約者保護機構の補償

	保険金支払	解約・満期返戻金
自賠責保険・地震保険	補償割合 100％	
自動車保険	破綻後 3 カ月間は保険金を全額支払い（補償割合 100％）3 カ月経過後は補償割合 80％	補償割合 80％
火災保険※		
その他の損害保険※		
短期傷害、特定海旅		
年金払積立傷害保険	補償割合 90％	補償割合 90％
その他の疾病・傷害保険		補償割合 90％（積立保険の積立部分は 80％）

※火災保険、その他の損害保険は、個人、小規模法人（従業員 20 人以下の法人等）、マンション管理組合の契約のみ補償

まとめ｜リスク管理とは・保険制度の概要

・リスク・ファイナンシングにおいて、生命保険や損害保険への加入は、リスクの移転に該当する

・保険業法では、保険募集の禁止行為や、違反の処分・罰則などが定められている

・保険契約者保護機構は、保険会社が破綻した際の補償を行う制度で、生保と損保では補償の割合が異なる

1 ライフプランニングと資金計画
2 リスク管理
3 金融資産運用
4 タックスプランニング
5 不動産
6 相続・事業承継

次の文章で正しいものには○、誤っているものには×で
答えましょう。

①リスク・ファイナンシングにおける自家保険とは、将来起こることが予
　想されるリスクにより被る経済的な損害の額を、貯蓄などにより自分で
　準備しておく方法である。

②保険業法上、自賠責保険に加入した者は、契約の申込日から8日以内で
　あれば、書面により申込みの撤回等をすることができる。

③少額短期保険業者と契約をした保険契約は、保険法の適用の対象となる
　が、保険業法の適用の対象とはならない。

④少額短期保険業者が被保険者1人から引き受けられる保険金の総額は、
　原則として1,000万円が上限である。

⑤保険業法で定められたソルベンシー・マージン比率が200％を下回っ
　た場合、監督当局による早期是正措置の対象となる。

⑥少額短期保険業者と契約した保険契約は、生命保険契約者保護機構によ
　る補償の対象となる。

⑦日本国内で事業を行う生命保険会社が破綻した場合、高予定利率契約に
　該当する場合を除き、保険金額の90％まで補償される。

解答＆ポイント解説

①○　②×　③×　④○　⑤○　⑥×　⑦×

自賠責保険や保険期間が1年以内の短期保険は、クーリング・オフの対象外です。
少額短期保険業者は、保険法・保険業法の適用の対象ですが、保険契約者保護
機構による保護の対象外です。生命保険会社が破綻した場合に補償されるのは、
保険金額の90％ではなく、責任準備金の90％です。

03 生命保険のしくみ

必修ポイント
- 生命保険料の原則的な考え方
- 生命保険の契約手続き
- 生命保険の契約内容の見直し

1 生命保険料の原則としくみ

1 生命保険料の原則

生命保険の保険料は、大数の法則と収支相当の原則に基づいて計算されます。

大数の法則	サイコロを何回も振れば、ある目が出る確率は6分の1に近づいていくように、個々の事象は偶然で不確実でも、大数でみれば一定の法則があること ⇒保険会社は、過去の死亡者などの統計資料をもとに保険事故の確率を計算し、保険料を定める
収支相当の原則	「契約者から受け取る保険料の総額とその予定運用益の合計」が、「保険会社が支払う保険金の総額と予定経費の合計」と等しくなるように保険料を定める

2 生命保険料のしくみ

生命保険契約者が保険会社に支払う保険料（営業保険料）は、将来の保険金支払いの財源になる純保険料と保険制度の維持・管理の費用である付加保険料に分けられ、予定死亡率、予定利率、予定事業費率の3つの予定基礎率により計算されます。

保険料の構成

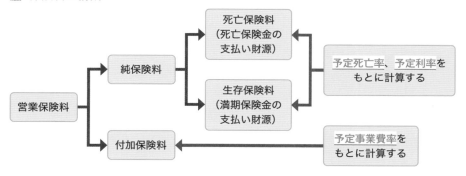

▨ 3つの予定基礎率

予定死亡率	統計（標準生命表）から算出された年齢・性別ごとの年間死亡者数の割合。予定死亡率が高いほど、保険金の支払いが増えるため保険料が高くなる
予定利率	保険会社が保険料を運用するときに予想される運用収益の利率。予定利率が高いほど保険料は低く、予定利率が低いほど保険料は高くなる
予定事業費率	保険会社が運営上必要な費用（事業費、人件費、手数料等）の割合のこと。予定事業費率が高いほど、保険料は高くなる

2 責任準備金と解約返戻金

1 責任準備金

　生命保険の保険料を支払った場合、保険会社は将来の保険金の支払いに備えて、その一部を積み立てています。これを責任準備金といいます。保険業法により、保険会社は責任準備金の積み立てが義務付けられています。

2 解約返戻金

　保険契約を保険期間の途中で解約した場合、お金が戻ってくることがあります。これは、責任準備金の一部が契約者に返されるために発生するもので、これを解約返戻金といいます。解約返戻金は、責任準備金の一部であるため、それまでに支払った保険料と比べて額は少なくなります。

　最近では、保険料払込期間中の解約返戻金を少なくすることで保険料を安くする低解約返戻金型保険や、解約返戻金をなくすことでさらに保険料を安くする無解約返戻金型保険なども発売されています。

3 剰余金・配当金のしくみ

1 剰余金

　予定基礎率（予定死亡率、予定利率、予定事業費率）は、あくまでも予定であるため、誤差が生じるのが通常です。実際の保険料計算では、予定基礎率は余裕を持って定めているため、決算をすると剰余が生じることがあります。これを剰余金といいます。剰余金には、死差益、利差益、費差益があります。

死差益	予定死亡率より実際の死亡者数が少なかった場合の差益
利差益	予定利率より運用益のほうが多かった場合の差益
費差益	予定事業費率より事業費のほうが少なかった場合の差益

1 ライフプランニングと資金計画

2 リスク管理

3 金融資産運用

4 タックスプランニング

5 不動産

6 相続・事業承継

2 配当金

剰余金は、一定の条件に従って契約者に還元されます。これを配当金といいます。配当金は、1年以上経過した契約者に対して、決算期ごとに、保険種類や契約年齢、払込方法、経過年数、保険期間などによって割り当てられ、通常、3年目の契約応当日（毎年の契約日に対応する日）から支払われます。

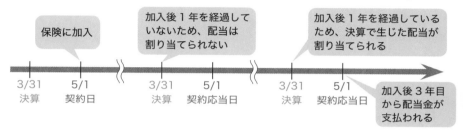

保険は、配当金の有無によって以下のように分類できます。

有配当保険	死差益、利差益、費差益とも配当を出す保険
準有配当保険（利差配当保険）	利差益のみを配当の対象にする保険
無配当保険	配当を出さない保険。保険料は最も安い

4 生命保険の基本用語

保険約款	生命保険契約の詳細を定型的に規定したもので保険種類ごとに作成される
契約のしおり	保険約款から、契約者にとって重要と思われる条項を抜き出して簡単にまとめたもの
契約者	保険契約をした人で、通常は保険料の支払義務者となる。法人も契約者となることができる
被保険者	生命保険の対象となる人で、契約者と同一とは限らない
保険金受取人	契約者から保険金の受け取りを指定された人
保険料	契約者が保険会社に支払うお金
保険金	被保険者の死亡や満期になったときに、保険会社から支払われるお金
給付金	入院、通院、手術などの際に、保険会社から支払われるお金
保険事故	保険契約に基づき、保険会社に保険金・給付金の支払義務が生じる事由
免責	保険事故が発生したときに、例外として保険金を支払う義務を免れること

1 契約の手続き

　生命保険契約を結ぶ場合、保険会社は保険約款と契約のしおりを、契約前に交付する必要があります。

2 責任開始日と契約の承諾

　保険金などの支払義務が発生する日を責任開始日といいます。責任開始日は、以下の3点が完了した日です。

> ①申込書の提出　　②告知または医師の診査　　③第1回保険料払込み

　この3つがすべて完了すると、保険会社の承諾前であっても、保険事故が発生した場合に保険金が支払われます。

3 告知と告知義務違反

　生命保険契約を締結する際、契約者や被保険者には、健康状態や病歴、職業などを保険会社に知らせる告知義務があります。保険法の規定により、告知義務は質疑応答義務となっているため、重要事項について、保険会社から告知を求められた事項について回答をすることになっています。

　告知義務違反があった場合、保険会社は一定期間内であれば、契約を解除できます。払込み保険料は返還されず、その時点の解約返戻金が支払われます。

> 〈告知義務違反でも保険会社が契約解除できない場合〉
> ・保険会社が告知義務違反を知ってから1カ月以上経過した場合
> ・保険募集人が告知の妨害をしたり、告知をしないよう勧めた場合
> ・保険契約から原則5年を経過した保険契約（約款で2年とするのが一般的）

4 保険料の払込み

　保険料の払込方法には、月払い、半年払い、年払い、前納、一時払いがあり、まとめて支払うほど保険料が割り引かれます。前納、一時払いは、どちらも保険期間の保険料を一括で支払う方法ですが、次のような違いがあります。

前納	・将来支払う保険料をまとめて支払うが、毎年、年払い保険料として充当される。全保険期間分の保険料をまとめて支払う方法を全期前納という ・生命保険料控除は、保険料を充当する毎年において受けられる
一時払い	・全保険期間分の保険料を契約時にまとめて支払う方法 ・生命保険料控除は、保険料を支払った年のみ

1 ライフプランニングと資金計画

2 リスク管理

3 金融資産運用

4 タックスプランニング

5 不動産

6 相続・事業承継

6 保険料の払込猶予期間と契約の失効・復活

1 払込猶予期間

保険料は所定の期間内に払い込まなくてはなりませんが、遅延する場合を考慮して<u>払込猶予期間</u>が定められています。猶予期間中に保険事故が発生した場合は、未払込保険料を<u>差し引いて</u>保険金や給付金が支払われます。

払込方法	猶予期間
月払い	払込日の翌月1日から翌月末まで
半年払い、年払い	払込日の翌月1日から翌々月の契約応当日まで

2 契約の失効と復活

猶予期間を過ぎても保険料の払込みがない場合、契約は<u>失効</u>し、それ以降に保険事故が発生しても保険金・給付金は支払われません。ただし、失効後<u>3年</u>（変額保険は<u>3カ月</u>）以内に限り、保険会社の承諾と延滞保険料と利息を支払えば契約を元に戻すことができます。これを<u>復活</u>といいます。<u>復活</u>には告知または医師の診査が<u>必要</u>ですが、保険料は失効前の保険料と<u>同じ</u>です。

 ひとくちポイント！

保険料の払込猶予期間満了日までに保険料が未払いの場合、解約返戻金の一定範囲内で、保険会社が自動的に保険料を建て替える制度を<u>自動振替貸付制度</u>といい、契約は失効せず有効に継続します

7 契約の見直し

1 中途増額、減額

保険期間の中途で、保険金額の増額や特約の中途付加ができます。中途増額・付加部分については新規の加入と同様に扱われ、告知または医師の診査、および中途変更時の年齢による追加保険料が必要になります。

保険期間の中途で保障額を減額したい場合、減額部分は解約として扱われ、解約返戻金があれば支払われます。

2 契約転換制度

現在加入している保険契約の責任準備金や配当金を利用して、同じ保険会社

の新たな保険に加入する方法です。前契約を解約するより、保険料が安く有利ですが、あくまでも新契約であるため、新たに告知または医師の診査が必要になり、保険料は転換時の年齢と保険料率により計算されます。

③ 保険料の支払が困難になった場合

　保険料の払込みが困難になった場合、保険契約の解約や減額のほかに延長（定期）保険や払済保険に変更する方法があります。

●延長（定期）保険

　延長（定期）保険は、保険料の払込みを中止して、その時点の解約返戻金を利用して、従前の保険金額と同額の一時払い定期保険に変更する方法です。一般的に、延長（定期）保険に変更した場合、保険期間は短くなります。

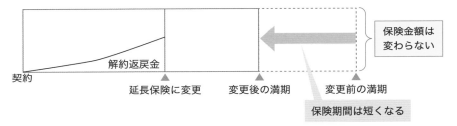

●払済保険

　払済保険は、保険料の払込みを中止して、その時点の解約返戻金を利用して、従前と同じ保険期間の一時払い保険に変更する方法です。一般的に、払済保険に変更した場合、保険金額は少なくなります。

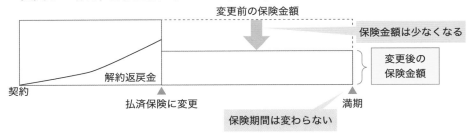

ひとくちポイント！

延長（定期）保険や払済保険に変更した場合、それ以降の保険料の支払いは不要ですが、その時点で、もとの保険に付いていた各種特約は消滅します

1 ライフプランニングと資金計画

2 リスク管理

3 金融資産運用

4 タックスプランニング

5 不動産

6 相続・事業承継

まとめ｜生命保険のしくみ

・生命保険料は、<u>純保険料</u>と<u>付加保険料</u>に分けられ、予定死亡率、予定利率、予定事業費率をもとに計算される
・契約者が、通常、保険料の支払義務者となり、被保険者と同一の場合や被保険者と異なる場合もある
・保険料の払込みが困難になった場合、<u>延長（定期）保険</u>や<u>払済保険</u>に変更することができ、それ以降、保険料の支払いは<u>不要</u>になる

一問一答・チャレンジ問題！

次の文章で正しいものには〇、誤っているものには×で答えましょう。

①保険料は、将来の保険金・給付金の支払いの財源となる純保険料と、保険事業を維持・管理するために必要な経費等の財源になる付加保険料で構成される。

②予定死亡率と予定利率は、いずれもその率が高くなるほど保険料が高くなる。

③保険会社が実際に要した事業費が、予定していた事業費よりも少なかった場合、利差益が生じる。

④低解約返戻金型終身保険では、保険料払込期間中の解約返戻金が低く抑えられているため、割安な保険料が設定されている。

⑤申込書の提出、告知または医師の診査、保険会社の承諾の３つが完了した日が保険会社の責任開始日となる。

解答&ポイント解説

① 〇　② ×　③ ×　④ 〇　⑤ ×
予定利率が高くなるほど、保険料は<u>低く</u>なります。③で生じるのは<u>費差益</u>です。
責任開始日には保険会社の承諾は関係なく、<u>第1回保険料の払込み</u>が必要です。

04 生命保険商品

必修ポイント
● 基本的な生命保険商品の特徴
● 生命保険に付加する特約の種類
● 団体生命保険のポイント

1 基本的な生命保険商品

生命保険商品には、定期保険、終身保険、養老保険の3つの基本的な形態があり、ほかの商品はこの変形と考えられます。

1 定期保険

定期保険は、定められた一定の保険期間内に被保険者が死亡または高度障害になった場合に保険金が支払われる保険です。満期保険金は<u>なく</u>、何事もなく期間満了になると保険料が<u>掛け捨て</u>になるため、保険料が<u>安い</u>のが特徴です。

●平準型定期保険

期間満了まで<u>保険金額</u>が一定で変わらない定期保険です。保険料は、全期間一定の<u>全期型</u>と、途中で更新により変わる<u>更新型</u>があります。更新型の場合、一定の期間内であれば、診査・告知することなく自動的に更新されます。

●逓増定期保険

保険期間の経過とともに、保険金額が一定期間ごとに一定の割合で<u>増加</u>する定期保険です。<u>保険料</u>は、保険期間を通じて変わりません。会社役員など、年数が経つにつれて責任の重くなる人の保障に使われることが多い保険です。

●逓減定期保険

保険期間の経過とともに、保険金額が一定期間ごとに一定の割合で<u>減少</u>する定期保険です。これの<u>保険料</u>も、保険期間を通じて変わりません。必要保障額は、一般的に期間の経過とともに減少していくため、個人のライフプランにあわせて必要な分の保障を効率的に準備できる保険です。

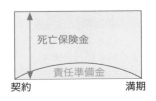

■ 平準型定期保険

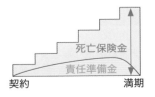

■ 逓増定期保険

■ 逓減定期保険

●収入保障保険

収入保障保険は、保険者の死亡・高度障害保険金が一時金でなく、毎年・毎月の年金形式で受け取れる保険です。死亡時から一定期間受け取れる確定年金タイプや、一定期限まで受け取れる歳満了年金タイプなどがあります。保険金を一時金で受け取ることもできますが、年金形式で受け取る場合より、受取総額は少なくなります。

●生存給付金付定期保険

保険期間中に死亡したときは死亡保険金が支払われ、生存していれば、一定期間ごとに生存給付金や満期生存給付金が支払われる保険です。

② 終身保険

終身保険は、死亡・高度障害の保障が一生涯続く保険で、途中解約しない限り必ず保険金が支払われます。保険会社は、まとまった額の責任準備金を積み立てているため、一定期間保険料を積み立てると解約返戻金もまとまった額となり、貯蓄機能もあるといえます。

保険料の支払いは、60歳や65歳などのあらかじめ定めた年齢で終了する有期払いと、一生涯支払う終身払いがあり、ほかの条件が同じであれば、保険料は、有期払いよりも終身払いのほうが安くなります。また、男性と女性では、女性のほうが平均余命が長いため、1回当たりの保険料は女性のほうが安くなります。

終身保険

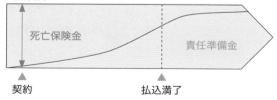

●定期保険特約付終身保険（定期付終身保険）

定期保険特約付終身保険は、主契約の終身保険に定期保険を特約として付加した保険です。定期特約が満了するまでは終身部分と定期特約部分を合計した額の保険金が支払われ、定期特約が満了後は終身部分のみの保障となります。

保険金額が同じであっても、定期特約を付けることで、終身保険よりも保険料が安くなるため、比較的割安な保険料で、必要な保障額を準備するのに適した保険といえます。

1 ライフプランニングと資金計画

2 リスク管理

3 金融資産運用

4 タックスプランニング

5 不動産

6 相続・事業承継

▨ 定期保険特約付終身保険（全期型）

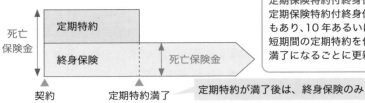

定期保険特約付終身保険（更新型）
定期保険特約付終身保険には更新型
もあり、10年あるいは15年などと、
短期間の定期特約を付けて、期間が
満了になるごとに更新していきます

●低解約返戻金型終身保険

　低解約返戻金型終身保険は、保険料払込期間中の解約返戻金が低く設定され
ているため、支払保険料が割安になります。保険料払込期間経過後の解約返戻
金は、ほかの終身保険と同じ水準になります。

●無選択型終身保険

　無選択型終身保険は、告知や医師の診査なしで加入できる終身保険です。健
康状態にかかわらず加入できますが、保険料は割高です。一般的に、契約後一
定期間内に疾病により死亡した場合、死亡保険金は、払い込んだ保険料相当額
のみとなります。

③ 養老保険

　養老保険は、一定の保険期間を決めて、保険期間中に死亡・高度障害になっ
た場合は死亡・高度障害保険金が支払われ、保険終了時に生存していた場合に
は、死亡保険金と同額の満期保険金を受け取ることができる保険です。

　死亡・高度障害保険金が支払われた場合、契約は終了するので満期保険金は
支払われません。

　養老保険は貯蓄性が高く、特に保険料を加入時にまとめて支払う一時払養老
保険は金融商品の性格が強いと考えられます。

▨ 養老保険

保険期間が5年以下の一時払い
養老保険は、金融類似商品に
該当します

２　そのほかの生命保険商品

① 利率変動型積立終身保険（アカウント型保険）

　保険料をアカウント（積立）部分と保障部分に分け、保険料の払込み期間中

は定期保険特約や医療特約等の保障のみで、払込みが終了した時点で、アカウント部分にたまった金額をもとに終身保険、介護保険等に移行する保険です。

　積立部分を利用することで、支払保険料を増やすことなく保障の見直しをすることができ、設計の自由度の高さが特徴です。また、積立部分はいつでも積み増したり引き出したりできます。積立部分の予定利率は、一定期間ごとに見直されますが、最低保証利率が設定されているのが一般的です。

② 変額保険

　支払った保険料を特別勘定で運用し、死亡・高度障害保険金、満期保険金の額が運用成果によって変動する保険です。一般的に死亡・高度障害保険金（基本保険金額）は一時払い保険料相当額が最低保証されていますが、満期保険金は最低保証がないのが一般的で、解約返戻金には最低保証はありません。

　保障期間に満期のある有期型と満期のない終身型があります。

③ 外貨建て生命保険

　外貨で保険料を支払い、外貨で保険金や解約返戻金を受け取る保険で、終身保険、養老保険、個人年金保険などがあります。

　一般に円建ての同種の生命保険より予定利率を高く設定している場合が多いですが、為替水準が円高に推移すると、円に換算したときに必要な保障額を準備できないこともあります。

　外貨建て生命保険の円換算支払特約は、保険料支払いと保険金受取りを円貨でできる特約ですが、為替変動によるリスクを回避することはできません。

④ 団体信用生命保険

　団体信用生命保険は、契約者を金融機関等、被保険者を債務者とする保険で、住宅ローンの返済期間中に債務者が死亡したなどの場合に保険金が支払われ、債務残高の返済に充てられます。一般に、団体信用生命保険の保険料は住宅ローンの金利に含まれています。

　団体信用生命保険の保険料は、生命保険料控除の対象外で、死亡保険金は、相続税の対象外です。

3　団体生命保険

　団体生命保険は、企業などに所属する者が一括加入または任意加入できる保険で、総合福祉団体定期保険、団体定期保険（Bグループ保険）が代表的なものです。

1 ライフプランニングと資金計画

2 リスク管理

3 金融資産運用

4 タックスプランニング

5 不動産

6 相続・事業承継

総合福祉団体 定期保険	・法人が契約者、役員・従業員が被保険者となる福利厚生目的の1年満期の定期保険 ・死亡保険金は、原則として遺族が受け取るが、被保険者の同意があれば、保険金受取人を法人にすることができる ・保険料は法人が全額負担し、損金算入できる ・加入の際は、加入予定者の告知と被保険者になることの同意が必要
団体定期保険 （Bグループ保険）	・従業員が、勤務先の会社を通して任意に加入する生命保険で、一般的に、個人で加入するよりも保険料が割安

4 生命保険の特約

　特約とは、主契約に付加して加入するもので、主契約でカバーできないさまざまなリスクを保障することができます。原則として、主契約の保険期間あるいは払込期間を超えて付加することはできず、特約のみの加入もできません。

▨ 災害などに備える特約

災害割増特約	災害が原因で事故の発生日から180日以内に死亡・高度障害になった場合、または特定感染症で死亡・高度障害になった場合に上乗せして保険金が支払われる
傷害特約	災害が原因で事故の発生日から180日以内に死亡・高度障害、特定感染症で死亡・高度障害、災害を直接の原因として身体障害が生じた場合に給付金が支払われる

▨ 入院・通院・手術などに備える特約

疾病入院特約	病気で入院したときに入院給付金が支払われる。手術の際には、種類に応じて入院給付金日額の10倍～40倍の手術給付金が支払われる
災害入院特約	ケガによる入院のときに入院給付金が支払われる
生活習慣病入院特約	がん、心疾患、脳血管疾患、高血圧、糖尿病によって入院したときに給付金が支払われる
女性疾病入院特約	女性特有の病気で入院したときに給付金が支払われる
がん入院特約	がんで入院したときに給付金が支払われる
先進医療特約	治療を受けた時点で厚生労働大臣が認可する先進医療に該当する治療を受けたとき、治療の種類に応じた給付金が支払われる
通院特約	入院給付金の対象となる入院をして、退院後に治療の目的で通院をした場合に支払われる

生前給付特約

特定疾病保障特約 （三大疾病保障特約）	死亡・高度障害保険金のほかに、がん・心筋梗塞・脳卒中で所定の状態となった場合に、死亡保険金と同額の保険金が生前給付される
リビング・ニーズ特約	医師によって余命6カ月以内と診断された場合に、死亡保険金の一部または全部（一般的に3,000万円が上限）が支払われる。割り増し保険料は不要

まとめ｜生命保険商品

・生命保険は、定期保険、終身保険、養老保険の3つが代表的な商品
・総合福祉団体定期保険は、法人が契約者である1年満期の定期保険で、被保険者（役員・従業員）が死亡すると、原則、遺族が保険金を受け取る
・特定疾病保障特約では、死亡・高度障害保険金のほかに、がん・心筋梗塞・脳卒中のときに生前給付が受けられる

一問一答・チャレンジ問題！

次の文章で正しいものには○、誤っているものには×で答えましょう。

①収入保障保険の死亡保険金を一時金で受け取る場合、年金形式で受け取る場合と比較すると、受取総額は多くなる。

②外貨建て生命保険に円換算支払特約を付加した場合、保険料や保険金が円貨で支払われるため、為替変動リスクを回避できる。

③先進医療特約の支払いの対象とされている先進医療は、治療を受けた時点において厚生労働大臣によって定められているものである。

解答&ポイント解説

① × ② × ③ ○

収入保障保険では、一時金で受け取る場合、年金形式より受取総額は少なくなります。外貨建て生命保険の円換算支払特約は、そのときの為替レートで円換算した額を円貨で支払う（受け取る）特約で、為替リスクは回避できません。

05 医療保険

- 医療保険のしくみと特徴
- 入院給付金の支払い日数
- がん保険のしくみと特徴

1 医療保険の概要

　医療保険とは、病気やケガによる入院などを幅広く保障する保険です。生命保険を第1分野の保険、損害保険を第2分野の保険と呼び、どちらにも分類できない医療保険、がん保険、民間の介護保険などを第3分野の保険と呼ぶこともあります。

2 医療保険

1 医療保険の保障内容

　医療保険では、入院や手術などのときに、次のような保障があります。

入院給付金	入院した際に支払われる給付金。入院給付金日額をもとに、入院した日数に応じて支払われる
手術給付金	手術種類に応じた給付金（入院給付金日額の10倍、20倍、30倍、40倍）が支払われる
死亡給付金	死亡した場合に給付金が支払われる。死亡給付金がないタイプもある
通院給付金	一般的に、入院をして退院後に、治療の目的で通院をした場合に、通院した日数に応じて支払われる

2 入院給付金の支払い日数

　医療保険の入院給付金には、給付日数に限度が設けられており、1入院当たりの限度日数と通算の限度日数があります。例えば、1入院当たりの限度日数が60日の場合、70日間入院をしても支払われる入院給付金は60日分が上限です。また、退院した後、同一の原因により退院の翌日から180日以内に再入院をした場合、1入院とみなされ、1入院当たりの限度日数しか支払われません。

　さらに、入院給付金の支払い日数が通算の限度日数を超えた場合は、その時点で契約が終了します。

1 ライフプランニングと資金計画

2 リスク管理

3 金融資産運用

4 タックスプランニング

5 不動産

6 相続・事業承継

3 がん保険

1 がん保険の特徴

　がん保険には、加入後 3 カ月（または 90 日間）の待期間（免責期間）があり、その間にがんと診断されても給付金は支払われません。また、がん保険の入院給付金には支払限度日数はなく、入院初日から退院するまで日数無制限で給付金が支払われます。

2 がん保険の保障内容

　がん保険は、がんの保障を目的とした保険で、次のような保障があります。

診断給付金	初めてがんと診断された場合に支払われる
入院給付金	がんで入院した場合に、入院した日数に応じて支払われる
手術給付金	がんの手術に対して、種類に応じた給付金が支払われる
死亡給付金	がんで死亡した場合とがん以外によって死亡した場合で、給付金の額が異なる

4 介護（保障）保険

　寝たきりや認知症など、保険会社が認める要介護状態になったときに介護一時金や介護年金が支払われる保険です。公的介護保険とは異なり 40 歳未満の人も加入できるため、若年者の介護にも対応できます。要介護状態の認定は保険会社独自の認定基準で判断されますが、公的介護保険の要介護認定に連動して保険金を支払うタイプの保険もあります。

介護一時金	要介護状態が一定期間継続、または要介護状態と認定された場合に、一時金として支払われる
介護年金	要介護状態と認定された場合に、要介護状態が続いている間、年金が支払われる

5 指定代理請求人

　医療保険やがん保険、介護保険などの給付金を受け取るためには、原則として本人からの請求が必要です。本人が請求できない状態のときや告知されていない場合などは、事前に指定代理請求人を指定しておくことで、本人に代わって給付金などを請求することができます。指定代理請求人には、配偶者、同一生計の 3 親等内の親族などがなることができます。

06 個人年金保険

- 個人年金保険の3つの種類と特徴
- 保証期間付終身年金、有期年金
- 変額個人年金の特徴

1 個人年金保険とは

個人年金保険は、保険料を支払い、一定の年齢になると年金が支払われる保険です。公的年金で不足する老後の生活資金を補完する貯蓄タイプの保険といえます。

2 定額個人年金保険

1 定額個人年金保険の種類

定額個人年金保険は、契約時に決められる年金の額が定額である個人年金保険です。年金を受け取ることができる期間などによって、終身年金、確定年金、有期年金があります。年金支払開始以前に被保険者が死亡した場合は、所定の死亡給付金（払込保険料相当額）が支払われます。

終身年金	・被保険者が生存している限り年金が支払われる ・保険料は男性より女性のほうが高い ・年金の支払いに一定の保証期間を付けることもできる（保証期間の途中で被保険者が死亡した場合は、遺族に残りの期間の年金または一時金が支払われる）
確定年金	・被保険者の生死に係わらず、一定期間年金が支払われる ・被保険者が年金受取り期間中に死亡した場合は、遺族に残りの期間の年金または一時金が支払われる
有期年金	被保険者が生存していれば、一定期間年金が支払われる ・支払期間中に被保険者が死亡した場合、それ以降の年金は支払われない ・年金の支払いに一定の保証期間を付けることもできる（保証期間の途中で被保険者が死亡した場合は、遺族に残りの期間の年金または一時金が支払われる） ・保険料は、終身年金、確定年金より安い

終身年金、確定年金、有期年金の年金支払いの期間や条件をしっかり押さえましょう！

1 ライフプランニングと
資金計画

2 リスク管理

3 金融資産運用

4 タックスプランニング

5 不動産

6 相続・事業承継

■ 保証期間付終身年金のイメージ

② 夫婦（連生）年金保険

夫婦の両方を被保険者とし、どちらかが生きている限り年金が支払われる個人年金保険です。一般的には、夫婦のどちらかが死亡しても年金額は変わりませんが、どちらかが死亡した場合、年金額が減額されるものもあります。

3 変額個人年金保険

変額個人年金保険は、保険会社が預かった保険料を特別勘定で運用し、運用実績によって受け取る年金や解約返戻金の額が変動する個人年金保険です。解約返戻金に最低保証はありませんが、一般的に運用期間中の死亡給付金には最低保証があります。年金原資や年金受取総額に最低保証がある商品もあります。

■ 変額個人年金保険のイメージ

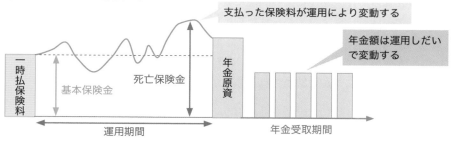

4 外貨建て個人年金保険

保険料の支払いや保険金、年金の受取りを米ドル等の外貨で行う個人年金保険です。支払った保険料は、その通貨で運用され、円建ての商品よりも利回りが高くなることが多いですが、為替リスクがあり元本割れの可能性もあります。

円換算特約を付帯した場合、外貨建ての保険料を円換算して払い込む（円換算払込み特約）ことや、外貨建ての保険金や年金を円で受け取る（円換算支払

特約）こともできます。ただし、円換算特約を付帯しても、為替リスクを回避
することはできません。

まとめ｜医療保険・個人年金保険

・医療保険の保障は、入院給付金、手術給付金などが中心だが、死亡保障が
　あるものもある
・がん保険では、加入後3カ月（または90日間）の待期間があり、待期間
　にがんと診断されても給付金は支払われない
・定額個人年金保険には、終身年金、確定年金、有期年金の3種類があり、
　年金を受け取れる条件が異なる

一問一答・チャレンジ問題！

次の文章で正しいものには○、誤っているものには×で
答えましょう。

①健康診断により異常が認められ、医師の指示によりその治療を目的とし
　て入院した場合、医療保険の入院給付金の対象となる。

②がん保険では、がんによる入院により被保険者が受け取る入院給付金は、
　その保険契約により定められた支払日数が上限である。

③がん保険では、6カ月間または180日間の免責期間が定められており、
　その期間中にがんと診断されても、がん診断給付金は支払われない。

④保証期間を定めない有期年金は、契約時に定めた年金支払期間中に被保
　険者が死亡した場合、契約が消滅して年金支払は終了する。

解答&ポイント解説

① ○　② ×　③ ×　④ ○
がん保険では、がんによる入院給付金の支払日数には限度はありません。がん
保険の待期間（免責期間）は3カ月または90日です。

07 損害保険のしくみ

必修ポイント
- 損害保険の基本的なしくみと特徴
- 損害保険の基本的な用語
- 損害保険に関係のある法律

1 損害保険の分類

1 損害保険の基本形

　損害保険は、企業活動や個人生活で生じるさまざまなリスクを補償する保険で、大きく分けて、人保険、物保険、賠償責任保険などがあります。

損害保険の種類

人保険	事故や災害などにおけるけがに対して補償する ⇒傷害保険、労働災害総合保険　など
物保険	災害や事故、盗難などによる財産の損害を補償する ⇒火災保険、機械保険　など
賠償責任保険	事故や過失などで第三者に法律上の損害を与えた場合の賠償責任を補償する ⇒個人賠償責任保険、生産物賠償責任保険　など
その他の保険	病気やケガなどによる費用の増大や収入の減少による損失を補償する ⇒所得補償保険、介護費用保険　など

2 定額払いと実損払い

　生命保険や医療保険では、保険事故が発生した場合、契約時に定められた保険金や給付金が定額で支払われますが、損害保険の場合は、契約した際の保険金額を限度に、実際の損害額が支払われます。これを実損払いといいます。

　ただし、傷害保険などの人保険については、原則として定額払いとなっています。

2 損害保険料のしくみ

1 損害保険料〜原則となる考え方

　損害保険の保険料は、大数の法則、収支相当の原則に加えて、給付・反対給付均等の原則（公平性の原則）、利得禁止の原則をもとに算出します。

給付・反対給付均等の原則 （レクシスの原則）	加入者の事故発生率（危険度）によって保険料を定め、危険度の高い者が高い保険料を負担する
利得禁止の原則	損害額以上の保険金を得ることで、被保険者が利得を得てはいけないこと。このため、損害保険は実損払いとなっている

2 損害保険料のしくみ

損害保険料（営業保険料）は、純保険料と付加保険料に分けられます。

3　損害保険の基礎用語

保険の目的	建物・家財、自動車、人などの保険を付ける対象
再調達価額	保険の目的と同等のものを新たに購入するのに必要な金額
時価	保険の目的と同等のものを新たに購入するのに必要な金額から使用による消耗分を引いた金額
保険価額	評価金額のことで、通常は時価で評価するが、再調達価額で価額協定する場合もある
保険金額	契約金額のことで、保険金で補償される限度額
超過保険	保険金額が保険価額を上回っている契約。保険価額を超える損害保険金は支払われない
全部保険	保険価額と保険金額が同額の契約
一部保険	保険金額が保険価額を下回っている契約。保険金は比例てん補により支払われる
実損てん補	保険金額を限度に、実際の損害額の全額を保険金として支払うこと
比例てん補	一部保険の場合に、保険価額に対する保険金額の割合に応じて保険金額が減額されて支払われること
免責	保険事故が発生した場合に、例外として保険金を支払う義務を免れること

4　損害保険に関係のある法律

1 失火の責任に関する法律（失火責任法）

　過失によって他人に損害を与えた場合、民法により被害者に対して賠償責任を負うことが定められていますが、軽過失による火災の延焼で隣家が焼失した場合は、失火の責任に関する法律により賠償責任を負わないことが定められています。ただし、重過失の場合は、賠償責任を免れることはできません。

失火責任法のポイント

- 軽過失による失火で隣家を延焼させた場合は損害賠償責任を負わない
- ただし、重過失による失火や爆発による場合は、賠償責任を負う
- 借家人が火災を起こした場合、隣家への賠償責任は負わないが、自室については大家への原状復帰義務に対する債務不履行として賠償責任を負う
- 賃借人が自分の家財に火災保険を契約し、その特約として付保する借家人賠償責任担保特約がある

② 自動車損害賠償保障法（自賠法）

　自動車損害賠償保障法は、自動車の運用による人身事故の損害賠償を補償することを目的に定められ、運行供用者（自動車の保有者と運転者）に無過失責任に近い責任を負わせることで、被害者の賠償請求を容易にしています。

自動車損害賠償保障法（自賠法）のポイント

- 自動車事故により人身事故を起こした場合、運行供用者が無過失責任に近い責任を負う
- 自動車損害賠償保障法により、原則としてすべての自動車（原動機付自転車を含む）は自動車損害賠償責任保険（自賠責保険）への加入が義務付けられている

③ 製造物責任法（ＰＬ法）

　製造物責任法では、製造業者等は引渡した製造物に欠陥があり、他人の身体・財物に危害を加えた場合に、これによって生じた損害を賠償することが定められています。

製造物責任法（ＰＬ法）のポイント

- 製造業者等には、業として製造、加工、輸入した者、自ら製造業者として表示した者、実質的な製造業者と認めることができる表示をした者などが該当する
- 製造物とは、製造または加工された動産をいう。不動産や未加工の一次産品による損害は対象とならない
- 欠陥とは、その製造物が通常有すべき安全性を欠いていることをいう

1 ライフプランニングと資金計画
2 リスク管理
3 金融資産運用
4 タックスプランニング
5 不動産
6 相続・事業承継

まとめ｜損害保険のしくみ

・損害保険は、原則として契約した保険金額を限度として実際の損害額が支払われる<u>実損払い</u>である
・保険金額が保険価額を下回っている<u>一部保険</u>の場合、保険金は<u>比例てん補</u>により支払われる
・失火責任法により、<u>軽過失</u>による火災で隣家を延焼させた場合は、賠償責任を問われない
・自動車損害賠償保障法により、すべての自動車（原動機付自転車を含む）は、<u>自動車損害賠償責任保険</u>への加入が義務付けられている

一問一答・チャレンジ問題！

次の文章で正しいものには〇、誤っているものには×で答えましょう。

①超過保険とは保険金額が保険価額を上回っている保険のことで、損害の程度に応じて保険金額を限度として損害保険金が支払われる。

②一部保険では、保険価額に対する保険金額の割合に応じて、保険金額が比例てん補方式により支払われる。

③失火の責任に関する法律によれば、失火により他人に損害を与えた場合、失火者に重大な過失がなかったときは、民法709条（不法行為による損害賠償）の規定が適用される。

④製造物責任法によれば、製造業者等は引渡した製造物に欠陥があり、他人の身体・財物に危害を加えた場合、その損害を賠償する責任を負う。

解答&ポイント解説

① ×　② 〇　③ ×　④ 〇
超過保険では、保険価額を超える損害保険金は支払われません。失火の責任に関する法律では、失火者に<u>重過失</u>があった場合に民法709条の損害賠償の規定が適用されることとされています。

08 損害保険商品

必修ポイント
- 火災保険と地震保険のポイント
- 自賠責保険と任意の自動車保険のポイント
- 傷害保険、個人賠償責任保険の概要

1 火災保険

1 火災保険の概要

火災保険は、火災などを原因とした建物や家財などの損害を補償し、後片付けのような臨時費用などの間接損害も補償する保険です。ただし、契約者の重大な過失による火災の場合、保険金は支払われません。また、一般的に、<u>自動車</u>の損害も火災保険の目的から外されています。

住宅を対象とする火災保険の目的は<u>建物</u>、<u>家財</u>となり、事務所や工場を対象とする火災保険の目的は建物、家財、商品、什器、備品等その他の動産です。住宅を対象とする火災保険では、建物と家財は別々に保険金額を設定します。家財のうち1個または1組の価格が**30万円**を超える貴金属や宝石・書画骨董は、加入の際に別途、<u>明記物件</u>として申込書に記入しなければ補償されません。

火災保険では、<u>通貨</u>、<u>有価証券</u>、印紙、切手などは目的とすることはできません。また、<u>ペット</u>も補償の対象外です。

2 火災保険の保険料

火災保険の保険料は、給付・反対給付均等の原則により、危険度に応じて公平になるように定められています。

専用住宅を保険の対象とする場合、構造級別は、<u>M構造</u>（コンクリート造りの共同住宅）、<u>T構造</u>（コンクリート・鉄骨造りの戸建て）、<u>H構造</u>（木造の戸建て）に分類されます。

3 火災保険の保険金額

建物の保険価額は、原則として<u>時価</u>で評価されます。その場合、年数が経過した建物では、実際に支払われる金額は減価償却費を差し引いた額となるため、同じ建物を建てるには金額が不足してしまいます。そのため、<u>価額協定保険特約</u>を付けることにより、保険金額を<u>再調達価額</u>とすることができます。

4 比例てん補方式

保険金額が保険価額を下回っている<u>一部保険</u>では、保険金額以上の保険金は支払われません。例えば、1,000万円の建物に500万円の保険金額を掛けた場合（一部保険）、1,000万円の損害を被った場合でも保険金の額は<u>500万円</u>となります。また、全焼でなく一部損の場合は、<u>比例てん補方式</u>により保険金額が計算されます。

◇比例てん補方式の計算

$$保険金額 = 損害額 \times \frac{保険金額（契約額）}{保険価額（時価） \times 80\%}$$

建物の評価額：1,000万円
保険金額：500万円
損害額：200万円

$$保険金額 = 200万円 \times \frac{500万円}{1000万円 \times 80\%} = 125万円$$

5 専用住宅を対象とする火災保険

専用住宅の建物と家財を対象とする火災保険には、住宅火災保険、住宅総合保険、団地保険などがあります。

住宅火災保険、住宅総合保険の補償の対象

直接損害の補償	住宅火災保険	住宅総合保険
火災、落雷、爆発、破裂による損害	○	○
風災（竜巻を含む）、ひょう災、雪災	○	○
外来物の落下、飛来、衝突	×	○
水濡れ	×	○
消防による建物の損害	○	○
盗難（屋外や火災等における盗難は除く）	×	○
持ち出し家財	×	○
水災（床上浸水等一定規模以上のもの）	×	○
地震・噴火・津波、これらによる火災	×	×

○：補償される　　×：補償されない

団地保険は、マンションや団地を対象とした火災保険で、補償内容は住宅総

合保険とほぼ同じですが、一般的に水害については補償されません。

> ## 火災保険のポイント
> ・火災保険金が支払われる場合は、臨時費用・残存物取片付け費用・失火見舞費用などが支払われる
> ・火災保険では、地震・噴火・津波による損害は一切補償されない。ただし、それらを原因とする火災によって建物が半焼以上の場合は、地震火災費用保険金（保険金額の5%、300万円が限度）が支払われる
> ・火災による自動車の損害は自動車保険（車両保険）の対象となり、火災保険では補償されない

6 普通火災保険、店舗総合保険

普通火災保険	・住宅以外に使用される建物やその収容動産を補償の対象とする火災保険 ・一般物件用、倉庫物件用、工場物件用がある
店舗総合保険	・店舗や店舗併用住宅の建物やその収容動産を補償の対象とする ・補償内容は住宅総合保険とほぼ同じであるが、修理付帯費用も補償される

7 地震保険（特約）

火災保険では、地震・噴火・津波による損害とこれらを原因とする火災は補償されません。これらによる損失を補償するためには、地震保険を付帯する必要があります。地震保険は、主契約の火災保険の特約として付帯します。

▨ 地震保険の概要

保険の対象	・住宅（店舗併用住宅を含む）とその家財のみ ・店舗、事務所、工場等には付保できない ・店舗併用住宅の場合、居住部分に付保する ・1個または1組の価格が30万円を超える貴金属、宝石・書画骨董は対象外
対象事故	・地震・噴火・津波を原因とする火災、損壊 ・地震による液状化を原因とする建物の損害
加入方法	単独では加入できず、火災保険の特約として付帯する
保険金額	火災保険の保険金額の30～50% （建物は5,000万円、家財は1,000万円が限度）
保険料	建物の構造と所在地によって決められる

1 ライフプランニングと資金計画
2 リスク管理
3 金融資産運用
4 タックスプランニング
5 不動産
6 相続・事業承継

●保険期間

地震保険の保険期間は、原則として 1 年で、主契約の火災保険の保険期間によって、以下のように設定できます。

主契約が 5 年以下	主契約と同期間か、1 年ごとの自動更新
主契約が 5 年超	5 年または 1 年ごとの自動更新

●損害区分と支払保険金額

地震保険の支払保険金の額は損害の程度に応じて、4 段階に区分されます。

全損	地震保険金額の全額（時価が限度）
大半損	地震保険金額の 60%（時価の 60%が限度）
小半損	地震保険金額の 30%（時価の 30%が限度）
一部損	地震保険金額の 5%（時価の 5%が限度）

●保険料の割引制度

地震保険の保険料には、住宅の耐震性能に応じた 4 つの割引制度がありますが、重複して適用を受けることはできません。

耐震等級割引	一定の耐震基準を満たせば、10%、30%、50%の割引
建築年割引	1981 年 6 月 1 日以降に新築された建物の場合、10%の割引
免震建築物割引	品確法に基づく免震建物の場合、50%の割引
耐震診断割引	耐震診断、耐震改修の結果、改正建築基準法を満たせば、10%の割引

複数の割引制度の要件に該当する場合は、最も有利な（割引率が高い）ものを選択できます

8 利益保険、企業費用・利益総合保険、店舗休業保険

火災による企業活動の損害を補償するのが利益保険、企業費用・利益総合保険や店舗休業保険です。

利益保険 企業費用・利益総合保険	企業が火災などで売上や生産が減少した場合の喪失利益や収益減少防止費用を補償する
店舗休業保険	小売やサービス業の店舗が火災などの損害によって休業した場合の粗利益の損失を補償する

2 ▸ 自動車保険

1 自動車保険の概要

　自動車事故を起こした加害者の民事上（経済上）の賠償責任を補償するのが自動車保険です。自動車保険には、強制保険である<u>自動車損害賠償責任保険（自賠責保険）</u>と任意に加入する自動車保険があります。

2 自動車損害賠償責任保険（自賠責保険）

●自賠責保険の概要

　自動車損害賠償保障法（自賠法）の規定により、原則としてすべての車（原動機付自転車も含む）に加入が義務付けられる強制保険です。未加入で走行した場合は、1年以下の懲役または50万円以下の罰金が科されます。

●補償の対象

　自賠責保険の補償の対象は、<u>対人賠償</u>に限られています。運転者本人の死亡・傷害などは補償の<u>対象外</u>ですが、同乗者は補償の対象となり、<u>親族間事故</u>も<u>補償されます</u>。

　ただし、被保険者が悪意によって被害者にケガや死亡させた場合は免責となり、保険金は支払われません。

●保険料

　自賠責保険の保険料は、被保険自動車の用途・車種、保険期間によって決まり、全保険会社で<u>同一</u>の保険料です。

●支払限度額

　自賠責保険の支払限度額は、<u>死傷者1人当たり</u>、次のように定められています。

▨ 自賠責保険の支払限度額（死傷者1人当たり）

死亡事故	死亡支払限度額	<u>3,000万円</u>
	死亡までの傷害支払限度額	<u>120万円</u>
傷害事故	傷害支払限度額	120万円
	後遺障害による支払限度額	<u>4,000万円</u> ～ 75万円

　なお、1事故当たりの支払限度額は定められていないため、被害者が複数の場合は、被害者ごとに限度額まで支払われます。保険金の請求は、被保険者（加害者）からだけでなく、被害者からも保険会社に直接請求できます。

1 ライフプランニングと資金計画
2 リスク管理
3 金融資産運用
4 タックスプランニング
5 不動産
6 相続・事業承継

●政府の保障事業

　ひき逃げや盗難車による事故の場合、自賠責保険では補償されませんが、政府の保障事業で補償されます。支払われる金額は、自賠責保険と同じです。

３ 任意の自動車保険

●任意の自動車保険の概要

　任意の自動車保険は、損害保険会社などが販売している保険商品で、自賠責保険で補償されない自損事故や対物・車両事故などを補償する保険です。

●任意の自動車保険の種類と概要

対人賠償保険	・自動車事故で他人を死傷させ法律上の賠償責任を負った場合に、自賠責保険の支払額を超える部分の保険金を支払う ・被害者救済の見地から、飲酒運転・無免許運転（失効中も含む）による事故も保険金が支払われる 　　　　　　※運転者本人、親・子・配偶者は補償の対象外
対物賠償保険	・自動車事故で他人の財物に損害を与えて法律上の賠償責任を負った場合に、保険金が支払われる ・被害者救済の見地から飲酒運転・無免許運転（失効中を含む）による事故も保険金が支払われる 　　　　　　※運転者本人、親・子・配偶者は補償の対象外
搭乗者傷害保険	・自動車事故で搭乗者（運転者を含む）が死亡した場合に保険金が支払われる ・死亡保険金（事故日から180日以内の死亡の場合）、後遺障害保険金、医療保険金などが定額で支払われる
自損事故保険	・単独事故など相手側補償がない場合に保険金が支払われる ・死亡保険金、後遺障害保険金、医療保険金などが定額で支払われる
無保険車傷害保険	相手側が対人賠償保険に未加入など賠償資力が不十分な場合や、ひき逃げで加害者がわからない場合などに対人賠償保険の保険金額と同額を限度に保険金が支払われる
車両保険	所有する自動車が偶然の事故により車両損害を受けた場合に保険金が支払われる

任意の自動車保険は、保険の種類ごとに、どのような場合に補償を受けることができるのかを覚えましょう

1 ライフプランニングと資金計画

2 リスク管理

3 金融資産運用

4 タックスプランニング

5 不動産

6 相続・事業承継

4 新しいタイプの自動車保険

リスク細分型自動車保険	・運転する人の年齢、性別、居住地、使用状況など9種類の要件の中から保険会社がリスクに応じて保険料を設定する保険 ・契約者によって保険料が従来の保険料と比べて安くなるケースと高くなるケースがある
人身傷害（補償）保険	・自動車搭乗中または歩行中に自動車事故で死亡・後遺障害・傷害の場合に、相手側から補償されない過失部分も含めて、示談を待たずに損害額の全額が、保険金額を限度に支払われる ・被保険者の過失割合が100%の場合も支払いの対象 ・他の自動車に搭乗中の事故、歩行中に他の自動車と接触した場合なども補償の対象

5 ノンフリート等級制度

　自動車保険の保険料は、ノンフリート等級制度によって前契約の有無や事故歴に応じて1等級から20等級に区分され、等級ごとに割引・割増されるしくみになっています。

　初回の契約は6等級から始まり、1年間事故がなければ、更新時に1段階等級が上がり保険料が安くなります。事故があった場合は、事故の種類に応じて3等級または1等級下がり、保険料は高くなります。

3等級ダウン事故	対人事故、対物事故、車両事故などで、1等級ダウン事故やノーカウント事故に含まれないもの
1等級ダウン事故	車両盗難、台風・竜巻・洪水・高潮、車両へのいたずら、飛来してきた小石などの衝突による事故で車両保険金が支払われるもの
ノーカウント事故	人身傷害補償保険や搭乗者傷害保険等、代車費の特約、ファミリーバイク特約、個人賠償責任（補償）特約等一定の特約のみが支払われる事故

3 　傷害保険

1 傷害保険の概要

　傷害保険は、急激・偶然・外来の事故によるケガで入院・通院・手術した場合や死亡・高度障害のときに保険金が支払われる保険です。病気が原因の場合は対象外となり、地震・噴火・津波が原因のケガなども対象外です。

　保険料は被保険者の職業・職種によって2段階の料率が設定されているのが原則ですが、交通事故傷害保険、旅行傷害保険の保険料は一律です。普通・家族傷害保険の場合、被保険者本人が職業・職種を変更したなどの場合には、告知義務が課せられています。

② 傷害保険の補償内容

傷害保険の保険金は、契約した保険金額に応じて定額で支払われます。

死亡保険金	事故の日から180日以内に死亡した場合に支払われる
後遺障害保険金	事故の日から180日以内に後遺障害が生じた場合に支払われる
入院保険金	ケガで入院した場合、事故の日から180日以内の入院に対して支払われる
手術保険金	ケガで入院し、事故の日から180日以内に手術をした場合に支払われる
通院保険金	ケガで通院した場合、事故の日から180日以内で90日を限度に支払われる

③ 傷害保険商品

普通傷害保険	・国内・国外を問わず、家庭内、職場内、通勤途上、旅行中など日常生活の中で起こるケガを補償する 【補償対象外のケース】 ・病気（日焼け、しもやけ、靴擦れ、腱鞘炎、腰痛など） ・細菌性食中毒、ウイルス性食中毒 ・特定感染症 ・自殺、ケンカによるケガ ・地震・噴火・津波が原因のケガ ・自動車の無免許運転、飲酒運転によるケガ
家族傷害保険	・補償内容は、普通傷害保険と同じ 【補償の対象】 本人、配偶者、生計を一にする同居の親族、生計を一にする別居の未婚の子。特約で被保険者を限定できる
交通事故傷害保険	・交通事故による死亡・傷害を補償する保険 ・通常の交通事故だけでなく、道路通行中（歩行中）の物の落下・倒壊、建物や乗り物の火災によるケガ、駅構内（改札口の内側）での傷害事故も補償の対象 ・乗り物には、エレベーター、エスカレーター、自転車、身体障害者用車いすなども該当する
ファミリー交通傷害保険	・補償の内容は、交通事故傷害保険と同じ 【補償の対象】 本人、配偶者、生計を一にする同居の親族、生計を一にする別居の未婚の子。特約で被保険者を限定できる

④ 海外（国内）旅行傷害保険

旅行傷害保険は、旅行中のケガなどを補償する保険です。保険期間は、旅行の目的で住居を出発したときから帰宅するまでの間です。海外旅行傷害保険であっても、空港に向かう途中の国内での事故なども対象となります。

	病気	特定感染症 細菌性食中毒	地震・噴火・津波
普通傷害保険	×	×（特約で○）	×（特約で○）
海外旅行傷害保険	○	○	○
国内旅行傷害保険	×	○	×（特約で○）

○：補償される　×：補償されない

ひとくちポイント！

海外旅行傷害保険では、旅行中の傷害は、事故日から180日以内の治療費用が補償の対象となります。病気は、旅行から帰宅後に発症した場合でも、帰宅後48時間または72時間以内（保険会社によって異なる）に治療を開始すれば、保険金の支払い対象となります

4 賠償責任保険

1 賠償責任保険の概要

　賠償責任保険は、偶然の事故で他人の身体を傷つけたり、財物に損害を与えた場合の賠償責任を補償する保険です。支払われる保険金には、賠償金だけでなく、訴訟費用や弁護士費用などがあるのが一般的です。

2 個人賠償責任保険（特約）

　個人賠償責任保険は、個人が日常生活や住宅管理などの偶然な事故により、第三者に損害を与えたときの法律上の賠償責任を補償する保険です。火災保険や自動車保険などの特約として付保するのが一般的です。

　個人賠償責任保険の補償の範囲は、本人、配偶者、生計を一にする同居の親族、生計を一にする別居の未婚の子です。

　個人賠償責任保険では、故意によるもの、車両事故による賠償、職務遂行上の賠償、預かり物の賠償、地震・噴火・津波などによる賠償などは補償の対象外です。

1 ライフプランニングと資金計画

2 リスク管理

3 金融資産運用

4 タックスプランニング

5 不動産

6 相続・事業承継

■ 個人賠償責任保険の補償の対象・対象外

○ 補償の対象となる	× 補償の対象外
・自転車で他人に衝突しケガをさせた ・子どもがキャッチボールをしていて、誤って他人の家の窓ガラスを割った ・ベランダの物干し竿が強風で飛び、通行人にケガをさせた ・食器店に陳列されていた皿を割った ・洗濯機のホースが外れて階下に水漏れして修理費を請求された ・子（下宿中の学生）が日常生活で賠償事故を起こした	・喫茶店でアルバイト中に来店客にコーヒーをこぼして衣服を汚した ・運転していた自動車で、他人の家の壁に突っ込んで損害賠償をした ・友人から借りたカメラを落として修理代を払った ・地震で物干し竿が落ちて通行人がケガをした ・子（下宿中の会社員）が日常生活で賠償事故を起こした

3 その他の賠償責任保険

施設所有（管理）者 賠償責任保険	施設の所有者や管理者が、その施設の構造上の欠陥や管理の不備による第三者への賠償責任を補償する保険
請負賠償責任保険	建設、土木などの請負業者が、作業を遂行するに当たっての第三者への賠償責任を補償する保険
生産物賠償責任保険 （PL保険）	製造業者や販売業者が、製造・販売、提供した商品の欠陥や作業ミスで第三者に対して法律上の賠償責任を負ったときに補償する保険
受託者賠償責任保険	ホテルのクロークなどの他人の財物を受託・保管する者が、火災・盗難等の事故により生じた賠償責任を負ったときに補償する保険
会社役員賠償責任 保険（D&O保険）	会社役員が株主などから訴訟を起こされた場合などに、役員が負担する損害賠償や訴訟費用を補償する保険

5 その他の損害保険

1 所得補償保険

〈所得補償保険の特徴〉
・個人がケガや病気で働けなくなった場合の所得を補償する
・原因となる病気やケガは国内外を問わず、業務中か業務外かも問わない
・リストラなどの病気やケガが原因でない場合は対象外
・所得（収入）のある人が加入できるが、年金収入や利子・配当所得、不動産所得など、就業不能でも得られる所得のみの場合は対象外

2 企業向けのその他の損害保険

労働災害総合保険	・事業による被用者の労災事故により、事業主が被る損害に対して保険金が支払われる保険 ・政府の労災保険の上乗せとしての保険で、労災に認定されることが保険金支払いの条件となる ・労災保険の上乗せの「法定外補償」と、使用者の過失に起因した死亡等の賠償責任を補償する「使用者賠償責任」がある
機械保険	・機械・装置について、取り扱いの誤操作、火災以外の偶発事故によって損害が生じた場合に、修理費用を補償する保険 ・再調達価額を基準にして保険価額が決定される
拡張担保特約	・火災保険などでは補償されない火災、落雷、破裂・爆発以外の各種危険による損害を補償するための特約 ・地震危険担保特約、水災危険担保特約などがある

 まとめ｜損害保険商品

・損害保険の代表的な商品には、火災保険、自動車保険、傷害保険、賠償責任保険などがある
・地震・噴火・津波による損害や、それらを原因とする火災は、火災保険に地震保険を付加することで補償される
・自動車保険には、強制加入の自賠責保険と、任意で加入する自動車保険がある
・傷害保険では、急激・偶然・外来によるケガが補償の対象となり、病気は対象外

各セクションの内容を学んだら、終わりにある一問一答にもチャレンジして知識を身につけていきましょう

1 ライフプランニングと資金計画
2 リスク管理
3 金融資産運用
4 タックスプランニング
5 不動産
6 相続・事業承継

次の文章で正しいものには○、誤っているものには×で答えましょう。

① 火災保険において、保険金額が保険価額を下回っている超過保険では、比例てん補方式により保険金の額を算出する。

② 火災保険では、地震による損害は保険金支払いの対象外であるが、地震を原因とする火災によって建物が半焼以上の損害を受けたときは、地震火災保険金が支払われる。

③ 地震保険の支払保険金額は、大半損の場合、時価の60％を限度として地震保険金額の60％が支払われる。

④ 被保険自動車を車庫入れしているときに、誤って父に接触してケガをさせた場合、対人賠償保険の補償の対象となる。

⑤ 普通傷害保険では、地震・噴火・津波によって生じたケガは、補償の対象とならない。

⑥ レストランを営む事業者が、食中毒を発生させた場合の顧客に対する賠償責任を補償するために、請負賠償責任保険に加入している。

⑦ 建設業を営む事業者が、従業員の労災事故に備えるために労働災害総合保険に加入している。

解答&ポイント解説

① ×　② ○　③ ○　④ ×　⑤ ○　⑥ ×　⑦ ○

保険金額が保険価額を下回っている<u>一部保険</u>で、保険金の額は<u>比例てん補方式</u>により算出されます。対人賠償保険は、<u>親・子・配偶者</u>に対する賠償責任は対象外です。レストランで食中毒を起こした場合の顧客に対する賠償責任は、<u>生産物賠償責任保険</u>で補償されます。

09 保険と税金

- 生命保険料控除、地震保険料控除のしくみ
- 死亡保険金や個人年金を受け取った場合の課税関係
- 法人契約の保険の経理処理の方法

1 生命保険料と税金

　個人が支払った生命保険や個人年金保険、医療保険などの保険料は、所得税や住民税を計算するうえで所得控除が認められています。これを<u>生命保険料控除</u>といいます。

　生命保険料控除には、①<u>一般の生命保険料控除</u>、②<u>個人年金保険料控除</u>、③<u>介護医療保険料控除</u>の3種類があり、それぞれ1年間の保険料の額に応じて控除されますが、2011年12月31日までの契約（旧契約）と2012年1月1日以降の契約（新契約）では、控除できる額が異なります。

生命保険料控除額〈旧契約（2011年12月31日までの契約）・所得税〉

年間の払込保険料	控除される金額
25,000円以下	保険料全額
25,000円超　　50,000円以下	（保険料× 1/2）＋ 12,500円
50,000円超　100,000円以下	（保険料× 1/4）＋ 25,000円
100,000円超	一律 50,000円

> 2011年までは、
> ①一般の生命保険料控除
> ②個人年金保険料控除
> の2種類のみでした

生命保険料控除額〈新契約（2012年1月1日以降の契約）・所得税〉

年間の払込保険料	控除される金額
20,000円以下	保険料全額
20,000円超　　40,000円以下	（保険料× 1/2）＋ 10,000円
40,000円超　　80,000円以下	（保険料× 1/4）＋ 20,000円
80,000円超	一律 40,000円

> 2012年に、
> ③介護医療保険料が
> 創設されました！

　新契約の場合は、3種類の控除が、それぞれ最高40,000円まで控除できるので、合算で年間<u>120,000円</u>が所得控除できる限度額となります。

　住民税では、旧契約は最高35,000円、新契約では最高28,000円控除することができ、合算の控除限度額は最高70,000円となっています。

住民税を計算するときの控除額は所得税とは異なり、合算の控除額の上限（70,000円）があります。最大28,000円×3種類とはならないので注意しましょう

１ 生命保険料控除の要件

それぞれの生命保険料控除の対象となる保険契約には、次のような要件があります。

一般の生命保険料控除	・保険金受取人が、納税者本人、配偶者、その他の親族となっている生命保険契約 ・生命保険会社の生命保険、かんぽ生命の簡易保険、農協や共済等の生命共済 ・2011年12月31日以前に契約した医療（費用）保険、介護保険、所得補償保険等 ・団体信用生命保険、少額短期保険業者との契約は<u>対象外</u>
個人年金保険料控除	・年金受取人が、<u>納税者本人</u>、<u>配偶者</u>のいずれかで、かつ年金受取人が被保険者と同一である個人年金保険 ・保険料の払込みが <u>10年</u>以上（一時払い契約は対象外） ・確定年金、有期年金の場合、年金支払開始日の被保険者の年齢が60歳以上、年金の支払いが <u>10年</u>以上で定期的に行われること ・個人年金保険の特約部分、変額個人年金保険は<u>対象外</u> ・個人年金保険料控除の要件を満たさない場合、一般の生命保険料控除の対象となる
介護医療保険料控除	・保険金受取人が納税者本人、配偶者、その他の親族である介護医療保険 ・2012年1月1日以降に契約した医療（保障）保険、医療費用保険、介護（保障）保険、介護費用保険、所得補償保険、農協等の医療共済 ・少額短期保険業者との契約は<u>対象外</u>

２ 旧契約と新契約の両方がある場合

旧契約のみを適用する場合は旧制度が適用され、所得税では最高50,000円控除できます。

旧契約と新契約の両方がある場合は、控除ごとに①旧契約のみで申告、②新契約のみで申告、③旧契約と新契約の両方で申告、のいずれかを選択しますが、全体の控除額は、所得税で120,000円、住民税で70,000円が上限です。

例えば③の両方で申告の場合、一般の生命保険料控除の額が40,000円（新契約）、個人年金保険料控除の額が50,000円（旧契約）、介護医療保険料控除の額が40,000円であれば、合計で130,000円となりますが、その場合でも、所得控除できる額は120,000円となります。

1 ライフプランニングと資金計画

2 リスク管理

3 金融資産運用

4 タックスプランニング

5 不動産

6 相続・事業承継

2 　配当金、死亡保険金などの課税関係

1 配当金の課税関係

　生命保険の配当金は、過払保険料の事後清算として扱われるため課税の対象とはなりません。ただし、生命保険料控除や一時所得の額を計算する際は、配当金の額を差し引いた金額（正味払込保険料）で計算します。

　受取保険金や解約返戻金に含まれて支払われた配当金については、相続税や贈与税などを計算する際に、保険金として取り扱うこととなっています。

2 死亡保険金の課税関係

　被保険者の死亡により、個人が死亡保険金を受け取った場合、相続税、所得税、贈与税のいずれかの対象となります。

▨ 死亡保険金の受取人に課税される税金の種類

契約者＝被保険者	相続税
契約者＝受取人	所得税
契約者≠被保険者≠受取人	贈与税

▨ 死亡保険金の課税関係の例

契約者	被保険者	受取人	課税関係
本人	本人	相続人	相続税（非課税枠の適用あり）
本人	本人	第三者	相続税（非課税枠の適用なし）
本人	配偶者	本人	所得税（一時所得）
本人	配偶者	子	贈与税（贈与税の基礎控除の適用あり）

●相続税の場合

　相続税を計算する際、生命保険の死亡保険金はみなし相続財産として課税の対象になります。受取人が相続人の場合は非課税枠（500万円×法定相続人の数）の適用があります。受取人が相続人でない場合でも、死亡保険金を受け取ることができ、相続税の対象となりますが、非課税枠の適用はありません。

●所得税（一時所得）の場合

　契約者（保険料負担者）と死亡保険金受取人が同じ場合、所得税（一時所得）の対象となります。一時所得は、次の算式で計算した額となります。

◇一時所得の計算式

（死亡保険金 ＋ 配当金）－ 払込保険料総額 － 特別控除（最高 50 万円）

●贈与税の場合

　契約者、被保険者、死亡保険金受取人がすべて異なる場合は贈与税の対象となります。贈与税には 110 万円 の基礎控除が認められているので、その年中の贈与が保険金のみの場合は 110 万円以下の金額は非課税となります。

●死亡保険金を年金で受け取る場合

　収入保障保険など、死亡保険金を一時金に代えて年金形式で受け取ることができる商品もあります。その場合、年金受給権に対して相続税が課せられ、相続税の非課税枠の適用を受けることができます。

〈年金受給権の相続税評価〉

①解約返戻金　　②一時金相当額　　③予定利率等をもとに算出した額
　⇒①～③のうち、いずれか多い額が年金受給権の評価額になる

③ 満期保険金、解約返戻金の課税関係

　個人が満期保険金、解約返戻金を受け取った場合は、所得税または贈与税の対象となります。

契約者＝被保険者	所得税（一時所得）
契約者≠受取人	贈与税（贈与税の基礎控除の適用あり）

④ 金融類似商品

　生命保険契約のうち、金融類似商品とみなされるものについては、保険差益に対して 20.315％の源泉分離課税となります。金融類似商品とは、以下の要件のすべてに該当する場合をいいます。

・保険期間 5 年 以下の契約（5 年以内に解約した場合も含む）
・一時払いまたはこれに準ずる保険料の払込みをしている場合
　（全期前納契約を含む）
・普通死亡保険金が満期保険金と同額、または満期保険金より少なくかつ
　災害死亡保険金倍率が 5 倍未満の契約

　具体的には、保険期間が 5 年未満の一時払い養老保険の満期保険金を受け

取った場合、一時払い変額個人年金保険を5年以内に解約した場合の解約返戻金などがこれに当たります。なお、一時払終身保険は満期保険金がないため、上記の要件に該当せず、金融類似商品とはなりません。

金融類似商品の場合、保険差益の20.315%が源泉徴収されて課税関係が終了するので、確定申告の必要はありません。

1 ライフプランニングと資金計画

2 リスク管理

3 金融資産運用

4 タックスプランニング

5 不動産

6 相続・事業承継

3 医療給付金・生前給付金と税金

入院給付金、通院給付金、手術給付金などの医療給付金を、被保険者本人、配偶者、直系血族または同一生計親族が受け取る場合は非課税となります。

リビング・ニーズ特約、特定疾病保障保険等の生前給付金も、本人、指定代理請求人が受け取った場合、非課税となります。ただし、生前給付金の受け取り後に死亡した場合、使い残した額については相続税の対象となります。

4 個人年金保険の課税関係

個人年金保険の課税関係は、年金受取開始前、年金受取開始時、年金受取開始後で異なります。

年金受取開始前	・解約した場合　⇒解約返戻金 ・被保険者が死亡した場合　⇒死亡給付金 　※契約者、被保険者、受取人によって、所得税、相続税、贈与税の対象
年金受取開始時	・契約者以外の人が年金を受け取る場合 　⇒年金受給権が贈与税の対象
年金受取開始後	・年金は雑所得として所得税、住民税の対象 ・年金を一括して受け取る場合 　　確定年金の場合　⇒一時所得として課税 　　保証期間付終身年金の場合　⇒雑所得として課税 ・年金受取開始後に受取人が死亡した場合 　⇒残存期間分の年金が相続人に支払われ、相続税の対象

5 法人契約の生命保険と税金

1 法人契約の生命保険料の経理処理

法人契約の生命保険の場合、支払った保険料を経理処理する必要があります。その場合、原則として貯蓄性がある保険（養老保険など）は資産計上し、貯蓄性のない保険（定期保険など）は損金算入します。

●養老保険の経理処理

　養老保険は貯蓄性があるため、法人が受取人の場合、満期保険金は法人が受け取ることができます。この場合、支払った保険料（現金）が保険という資産に変わっただけなので、経費とは認められず、資産計上する必要があります。ただし、保険金受取人が役員・従業員の場合は、被保険者の給与・報酬として経費処理することができます。

　また、死亡保険金受取人が遺族、満期保険金受取人が法人である契約をハーフタックスプランといい、保険料の2分の1を損金算入することができます。

養老保険の経理処理

契約者	被保険者	死亡保険金受取人	満期保険金受取人	経理処理
法人	役員・従業員	法人	法人	資産計上（保険料積立金）
法人	役員・従業員	遺族	役員・従業員	損金算入（給与・報酬）
法人	役員・従業員	遺族	法人	1/2 資産計上（保険料積立金） 1/2 損金算入（福利厚生費）

ひとくちポイント！

ハーフタックスプランでは、原則として役員・従業員の全員が加入する場合に保険料の2分の1を福利厚生費として損金算入することができます。特定者のみの加入の場合は、被保険者の給与・報酬として保険料の2分の1を損金算入します

●終身保険の経理処理

　終身保険も貯蓄性があるため、一般の養老保険と同様の経理処理となります。終身保険の死亡保険金受取人が法人の場合は資産計上（保険料積立金）、遺族の場合は損金算入（給与・報酬）となります。

終身保険の経理処理

契約者	被保険者	死亡保険金受取人	経理処理
法人	役員・従業員	法人	資産計上（保険料積立金）
法人	役員・従業員	遺族	損金算入（給与・報酬）

●定期保険、第三分野の保険の経理処理

　定期保険や医療保険などの第3分野の保険については、原則として支払った保険料の全額を損金算入できますが、「保険期間3年以上の定期保険と第三分野保険」については、<u>最高解約返戻率</u>に応じて一定期間、保険料の一定割合を<u>資産計上</u>します。最高解約返戻率とは、その保険期間を通じて解約返戻率（解約返戻金相当額÷既払込保険料累計額）が最も高い割合となる値のことです。

▨ 定期保険、第三分野の保険の経理処理

最高解約返戻率	資産計上期間	資産計上割合	取崩期間
50%以下	なし	全額損金算入	なし
<u>50%</u>超<u>70%</u>以下	保険期間の当初 <u>40%</u> 相当期間	支払保険料の <u>40%</u>	保険期間の75% 相当期間を経過後
<u>70%</u>超<u>85%</u>以下		支払保険料の <u>60%</u>	

② 法人契約の受取保険金の経理処理
●保険料積立金として資産計上していない場合

　一部の定期保険や医療保険では、支払った保険料が全額損金算入となるため、帳簿上、資産に計上されている額がありません。その場合、死亡保険金や満期保険金を受け取った場合、その全額が<u>雑収入</u>として益金算入されます。

●保険料積立金として資産計上されている場合

　養老保険、終身保険、一部の定期保険や医療保険などで支払った保険料が資産計上されている場合は、それを取り崩し、受け取った保険金との<u>差額</u>を<u>雑収入</u>として益金算入します。

●役員・従業員、その遺族が受取人の場合

　役員・従業員やその遺族が保険金受取人の場合、法人としての入出金はないため、原則として経理処理はありません。

　ただし、配当積立金が資産計上してある場合は、それを取り崩し、雑支出として損金算入する必要があります。

6　損害保険料と税金

　個人や個人事業主が支払った損害保険の保険料は、一定額まで所得控除が認められており、所得税・住民税が軽減されます。

1 ライフプランニングと資金計画
2 リスク管理
3 金融資産運用
4 タックスプランニング
5 不動産
6 相続・事業承継

1 地震保険料控除

　地震保険の保険料は、一定額まで地震保険料控除として所得控除の対象となります。

所得控除になる地震保険の保険料

対象となる保険料	・納税者本人、生計を一とする配偶者・親族が所有する住宅建物・家財を目的とする地震保険の保険料を支払った場合 ・店舗併用住宅の場合は、居住用部分の面積が全体床面積の90%以上である場合、保険料の全額が対象となる ・長期契約で5年分の地震保険料を一括で支払った場合、総保険料を年数で割った額が毎年控除できる ・主契約である火災保険の保険料は対象外
控除額	所得税：地震保険料の全額（最高50,000円） 住民税：地震保険料の2分の1（最高25,000円）

2 長期損害保険料控除（経過措置）

　2006年12月31日までに契約した長期損害保険契約は、経過措置として、長期損害保険料控除の対象となります。この特例と地震保険料控除をあわせて適用する場合、合算して所得税は最高50,000円、住民税は最高25,000円が控除できる上限です。

3 個人事業主が支払った保険料

　個人事業主が、店舗の火災保険（店舗併用住宅の場合は店舗部分のみ）や業務に使用している車両の自動車保険などの保険料を支払った場合、事業所得の計算上、必要経費とすることができます。保険金を受け取った場合は、損失額から保険金額を引いた金額が必要経費となり、保険金の額のほうが多い場合の差額は、事業所得に含める必要はありません。

　また、使用人を被保険者とする傷害保険の保険料も必要経費とすることができます。ただし、事業主本人を被保険者とする傷害保険の保険料は、必要経費にはできません。

7　損害保険金と税金

　個人が損害を受けたことにより支払われた保険金は、原則として非課税となります。自動車事故などで賠償金を受け取った場合も非課税です。

　ただし、一部の保険金は課税の対象となります。

1 ライフプランニングと資金計画

2 リスク管理

3 金融資産運用

4 タックスプランニング

5 不動産

6 相続・事業承継

■ 課税の対象となる損害保険金

【自動車保険】
　搭乗者傷害保険金、自損事故保険金：生命保険と同じ
　人身傷害保険：死亡保険金は被保険者の過失部分は生命保険と同じ
【傷害保険】
　死亡保険金：生命保険と同じ
【満期保険金】
　一時所得の対象。ただし、金融類似商品に該当する場合は、20.315%の源泉分離課税

8 法人契約の損害保険と税金

① 法人契約の損害保険料の経理処理

　法人が支払う損害保険の保険料は、事業に係わる部分は、原則として、その全額を損金算入することができます。ただし、損金算入できるのは、その事業年度に対応する保険料のみで、翌年度以降に対応する部分の保険料は、前払い保険料として資産計上します。

② 法人契約の損害保険の保険金等の経理処理

●満期返戻金・配当金の経理処理

　法人が受け取った損害保険の満期保険金、配当金は、その全額を雑収入として益金算入します。同時に、それまで積立保険料として資産計上していた額を雑損失として取り崩し、差額が雑収入となります。

●火災保険の保険金の経理処理

　商品などの棚卸資産に損害が生じた場合は、損害を受けた資産の売上原価を損金算入し、受け取った保険金を益金算入します。

　建物など棚卸資産以外の資産に損害が生じた場合は、損害額を損金算入し、受け取った保険金を益金算入します。

　事業用資産に対する火災保険金が帳簿価額における損失額より多いと保険差益が生じ、本来であれば課税の対象となりますが、保険金によって代替資産を購入した場合は圧縮記帳が認められ、課税を繰り延べることができます。

$$圧縮限度額 = 保険差益※ \times \frac{代替資産に使った保険金（分母が限度）}{保険金等の金額 - 支出した経費}$$

※保険差益 = 火災保険金 - 支出した経費 - 帳簿価額

まとめ｜保険と税金

- 生命保険料控除には、一般の生命保険料控除、個人年金保険料控除、介護医療保険料控除の3種類がある
- 死亡保険金を受け取った場合、相続税、所得税（一時所得）、贈与税のいずれかの対象となる
- 法人契約の生命保険、損害保険は、保険料を支払ったとき、保険金・給付金を受け取ったときに、経理処理が必要

一問一答・チャレンジ問題！

次の文章で正しいものには○、誤っているものには×で答えましょう。

①契約者が納税者本人、年金受取人が配偶者の個人年金保険の保険料は、その他の要件を満たせば、個人年金保険料控除の対象となる。

②契約者と被保険者が同一である養老保険の死亡保険金を、相続人でない第三者が受け取った場合、贈与税の対象となる。

③法人が契約した養老保険において、被保険者が役員・従業員、死亡保険金受取人が遺族、満期保険金受取人が法人の場合、保険料の半額を損金算入することができる。

④保険期間3年以上、最高解約返戻率が65％である法人契約の定期保険では、保険期間の当初4割相当期間は、支払保険料の40％相当額を資産計上する。

解答&ポイント解説

① ○　② ×　③ ○　④ ○

養老保険の死亡保険金を第三者が受け取った場合、相続税の対象となりますが、非課税枠の適用はありません。

第**3**章

金融資産運用

この章では、預貯金、債券、株式、投資信託、外貨建て商品などの金融商品の種類と特徴を学びます。また、金融商品を選択する際に欠かせない、景気や物価を見る指標、マーケットのしくみなども学習します。債券の利回り、株式の投資指標は、計算問題としての出題頻度が高くなっています。

01 経済指標と金融政策

- 代表的な景気指標（GDP、景気動向指数、日銀短観）
- 企業物価指数、消費者物価指数
- 金融市場のしくみと日銀の金融政策

1 代表的な3つの景気指標

1 国内総生産（GDP）

GDP は、一定期間に国内で生産された財（モノ）・サービスの<u>付加価値</u>の総額で、内閣府が<u>年4回</u>公表する指標です。GDP は、その国の経済規模や経済活動の水準を表しており、現在、日本の GDP は約 570 兆円です。

GDP は、一国の経済を生産面から見たものですが、分配（所得）、支出面から見ても等しくなり、これを<u>三面等価の原則</u>といいます。GDP を支出面から見たものが <u>GDE（国内総支出）</u>ですが、その内訳を見ると、<u>民間最終消費支出</u>の占める割合が最も高く、GDP（GDE）の 60％弱を占めています。

▨ GDE（国内総支出）の内訳

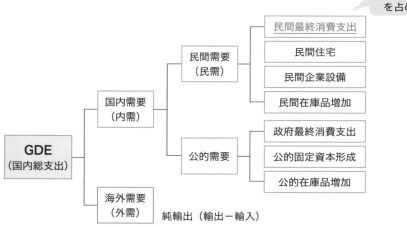

●名目 GDP

名目 GDP とは、その時々の市場価格、つまり時価で生産額を表したものです。物価変動の影響を受けるため、物価が上昇しているときには、生産量が変わらない場合でも、名目 GDP は<u>増加</u>します。

●実質 GDP

実質 GDP は、物価変動による価格の影響を取り除いて（ある基準年度の価格を基準として）算出したものです。名目 GDP を GDP デフレーターで割ることで、実質 GDP を求めることができます。

名目値から物価上昇分を引いたものが実質値であるともいえるため、デフレーション（物価上昇率がマイナス）のときには、一般に、名目値が実質値を下回ります。

$$
実質 GDP = \frac{名目 GDP}{GDP デフレーター}
$$

●経済成長率

経済成長率とは、一定期間（通常は 1 年）ごとの GDP の増加率のことです。経済成長率にも名目経済成長率と実質経済成長率がありますが、実質経済成長率で見るのが一般的です。

$$
実質経済成長率（\%）= \frac{本年度の実質 GDP - 前年度の実質 GDP}{前年度の実質 GDP}
$$

2 景気動向指数

景気の動きを把握するために、生産・労働・消費・物価などの分野から景気に敏感な指標を選び、それらの動きを総合して算出した指標が景気動向指数です。景気動向指数は、内閣府が毎月公表しています。

公表される指標には「DI」と「CI」の 2 つがありますが、現在は、CI が景気動向指数の中心的な指標となっています。

● DI（ディフュージョン・インデックス）

DI は、景気の経済部門への波及度合い（波及度）を見るための指標です。採用されている指標の数値が 3 カ月前と比較してプラスの指標を 1、横ばいの指標を 0.5 とカウントし、全体に占める割合を算出します。一般的には、景気動向指数に採用されている指標の中の一致系列の指標を用いて算出します。

$$
DI（\%）= \frac{プラスの指標数 + 横ばいの指標数 \times 0.5}{採用指標数（公表分）}
$$

DI は、景気循環に従って、0％と 100％の間を推移します。DI が 50％を上

1 ライフプランニングと資金計画

2 リスク管理

3 金融資産運用

4 タックスプランニング

5 不動産

6 相続・事業承継

回る場合が景気拡張局面、下回る場合が景気後退局面です。また、DI が基準となる 50％ ラインを下から上に抜けるときが景気の谷、上から下に抜けるときが景気の山で、「景気の谷→山→谷」を景気の 1 循環と考えます。景気の谷や山のことを基準日付と呼び、基準日付の判定にはヒストリカル DI を用います。

景気動向指数（DI）による景気判断

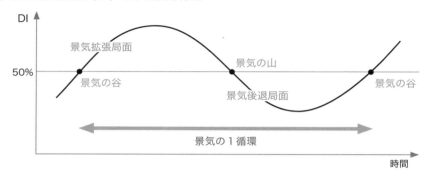

● CI（コンポジット・インデックス）

CI は、景気変動の大きさやテンポ（量感）を測定することを目的とした指標で、各採用指標の前月からの変化率をもとに算出します。

一般的に、CI の一致指数が上昇していれば景気の拡張局面、低下していれば景気の後退局面と判断します。

景気動向指数に採用されている指標

先行系列	景気の動きに先立って動く指標 最終需要財在庫率指数、鉱工業用生産財在庫率指数、新規求人数（除学卒）、実質機械受注（製造業）、新設住宅着工床面積、消費者態度指数、日経商品指数、マネーストック（M2）、東証株価指数、投資環境指数、中小企業売上げ見通し DI
一致系列	景気の動きと一致して動く指標 生産指数（鉱工業）、鉱工業用生産財出荷指数、耐久消費財出荷指数、労働投入量指数、投資財出荷指数、商業販売額（小売業）、商業販売額（卸売業）、営業利益（全産業）、有効求人倍率、輸出数量指数
遅行系列	景気の動きに遅れて動く指標 第 3 次産業活動指数、常用雇用指数、実質法人企業設備投資、家計消費支出、法人税収入、完全失業率、きまって支給する給与、消費者物価指数、最終需要財在庫指数

1 ライフプランニングと資金計画

2 リスク管理

3 金融資産運用

4 タックスプランニング

5 不動産

6 相続・事業承継

3 日銀短観（全国企業短期経済観測調査）

日銀短観は、企業の経済活動の現状把握と将来予測のために、日本銀行が年4回、全国約1万社の企業を対象に経営環境などに関して行うアンケート調査であり、その結果は業況判断DIとして公表されます。

アンケート調査では、業況について「良い」「さほど良くない」「悪い」で回答してもらい、「良い」と回答した割合（企業構成比）から「悪い」と回答した割合を引いて業況判断DIを算出します。

業況判断DI（%）＝ 業況が良いと回答した企業の割合 － 業況が悪いと回答した企業の割合

アンケートでは、現在の業況だけでなく、3カ月後の見通しも同時に調査しているため、業況判断DIは、景気の将来予想にも使われます。

2 代表的な物価指数

代表的な物価指数には、企業物価指数と消費者物価指数があります。

企業物価指数	・企業間取引における商品価格の変動を捉えた指数で日本銀行が毎月公表している ・国内企業物価指数、輸出物価指数、輸入物価指数があり、いずれもサービス価格は含まれない ・為替相場や原油価格の変動が直接的に反映される
消費者物価指数（CPI）	・家計が購入する財とサービスの価格の変動を時系列的に捉えた指標で、総務省が毎月公表している ・家計が購入する多様な商品、サービスが対象となるが、直接税や社会保険料（非消費支出）、有価証券の購入や土地・住宅の購入（蓄財および財産購入のための支出）は含まれない ・採用されている財・サービスのすべてを対象にしたものを総合指数というが、天候の影響による価格変動が大きい生鮮食料品を除外した指数（コア指数）が中心的な指標となる

3 マネーストック

マネーストックとは、通貨保有主体（個人、一般法人、地方公共団体）が保有する通貨量のことで、中央政府、金融機関が保有する通貨は含まれません。日本銀行が、毎月公表しています。

マネーストックは、通貨の範囲の定義によって、M1、M2、M3、広義流動性に分けられ、M2は景気動向指数の先行系列に採用されています。

一般に、マネーストックが増加すれば、市場に流通する資金が増加するため、金利は<u>低下</u>します。逆にマネーストックが減少すれば、市場に流通する資金が減少するため、金利が<u>上昇</u>します。日銀の金融政策では、マネタリーベースを増減することで、マネーストックに影響を与え、金利を調節する金融政策を行っています。

4　日本銀行（日銀）の金融政策

　金融政策とは、物価の安定、適切な雇用水準の維持（景気の安定）、為替相場の安定などを目的として中央銀行が行う政策です。日本では、日本銀行（日銀）がその役割を担っています。

　近年の金融政策では物価の安定が重視され、日銀は、物価安定の目標を消費者物価指数の前年比上昇率2％と定め、早期の実現を図っています。

1 金融政策の概要

　日銀が行う金融政策には、<u>金融緩和</u>と金融引締めがあります。日銀が金利を<u>下げる</u>政策を金融緩和といい、金利を<u>上げる</u>政策を金融引締めといいます。

2 公開市場操作

　金融政策の代表的なものが公開市場操作で、日銀が国債などを民間金融機関から買い入れたり売却したりすることで、市場の通貨量を調整し、金利などに影響を与える方法です。公開市場操作には、買いオペレーションと売りオペレーションがあります。

▨ 公開市場操作の内容と効果

<u>買い</u>オペレーション （<u>買い</u>オペ）	・日銀が、民間金融機関の保有する国債などを<u>買い取り</u>、市場に資金を供給する ・<u>買い</u>オペレーションを行うことにより、金利を<u>低め</u>に誘導する効果がある ・日銀の金融緩和政策として<u>買い</u>オペを行う
<u>売り</u>オペレーション （<u>売り</u>オペ）	・日銀が保有する国債などを、民間金融機関に<u>売り付ける</u>ことによって、市場から資金を吸収する ・<u>売り</u>オペレーションを行うことにより、金利を<u>高め</u>に誘導する効果がある ・日銀の金融引締め政策として<u>売り</u>オペを行う

③ 金融政策決定会合

　金融政策は、日本銀行が、原則年8回（2、5、8、11月を除く月）2日間にわたって開催する金融政策決定会合で決定されます。その内容は、「経済・物価情勢の展望（展望レポート）」で公表されます。

④ 新しい金融政策

　近年の経済の停滞や長引くデフレのもと、日銀ではマネタリーベースを中心とする新しい金融政策を打ち出しました。

〈日銀の新しい金融政策〉

「量的・質的金融緩和政策」
・消費者物価指数の前年比上昇率 2% を目標として金融緩和政策を行う
・買いオペレーションにおいて、国債だけでなく、ETF や J-REIT などのリスク資産の買い入れも行う

「長短金利操作付き量的・質的金融緩和政策」
・イールドカーブコントロールとオーバーシュート型コミットメントからなる金融政策

　　イールドカーブコントロール
　　　　⇒日銀の金融政策により、長短金利の操作を行う

　　オーバーシュート型コミットメント
　　　　⇒消費者物価指数の前年比上昇率が安定的に 2% を超えるまでマネタリーベースの拡大を継続する

　ただし、2024年3月には、2%の物価安定の目標が実現していくことが見通せる状況に至ったとして、これらの金融政策を終了し、短期金利（無担保コール翌日物レート）の操作を主な政策手段とすることとしました。

まとめ｜経済指標と金融政策

・GDP はその国の経済規模を見る指標で、1年間の GDP の増加率を表すものが経済成長率
・景気動向指数では CI と DI が、日銀短観では業況判断 DI が公表される
・日銀の金融政策の代表的な手段が公開市場操作で、金融緩和政策においては、金利を低めに誘導する買いオペレーションを行う

1 ライフプランニングと資金計画
2 リスク管理
3 金融資産運用
4 タックスプランニング
5 不動産
6 相続・事業承継

次の文章で正しいものには○、誤っているものには×で
答えましょう。

①支出面から見た GDP を構成する需要項目のうち、最も高い割合を占める
　のは、民間企業設備である。

②コンポジット・インデックス（CI）は、採用指標の変化率をもとに算出
　され、景気変動の大きさやテンポ（量感）を測定することを目的として
　いる。

③景気動向指数において、有効求人倍率は一致系列に、完全失業率は遅行
　系列に採用されている。

④日銀短観（全国企業短期経済観測調査）における業況判断 DI は、企業
　に対するアンケート調査において、「業況が良い」と回答した企業構成
　比から「業況が悪い」と回答した企業構成比を引いて求める。

⑤消費者物価指数の調査対象項目には、家計が支払う直接税や社会保険料
　も含まれる。

⑥公開市場操作では、金融緩和政策として、日本銀行が保有する国債など
　を民間金融機関に売り付ける売りオペレーションが行われる。

⑦物価安定の目標とされる消費者物価指数の前年比上昇率が安定的に 2%
　を超えるまで、マネタリーベースの拡大を続けるとされる。

解答&ポイント解説

① ×　② ○　③ ○　④ ○　⑤ ×　⑥ ×　⑦ ○
GDP の支出面から見た構成項目で、最も高い割合を占めるのは民間最終消費支
出です。消費者物価指数の調査対象項目には、非消費支出である直接税や社会
保険料は含まれません。日銀の金融緩和政策では、買いオペが行われます。

02 金利と貯蓄型金融商品

必修ポイント

- 金融市場のしくみと代表的な金利
- 金利の考え方と基本的な金利計算
- 代表的な貯蓄型金融商品の種類と特徴

1 金融市場のしくみ

金融市場とは、資金を貸したい人から調達したい人に融通する（貸し借りをする）場所です。金融市場では、借り手が貸し手に金利を支払います。

金融市場は、取引の期間により、短期金融市場（<u>1年</u>未満）と長期金融市場（<u>1年</u>以上）に分けられます。短期金融市場は、さらにインターバンク市場とオープン市場に、長期金融市場は株式市場と公社債市場に分かれます。

金融市場の分類

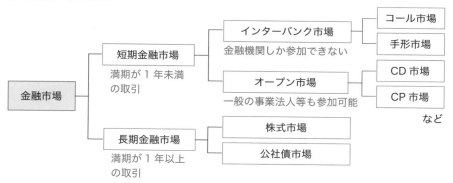

1 インターバンク市場

インターバンク市場は、金融機関だけが参加できる市場で、日本銀行の金融政策が実施される市場でもあります。インターバンク市場の代表的な金利がコールレートで、その中でも<u>無担保コール翌日物レート</u>が短期金利の代表とされています。<u>無担保コール翌日物レート</u>とは、金融機関同士で資金の過不足を調節するために無担保で行う1日満期の取引の際の金利です。

2 オープン市場

オープン市場には、金融機関に加えて一般の事業法人なども参加できます。代表的な金利は、新発CD（譲渡性預金）3カ月物レートです。CP（コマーシャル・ペーパー）市場は大企業が短期の資金を調達するための市場です。

3 長期金融市場

　長期金融市場は、資本市場と呼ばれることもあり、株式市場や公社債市場において満期が1年以上の長期の資金を取引しています。

　長期金利を代表する利回りは、公社債市場における<u>新発10年長期国債の利回り</u>です。<u>新発10年長期国債の利回り</u>は、長期金利の指標となり、定期性預金の金利などに影響を与えます。

2　金利に関する基礎知識

1 金利とは何か

　金利は、「お金の使用料」と考えることができ、お金を借りたときは元金に金利をプラスして返済する必要があります。銀行にお金を預けた場合、「銀行にお金を貸している」という見方もできるため、預け入れた元本に金利（利子）が付きます。このように、金利は、その場面によって利子といわれることもあり、その「金額」を指す場面でも用いられます。

2 利率とは何か

　利率とは、元本に対して支払われる利子の割合を<u>年率</u>で表したものです。

　例えば、100万円を利率1%の定期預金に1年間預け入れた場合、1年間で<u>1万円</u>の利子を受け取ることができます。

　預入れ期間が半年の場合は、半年分（0.5%）の利子を受け取るため、満期時に受け取る利子の額は<u>5,000円</u>となります。

3 金利の計算

　金利の計算の方法には、<u>単利</u>と<u>複利</u>があります。

●単利

　単利とは、当初預け入れた元本に対して利子が計算される方法です。

▨ 単利の場合の利子の付き方（利率1%の場合）

◢ 単利の元利合計の計算式

> 元利合計 ＝ 元本 × （1 ＋ 年利率 × 預入期間）
> 税引後元利合計 ＝ 元本 × （1 ＋ 年利率 × 預入期間 × 0.8）
>
> ※復興特別所得税を考慮しない場合

◇元利合計を計算してみよう①

【問題】100 万円を 3 年間、利率 1％（年利・単利）で預けた場合の元利合計はいくらになるか。　　　　　　　　　　　　　　※復興特別所得税を考慮しない場合

〈税引前〉100 万円 × （1 ＋ 0.01 × 3 年） ＝ 103 万円

〈税引後〉100 万円 × （1 ＋ 0.01 × 3 年 × 0.8） ＝ 102.4 万円

↑ 20％課税後なので 0.8 を掛ける

●複利

　複利とは、一定期間ごとに支払われる利子を元本に加えて、これを新しい元本として利子を計算する方法です。複利では、利子が元本に加えられる期間によって、1 年複利、半年複利、1 カ月複利の 3 つがあります。

◢ 複利の場合の利子の付き方（利率 1％、1 年複利の場合）

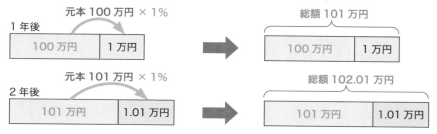

◢ 複利の元利合計の計算式

> 【1 年複利】　　元利合計 ＝ 元本 × （1 ＋ 年利率）^{年数}
> 【半年複利】　　元利合計 ＝ 元本 × （1 ＋ 半年利率）$^{年数×2}$
> 【1 カ月複利】　元利合計 ＝ 元本 × （1 ＋ 月利率）^{月数}

1 ライフプランニングと資金計画

2 リスク管理

3 金融資産運用

4 タックスプランニング

5 不動産

6 相続・事業承継

複利の場合は、金融商品の種類によって、利子が支払われるたびに課税される<u>都度課税</u>方式と、満期時に一括して利子相当額に課税される<u>満期時一括課税</u>方式があります。

複利の場合の税引後元利合計の計算式

都度課税方式

【1 年複利】　元本 ×（1 ＋ 年利率 × 0.8）^{年数}

【半年複利】　元本 ×（1 ＋ 半年利率 × 0.8）$^{年数×2}$

【1 カ月複利】　元本 ×（1 ＋ 月利率 × 0.8）^{月数}

※復興特別所得税を考慮しない場合

満期時一括課税方式

【1 年複利】　元本 ＋｛元本 ×（1 ＋ 年利率）^{年数} － 元本｝× 0.8

【半年複利】　元本 ＋｛元本 ×（1 ＋ 半年利率）$^{年数×2}$ － 元本｝× 0.8

【1 カ月複利】　元本 ＋｛元本 ×（1 ＋ 月利率）^{月数} － 元本｝× 0.8

※復興特別所得税を考慮しない場合

◇元利合計を計算してみよう②

【問題】100 万円を 3 年間、利率 1％（年利・1 年複利）で預けた場合の元利合計はいくらになるか（1 円未満切り上げ）。

〈税引前〉100 万円 ×（1 ＋ 0.01）^{3} ＝ 1,030,301 円

〈税引後・都度課税方式の場合〉
100 万円 ×（1 ＋ 0.01 × 0.8）^{3} ≒ 1,024,193 円

〈税引後・満期時一括課税方式の場合〉
100 万円 ＋｛100 万円×（1 ＋ 0.01）^{3} －100 万円｝× 0.8 ≒ 1,024,241円

※復興特別所得税を考慮しない場合

計算問題は、テキストを読み、内容を確認しながら解いてみましょう。最初から解けなくても大丈夫！

そのほかの条件が同じ場合、満期時の元利合計は次の順に多くなります

　<u>1カ月</u>複利 > <u>半年</u>複利 > <u>1年</u>複利 > 単利

また、複利の場合、都度課税方式よりも満期時一括課税方式のほうが、税引後の元利合計が多くなります

4 利回り

利回りは、元本に対する収益の割合を預入期間で割って、1年当たりの元本に対する収益の割合を計算したものです。

利回りも、利子と同じように1年当たりの収益の平均で計算するので、これを<u>年平均利回り</u>といいます。

$$\text{年平均利回り（％）} = \frac{\text{収益合計}}{\text{元本}} \div \text{預入期間（年）} \times 100$$

5 固定金利と変動金利

金融商品には固定金利の商品と変動金利の商品があります。

●固定金利

固定金利とは、預入時の適用利率が満期まで<u>変わらない</u>金利のことです。

預入れと同時に毎年の利子の額や満期時の元利合計額が確定します。金利<u>低下</u>局面では、満期まで利率が変わらないため強みを発揮しますが、金利<u>上昇</u>局面では、市場金利よりも低い金利が継続してしまいます。

●変動金利

変動金利とは、金利水準の変化に伴って、預入期間中でも適用利率が<u>変動する</u>金利のことです。

金利<u>上昇</u>局面で強みを発揮しますが、金利<u>低下</u>局面では受け取る利子の額が少なくなってしまいます。

> 金融商品には、固定金利、変動金利の商品以外に、実績分配型の商品もあります。実績分配型商品では、運用実績によって利回りが変動します

1 ライフプランニングと資金計画

2 リスク管理

3 金融資産運用

4 タックスプランニング

5 不動産

6 相続・事業承継

6 貸出金利

　銀行が貸出しを行う際の貸出金利には、長期プライムレート、新短期プライムレート、新長期プライムレートなどがあります。

長期プライムレート（最優遇貸出金利）	・銀行が優良企業に対して長期の貸出しを行う際の最優遇貸出金利 ・銀行が発行する5年物普通社債の発行利率やスワップレートなどを参考に決定する
新短期プライムレート	・優良企業に対して短期の貸出しを行う際の最優遇貸出しレート ・CD3カ月物のレートをベースにして、各金融機関の資金調達コストを反映させて決定する（CD：譲渡性預金）
新長期プライムレート	・長期変動基準金利のことであるが、新短期プライムレートに連動し、銀行ごとに金利は異なる

3 ▶ 金利の変動要因

1 金利の変動要因

　短期金利は、その時々の資金需要や日銀の金融政策によって日々変動します。

　長期金利は、将来の景気、物価、為替相場、海外金利がどうなるのかといったマーケットの予想を織り込んで変動します。また、日銀の金融政策によっても変動します。

金利変動要因と長期金利の動き

金利変動の要因	国内景気		国内物価		為替相場		海外金利	
	好況	不況	上昇	下落	円安	円高	上昇	下落
長期金利の動き	↗	↘	↗	↘	↗	↘	↗	↘

2 金利の期間構造

　短期から長期までのそれぞれの期間における金利をプロットしていくと、一定の曲線を描くように表示されます。

　横軸に期間、縦軸に金利（利回り）を取って、期間と金利の関係を表したものがイールドカーブです。イールドカーブは、通常は短期よりも長期のほうが高くなっています（順イールド）が、短期よりも長期のほうが低くなることもあります（逆イールド）。

■ イールドカーブ

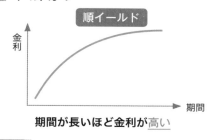

順イールド

期間が長いほど金利が高い

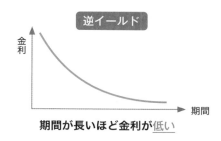

逆イールド

期間が長いほど金利が低い

1 ライフプランニングと資金計画

2 リスク管理

3 金融資産運用

4 タックスプランニング

5 不動産

6 相続・事業承継

4　利子に対する課税

1 利子に対する課税

金融商品から得られた利子は、利子所得として課税の対象となります。

利子所得の税率は、所得税15％、住民税5％の合計20％ですが、2013年から25年間にわたって復興特別所得税（0.315％）が課されるため、合計の税率は20.315％となります。利子の支払い時に、金融機関が税額相当分を源泉徴収することで課税関係は終了します（源泉分離課税）。

【源泉分離課税の対象となる利子】
・預貯金の利子
・貸付信託、金銭信託の収益分配金

2 満期時一括課税の場合

満期時一括課税方式の金融商品の場合、利子の支払い時には課税せず、満期時に一括して利子相当額に対して20.315％の税率で課税されます。税引前の利子を元本に組み入れて運用できるため、都度課税方式よりも満期時の元利合計額が多くなります（税の繰り延べ効果）。

3 金融類似商品の課税

金融類似商品は、税法上、金融商品とみなされ、預貯金の利子と同じように20.315％の源泉分離課税となります。

【金融類似商品の例】
・保険期間が5年以下の一時払い養老保険（5年以内に解約した場合を含む）
・定期積金
・金貯蓄口座　など

非課税貯蓄制度

1 マル優制度

●マル優制度の概要

　マル優制度（障害者等の少額貯蓄利子非課税制度）は、「障害者等」に該当する人を対象として、一定額以下の貯蓄から得られる利子を非課税とする制度です。マル優制度を利用できるのは、日本国内に住所がある人で、<u>遺族年金</u>、寡婦年金などを受ける妻、児童扶養手当を受ける児童の母、<u>身体障害者手帳の交付を受けている人</u>などです。

●マル優制度の種類

　マル優制度には、マル優制度（少額貯蓄利子非課税制度）と特別マル優制度（少額公債等利子非課税制度）があり、対象となる金融商品が異なりますが、それぞれ預入金額 <u>350 万円</u>までの利子が非課税となります。

	対象商品	対象外の商品
マル優制度	銀行　　　：預貯金 信託銀行：金銭信託、貸付信託 債券　　　：利付国債、政府保証債、 　　　　　　地方債、普通社債など 投資信託：公社債投資信託	・金融類似商品、割引債、外貨預金 ・最低預入金額が 350 万円を超える商品（大口定期預金など）
特別マル優制度	利付国債、公募地方債	政府保証債

2 財形貯蓄制度

　財形制度は、勤労者の財産の形成を目的とした制度で、財形貯蓄制度と財形融資制度があります。

財形制度の概要

財形制度	財形貯蓄制度	一般財形貯蓄、財形住宅貯蓄、財形年金貯蓄
	財形融資制度	財形持家融資

　財形貯蓄制度は、給与天引きの積立制度ですが、財形住宅貯蓄と財形年金貯蓄は、要件を満たすことで一定の金額までの利子が非課税になります。

　財形制度を利用できるのは、<u>勤労者</u>に該当する人で、会社員、公務員、アルバイト・パート、派遣社員などの<u>給与所得</u>がある人です。ただし、勤務先で財

形制度を導入していない場合は利用することはできません。

また、勤労者に該当しない会社役員、自営業者、自由業者、農業従事者などは、財形制度を利用することはできません。

1 ライフプランニングと資金計画

2 リスク管理

3 金融資産運用

4 タックスプランニング

5 不動産

6 相続・事業承継

財形貯蓄制度の要件と非課税限度額

		一般財形貯蓄	財形住宅貯蓄	財形年金貯蓄
要件	年齢	なし	契約時 55 歳未満	
	契約口数	制限なし	1 契約のみ	1 契約のみ
	貯蓄目的	自由	自己名義の住宅取得、増改築	60 歳以降の年金原資
	積立期間	3 年以上	5 年以上※	5 年以上
課税		20.315%源泉分離課税	限度額以内であれば非課税	
非課税限度額		－	**貯蓄型**：財形年金貯蓄と合算して元利合計 550 万円 **保険型**：財形年金貯蓄と合算して払込保険料累計額 550 万円まで	**貯蓄型**：財形住宅貯蓄と合算して元利合計 550 万円 **保険型**：払込保険料累計額 385 万円以内かつ財形住宅貯蓄と合算して 550 万円以下
目的外払い出し		－	**貯蓄型**：過去 5 年間の利息に遡及課税 **保険型**：積立開始からの利息相当に 20.315%の源泉分離課税	**貯蓄型**：過去 5 年間の利息に遡及課税 **保険型**：積立開始からの利息相当分が一時所得

※対象となる住宅を購入する場合は、5 年以内の払い出しも可

6 代表的な貯蓄型金融商品

1 銀行等の金融商品

普通預金	・1 円以上 1 円単位 ・日割計算で利子が付き、半年ごとに元本に組入れ ・総合口座の場合、自動融資の利用可 　普通預金の残高を超えて資金が必要な場合、定期預金などを担保に融資が受けられる。融資利率は定期預金の約定利率＋ 0.5％、融資限度額は定期預金残高の 90％以内、200 万円までが一般的

貯蓄預金	・1円以上1円単位 ・毎日の残高が基準残高（10万円、30万円など）を上回った場合、普通預金より高い利率が適用される ・日割計算で利子が付き、半年ごとに元本に組入れ ・給与、年金の受取口座や公共料金、クレジットカードの利用代金などの引落口座に指定することはできない
スーパー定期	・1円以上1円単位の預入れ（300万円以上の場合、スーパー定期300として利率が高くなる） ・満期は1カ月以上10年以内が一般的 ・固定金利 　　預入期間3年未満：単利のみ 　　預入期間3年以上：個人に限り、単利と半年複利の選択可 ・適用利率は、金融機関により異なる ・満期前に解約した場合、中途解約利率が適用
大口定期預金	・1,000万円以上1円単位の預入れ ・満期は1カ月以上10年以内が一般的 ・固定金利、単利のみ ・預入期間2年以上の場合1年ごとに中間利払い ・満期前に解約した場合、中途解約利率が適用
期日指定定期預金	・1円以上1円単位の預入れ ・満期は1年以上最長3年が多い ・固定金利、1年複利 ・預入から1年据え置けば、1カ月以上前に満期日を指定できる
変動金利定期預金	・1円以上1円単位の預入れ ・変動金利（6カ月ごとに金利見直しが一般的） 　　預入期間3年未満：単利のみ 　　預入期間3年以上：個人に限り、単利と半年複利の選択可
仕組預金	・デリバティブを組み入れることで高い利率が適用になるが、さまざまな特約が付いている ・預金保険制度による保護の対象だが、通常の円定期預金の利率を超える部分は保護の対象外 【満期日変更特約付定期預金】 　金利の動向によって満期日を延長（繰り上げ）する権利を銀行が持つ特約がある定期預金 【二重通貨定期預金】 　円で預け入れ外貨で運用するが、満期日に外貨の価値が下がっていれば、元本を外貨で払い戻す権利を銀行が持つ特約がある定期預金

2 ゆうちょ銀行の金融商品

通常貯金	・1円以上1円単位 ・日割計算で利子が付き、毎年3月末、9月末に元本に組み入れ ・総合口座の場合、<u>自動融資</u>の利用可 通常貯金の残高を超えて資金が必要な場合、定額貯金、定期貯金等を担保に融資が受けられる。融資利率は定額貯金の約定利率＋<u>0.25</u>％、定期貯金の約定利率＋<u>0.5</u>％。融資限度額は定期性貯金残高の<u>90</u>％以内、300万円まで
通常貯蓄貯金	・1円以上1円単位 ・毎日の残高が基準残高（10万円）を上回った場合、通常貯金より<u>高い</u>利率が適用される ・日割計算で利子が付き、毎年3月末、9月末に元本に組み入れ ・<u>給与、年金の受取口座</u>や<u>公共料金、クレジットカードの利用代金などの引落口座</u>に指定することはできない
定額貯金	・1,000円以上1,000円単位 ・預け入れから<u>6カ月</u>経過すれば、いつでもペナルティなしで引き出し可 ・6カ月刻みの6段階で適用利率が<u>上昇</u>する ・固定金利、満期時一括払い
定期貯金	・1,000円以上1,000円単位 ・満期は1・3・6カ月、1・2・3・4・5年 ・満期3年未満は<u>単利</u>、3年以上は<u>半年複利</u> ・満期2年は1年目に中間利払いあり、それ以外は満期時一括払い

3 代表的な積立型商品

定期積金	・信用金庫、信用組合、JAなど ・1,000円以上1,000円単位で積み立て ・金融類似商品に該当し、利子は雑所得として<u>20.315</u>％の<u>源泉分離課税</u>
ミリオン （従業員積立 投資プラン）	・給与天引きで株式投資信託を積み立てる ・5,000円以上1円単位 ・いつでも時価で全額、一部換金が可能
株式累積投資 制度 （るいとう）	・1銘柄1万円以上<u>100万円</u>未満で株式を購入する ・積立額が単元株に達しない場合、単元未満株を購入するが、株数に応じた配当を受け取ることができる ・いつでも時価で全額、一部売却が可能

1 ライフプランニングと資金計画

2 リスク管理

3 金融資産運用

4 タックスプランニング

5 不動産

6 相続・事業承継

まとめ｜金利と貯蓄型金融商品

・金融市場には、短期金融市場と長期金融市場があり、長期金融市場の代表的な金利が新発10年長期国債の利回りである
・金利（利子）の計算方法には、単利と複利があり、金融商品によって固定金利または変動金利が適用される
・代表的な貯蓄型金融商品の特徴（預入金額、単利・複利、固定・変動など）を覚える

一問一答・チャレンジ問題！

次の文章で正しいものには○、誤っているものには×で答えましょう。

①元本100万円を利率1％（年利）、半年複利で3年間預入れた場合の元利合計は、税金を考慮しない場合、1,030,378円（小数点以下切り上げ）となる。

②国内金利と比較して海外金利が上昇することは、一般的に、国内の長期金利の下落要因となる。

③満期までの期間と金利水準の関係において、期間が長くなるほど金利水準が高くなる状態を順イールドという。

④銀行のスーパー定期は、満期までの期間が3年以上であれば、法人に限って半年複利を選択することができる。

⑤銀行が販売する満期日変更特約付定期預金などの仕組預金は、銀行の破綻に当たって、預金保険制度による保護の対象となる。

解答＆ポイント解説

① ○　② ×　③ ○　④ ×　⑤ ○
海外金利の上昇は、国内の長期金利の上昇要因となります。スーパー定期は、満期が3年以上の場合、個人に限り半年複利を選択することができます。

03 債券

- 債券のしくみと特徴
- 個人向け国債の特徴
- 債券の利回りの考え方と計算

1 債券とは何か

　債券とは、国や企業が資金を調達するために発行する証券であり、一種の借用証書です。発行時に借り入れ条件などが決められ、その条件で債券を購入した人は、債券を発行した人に資金を貸したと考えることもできます。

　債券は、満期まで保有していれば額面金額が償還されるため、比較的安全性が高いと考えられます。通常の借用証とは異なり、満期前に市場で売買することもできますが、時価による取引となるため売却損が発生することもあります。

2 債券の分類

① 利払いによる分類

利付債	毎年決まった時期に利子が支払われる債券
割引債	額面金額を下回る金額で発行され、利子は支払われない。満期には額面金額が償還され、差額が利益となる

② 購入できる人による分類

公募債	広く公に募集される債券で誰でも購入できる
縁故債 （私募債）	発行体と関係がある特定少数者を対象として発行される債券。主に機関投資家向けの債券

③ 発行体による分類

公共債	国債	国が発行する債券
	地方債	都道府県や政令指定都市などの地方公共団体が発行する債券
	政府関係機関債	公庫、公団、特殊法人などの政府関係機関が発行する債券。政府の保証が付いている場合もある
民間債	金融債	特定の金融機関が発行する債券
	社債	事業会社が発行する債券
外国債		主に外国の政府や法人などが発行する債券

新発債	新規に発行される債券
既発債	既に発行され、債券市場で売買されている債券

3 債券の種類と特徴

1 国債（利付国債）

　国債は、国が発行する債券で、満期までの期間によって中期国債、長期国債、超長期国債などがありますが、期間10年の長期国債の発行が最も多く、<u>新発10年長期国債の利回り</u>が長期金利の指標となっています。

種類	中期国債（2年、5年、6年）、長期国債（10年）、超長期国債（20年、30年、40年）、変動利付国債（15年）
利払い	年2回
申込単位	額面<u>5万円</u>単位（変動利付国債は額面10万円単位）
途中換金	市場価格で売却可能

2 地方債

　地方債は、都道府県や政令指定都市などの地方公共団体が発行する債券です。

利払い	年2回
期間	5年、10年　など
申込単位	額面1万円単位
途中換金	市場価格で売却可能

3 政府保証債

　公庫、公団、特殊法人などの政府関係機関が発行する政府関係機関債のうち、利子の支払いと額面の償還を国が保証している債券を政府保証債といいます。

利払い	年2回
申込単位	額面10万円単位

いろいろな種類の債券がありますが、最も出題頻度が高いのは、次ページの個人向け国債です

1 ライフプランニングと 資金計画

2 リスク管理

3 金融資産運用

4 タックスプランニング

5 不動産

6 相続・事業承継

4 社債

社債とは、企業が資金を調達するために発行する債券です。

利払い	年2回
期間	1〜10年
申込単位	額面10万円など
途中換金	市場価格で売却可能
その他	発行体である企業の財務状況などにより信用力が異なり、目安として格付けを参考にすることができる

5 転換社債型新株予約権付社債

転換社債型新株予約権付社債とは、発行時に決められた転換価額で株式に転換する権利が付与されている社債です。発行体の企業の株価が転換価額を上回れば、株式に転換することで利益を得ることができます。株価が転換価格を上回らないときは、満期まで保有すれば額面金額が償還されます。

4 個人向け国債

個人向け国債は、購入者が個人に限定された国債です。そのため、通常の国債とは異なるさまざまな特徴があります。10年満期の変動金利型、5年満期の固定金利型、3年満期の固定金利型の3種類があり、毎月発行されています。

個人向け国債の種類と特徴

	変動金利10年	固定金利5年	固定金利3年
満期	10年	5年	3年
金利方式	変動金利（利率は6カ月ごとに見直し）	固定金利	
金利水準	基準金利×0.66 0.05％の最低保証	基準金利−0.05％ 0.05％の最低保証	基準金利−0.03％ 0.05％の最低保証
購入単位	額面1万円単位		
対象	個人のみ		
発行時期	原則、毎月15日発行		
途中換金	・発行後1年は中途換金禁止（大規模な災害で被害を受けた場合、本人の死亡時は換金可能） ・1年経過後は額面金額で中途換金可能（中途換金調整額として「直近2回分の利子相当額×0.79685」が引かれる）		

1 債券の発行条件

債券は、表面利率、発行価格、償還期限（満期）などの発行条件をあらかじめ決めたうえで発行されます。

額面金額	・債券の最低申込み単位のことで、債券によって異なる ・債券の価格は、額面 100 円当たりの金額を表示する
表面利率	・利付債の額面金額に対して支払われる 1 年間の利子の割合 ・発行時に決められ、満期償還時まで変更されることはない
発行価格	・債券が発行されるときの価格 ・額面 100 円当たりの払込み価格が表示される ・額面より高い価格で発行される場合をオーバーパー発行、 　額面金額で発行される場合をパー発行、 　額面より低い価格で発行される場合をアンダーパー発行という
利払い	通常、年 2 回の利払い。債券によっては年 1 回の場合もある
償還期限	・債券の満期のこと ・満期時には、額面金額が償還される

債券は額面金額で発行されるのではなく、発行時に決められる発行価格で発行されます。償還時には額面金額が償還されるので、額面金額より低い価格で発行された場合は償還差益が発生しますが、額面金額より高い価格で発行された場合は償還差損が生じてしまいます。

償還期限と償還差損益

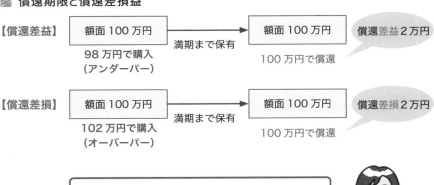

それぞれの違いをしっかりと確認しておきましょう

1 ライフプランニングと資金計画

2 リスク管理

3 金融資産運用

4 タックスプランニング

5 不動産

6 相続・事業承継

2 債券の売買

●債券の流通市場

債券は、発行後も流通市場を通じて自由に売買することができます。この場合は、時価に基づいて売買が行われます。債券の流通市場には、<u>取引所市場</u>、<u>店頭市場</u>、業者間市場があります。

取引所市場	・証券取引所に上場している債券は、<u>取引所市場</u>で取引される ・上場している債券は少なく、その時々の実勢価格を知らせる「価格公示の場」としての役割がある
店頭市場	・証券取引所に上場していない債券は、取引所を通さず、金融機関と相対で取引をする ・同じ銘柄の債券でも、金融機関によって取引価格が異なる場合がある ・債券取引の大部分は、<u>店頭市場</u>での取引
業者間市場	・金融機関が債券の取引をする市場

●債券の売買

新発債は、発行価格のみを払い込めば購入できます。手数料は<u>かかりません</u>。

【新発債の購入】 新発債の購入代金 ＝ 額面金額 × $\dfrac{発行価格}{100}$

既発債を購入する際、証券取引所に上場されている債券の取引には手数料が必要です。金融機関の店頭で購入する際は、必要なコストが表示価格に含まれているため手数料は必要ありません。

【既発債の購入】 既発債の購入代金 ＝ 額面金額 × $\dfrac{単価}{100}$ ＋ 手数料 ＋ 経過利子

既発債の売却代金 ＝ 額面金額 × $\dfrac{単価}{100}$ － 手数料 ＋ 経過利子

経過利子 ＝ 額面金額 × 表面利率 × $\dfrac{経過日数}{365}$

既発債を売買する際には、<u>経過利子</u>が発生します。<u>経過利子</u>とは、前回の利払いの翌日から売買代金の受渡日までの日数に相当する利子のことで、既発債を購入する場合は経過利子を<u>支払う</u>必要があり、既発債を売却する場合は経過利子を<u>受け取る</u>ことができます。

■ 経過利子の考え方

3/21 から 6/20 までの利子相当分を
経過利子として受け渡す

・債券の利子は、利払日の所有者に対して、半年分の利子（年2回利払いの
　場合）が後払いで支払われる
・上記の例では、債券を売却した人は、債券を保有していた 3/21 から 6/20
　までの期間に相当する利子を、購入した人から受け取ることができる
・購入した人は 9/20 に半年分の利子を受け取る
・経過利子は、源泉税相当額は控除されず、全額が受け渡しの対象となるため、
　売り手は譲渡収入額に、買い手は取得価額に、経過利子の額を加算して譲
　渡損益を計算する

6 ▶ 債券の利回り

　債券投資で得られる収益には、利子、償還差益（差損）・売却益（損）があ
ります。これらの収益の合計額を投資金額で割って、1年当たりの収益の割合
を示したものが債券の利回りです。債券の利回りには、①応募者利回り、②最
終利回り、③所有期間利回り、④直接利回りがあります。

■ 債券の利回りのイメージ

新規発行	途中購入	途中売却	満期償還
①応募者利回り			
	②最終利回り		
③所有期間利回り（新発債を購入）			
	③所有期間利回り（既発債を購入）		

❶応募者利回り

応募者利回りとは、債券を新規発行時に購入し、満期償還まで保有した場合の利回りです。

$$応募者利回り（\%）= \frac{表面利率 + \dfrac{額面（100円）- 発行価格}{償還年限}}{発行価格} \times 100$$

❷最終利回り

最終利回りは、既発債を購入し、満期償還まで保有した場合の利回りです。

$$最終利回り（\%）= \frac{表面利率 + \dfrac{額面（100円）- 買付価格}{残存年限}}{買付価格} \times 100$$

❸所有期間利回り

所有期間利回りは、既発債（または新発債）を購入し、満期前に売却した場合の利回りです。

$$所有期間利回り（\%）= \frac{表面利率 + \dfrac{売付価格 - 買付価格}{所有期間}}{買付価格} \times 100$$

❹直接利回り

直接利回りとは、投資金額に対する年間の利子の割合を示したものです。

$$直接利回り（\%）= \frac{表面利率}{買付価格} \times 100$$

◇利回りを計算してみよう

【問題】表面利率1％、残存年限5年の債券を、額面100円当たり101円で購入した場合の最終利回りを求めなさい。なお、解答に当たって、小数点以下第3位を四捨五入すること。

$$最終利回り（\%）= \frac{1（\%）+ \dfrac{100円 - 101円}{5年}}{101円} \times 100 ≒ 0.79\%$$

---

1 ライフプランニングと資金計画

2 リスク管理

3 金融資産運用

4 タックスプランニング

5 不動産

6 相続・事業承継

●債券価格と利回りの関係

　債券価格と債券の利回りは、<u>逆の</u>動きをします。債券価格が上昇した場合、償還・売却時の利益が少なくなるため債券の利回りは<u>低下</u>し、債券価格が下落した場合は、償還・売却時の利益が増えるため債券の利回りは<u>上昇</u>します。

7　債券価格の変動要因

　債券価格は、市場金利（長期金利）の動きに大きく影響を受けて変動します。市場金利と債券価格は<u>逆の</u>動きをするため、市場金利が上昇した場合、債券価格は<u>下落</u>し、市場金利が低下した場合、債券価格は<u>上昇</u>します。

　長期金利は、国内景気・国内物価・為替相場・海外金利の影響を受けて変動するため、債券価格もそれに伴って変動します。

▨ 長期金利の動きと債券価格

変動要因	国内景気		国内物価		為替相場		海外金利	
	好況	不況	上昇	下落	円安	円高	上昇	下落
長期金利の動き	↗	↘	↗	↘	↗	↘	↗	↘
<u>債券価格</u>の動き	↘	↗	↘	↗	↘	↗	↘	↗

・債券は、発行時の金利水準で表面利率を決定して発行する
・長期金利が低下すると、そのときに発行される債券の表面利率は<u>低く</u>なる。そのため、過去に発行された表面利率の高い債券が魅力的になり、価格が<u>上昇</u>する

●債券のデュレーション

　債券のデュレーションとは、金利の変化に対する債券価格の変化率のことです。市場金利と債券価格は逆の動きをしますが、金利の変動によって債券価格がどの程度変化するかを表したものがデュレーションです。また、デュレーションには、債券投資した資金の平均回収期間の意味もあります。

　デュレーションが大きい（長い）債券ほど、金利が変化した場合の価格変動率が<u>大きく</u>、デュレーションが小さい（短い）債券ほど、価格変動率は<u>小さく</u>

なります。

このことから、残存期間の<u>長い</u>（デュレーションは大きい）債券ほど、金利の変化に対する債券価格の変動が<u>大きい</u>といえます。市場金利と債券価格は反対の動きをするため、金利低下局面（債券価格は上昇）では、デュレーションの<u>大きい</u>債券に投資をしたほうが債券価格の上昇率が大きくなります。

ひとくちポイント！

表面利率の低い債券は、受け取る利子が少ないためデュレーションは<u>長く</u>（<u>大きく</u>）なります。このため、表面利率の高い債券と比べて、市場金利の変動による債券価格の変化率は<u>大きく</u>なります

8 債券のリスク

1 債券のリスク

債券には、次のようなリスクがあります。

価格変動リスク	市場金利の変動により、債券価格が変動するリスク
途中償還リスク	発行体の財務状況の悪化等によって、満期前に繰上げ償還されるリスク
流動性リスク	換金したいときに、買い手が見つからず換金できないリスク
<u>信用リスク</u> （デフォルトリスク）	発行体の経営状態の悪化により、利子の支払いや償還ができなくなってしまったり、債券価格が下落してしまうリスク

2 債券の格付け

債券の<u>信用リスク</u>（デフォルトリスク）の目安となるのが<u>格付け</u>です。<u>格付け</u>では、第三者機関である民間の格付け機関が、AAA（トリプルA）やBB（ダブルB）などのアルファベットを用いて、債券ごとの<u>信用力</u>を表しており、一般的に、<u>BBB（トリプルB）</u>以上が投資適格債、<u>BB（ダブルB）</u>以下が投機的債券とされます。

信用リスクが低い債券ほど債券価格は<u>高く</u>（利回りは低い）、信用リスクが高い債券ほど債券価格は<u>低く</u>（利回りは高い）なります。例えば、債券の発行体の財務状況が悪化した場合、債券価格が下落するため、利回りは高くなります。

格付けは、発行時に付与した後も、発行体の経営状態等によって、随時、変更されます。

1 ライフプランニングと資金計画

2 リスク管理

3 金融資産運用

4 タックスプランニング

5 不動産

6 相続・事業承継

1 特定公社債の税制

国債、地方債、社債、外国債などを特定公社債といい、これに公社債投資信託を加えたものを特定公社債等と呼びます。特定公社債の税制は次のとおりです。

特定公社債の税制

利付債	利子	・利子所得として 20.315%の申告分離課税 ・利払い時に源泉徴収され、確定申告不要を選択できる ・申告分離課税を選択したものは、特定公社債等、上場株式等の譲渡損失と損益の通算が可能
	償還差益 売却益	・譲渡所得として、20.315%の申告分離課税
割引債	償還差益 売却益	・譲渡所得として 20.315%の申告分離課税（償還時に源泉徴収）

2 上場株式の配当金等、譲渡損失との損益通算

特定公社債の譲渡損失が生じた場合、申告分離課税を選択した利子、上場株式の配当等で申告分離課税を選択したもの、特定公社債等、上場株式等の譲渡損失と損益の通算をすることができます。

通算をしてもなお損失が残った場合は、確定申告をすることで、翌年以降 3 年間にわたって繰越控除ができます。

まとめ｜債券

・債券は、あらかじめ表面利率や発行価格、償還年限などの条件を決めて発行され、満期を迎えると額面金額が償還される
・個人向け国債には、変動 10 年、固定 5 年、固定 3 年の 3 種類があり、額面 1 万円単位で購入することができる
・債券の利回り計算では、特に応募者利回り、最終利回り、所有期間利回りの 3 つの公式を覚え、計算できるようにする

1 ライフプランニングと資金計画

2 リスク管理

3 金融資産運用

4 タックスプランニング

5 不動産

6 相続・事業承継

一問一答・チャレンジ問題！

次の文章で正しいものには○、誤っているものには×で
答えましょう。

①固定金利型5年の個人向け国債の適用金利は、「基準金利 − 0.05%」で
　求められる利率であり、適用金利には0.03%の最低保証がある。

②個人向け国債は、発行から1年経過後は、満期償還前であっても、原則
　として、市場価格により売却することができる。

③利付債券を保有することにより受け取ることができる1年間の利子（税
　引前）は、額面金額に表面利率を乗じることにより求められる金額である。

④債券の最終利回りとは、債券市場で既発債を購入し、満期まで保有した
　場合の利回りである。

⑤一般的に、市場金利（長期金利）が上昇した場合、債券価格も上昇する。

⑥債券の信用格付けにおいて、BB（ダブルB）以上が投資適格債券とされる。

⑦特定公社債の利子で申告分離課税を選択したものは、特定公社債等の譲
　渡損失と損益の通算をすることができる。

解答&ポイント解説

① ×　② ×　③ ○　④ ○　⑤ ×　⑥ ×　⑦ ○

個人向け国債の適用利率には0.05%の最低保証があります。また、個人向け国
債は、発行後1年経過すれば、中途換金調整額を支払うことにより額面で換金
できます。市場金利（長期金利）と債券価格は逆相関の関係にあり、市場金利
が上昇すると債券価格は下落します。債券の信用格付けでは、BBB（トリプルB）
以上が投資適格債券とされます。

04 株式

重要度 ★★★

必修ポイント
- 株式市場のしくみと特徴
- 配当利回り、PER、PBR などの投資指標
- 日経平均株価、東証株価指数などの株価指数

1 株式とは

1 株式とは何か

株式とは、株式会社が多額の資金を集めるために発行するもので、株式会社に出資した人（株主）の持ち分を示すものです。

投資家が自由に投資できる株式は、株式会社の中でも証券取引所に上場されている会社の株式です。このように不特定多数の人が株式を自由に売買できるようにすることを株式の公開といいます。

2 株主の権利

株主の権利には、次のようなものがあります。

議決権	株主総会に参加して議決に加わる権利
利益配当請求権	配当金などの利益分配を受け取る権利
残余財産分配請求権	会社の解散に際して、残った資産を分配して受け取る権利

3 株式の種類

株式は、付与されている権利の内容によって、普通株式、優先株式、劣後株式に分けられます。株式市場で一般投資家が売買できる株式は、原則としてすべて普通株式です。

普通株式	株主の権利に制限がない、最も一般的な株式
優先株式	普通株式よりも優先して剰余金の配当や残余財産の分配が得られる株式。議決権の行使に制限が設けられている場合もある
劣後株式	普通株式よりも利益配当の優先順位が後になる株式

このほかにも、議決権制限株式や譲渡制限株式などの種類株式があります。金庫株とは、株式会社が発行済みの自社の株式を買い戻して自社で保有している株式です。金庫株の株主は株式会社自身となります。

1 ライフプランニングと資金計画

2 リスク管理

3 金融資産運用

4 タックスプランニング

5 不動産

6 相続・事業承継

2 　証券取引所

　株式は証券取引所で売買されます。国内には、東京証券取引所をはじめ 4 つの証券取引所（東京、名古屋、福岡、札幌）があります。東京証券取引所には、プライム市場、スタンダード市場、グロース市場の 3 つの区分があります。

プライム市場	・グローバルな投資家との建設的な対話を中心に据えた企業向けの市場 ・流通株式時価総額 100 億円以上、流通株式比率 35％以上、純資産額 50 億円以上などの基準を満たす企業
スタンダード市場	・公開された市場における投資対象として十分な流動性とガバナンス水準を備えた企業向けの市場 ・流通株式時価総額 10 億円以上、流通株式比率 25％以上、純資産額がプラスであることなどの基準を満たす企業
グロース市場	・高い成長可能性を有する企業向けの市場 ・流通株式時価総額 5 億円以上、流通株式比率 25％以上などの基準を満たす企業

　名古屋証券取引所は、プレミア市場、メイン市場、ネクスト市場の 3 区分となっています。

東京証券取引所は、東証 1 部、東証 2 部、ジャスダック、マザーズの 4 区分でしたが、2022 年 4 月に再編され、それ以降は、プライム市場、スタンダード市場、グロース市場の 3 区分になりました

3 　株式の売買

1 取引時間

　株式は、証券会社で証券取引口座を開設したうえで、証券会社を通じて、証券取引所の取引時間（立会時間）に売買を行います。東京証券取引所の場合、立会時間は、前場が午前 9 時から午前 11 時 30 分まで、後場が午後 12 時 30 分から午後 3 時までとなっています。

　原則として上場株式の売買は立会時間内に行いますが、立会時間外取引や証券会社のインターネット取引による夜間取引も行われています。

2 株式の売買単位

　単元株とは、株主総会での議決権行使や株式の売買を円滑にするために、企業が定める一定数の株式です。現在、単元株は 100 株に統一されており、株

式の売買は、単元株の整数倍で行います。

> 例えば、株価 1,000 円の株式を購入する場合は、
> 最低 10 万円（1,000 円× 100 株）必要です

③ 注文方法

売買注文の方法には、指値注文と成行注文の 2 つがあり、投資家がどちらか
を選択します。

指値注文	価格を指定して売買注文を出す方法 ⇒「1,000 円で 1,000 株買う」「1,000 円で 1,000 株売る」 という注文方法
成行注文	価格を指定しないで売買注文を出す方法 ⇒「いくらでもいいから（そのとき成立する価格で）1,000株買う」 という注文方法

株式市場では、オークション方式により、買い手と売り手の売買条件が合致
した場合に約定（売買が成立）します。成行注文優先の原則があるため、成行
注文の方が約定しやすいですが、価格を指定しない注文方法であるため、思わ
ぬ価格で約定する場合もあります。

指値注文には、価格優先・時間優先の原則があります。そのため、買い注文
では高い価格を提示した注文から約定し、売り注文では低い価格を提示した注
文から約定します。指値注文で指定した価格は、買い注文では約定金額の上限
で（指値よりも低い価格で約定する可能性もある）、売り注文では約定金額の
下限を意味します（指値よりも高い価格で約定する可能性もある）。

> 1 日の売買における株価の値動きの幅は、一定に制限されていま
> す（値幅制限）。値幅制限の上限まで株価が上がった場合を「ストッ
> プ高」、下限まで下がった場合を「ストップ安」といいます

④ 売買代金の計算と受渡し

株式の売買代金には、約定代金のほかに委託手数料と消費税が必要です。委
託手数料の額や計算方法は、証券会社によって異なります。

●売買代金の計算方法
　買付代金 ＝ 約定代金（株価 × 株数）＋ 委託手数料 （＋消費税）
　売付代金 ＝ 約定代金（株価 × 株数）－ 委託手数料 （－消費税）

●売買代金は、約定日当日から起算して3営業日目に受け渡す

　5月20日（月）に約定した場合　→　5月22日（水）に受渡し

　7月26日（金）に約定した場合　→　7月30日（火）に受渡し

※途中に祝日がない場合

5 権利確定日

　権利確定日とは、株主として株主名簿に記載され配当や株主優待などを受ける権利が確定する日です。例えば、3月31日が権利確定日の場合、受渡日が約定日の2営業日後であるため、3月29日まで（途中に土日・祝日がない場合）に約定することで株主として配当等を受け取る権利を得ることができます。

　権利確定日の2営業日前を権利付き最終日といいます。

6 配当金の受取方法

　配当金の受取方法には、配当金領収証方式、登録配当金受領口座方式、株式数比例配分方式などがあります。受取方法は任意で選択できますが、NISA口座で受け取る配当金を非課税扱いにしたり、特定口座の源泉徴収選択口座内で配当金と譲渡損失の損益を通算する場合などは、株式数比例配分方式を選択する必要があります。

配当金領収証方式	発行会社から郵送される配当金領収証を金融機関の窓口に持参して配当金を受け取る方法
登録配当金受領口座方式	保有するすべての株式等の配当金を、あらかじめ指定した1つの銀行口座等で受け取る方法
株式数比例配分方式	証券口座ごとに保有する株数に応じて、配当金を証券口座内で受け取る方法
個別銘柄指定方式	銘柄ごとに配当金を受領する口座を指定し、届出がなされた銘柄の配当金のみを指定した金融機関で受け取る方法

4 株式ミニ投資と株式累積投資制度（るいとう）

1 株式ミニ投資

　株式ミニ投資とは、通常の取引（単元株取引）の10分の1単位で株式の売買ができる制度で、証券会社が行っているものです。株式ミニ投資では、単元株に達しない単元未満株の売買であるため議決権はありませんが、保有している株数に応じた配当金を受け取ることができます。

1 ライフプランニングと資金計画

2 リスク管理

3 金融資産運用

4 タックスプランニング

5 不動産

6 相続・事業承継

対象銘柄	証券会社に上場している銘柄の中から証券会社が独自に選択した銘柄
取引単位	単元株の 1/10（10 株）単位で、1 日最大 9/10（90 株）まで
約定日	約定日は申込日の翌営業日で、約定価格は翌営業日の始値と定められており、指値注文はできない

② 株式累積投資制度（るいとう）

　株式累積投資制度（るいとう）は、毎月、一定金額の株式を積立方式で購入していく制度です。毎月の積立額は 1 万円以上 100 万円未満となっています。単元未満株を買い増ししていき、単元株に達すると名義変更して、株主として議決権を行使することができます。

対象銘柄	証券会社が選択した銘柄の範囲で、投資家が選択する
積立金額	1 銘柄につき 1 万円以上 100 万円未満（インサイダー取引規制による）
配当金の扱い	配当金は自動で再投資される
積立方法	銀行預金などからの自動引き落とし 勤務先からの給与天引き　など
中途売却	いつでも時価で全額または指定株数による一部売却が可能

5 　信用取引

① 信用取引とは

　信用取引とは、証券会社に委託保証金を差し入れ、資金を借りて株式を購入したり、株券を借りて株式を売却する取引です。委託保証金は売買代金の一部で済むので、自己資金の何倍かの取引ができます。

　ただし、一定期間内に借りた資金や株式を戻す必要があり、株価の動向次第で多大な損失を被ることもあります。

> 信用取引では、手持ちの資金より多額の「買い」取引をすることや、現物株式を所有していなくても、その株式の「売り」取引を開始することができます

② 制度信用取引と一般信用取引

　信用取引には、制度信用取引と一般信用取引があります。

制度信用取引	・証券取引所が、対象銘柄、品貸料、弁済の期限（6 カ月）などを定める ・対象銘柄は、上場株式、ETF、J-REIT など
一般信用取引	・証券会社と顧客との相対取引 ・対象銘柄、品貸料、弁済の期限などは、証券会社と顧客との間で自由に決めることができる

1 ライフプランニングと資金計画

2 リスク管理

3 金融資産運用

4 タックスプランニング

5 不動産

6 相続・事業承継

3 信用取引の決済

　信用取引の決済方法には、反対売買により決済しその差額のみを受け渡しする差金決済と、現金や株式などの現物で決済を行う現引き・現渡しがあります。

4 委託保証金

　信用取引による売買が成立した場合、売買成立の日を起算日として 3 営業日目までに委託保証金を差し入れる必要があります。

　委託保証金は金銭で差し入れる方法と、上場株式や国債などの有価証券（代用有価証券）で差し入れる方法がありますが、代用有価証券で差し入れる場合は、有価証券の時価に一定の掛け率（代用掛目）を掛けた金額が委託保証金としての評価額になります。

　約定代金の額に対して差し入れる必要のある委託保証金の割合を委託保証金率といいます。委託保証金率は、法令では 30%以上かつ 30 万円以上と定められており、その範囲で証券会社が定めることができます。

〈委託保証金・代用有価証券の計算方法〉
委託保証金率が 30%、1,000 万円の新規建てをする場合
　⇒ 1,000 万円× 30%＝ 300 万円の委託保証金が必要
現金に代えて代用有価証券で委託保証金を差し入れる場合（代用掛目 80%）
　⇒ 300 万円÷ 80%＝ 375 万円の時価評価の代用有価証券が必要

5 追加保証金（追証）

　信用取引では、建玉（信用取引などの約定後に、反対売買されずに残っている未決済分のこと）や代用有価証券の時価が下がった場合、追加の委託保証金（追証）を求められる場合があります。追証が必要になるのは、委託保証金の額が建玉の金額に対して最低維持するべき委託保証金の額（最低保証金維持率）を下回った場合です。

　最低保証金維持率は、法令では 20%以上と定められています。

6 株式の投資指標

◢ 投資銘柄の選択

投資銘柄を分析する方法として、テクニカル分析とファンダメンタルズ分析があります。テクニカル分析は、過去の株価の推移から将来の株価水準を予想する方法で、主に株価チャートを利用して分析します。ファンダメンタルズ分析は、企業の利益や純資産といった要素から株価の割安性を判断する方法です。

◢ ファンダメンタルズ分析による投資指標

株式投資の判断基準となる代表的な指標には、次のものがあります。

●配当利回り

配当利回りは、投資金額（株価）に対する年間配当金の割合を示す指標です。

$$配当利回り（\%）= \frac{1株当たり年間配当金}{株価} \times 100$$

●配当性向

配当性向は、企業の税引後純利益のうち、どれだけ配当金として株主に還元したかの割合を表す指標です。

$$配当性向（\%）= \frac{配当金総額}{税引後純利益} \times 100$$

◇配当利回りと配当性向を計算してみよう

【問題】次の条件の場合の配当利回りと配当性向を求めなさい。

条件	株価	1,500 円	配当金総額	30 億円
	税引後純利益	100 億円	発行済株式数	1 億株

$$配当利回り = \frac{30 億円 \div 1 億株}{1,500 円} \times 100 = 2\%$$

$$配当性向 = \frac{30 億円}{100 億円} \times 100 = 30\%$$

● PER（株価収益率）

　PER は、株価が <u>1 株当たり純利益</u>の何倍になっているかをもとに、株価の割安性を比較する指標です。投資した額がその企業の何年分の利益で回収できるかを示す指標ともいえるため、数値が小さいほうが割安性が高くなります。ただし、PER は絶対的な数値ではなく、同業他社などと比較して割安性を判断する指標です。

$$\text{PER（倍）} = \frac{\text{株価}}{\text{1 株当たり純利益}}$$

● PBR（株価純資産倍率）

　PBR は、株価が <u>1 株当たり純資産</u>の何倍になっているかをもとに、株価の割安性を比較する指標です。PBR も数値が小さいほうが割安性が高く、同業他社などと比較して判断します。

$$\text{PBR（倍）} = \frac{\text{株価}}{\text{1 株当たり純資産}}$$

● ROE（自己資本利益率）

　ROE は、企業が自己資本をもとにしてどれだけ効率的に利益を上げているかをみる指標です。ROE の値が<u>高い</u>ほど、企業が自己資本（＝投資家が投資した資金）を使って効率的に利益を上げていると判断できるため、投資家にとって魅力的といえます。

$$\text{ROE（％）} = \frac{\text{当期純利益}}{\text{自己資本}} \times 100$$

●自己資本比率

　自己資本比率は、<u>総資産</u>に対する自己資本の割合を示す指標です。自己資本比率の値が低いほど負債の割合が高くなります。逆に、数値が高いほど自己資本の割合が高く、一般的に経営が安定しているといえます。

$$\text{自己資本比率（％）} = \frac{\text{自己資本}}{\text{総資産}} \times 100$$

1 ライフプランニングと資金計画

2 リスク管理

3 金融資産運用

4 タックスプランニング

5 不動産

6 相続・事業承継

◇ PER と PBR で、株価の割安性を比較しよう

【問題】次の〈A 社と B 社のデータ〉をもとに PER と PBR で比較した場合、株価が割安なのはどちらか。

〈A 社と B 社のデータ〉

	A 社	B 社
株価	2,500 円	8,000 円
1 株当たり純利益	120 円	450 円
1 株当たり純資産	2,200 円	5,600 円

【PER】

A 社の PER $= \dfrac{2,500 \text{円}}{120 \text{円}} ≒ \underline{20.8}$ 倍

B 社の PER $= \dfrac{8,000 \text{円}}{450 \text{円}} ≒ \underline{17.8}$ 倍

【PBR】

A 社の PBR $= \dfrac{2,500 \text{円}}{2,200 \text{円}} ≒ \underline{1.1}$ 倍

B 社の PBR $= \dfrac{8,000 \text{円}}{5,600 \text{円}} ≒ \underline{1.4}$ 倍

従って、PER で比較すると <u>B 社</u>のほうが割安で、PBR で比較すると <u>A 社</u>のほうが割安である。

7 株式相場の基本用語

売買高 （出来高）	・証券取引所で売買が成立した株数のこと ・同一銘柄で買い注文 1 万株、売り注文 1 万株があり、すべて約定した場合、売買高は <u>1 万株</u>となる
売買代金	・証券取引所でいくらの売買が成立したかを金額で表したもの
時価総額	・その企業の株価に<u>発行済株式数</u>を掛けたもので、企業の規模を表す ・その市場に上場している企業の時価総額を足した場合、その市場の規模を表す

8 株価指数

　株価指数とは株価の平均値のことで、対象となる銘柄や算出の方法によって、さまざまな株価指数があります。株価指数を時系列で見ることで株価の動きを長期的に判断することができます。

1 日本の代表的な株価指数

●日経平均株価

　日経平均株価は、東京証券取引所プライム市場上場銘柄の中から代表的な

1 ライフプランニングと 資金計画

2 リスク管理

3 金融資産運用

4 タックスプランニング

5 不動産

6 相続・事業承継

225銘柄を対象とした修正平均株価です。株価の権利落ちや銘柄の入れ替えが行われても連続性を保つように、除数を用いて修正して算出します。対象となる銘柄は、日本経済の中心となる企業であり、定期的に対象銘柄の入れ替えが行われます。株価の高い銘柄（値がさ株）の値動きの影響を受けやすい特徴があります。

●東証株価指数（TOPIX）

東証株価指数（TOPIX）は、原則として、東京証券取引所プライム市場上場銘柄の中で、流通株式時価総額100億円以上の全銘柄を対象とした時価総額加重平均型の株価指数です。基準日（1968年1月4日）の時価総額を100ポイントとした場合に時価総額が何倍になっているかを表します。時価総額が大きい銘柄（大型株）の値動きの影響を受けやすい特徴があります。

東証株価指数（TOPIX）では、2005年に浮動株を基準とした指数が導入され、現在は浮動株基準株価指数となっています。

ひとくちポイント！

浮動株とは、親会社などが保有する株式など（固定株）を除いた実際に市場に流通可能な株式のことです。固定株まで含めると、時価総額のダブルカウントが起きやすいため、浮動株のみを対象とする浮動株基準指数が導入されました

● JPX日経インデックス400（JPX日経400）

JPX日経インデックス400は、東京証券取引所プライム市場、スタンダード市場、グロース市場上場銘柄の中から、時価総額、売買代金、ROEなどをもとに選定した400銘柄を対象とする時価総額加重平均型の株価指数です。基準日（2013年8月31日）の時価総額を10,000ポイントとした場合に時価総額が何倍になっているかを表します。

JPX日経400も浮動株を対象として算出しています

2 その他の株価指数

東証プライム市場指数	・東証プライム市場に上場する全銘柄を対象とする時価総額加重平均型の株価指数 ・基準日（2022 年 4 月 1 日）の時価総額を 1,000 ポイントとして算出する
東証スタンダード市場指数	・東証スタンダード市場に上場する全銘柄を対象とする時価総額加重平均型の株価指数 ・基準日（2022 年 4 月 1 日）の時価総額を 1,000 ポイントとして算出する
東証グロース市場指数	・東証グロース市場に上場する全銘柄を対象とする時価総額加重平均型の株価指数 ・基準日（2022 年 4 月 1 日）の時価総額を 1,000 ポイントとして算出する
東証 REIT 指数	・東京証券取引所に上場しているすべての REIT を対象に算出する時価総額加重平均型の株価指数 ・不動産投資信託市場全体の動きを知るうえで重要な指標

3 米国の代表的な株価指数

ダウ平均株価	・米国の代表的な株価指数 ・ダウ工業株 30 種平均が最も代表的で、ニューヨーク証券取引所、NASDAQ 上場銘柄から選択された 30 銘柄を対象とする株価平均型の株価指数
ナスダック総合指数	・NASDAQ に上場している全銘柄を対象とする時価総額加重平均型の株価指数

9 株式の税金

1 配当にかかる税金

●配当課税

　上場株式等の配当は配当所得に該当し、支払い時に 20.315 ％（所得税15％、復興特別所得税0.315％、住民税 5 ％）の税率で源泉徴収されます。そのため確定申告不要を選択することができますが、総合課税または申告分離課税を選択して確定申告をすることも可能です。

確定申告不要を選択	配当の支払い時に 20.315％の税率で源泉徴収されるため、確定申告をしなくてもいい
総合課税	総合課税を選択して確定申告した場合、配当控除の適用を受けられる
申告分離課税	申告分離課税を選択して確定申告をした場合、上場株式等の譲渡損失と損益の通算ができる

●配当控除

総合課税を選択して配当所得を確定申告した場合、配当控除の適用を受けることができます。配当控除は税額控除の1つで、算出された所得税・住民税額から控除を受けることができます。

配当控除の額は、課税総所得金額が1,000万円以下では所得税で配当の10%（住民税では2.8%）、1,000万円超では所得税で5%（同1.4%）です。

2 譲渡益にかかる税金

●譲渡益課税

上場株式等の譲渡益は譲渡所得に該当し、20.315%（所得税15%、復興特別所得税0.315%、住民税5%）の申告分離課税です。原則として、確定申告が必要です。ただし、例外として、特定口座の源泉徴収選択口座で取引をした場合、確定申告が不要な給与所得者で給与所得・退職所得以外の所得が20万円以下の場合は、確定申告は不要です。

●特定公社債等、公募株式投資信託との損益の通算

特定公社債等の譲渡損益・償還差損益、公募株式投資信託の解約損益・譲渡損益はいずれも譲渡所得として申告分離課税の対象であるため、上場株式等の譲渡損益と損益の通算をすることができます。

●上場株式等の配当所得との損益通算

上場株式の配当、公募株式投資信託の普通分配金で申告分離課税を選択したものは、上場株式等の譲渡損失と損益の通算をすることができます。また、特定公社債等の利子で申告分離課税を選択したものは、上場株式等の譲渡損失と損益の通算をすることができます。

●譲渡損失の3年間繰越控除

上場株式等の譲渡損失は、確定申告をすることで、翌年以降3年間にわたって繰越控除をすることができます。つまり、当年の譲渡損失があった場合、翌年の上場株式等の譲渡益から控除することで税額を軽減できます（当年の譲渡損失は、3年後までの譲渡益から控除可能）。特定公社債等の譲渡損失も同様に譲渡損失の3年間の繰越控除の対象となります。

●特定口座

特定口座とは、金融機関が、投資家に代わって、上場株式等や特定公社債等の損益計算や配当・分配金の受け取りを行う制度で、投資家は1証券会社につき1口座のみ特定口座を開設することができます。特定口座には、簡易申

1 ライフプランニングと資金計画

2 リスク管理

3 金融資産運用

4 タックスプランニング

5 不動産

6 相続・事業承継

告口座と源泉徴収選択口座があり、その年の最初の上場株式等の譲渡のときまでにいずれかを選択します。

簡易申告口座	・源泉徴収しないので、申告・納税は投資家本人が行う ・年間取引報告書が送られてくるため、簡易な確定申告が可能
源泉徴収選択口座	・金融機関が損益計算を行い、税額相当分を源泉徴収して納税するため、確定申告は不要 ・利子・配当等、譲渡損益は口座内で通算される

　源泉徴収選択口座では確定申告は不要ですが、ほかの金融機関でも特定口座を開設している場合や一般口座がある場合、確定申告をすることでそれらの口座内の損益とも通算をすることができます。

10 NISA 制度（少額投資非課税制度）

　NISA は、一定の金額までの投資について、株式や公募株式投資信託などの配当・分配金、譲渡益が非課税になる制度で、国内居住者は、金融機関で、1人1口座のみ NISA 口座を開設することができます。

1 2023 年までの NISA 制度

一般 NISA	・1月1日時点で 18 歳以上の国内居住者 ・対象となる商品は、上場株式、公募株式投資信託、ETF、J-REIT ・年間 120 万円までの新規投資が可能で、最長 5 年間非課税の適用を受けられる
ジュニア NISA	・1月1日時点で 18 歳未満の国内居住者 ・年間 80 万円までの新規投資が可能で、最長 5 年間、非課税の適用を受けられる
つみたて NISA	・1月1日時点で 18 歳以上の国内居住者 ・対象となる商品は、一定の要件を満たす長期の積立・分散投資に適した公募株式投資信託、ETF ・年間 40 万円までの新規投資が可能で、最長 20 年間、非課税の適用を受けられる

　上記の制度は 2023 年 12 月 31 日で新規投資期間が終了しました。すでに投資している場合は、非課税期間が経過するまで非課税の適用を受けられます。

2 2024 年以降の新 NISA 制度

　2024 年 1 月 1 日、新 NISA がスタートしました。2023 年までの一般 NISA とつみたて NISA がつみたて NISA を基本として一本化され（つみたて投資枠）、その一部が成長投資枠として一般 NISA を引き継ぐ形となっています。

年間の非課税投資枠は、つみたて投資枠 120 万円、成長投資枠 240 万円ですが、新 NISA では、つみたて投資枠と成長投資枠が併用できるため、年間360 万円までの投資が可能です。生涯の投資枠は 1,800 万円で、うち成長投資枠の生涯投資枠は 1,200 万円です。成長投資枠の使用は任意なので、つみたて投資枠だけで 1,800 万円を使うことも可能です。

なお、新 NISA には、投資期間は定められていないため、恒久的に非課税の適用を受けることができます。

新 NISA の概要

新規投資期間	恒久化
非課税期間	
年間投資枠	つみたて投資枠：120 万円 成長投資枠　　：240 万円
非課税の限度額	1,800 万円（生涯投資枠）うち成長投資枠は 1,200 万円
投資対象商品	つみたて投資枠：長期の積立・分散投資に適した公募株式投資信託、ETF ※販売手数料がゼロ、信託報酬が一定以下、ヘッジ目的以外にデリバティブ取引による運用を行わないなどの要件がある 成長投資枠：上場株式、公募株式投資信託、ETF、J-REIT
その他	・上場株式の配当は、受取方法に株式数比例配分方式を選択した場合のみ、非課税の適用を受けられる ・NISA 口座で保有していた上場株式等に譲渡損失が生じた場合でも、一般口座や特定口座の譲渡益と損益の通算をすることはできない

NISA 口座に受け入れた上場株式の配当金は、受取方法に「株式数比例配分方式」を指定した場合のみ、非課税の適用が受けられます！

まとめ｜株式

・東京証券取引所は 2022 年 4 月以降、プライム市場、スタンダード市場、グロース市場の 3 区分となっている
・株式の投資指標（特に配当利回り、配当性向、PER、PBR、ROE の 5 つ）については、公式を覚えて計算ができるようにする
・NISA 制度では、毎年の投資に対して一定の金額まで配当・分配金、譲渡益が非課税となる

1 ライフプランニングと資金計画
2 リスク管理
3 金融資産運用
4 タックスプランニング
5 不動産
6 相続・事業承継

次の文章で正しいものには○、誤っているものには×で
答えましょう。

①東京証券取引所は、2022年4月以降、プレミア市場、メイン市場、ネクスト市場の3区分となっている。

②株式市場では、指値注文が成行注文に優先して約定される。

③国内普通株式の売買により約定した場合、約定日当日を起算日として、起算日を含む3営業日後に売買代金の受渡しを行う。

④信用取引において100万円の新規建てをする場合、証券会社の定める委託保証金率が30％のとき、最低でも300万円の委託保証金を差し入れる必要がある。

⑤株価が5,000円、1株当たり純利益が200円、1株当たり純資産が4,500円の企業のPBRは、25倍である。

⑥日経平均株価は、東京証券取引所プライム市場に上場する代表的な225銘柄を対象として、権利落ちや銘柄の入れ替えがあっても連続性を保つように算出した修正平均株価である。

⑦NISA制度を利用して上場株式を購入した場合、配当に対する非課税が適用されるのは、受取方法に株式数比例配分方式を選択した場合のみである。

解答&ポイント解説

① ×　② ×　③ ○　④ ×　⑤ ×　⑥ ○　⑦ ○

株式市場では<u>成行</u>注文優先の原則で約定されます。信用取引で委託保証金率が30％の場合、100万円の新規建てをするために必要な委託保証金は<u>30万</u>円です。

05 投資信託

必修ポイント

- 投資信託のしくみと特徴
- 公社債投資信託と株式投資信託
- 投資信託の分配金の考え方

1 投資信託とは

1 投資信託とは何か

　投資信託とは、複数の投資家から集めた資金を1つの基金（ファンド）にまとめて、これを専門家である投資信託委託会社のファンドマネージャーなどが複数の資産に分散して運用し、その収益を投資家に分配・還元するものです。

　投資信託は少額で投資ができ、<u>分散投資</u>によりリスクを低減しながら収益を受けることができます。また、専門家に運用を委託するしくみであるため、高度な運用を期待することができます。

2 投資信託のしくみ

　国内の投資信託は、契約型と会社型（投資法人）に分けられます。債券や株式などの証券に投資をする投資信託はすべて契約型となっており、さらに委託者指図型と委託者非指図型に分かれます。ここでは、契約型投資信託（委託者指図型）のしくみを見ていきます。

契約型投資信託（委託者指図型）のしくみ

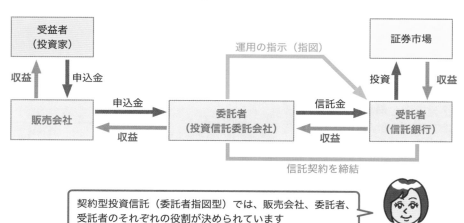

契約型投資信託（委託者指図型）では、販売会社、委託者、受託者のそれぞれの役割が決められています

契約型投資信託（委託者指図型）では、委託者と受託者が信託契約を締結し、投資家が投資した資金は受託者が保管・管理し、委託者の指示で運用されます。販売会社、委託者、受託者の役割は決められており、その役割に沿って業務を行います。

▨ 販売会社、委託者、受託者の役割

販売会社	・投資信託の募集の取扱い ・目論見書の交付 ・分配金、償還金の取扱い
委託者	・投資信託の設定、受託者への運用指図 ・目論見書、運用報告書の作成 ・収益分配金、償還金などの支払い
受託者	・信託財産の保管、管理 ・委託者の指示による運用の執行

2　投資信託の分類

❶ 公募投資信託と私募投資信託

公募投資信託	不特定かつ多数（50人以上）の投資家を対象として募集される投資信託
私募投資信託	50人未満の投資家または機関投資家を対象とする投資信託

❷ 公社債投資信託と株式投資信託

公社債投資信託	・約款上、運用対象に株式を含まない投資信託 ・主に国債などの公社債を中心に運用し、株式は含まれない
株式投資信託	・約款上、投資対象に株式を含む投資信託 ・株式の組入比率はさまざまで、実際には株式を組み入れていない場合もある

❸ 単位型と追加型

単位型（ユニット型）	・購入は、運用開始前の当初募集期間に限られる ・投資信託が設定され、運用が始まると追加購入ができない
追加型（オープン型）	・運用が開始された後、いつでも追加購入できる

1 ライフプランニングと資金計画

2 リスク管理

3 金融資産運用

4 タックスプランニング

5 不動産

6 相続・事業承継

3 追加型公社債投資信託

追加型投資信託は、原則として、購入や解約がいつでも可能な公社債投資信託で、代表的なものに MRF（マネー・リザーブ・ファンド）があります。

▨ MRF の特徴

- 証券総合口座用のファンドで、証券口座に入金した資金や株式などを売却した資金は、自動的に MRF で運用される
- 安全性の高い公社債などで運用される
- 1 円以上 1 円単位でいつでも購入、解約が可能
- 購入時手数料や信託財産留保額はなし
- 毎日決算を行い、収益分配金を計上し、毎月最終営業日にまとめて再投資する
- 元本保証はないが、元本に欠損が生じた場合は投資信託委託会社が補てんすることができる（実質的な元本保証）

4 投資信託の運用手法

投資信託の運用手法を大別すると、パッシブ運用とアクティブ運用に分けられます。

1 パッシブ運用

パッシブ運用は、日経平均株価や東証株価指数（TOPIX）などの特定の指標（インデックス）をベンチマークとして、その値動きに連動するように設定される運用手法です。例えば、日経平均株価に連動するファンドの場合、日経平均株価に採用されている銘柄を同じ株数ずつ組み入れるような投資方法なので（組み入れる銘柄を選定する手間がない）、一般的に、アクティブ運用のファンドよりも運用管理費用（信託報酬）などのコストが割安になります。

2 アクティブ運用

アクティブ運用は、ファンドマネージャーなどが相場観や投資指標による分析などを行い、ベンチマークを上回る運用成果を目指す運用手法です。一般的にアクティブ運用のファンドは、パッシブ運用よりもコストが割高になる傾向があります。アクティブ運用の手法には、次のようなものがあります。

トップダウン・アプローチ	金利や為替、各産業別の景気動向等の<u>マクロ経済指標</u>の観点から、業種別・国別組入比率を定め、その範囲で具体的な組入銘柄を選定する
ボトムアップ・アプローチ	企業分析による銘柄分析を重視し、その結果により組み入れる個別銘柄を1つひとつ選定し積み上げていく
グロース運用	将来の成長が期待できる企業に投資する手法。PERやPBRで見ると、株価が<u>割高</u>な銘柄が多くなる傾向がある
バリュー運用	PERやPBRなどの投資指標を分析して、株価が<u>割安</u>と判断される銘柄に投資する手法

 ひとくちポイント！

ほかにも、マーケット・ニュートラル運用という、信用取引などを利用して、割安な銘柄の買いと割高な銘柄の売りを組み合わせて、マーケット（市場）の価格変動に左右されない安定的な収益の確保を目指す手法もあります

5 代表的な株式投資信託

<u>インデックスファンド</u>	株価指数（インデックス）に連動した値動きを目指すオープン型の投資信託
アクティブファンド	投資銘柄に対する詳細なリサーチや独自の投資手法を用いて、ベンチマークを上回る運用成果を目指すオープン型の投資信託
セレクト型ファンド	投資先や運用スタイルなどが異なるいくつかのファンドをまとめて、その中から投資家が自由にファンドを選んで投資できるしくみのファンド
ブル・ベア型ファンド	先物やオプションなどのデリバティブを組み入れ、積極的に運用収益を追求するファンド ・ブル型ファンド：株価指数が<u>上昇</u>すると利益が出るように設定されたファンド ・ベア型ファンド：株価指数が<u>下落</u>した場合に利益が出るように設定されたファンド
ファンド・オブ・ファンズ	複数の<u>投資信託</u>や<u>投資法人（REIT）</u>を組み入れて運用する投資信託。個別銘柄の株式を組み入れることはできない

1 ライフプランニングと資金計画

2 リスク管理

3 金融資産運用

4 タックスプランニング

5 不動産

6 相続・事業承継

6 ▶ 投資信託の売買に関する基礎知識

▨ 投資信託に関する基本的な用語

基準価額	・基準価額とは、投資信託の時価のこと ・組入銘柄の終値をもとに計算し、翌日の売買についてはその基準価額で行う
純資産残高	・ファンドが保有している株式や債券を時価で評価し、現金、利息・配当金を加えた額から運用に係るコストなどを差し引いたもの
信託期間	・投資信託の運用終了（償還日）までの期間のこと ・あらかじめ信託期間が決まっているものと、信託期間を定めない無期限のものがある
クローズド期間	・投資信託の運用の安定などを目的として、新規設定後の一定期間、原則として、解約を禁止するクローズド期間を設けることがある ・近年では、クローズド期間が設けられないファンドが増えている ・クローズド期間は解約できないため、換金する場合は買取請求（受益証券を販売会社に買い取ってもらう）により行う

7 ▶ 投資信託のコスト

　投資信託は、いわばプロに運用を任せる商品なので、債券投資や株式投資にはないコストがあります。投資信託にかかるコストでは、購入時手数料、運用管理費用（信託報酬）、信託財産留保額の3つが代表的です。

購入時手数料	・投資信託の購入時に販売会社に支払う手数料 ・内枠方式と外枠方式があり、内枠方式では購入金額から購入時手数料が引かれ、外枠方式では購入金額とは別に購入時手数料を支払う ・購入時手数料が徴収されないファンド（ノーロードファンド）もある ・同じ投資信託でも販売会社によって購入時手数料が異なる場合がある
運用管理費用（信託報酬）	・信託財産の販売・運用・管理の報酬として、信託財産から差し引かれる ・運用管理費用は年率で表示されるが、毎日一定割合が差し引かれる ・徴収された運用管理費用（信託報酬）は、販売会社、委託者、受託者の3社で分ける
信託財産留保額	・投資信託を解約する際に差し引かれる ・投資信託を解約する際のコストの一部を投資家本人が負担するもので、保有し続ける投資家との公平性を保つための費用 ・徴収された信託財産留保額は、そのまま純資産残高に留保される ・信託財産留保額がかからない投資信託もある

8 投資信託のディスクロージャー

1 目論見書と運用報告書

投資信託を設定、販売する際に、投資家に対する情報開示（ディスクロージャー）が義務付けられています。委託者は、ディスクロージャー資料として目論見書や運用報告書を作成し、一般的には、販売会社が投資家に交付します。

目論見書	・有価証券を募集・販売するために投資家に開示する法定資料 ・ファンドの運用方針、投資リスク、運用方法、募集手数料や運用管理費用（信託報酬）等のコストなどが記載されている ・基本的な情報が記載された交付目論見書と、より詳細な内容が記載された請求目論見書がある ・販売会社は、投資信託を販売する際に、投資家に対して、あらかじめまたは同時に交付目論見書を交付しなければならない
運用報告書	・原則として、投資信託の決算時に作成して、投資家に交付する ・有価証券の組入状況、資産・負債・元本及び基準価額の状況、費用の明細、今後の運用方針などが記載されている ・重要事項のみ記載された交付運用報告書と、詳細な事項を記載した運用報告書（全体版）がある

目論見書や運用報告書は書面に代えて電子交付することも可能です。2024年からは原則電子交付になる見通しです

ひとくちポイント！

運用報告書は、原則として決算時に作成しますが、毎月決算型（毎月分配型）投資信託のように決算期間が6カ月未満の場合は、6カ月に1回の作成とされています。また、MRFとETFには運用報告書の交付義務はありません

2 投資信託等のトータルリターンの通知制度

投資信託等のトータルリターンの通知制度では、販売会社が個人の顧客に対して、対象となる投資信託等の購入時からその時点までの分配金や購入時手数料などのコストを反映したトータルの損益を、年1回以上、金額で通知しなければならないことが定められています。

通知対象となるのは、公募投資信託等で、会社型投資信託や外国投資信託も含まれますが、ETF、J-REIT、MRFなどは対象外とすることができます。

1 ライフプランニングと資金計画
2 リスク管理
3 金融資産運用
4 タックスプランニング
5 不動産
6 相続・事業承継

3 フィデューシャリー・デューティー

フィデューシャリー・デューティーとは「受託者責任」のことで、資産運用を受託した者が、委託した者に対して負う責任を意味します。

金融事業者は、顧客の資産状況、取引経験、知識などを把握し、顧客にふさわしい金融商品の販売、推奨を行うべきだとされ、金融事業者の行動は、規定に基づいて行う「ルールベース・アプローチ」ではなく、実質的に顧客本位の業務選択を実現する「プリンシプルベース・アプローチ」を採ることとされています。

9　上場投資信託

上場投資信託とは、証券取引所に上場している投資信託のことで、上場株式等と同様に、指値注文・成行注文により売買することができます。上場投資信託には、ETF（上場投資信託）、J-REIT（上場不動産投資信託）などがあります。

1 ETF（上場投資信託）

ETF とは、日経平均株価や東証株価指数（TOPIX）などの株価指数に連動する投資信託です。インデックスファンドと異なり、現物株式によるポートフォリオで設定され、証券取引所に上場されているという特徴があります。

最近では、業種別株価指数に連動するものや、外国株式、債券などのほか、金、銀、プラチナなどの商品価格に連動するものなど、さまざまな ETF が上場されています。

ETF の特徴

- 証券取引所に上場しているため、時価で、指値注文・成行注文により、証券会社を通じて売買する
- 信用取引の対象となる
- 購入時手数料や信託財産留保額はなく、売買のときに手数料が発生する
- 運用管理費用（信託報酬）はあるが、一般に、通常の投資信託より低く設定されている
- 課税は上場株式と同じ

ひとくちポイント！

レバレッジ型 ETF とは、原指標の変動率に正の倍率を掛けた指標に連動するように設計された ETF で、インバース型 ETF とは、原指標の変動率に負の倍率を掛けた指標に連動するように設計された ETF です

2 J-REIT（上場不動産投資信託）

　J-REIT は、投資家から集めた資金で賃貸マンションやオフィスビルなどの不動産に投資し、その賃貸収入や売買益を投資家に還元するしくみの投資信託です。J-REIT は、会社型の投資信託で、不動産投資法人が証券取引所に上場し、J-REIT を運営しています。

　一般的に、現物不動産に投資するには多額の資金が必要ですが、J-REIT であれば比較的少額の資金で不動産投資ができることや、家賃収入を中心とした収益が投資家に還元されるため、安定した収益を期待できるメリットがあります。

J-REIT の特徴

- ・投資法人が証券取引所に上場しているため、証券会社を通じて、そのときの時価で、指値注文・成行注文により売買する
- ・信用取引の対象となる
- ・分配可能額の 90％超を分配すれば法人税がかからない
- ・課税関係は上場株式と同じだが、分配金に配当控除の適用はない

10 投資信託の税金

　投資信託から得られる収益には、保有している間に受け取ることができる収益分配金や、解約・償還時に得られる解約益・償還差益などがあります。これらの収益は課税の対象ですが、公社債投資信託は特定公社債等に該当するため債券と同じ税制、株式投資信託は株式と同様の税制になります。

1 ライフプランニングと資金計画

2 リスク管理

3 金融資産運用

4 タックスプランニング

5 不動産

6 相続・事業承継

1 収益分配金にかかる税金

公社債投資信託	・利子所得として 20.315%の申告分離課税 ・ただし、支払い時に税額相当分が源泉徴収されるため、確定申告不要を選択できる
株式投資信託	〈普通分配金〉 　・配当所得として 20.315%が源泉徴収される 　・確定申告で総合課税または申告分離課税の選択が可能 〈元本払戻金（特別分配金）〉 　・非課税

　追加型投資信託では個別元本方式が採用されており、投資家が当初その投資信託を購入した基準価額を個別元本として、個別元本を上回っている部分の収益分配金が普通分配金、個別元本を下回っている部分の収益分配金が元本払戻金（特別分配金）となります。元本払戻金（特別分配金）は、投資元本の戻りとみなされるため非課税となります。

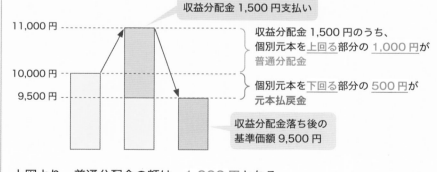

◇普通分配金の額を計算してみよう

【問題】当初 10,000 円で購入した追加型株式投資信託が決算を迎え、1,500円の収益分配金が支払われ、収益分配金落ち後の基準価額が 9,500 円だった場合の普通分配金の額はいくらか。

収益分配金 1,500 円支払い

11,000 円

収益分配金 1,500 円のうち、個別元本を上回る部分の 1,000 円が普通分配金

10,000 円

9,500 円

個別元本を下回る部分の 500 円が元本払戻金

収益分配金落ち後の基準価額 9,500 円

上図より、普通分配金の額は、1,000 円となる。

収益分配時に基準価額が 11,000 円で、収益分配金が 1,500 円支払われた場合、純資産残高が減少するため、基準価額は 9,500円になります。これを収益分配金落ちといいます

元本払戻金（特別分配金）が支払われた場合、それ以降の個別元本は、収益分配前の個別元本から元本払戻金（特別分配金）の額を引いた金額となります。また、投資信託を換金した場合の譲渡所得は換金時の個別元本をもとに計算します。

2 換金時の税金

　投資信託の換金による収益には、解約益、償還差益、譲渡益がありますが、いずれも譲渡所得として課税の対象となります。

公社債投資信託 株式投資信託	譲渡所得として、20.315％の申告分離課税

　投資信託の譲渡損失は、特定公社債等、上場株式等の譲渡益とも損益の通算ができます。また、特定公社債等の利子で申告分離課税を選択したもの、上場株式等の配当等で申告分離課税を選択したものとの損益の通算も可能です。

　投資信託の譲渡損失も、損益の通算をしてもなお損失がある場合には、確定申告することで、翌年以降3年間にわたって繰越控除をすることができます。

投資信託の普通分配金と元本払戻金（特別分配金）の違いについて、しっかり理解しましょう！

まとめ｜投資信託

・投資信託の運用手法には、パッシブ運用とアクティブ運用があり、アクティブ運用には、トップダウン・アプローチ、ボトムアップ・アプローチ、グロース運用、バリュー運用などがある
・投資信託の代表的なコストには、購入時手数料、運用管理費用（信託報酬）、信託財産留保額の3つがある
・追加型投資信託の分配金は、普通分配金と元本払戻金（特別分配金）に分けられる

1 ライフプランニングと資金計画

2 リスク管理

3 金融資産運用

4 タックスプランニング

5 不動産

6 相続・事業承継

一問一答・チャレンジ問題！

次の文章で正しいものには○、誤っているものには×で答えましょう。

①約款上、投資対象に株式を組み入れることができる投資信託は、株式をまったく組み入れていない場合でも株式投資信託に分類される。

② MRF では、毎日決算が行われ、収益分配金が支払われる都度、再投資される。

③ベンチマークの動きにできる限り連動することで、同等の運用収益を目指す投資信託の運用方法をパッシブ運用という。

④マクロ的な環境要因をもとに国別組入比率や業種別組入比率を定め、その比率に応じて個別銘柄を組み入れる手法をボトムアップ・アプローチという。

⑤追加型（オープン型）投資信託は、投資信託が設定され運用が開始した後でも追加購入が可能である。

⑥信託財産留保額は、投資信託を解約する際に、他の投資家との公平性を保つために徴収されるコストで、徴収された金額はその投資信託の純資産残高に留保される。

⑦ ETF（上場投資信託）を証券取引所の立会時間中に売買する場合、指値注文はできるが、成行注文はできない。

解答&ポイント解説

① ○　② ×　③ ○　④ ×　⑤ ○　⑥ ○　⑦ ×

MRF は毎日決算が行われますが、分配金は 1 カ月分をまとめて再投資します。
マクロ的な分析により組入比率を定める手法はトップダウン・アプローチです。
ETF では、成行注文も可能です。

06 外貨建て商品

重要度 ★★★

必修ポイント
- 為替レートの動き（円安・円高）と考え方
- 為替手数料と TTS、TTB
- 外貨建て商品の特徴

1 外国為替市場

1 外国為替市場とは

　円やドル、ユーロなどの異なる通貨を、互いに売買（交換）する市場を外国為替市場といいます。

2 円高と円安

　外国為替市場では、そのときの為替レートで通貨の交換を行いますが、この為替レートは常に変動しています。円高とは、円の価値が外国通貨に対して<u>高く</u>なっていること、円安とは、円の価値が外国通貨に対して<u>安く</u>なっていることを表します。為替レートは、1ドル＝130円のように、外国通貨1単位に対する円の価値で表示します。

▨ **為替レートの考え方**

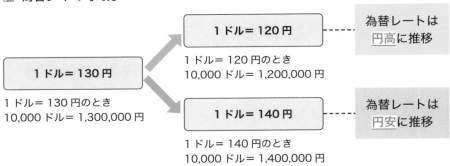

1ドル＝130円

1ドル＝130円のとき
10,000ドル＝1,300,000円

1ドル＝120円

1ドル＝120円のとき
10,000ドル＝1,200,000円

為替レートは**円高**に推移

1ドル＝140円

1ドル＝140円のとき
10,000ドル＝1,400,000円

為替レートは**円安**に推移

　一般的に、円が他の通貨に対して買われれば<u>円高</u>となり、円が他の通貨に対して売られれば<u>円安</u>となりますが、ほかの通貨を保有している場合は、円安になると円換算の評価額は<u>上がり</u>ます。

3 為替相場の変動要因

　為替相場の変動要因には、各国の経済成長率、インフレ率（ファンダメンタル要因）、通貨の需給関係、政策要因、各国の金利差などがあります。

ファンダメンタル要因	・各国の経済成長率、インフレ率、国際収支、原油価格などの要因 ・経済成長率が高い国へ投資をすれば高い収益が期待できるため、その国の通貨が買われ、高くなる ・インフレ率の高い国の通貨は実質的な価値が低くなるため、安くなる（購買力平価説）
需給要因	貿易による需給、通貨当局による介入、機関投資家の売買など、需要が高い通貨が買われ、高くなる
政策要因	各国の外国為替法や税制の変更など、政策要因も為替変動に影響を与える
各国金利差要因	金利が高い国の通貨に投資資金が集まり買われるため、その通貨が高くなる

 ひとくちポイント！

「為替レートは自国通貨と外国通貨の購買力の比率により決定される」という考え方を購買力平価説といいます。つまり、為替レートは、異なる国で同じものを購入するときに同じ金額で買えるレートとなる、ということです

2 外貨建て商品とは

1 外貨建て商品のリスク

外貨建て商品とは、円以外の通貨で運用する商品であり、外貨預金、外国債券、外国株式、外国投資信託などさまざまな商品があります。外貨で運用するため、為替の変動により円換算の額が変動する為替リスクや、その国の政治情勢や経済状況により通貨の価値が変動するカントリーリスクがあります。

2 為替手数料

通貨の交換をするときに金融機関に支払う手数料が為替手数料です。為替手数料は、1ドルにつき1円、などのように決められていますが、一律ではなく、通貨によって、または金融機関などによって異なります。

3 TTSとTTB

外貨建て商品に投資をする場合、円を外貨に交換して購入し、売却した場合は外貨を円貨に交換して受け取るのが一般的です。通貨の交換の際に使われる為替レートが、TTSやTTBです。

1 ライフプランニングと資金計画

2 リスク管理

3 金融資産運用

4 タックスプランニング

5 不動産

6 相続・事業承継

TTS （対顧客電信売相場）	・円貨を外貨に交換する際の為替レート （金融機関から見て顧客に外貨を売る際の為替レート） ・TTM（仲値）に為替手数料を加えたレート
TTB （対顧客電信買相場）	・外貨を円貨に交換する際の為替レート （金融機関から見て顧客から外貨を買う際の為替レート） ・TTM（仲値）から為替手数料を引いたレート
TTM（仲値）	・金融機関が外国為替取引をする際の基準となるレート ・TTM（仲値）をもとにTTS、TTBが決められる

3 外貨建て商品の種類と特徴

1 外貨預金

種類	普通預金、定期預金、当座預金　など
預入金額	米ドルの場合、普通預金は1ドルから、定期預金は10万円相当からが一般的
金利	金融機関、通貨、預入金額・期間により異なる 定期預金は固定金利
換金	普通預金、当座預金はいつでも引き出せるが、定期預金は原則として中途解約できない
課税関係	利子：20.315％の源泉分離課税 元本部分の為替差益：雑所得として総合課税 為替先物予約を付した場合：為替差益を含めて20.315％の源泉分離課税

> 為替先物予約とは、その時点の為替レートで固定することです。為替先物予約を付けると、それ以降、為替リスクはなくなりますが、円で運用した場合と同じ利回りになります

◇外貨定期預金の満期時の手取り額を計算してみよう

【問題】以下の外貨定期預金の満期時の税引後の円換算での手取り額は？

・満期：1年　・利率（年利）：3%　・預入時TTS：1ドル＝135円
・預入金額：10,000米ドル　　　　・満期時TTB：1ドル＝138円

円換算の預入金額⇒ 10,000米ドル× 135 円＝ 1,350,000 円

満期時の米ドルの元利合計（税引後）

⇒ 10,000米ドル＋10,000米ドル× 3% ×0.8＝10,240 米ドル

円換算の満期時の手取り額⇒ 10,240米ドル×138 円＝1,413,120円

② 外国債券

●利付外国債券

外国債券（外債）とは、発行場所、発行者、表示通貨のいずれかが外国である債券です。外国債券は、表示通貨によって、外貨建て外債、円建て外債、デュアルカレンシー債、リバース・デュアルカレンシー債の4つに分類されます。

	払込み	利払い	償還	特徴
外貨建て外債 （ショーグン債）	外貨	外貨	外貨	外国の発行者が国内で外貨建てで発行する
円建て外債 （サムライ債）	円貨	円貨	円貨	外国の発行者が国内で円建てで発行する
デュアルカレンシー債	円貨	円貨	<u>外貨</u>	二重通貨建ての債券。償還時のみ外貨で計算する
リバース・ デュアルカレンシー債	円貨	<u>外貨</u>	円貨	二重通貨建ての債券。利払時のみ外貨で計算する

●ゼロクーポン債

ゼロクーポン債とは、国外で発行される割引債のことで、利子（クーポン）の支払いがないことからゼロクーポン債と呼ばれます。額面金額より低い金額で発行され、額面金額で償還されます。

●外国債券の課税関係

利付債券	利子：20.315%の申告分離課税 償還差益、譲渡益：20.315%の申告分離課税
ゼロクーポン債	償還差益、譲渡益：20.315%の申告分離課税

③ 外国株式

●外国株式の取引方法

外国株式とは、外国の企業が発行する株式で、取引方法には海外委託取引（外国取引）、国内店頭取引、国内委託取引の3つの方法があります。

海外委託取引 （外国取引）	・国内の証券会社が取り次いで、海外の市場で売買する方法 ・国内取次手数料と現地手数料が必要
国内店頭取引	・国内の証券会社と相対で外国株式を売買する方法
国内委託取引	・日本の証券取引所に上場している外国株式を売買する ・円建てで取引できるが、銘柄数が限られている

1 ライフプランニングと資金計画

2 リスク管理

3 金融資産運用

4 タックスプランニング

5 不動産

6 相続・事業承継

●外国株式の課税関係

配当 ：20.315％の源泉徴収（国内株式に準じる）
　　　　外国で源泉徴収された金額に対して国内で課税される
　　　　総合課税を選択した場合、外国税額控除の適用を受けられる
譲渡益：20.315％の申告分離課税（国内株式に準じる）

ひとくちポイント！

外国株式、外貨建て MMF などの外国証券を売買するには、証券会社に外国証券取引口座を開設する必要があります。外貨建て MMF のみ取引する際も外国証券取引口座は必要ですが、口座管理料はかかりません

④ 外貨建て MMF

　外貨建て MMF は、外貨建ての公社債投資信託で、安全性の高い債券や短期金融商品で運用されます。

通貨	米ドル、ユーロ、豪ドル、英ポンド、ニュージーランドドルなど
預入金額	10 通貨単位からが一般的
収益分配	毎日収益を分配し、月末営業日に 1 カ月分をまとめて再投資
換金	いつでもペナルティなしで換金できる
その他	購入時手数料は不要 購入時に外国証券取引口座の開設が必要だが、外貨建て MMF のみの取引の場合、口座管理料は不要
課税関係	収益分配金：20.315％の申告分離課税 譲渡益：20.315％の申告分離課税

国内の証券会社で保護預かりしている外国債券、外国株式、外貨建て MMF などの有価証券は、日本投資者保護基金による補償の対象です

1 ライフプランニングと資金計画

2 リスク管理

3 金融資産運用

4 タックスプランニング

5 不動産

6 相続・事業承継

まとめ｜外貨建て商品

・外貨建て商品を保有している場合、為替レートが円安に推移すると円換算の利回りは<u>高く</u>なる
・外貨建て商品を購入する場合は<u>TTS</u>で円貨を外貨に交換し、売却した場合は<u>TTB</u>で外貨を円貨に交換する
・外貨預金、外国債券、外国株式、外貨建てMMFの特徴と課税関係を押さえる

一問一答・チャレンジ問題！

次の文章で正しいものには○、誤っているものには×で答えましょう。

①インフレ率が高い国の通貨は、インフレ率が低い国の通貨に比べて、一般的に、通貨の価値が安くなる。

②円貨を外貨に交換して外貨定期預金に預け入れる場合、預け入れ時点の通貨の交換の際に用いられる為替レートは、金融機関が定めるTTBである。

③為替先物予約を付していない外貨預金の元本部分の為替差益は、雑所得として総合課税の対象となる。

④デュアルカレンシー債は、購入代金および償還金の通貨と、利払いの通貨が異なる債券である。

⑤国内証券会社が保護預かりしている一般顧客の外貨建てMMFは、日本投資者保護基金による補償の対象となる。

解答&ポイント解説

① ○　② ×　③ ○　④ ×　⑤ ○
円貨を外貨に交換する場合は、<u>TTS</u>が用いられます。デュアルカレンシー債は、償還金のみが<u>外貨建て</u>の外国債券です。

07 金投資

- 金投資の考え方
- 金投資の方法（金地金、金貨、純金積立、金ETF）
- 金投資にかかる税金

1 金投資とは

1 金投資の特徴

金は現物資産であり、世界中で取引が行われている国際商品でもあります。通貨の裏付けがなく、利子や配当が付かないという特徴があります。

2 金価格の表示

金は国際的には米ドル建てで取引され、価格の表示は1トロイオンス（＝31.1035グラム）当たりの米ドル価格で表示されますが、国内の金価格は<u>1グラム当たりの円建て</u>で表示されます。

3 金価格の変動要因

金価格は、宝飾品や精密機械部品などの需要だけでなく、国際情勢、原油価格、国際金融不安などの影響を受けて変動します。「有事の金」などといわれるように、国際情勢が不安定なときは、通貨の裏付けのない金に資金が集まり、価格が上昇する特徴もあります。

2 金投資の方法

金地金	一定の規格によって板状に生成された純金。5g〜1kgまでさまざまな単位で取引される
金貨	金の含有量により24K（純度99.99％）と22K（純度91.67％）がある。メイプルリーフ金貨やイーグル金貨が代表
純金積立	毎月一定金額を銀行口座などから引き落として金を購入する方法。実際には毎日同じ金額の金を買い付けていく。<u>ドルコスト平均法</u>による金の積立
金ETF	金価格に連動するように作られたETF

3 金取引にかかる税金

個人が金を売却した場合の譲渡益は、<u>譲渡所得</u>として総合課税の対象になります。金ETFは証券取引所に上場しているものなので、上場株式に準じます。

08 デリバティブ（金融派生商品）

必修ポイント
- 先物取引の基本的な考え方
- オプション取引の基本（コールオプションとプットオプション）

1 デリバティブ（金融派生商品）とは

1 デリバティブとは何か

デリバティブは、債券や株式、通貨（為替）などの元からある商品（原資産）から派生してできた商品のことで、原資産に依存して価格が決定されます。取引時に証拠金を払い込み、その証拠金より多額の取引が可能となります。

デリバティブには、先物取引、オプション取引、スワップ取引などがあり、有価証券の先物取引やオプション取引は、大阪取引所で取引が行われています。

2 デリバティブの利用目的

デリバティブの利用目的には、次のようなものがあります。

ヘッジ取引	現物の価格変動リスクをデリバティブの利用で一定範囲に抑え、コントロール（ヘッジ）する
スペキュレーション取引	デリバティブの将来の価格を予想して、予想通りの方向に変動したときに、反対売買を行って利益を得ることを目的とする取引
アービトラージ取引（裁定取引）	割安なほうを買い、割高なほうを売ることで、利益を得ることを目的とする取引

2 先物取引

1 先物取引とは

先物取引とは、ある商品（債券、株式など）を一定数量、将来の特定の時点を期限日として、あらかじめ決めた価格で売買することを契約する取引です。代表的な先物取引には、長期国債先物取引や日経225先物取引、TOPIX先物取引などがあります。

2 先物取引の取引と決済方法

先物取引は、取引時に証拠金を差し入れることで証拠金の額よりも大きな金額の取引をすることができます。決済方法には、差額のみを受け渡す差金決済と、現物で受渡する現物決済があります。

　先物取引では、「先物の買い」と「先物の売り」があります。「先物の買い」は、ある商品をあらかじめ決めた価格で「買う」契約、「先物の売り」は、ある商品をあらかじめ決めた価格で「売る」契約です。

「先物の買い」と「先物の売り」のイメージ

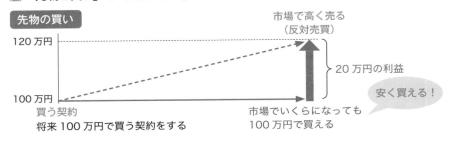

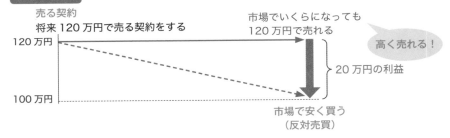

 ひとくちポイント！

　ヘッジ取引では、保有している現物が値下がりするリスクに備えて、その先物の売り取引をします。先物の売りは値下がりした場合に利益が生じるため、現物の評価損を先物の利益で相殺することができます（売りヘッジ）

4 代表的な先物取引

　先物取引には、株式先物取引、債券先物取引、金利先物取引、商品先物取引など、さまざまな種類がありますが、代表的な先物取引には次のようなものがあります。

日経平均先物取引	日経平均株価を対象とした先物取引
TOPIX 先物取引	東証株価指数（TOPIX）を対象とした先物取引
長期国債先物取引	期間10年、利率6%の架空国債を対象とした先物取引

1 ライフプランニングと資金計画

2 リスク管理

3 金融資産運用

4 タックスプランニング

5 不動産

6 相続・事業承継

3 オプション取引

1 オプション取引とは

オプション取引とは、ある商品（債券、株式など）を一定数量、将来の特定の時点を満期日（権利行使期間）として、あらかじめ決めた価格（権利行使価格）で「買う権利」や「売る権利」を売買する取引です。買う権利のことをコール・オプション、売る権利のことをプット・オプションといいます。

先物取引では期限日には決済をしなければなりませんが、オプション取引では、原資産価格の価格が予想した値動きをしなかった場合などに権利放棄をすることができます。

コール・オプション	・原資産を権利行使価格で「買う権利」のこと ・原資産の価格が上昇した場合、権利行使することで、利益を得ることができる ・原資産の価格が下落した場合、権利放棄することで、損失はオプション料に限られる
プット・オプション	・原資産を権利行使価格で「売る権利」のこと ・原資産の価格が下落した場合、権利行使することで、利益を得ることができる ・原資産の価格が上昇した場合、権利放棄することで、損失はオプション料に限られる

2 権利行使期間

オプション取引の取引期限を権利行使期間といいます。権利行使ができる時期によって、ヨーロピアンタイプとアメリカンタイプに分けられます。

ヨーロピアンタイプ	満期日しか権利行使できない
アメリカンタイプ	満期日までならいつでも権利行使ができる

3 オプション・プレミアム（オプション料）

オプション・プレミアムは、「買う権利」や「売る権利」といった権利の売買の対価として、買い手が売り手に支払う料金です。権利放棄をした場合でも、オプション・プレミアムはすでに支払っているため、その額がオプションの買

い手の損失の上限となります。オプション・プレミアムは、原資産価格や権利行使価格などによって変動します。

オプション・プレミアムの変動要因

	コール・オプション	プット・オプション
原資産価格	原資産価格が上昇すると、プレミアムは上がる	原資産価格が上昇すると、プレミアムは下がる
権利行使価格	権利行使価格が上昇すると、プレミアムは下がる	権利行使価格が上昇すると、プレミアムは上がる
金利	金利が上がると、プレミアムは上がる	金利が上がると、プレミアムは下がる
残存期間	残存期間が長いほど、プレミアムは上がる	
ボラティリティ（価格変動率）	ボラティリティ（価格変動率）が高いほど、プレミアムは上がる	

4 スワップ取引とは

　スワップは「交換する」という意味で、スワップ取引とは、異なる金利を交換したり、異なる通貨を交換する取引のことです。

金利スワップ	同じ通貨で異なる金利を交換する取引 ・変動金利と固定金利を交換する ・長期金利と短期金利を交換する　など
通貨スワップ	異なる通貨の金利や元本を交換する ・通常は、取引の開始時と終了時に元本の交換をする ・金利部分のみを交換するスワップ取引もある

まとめ｜金投資・金融派生商品（デリバティブ）

・金は現物資産であり、金投資の方法には、金地金、金貨、純金積立、金 ETF などがある
・保有している現物資産の値下がりリスクを先物取引でヘッジするには、同じ資産の先物の売り取引を行う
・オプション取引において、コール・オプションは「買う権利」の売買、プット・オプションは「売る権利」の売買のことである

1 ライフプランニングと資金計画

2 リスク管理

3 金融資産運用

4 タックスプランニング

5 不動産

6 相続・事業承継

一問一答・チャレンジ問題！

次の文章で正しいものには〇、誤っているものには×で
答えましょう。

①純金積立により積み立てた金を売却したことにより生じた利益は、譲渡
　所得として総合課税の対象となる。

②金ETFは、証券取引所において、立会時間内に指値注文・成行注文に
　より売買することができる。

③金融派生商品を利用することで、現物取引と同等の経済効果を、より少
　額の資金で行うことができる。

④先物の将来の価格を予想して、予想通りの方向に価格が変動したときに、
　反対売買を行って利益を確定する取引をヘッジ取引という。

⑤先物の買い取引では、原資産の市場での価格が上昇した場合、反対売買
　をすることで利益を得ることができる。

⑥オプション取引で、「買う権利」のことをプット・オプション、「売る権
　利」のことをコール・オプションという。

⑦オプション取引で、満期日までの任意の日に権利行使ができるタイプを
　アメリカンタイプ、満期日にのみ権利行使ができるタイプをヨーロピア
　ンタイプという。

解答＆ポイント解説

①〇　②〇　③〇　④×　⑤〇　⑥×　⑦〇

先物の将来の価格を予想して、予想通りの方向に価格が変動したときに反対売
買により利益を確定する取引は、スペキュレーション取引です。オプション取
引では、「買う権利」をコール・オプション、「売る権利」をプット・オプショ
ンといいます。

09 ポートフォリオ

必修ポイント
- ポートフォリオ運用の意味と目的
- ポートフォリオの期待収益率
- シャープレシオの計算

1 ポートフォリオ

1 ポートフォリオ運用とは

　ポートフォリオ運用とは、資産を複数の資産や複数の銘柄に分散投資して運用することです。複数の資産（預貯金、債券、株式、不動産など）に分散投資することをアセットアロケーション、複数の銘柄に分散投資することをポートフォリオといいます。また、分散投資されている資産全体のことをポートフォリオと呼ぶこともあります。

　ポートフォリオ運用においては、投資銘柄の分散（ポートフォリオ）よりも投資資産の分散（アセットアロケーション）のほうが、投資成果に与える影響が大きいといわれています。

2 ポートフォリオ運用の目的

　価格変動が異なるものを組み合わせて運用することで、ポートフォリオのリスクを低減し、効率的に運用することができます。リスクには、非システマティック・リスクとシスティマティック・リスクがありますが、ポートフォリオ運用（分散投資）によって低減できるリスクは、非システィマティック・リスクです。

非システィマティック・リスク	分散投資によって低減できるリスク ・銘柄ごとの値動きの違いなど
システィマティック・リスク	分散投資によっても低減することができないリスク ・経済環境変化による株価の暴落、システム障害によるリスクなど

ひとくちポイント！

　運用期間を通して、定められた各資産の投資金額の配分比率を維持するために、値上がりした資産を売却し、値下がりした資産を追加購入する方法をリバランスといいます

1 ライフプランニングと資金計画

2 リスク管理

3 金融資産運用

4 タックスプランニング

5 不動産

6 相続・事業承継

2 ポートフォリオのリターン

1 投資収益率

投資収益率とは、<u>投資金額</u>に対する<u>収益</u>の割合です。投資から得られる収益には、利子・配当（インカムゲイン）と値上がり益（キャピタルゲイン）がありますが、一般的に投資収益率を計算する際は、この2つの合計を用います。

2 期待収益率

期待収益率は、将来予想される収益の平均値です。ポートフォリオの期待収益率を求める場合、組入資産の収益率を<u>組入比率</u>で<u>加重平均</u>して計算します。

◇ポートフォリオの期待収益率を計算してみよう

【問題】下記のポートフォリオの期待収益率を求めなさい。

資産	期待収益率	組入比率
預金	1%	50%
債券	2%	30%
株式	5%	20%

各資産の期待収益率を<u>組入比率</u>で加重平均します

ポートフォリオの期待収益率

= 1% × 0.5 + 2% × 0.3 + 5% × 0.2 = 2.1%
　　預金　　　　債券　　　　株式

3 ポートフォリオのリスク

1 投資におけるリスクとは

投資におけるリスクとは、期待収益率に対する<u>ばらつきの大きさ</u>のことをいいます。期待収益率と比較して、実現される収益が異なる確率が高いほどリスクが<u>高い</u>といえます。

2 分散と標準偏差

リスクの大きさは、<u>標準偏差</u>によって表すことができます。標準偏差が大きいほどリスクが<u>高く</u>、標準偏差が小さいほどリスクが<u>低い</u>といえます。標準偏差は、<u>分散</u>の値の平方根で計算できます。

分散　　　＝生起確率 × （実績収益率 － 期待収益率）^{2} の合計
標準偏差 ＝ $\sqrt{分散}$

4　相関係数

　相関係数とは、異なる2つの資産の値動きの関係性を数値で表したものです。相関係数は−1から+1の間の値を取り、相関係数が−1に近づくほどポートフォリオのリスク低減効果（分散投資の効果）が高くなります。

相関係数＝−1	異なる2つの資産が逆の値動きをする ・相関係数−1の場合、ポートフォリオのリスク低減効果は最も高い
相関係数＝0	異なる2つの資産の値動きに関係性はない
相関係数＝+1	異なる2つの資産が同じ値動きをする ・相関係数+1の2資産を組み合わせても、ポートフォリオのリスク低減効果は得られない

5　ポートフォリオのパフォーマンス評価

　リスクの異なるポートフォリオのパフォーマンスは、単純に収益率だけでは比較できません。そこで、シャープレシオによって、1リスク当たりの超過収益率を求めることで、リスク調整後のリターンを計算できます。超過収益率とは、ポートフォリオの収益率から無リスク資産の利子率を引いた値で、リスクを取って運用した部分の収益に当たります。

$$シャープレシオ = \frac{ポートフォリオの収益率 − 無リスク資産の利子率}{標準偏差}$$

◇シャープレシオを計算してみよう

【問題】シャープレシオで比較した場合、効率的に運用していると評価できるのはどちらか。なお、無リスク資産利子率は1%とする。

	実績収益率	標準偏差
ポートフォリオA	5%	2%
ポートフォリオB	10%	6%

シャープレシオの値が高いほうが、運用の効率性が高いと評価できます

$$ポートフォリオAのシャープレシオ = \frac{0.05 − 0.01}{0.02} = 2\%$$

$$ポートフォリオBのシャープレシオ = \frac{0.1 − 0.01}{0.06} = 1.5\%$$

シャープレシオの値が高いポートフォリオAのほうが、効率的に運用していると評価できる。

まとめ｜ポートフォリオ

- 資産クラスの分散を<u>アセットアロケーション</u>、銘柄の分散を<u>ポートフォリオ</u>という
- ポートフォリオを組むことで、ポートフォリオのリスクは組入資産のリスクを組入比率で加重平均した値よりも<u>小さく</u>なる
- 相関係数が<u>−1</u>の場合、ポートフォリオのリスク低減効果は最も高くなり、相関係数が<u>＋1</u>の場合、リスク低減効果はない

一問一答・チャレンジ問題！

次の文章で正しいものには○、誤っているものには×で答えましょう。

①アセットアロケーションとは、資金を複数の資産クラス（株式、債券、不動産等）に分散投資することである。

②国内株式のポートフォリオにおいて、組入れ銘柄数を増やすことで、システィマティック・リスクを低減することができる。

③ポートフォリオの期待収益率は、各組入資産の期待収益率を、ポートフォリオの組入比率で加重平均することで求められる。

④相関係数が＋1である異なる2資産を組み入れた場合、ポートフォリオのリスク低減効果は最も高くなる。

⑤シャープレシオを求める際の超過収益率とは、ポートフォリオの実績収益率から無リスク資産利子率を引いた収益率である。

解答＆ポイント解説

① ○　②×　③ ○　④×　⑤ ○
ポートフォリオを組むことで低減できるリスクは、<u>非システィマティック・リスク</u>です。ポートフォリオのリスク低減効果が最も大きくなるのは、相関係数が<u>−1</u>である2つの資産を組み入れた場合です。

1 ライフプランニングと資金計画

2 リスク管理

3 金融資産運用

4 タックスプランニング

5 不動産

6 相続・事業承継

10 消費者保護

必修ポイント
- 預金保険制度などのセーフティネット
- 金融商品取引法のポイント
- 消費者契約法と金融サービス提供法による保護の内容

1 預金保険制度

1 預金保険制度の概要

預金保険制度は、銀行等の金融機関が破綻した場合のセーフティネットで、政府、日本銀行、民間金融機関の出資により設立された<u>預金保険機構</u>が運営しています。

国内に本店のある銀行などの金融機関は、預金保険制度への加入が<u>義務付け</u>られており、預金の中から一定の料率で保険料を支払っています。対象となる金融機関が破綻した場合、預金者は、預金保険制度により保護を受けることができます。ただし、国外に本店のある金融機関の日本支店、政府系金融機関は預金保険制度の対象外です。

また、農業協同組合、漁業協同組合、水産加工業協同組合などは、<u>農水産業貯金保険制度</u>により、同様の保護を受けることができます。

2 預金保険制度で保護される金融商品

対象となる金融機関に預け入れた預金は、ほとんどが保護の対象となりますが、<u>外貨預金</u>、譲渡性預金（CD）などのように保護対象外の商品もあります。金融債は原則として保護の対象外ですが、保護預かり専用の金融債は対象となります。また、銀行などで購入した<u>個人向け国債</u>、<u>投資信託</u>、<u>保険商品</u>は保護の対象外です。

預金保険制度の対象となる商品、ならない商品

対象となる商品	預貯金、定期積金、元本補てん契約がある金銭信託、貸付信託、保護預かり専用の金融債
対象外の商品	<u>外貨預金</u>、譲渡性預金（CD）、ヒット、保護預かり専用以外の金融債

3 預金保険制度で保護される金額

預金保険制度により保護される金額は、1人1金融機関当たり元本 <u>1,000万円</u>までとその利息です。ただし、決済用預金については、預入金額の全額が

保護されます。決済用預金とは、「無利息・要求払い・決済サービスを提供できる」という3つの要件をすべて満たしている預金です。

預金の種類		保護の内容
対象預金	決済用預金	全額保護
	一般預金等	元本 1,000 万円までとその利息等※
対象外の預金等		破綻金融機関の財産の状況に応じて支払われる

※ 1,000 万円を超える元本とその利息は、破綻金融機関の財産の状況に応じて支払われる

ひとくちポイント！

決済用預金とは、当座預金や無利息の普通預金などで、全額が保護の対象です。また、複数の金融機関が合併した場合、一般預金等は、合併から1年間に限り、「1,000 万円×合併行数」の金額が保護の対象となります

〈預金保険制度のその他のポイント〉
・1つの金融機関に複数の預金口座があっても合算（名寄せ）して
　保護の金額が決められる
・個人事業主の場合は、事業用と事業用以外の預金があっても、名寄せに
　より合算され、保護の金額が決められる
・保険金の支払いにかなりの日数がかかる場合は、普通預金のみ 60 万円を
　上限に仮払金が支払われることがある
・破綻金融機関から借入れがある場合、預金者の申し出により、預金と相殺
　できる

2 ▶ 日本投資者保護基金

　日本投資者保護基金は、証券会社が破綻して、投資家の資産が速やかに返還されない場合に、投資家に対して補償する制度です。日本国内で営業する証券会社は、外資系証券会社を含めてすべて日本投資者保護基金に加入することが法律で定められています。

　通常、証券会社が顧客から預かっている証券は、証券会社の資産とは分けて管理（分別管理）していますが、分別管理の状況などにより顧客資産の一部または全部が返還されない場合、投資家1人当たり 1,000 万円を上限として、

1 ライフプランニングと資金計画
2 リスク管理
3 金融資産運用
4 タックスプランニング
5 不動産
6 相続・事業承継

日本投資者保護基金により補償されます。

　株式や債券、外国株式、<u>外貨建て MMF</u> などが日本投資者保護基金による補償の対象です。

3　消費者契約法と金融サービス提供法

　消費者契約法と金融サービス提供法は、いずれも消費者の保護を目的とした法律です。

 消費者契約法と金融サービス提供法

	消費者契約法	金融サービス提供法
適用範囲	消費者と事業者の間の契約全般	金融商品販売に係わる契約
保護の対象	<u>個人</u>（事業の契約者を除く）	<u>個人および事業者</u>（プロを除く）
適用される ケース	①重要事項について<u>誤認</u>させた場合 ②消費者の意思表示にも係わらず<u>困惑</u>させる行為をした場合 ③過量な内容の契約 ④消費者に一方的に不利益となる契約条項がある場合	・<u>重要事項</u>の説明義務を果たさなかった場合 【その他】 ・断定的判断の提供の禁止 ・適合性の原則の導入 ・販売業者はあらかじめ<u>勧誘方針</u>を定めて公表しなければならない
法律の効果	①～③：契約を<u>取り消す</u>ことができる ④：該当条項が無効になる	<u>損害賠償</u>の請求ができる
立証責任	民法の原則通り、消費者（原告）に立証責任がある	原告に立証義務がある。損害額は元本欠損部分と推定できる

〈消費者契約法と金融サービス提供法～そのほかのポイント〉
・消費者契約法による取消権の行使期間は、消費者が気づいてから <u>1 年</u>間だが、契約から <u>5 年</u>を経過すると時効により消滅する
・消費者契約法と金融サービス提供法の両方の規定に違反する場合、両法の適用を受けられる
・金融サービス提供法では、<u>ゴルフ会員権</u>・レジャー会員権、<u>国内商品先物取引</u>は対象外
・金融サービス提供法による「<u>金融サービス仲介業</u>」とは、預金・保険・証券・貸金業のサービスを <u>1 つの登録</u>でワンストップで提供できる新しい業態

4 **金融商品取引法**

金融商品取引法は、利用者保護を目的として、幅広く金融商品取引業者を規制する法律です。金融商品取引法では、適合性の原則や契約締結前の書面交付義務などが定められています。

適合性の原則	顧客の知識、経験、財産の状況及び金融商品契約を締結する目的によって不適当な勧誘を行わず、顧客が理解できるように重要事項を説明しなければならない
契約締結前の書面交付義務	金融商品契約を締結する前に、顧客が投資するうえで必要な情報が記載されている契約締結前書面を交付しなければならない

〈金融商品取引法～そのほかのポイント〉

・金融商品取引法では、規制の対象となる業者を金融商品取引業者、取引所の名称を金融商品取引所という

・対象となる金融商品は、株式や投資信託などの有価証券のほか、デリバティブ取引など

・そのほかの行為規制として、広告の規制、損失の補てんの禁止、断定的判断を提供して勧誘する行為の禁止などがある

・金融ADR制度では、顧客と金融取引業者とのトラブルを、紛争解決機関が和解案を提示することで、裁判以外の方法で解決することができる

5 **犯罪収益移転防止法**

犯罪収益移転防止法では、金融機関などの特定事業者が、一定の取引について、顧客の本人特定事項に加え、職業、取引を行う目的の確認を行うことが義務付けられています。

本人特定事項	個人の場合、氏名・住所・生年月日に加え、職業、取引を行う目的
本人確認が必要な取引	・取引関係の開始時（預金口座の開設時など） ・大口現金取引（200万円を超える場合） ・10万円を超える現金の振り込み
その他	金融機関は、本人確認時に本人確認記録および取引記録を作成し、7年間保存する義務がある

1 ライフプランニングと資金計画
2 リスク管理
3 金融資産運用
4 タックスプランニング
5 不動産
6 相続・事業承継

まとめ｜消費者保護

・預金保険制度で保護される金額は、一般預金等は元本 <u>1,000 万円</u>までと
その利息、決済用預金は預入額の<u>全額</u>

・消費者契約法では契約の<u>取り消し</u>ができ、金融サービス提供法では、元本
割れした部分の<u>損害賠償請求</u>ができる

・金融商品取引法では、<u>適合性の原則</u>や<u>契約締結前書面の交付義務</u>（説明義務）
などが定められている

一問一答・チャレンジ問題！

次の文章で正しいものには○、誤っているものには×で
答えましょう。

①国内銀行に預け入れられた外貨預金は、預金保険制度により元本 1,000
万円までとその利息が保護の対象となる。

②決済用預金とは、無利息、要求払い、決済サービスを提供できるという
要件のいずれかを満たす預金である。

③消費者契約法による消費者契約の取消権の行使期間は、消費者が追認で
きるときから 1 年を経過したとき、または消費者契約の締結時から 5
年を経過したときに消滅する。

④金融サービス提供法による金融サービス仲介業者は、預金媒介業務、保
険媒介業務、有価証券仲介業務、貸金業貸付業務について、1 つの登録
で複数の業務を行うことができる。

⑤犯罪収益移転防止法では、金融機関などが作成する取引記録は、その取
引が行われた日から 7 年間保存しなければならない。

解答&ポイント解説

① ×　② ×　③ ○　④ ○　⑤ ○
外貨預金は保護の<u>対象外</u>です。決済用預金は 3 つの要件を<u>すべて</u>満たす預金です。

第4章

タックスプランニング

この章では、さまざまな税金について学習します。所得税については、税額計算の手順と所得の種類、所得控除をしっかりと押さえましょう。FP2級試験では、法人税に関する問題も出題されます。法人と役員間の取引や、法人が支出する交際費などについて、所得税との違いを意識しながら理解しましょう。

01 税制の概要

必修ポイント
- 税金の種類と分類の方法
- 国税・地方税、直接税・間接税の違い
- 課税方法による分類の方法

1 日本の税制の体系

日本の税制の体系は、所得税、法人税を基幹とする租税構造で、これを相続税、贈与税などの資産税や消費税などで補完するしくみになっています。ここでは、さまざまな観点から税金の分類を見ていきましょう。

1 国税と地方税

課税主体の違いによって、国が課税する<u>国税</u>と、地方公共団体が課税する<u>地方税</u>に分類することができます。

国税	<u>所得税</u>、<u>法人税</u>、相続税、贈与税、消費税、印紙税、登録免許税　など
地方税	<u>住民税</u>、事業税、不動産取得税、<u>固定資産税</u>、都市計画税、地方消費税　など

2 直接税と間接税

直接税は、実質的に税金を負担する人（担税者）と税金を納める人（納税義務者）が同じである税金です。間接税は担税者と納税義務者が異なる税金です。

直接税	<u>所得税</u>、住民税、事業税、<u>法人税</u>、相続税、贈与税、不動産取得税、固定資産税、都市計画税　など
間接税	<u>消費税・地方消費税</u>、印紙税、酒税、たばこ税　など

3 申告納税方式と賦課課税方式

<u>申告納税方式</u>とは、納税義務者自身が課税標準と税額を計算して申告・納税するもので、<u>所得税</u>、<u>法人税</u>、相続税、贈与税などが該当します。

<u>賦課課税方式</u>とは、課税主体が課税対象となる金額や税額を決定し、その金額を納税義務者に通知するものです。<u>個人住民税</u>、固定資産税などは、賦課課税方式が採られています。

4 現年所得課税と前年所得課税

所得税は、その年の所得に対して課税される現年課税方式ですが、<u>個人住民税</u>は、前年の所得に対して課税される前年所得課税方式となっています。

02 所得税の基本知識

必修ポイント
- 所得税の基本原則
- 所得税の納税義務者
- 所得税がかからない所得

1 所得税の基本原則

所得税は、個人の所得に対して課される税金です。所得とは、個人が1年間に得た収入から、その収入を得るために要した<u>必要経費</u>を引いた額です。

所得金額 = 収入金額 − <u>必要経費</u>

所得税では、適正かつ公平に課税を行うため、次の3つの基本原則に基づいて税額計算を行います。

<u>個人単位</u>課税の原則	夫婦や世帯といったグループごとではなく、所得を得た1人ひとりを単位に課税する
<u>暦年単位</u>課税の原則	毎年1月1日から12月31日までの1年間を計算期間として課税する
応能負担の原則	1人ひとりの担税力（税金を負担できる能力）に応じて課税する

2 所得税の納税義務者

所得税の納税義務者は<u>居住者</u>と<u>非居住者</u>に区分され、居住者は、さらに<u>非永住者</u>とそれ以外に分かれます。課税される所得の範囲は区分ごとに異なります。

居住者 ：国内に住所を有し、または現在まで引き続いて<u>1年</u>以上居所を有する個人

非永住者：居住者のうち、日本国籍を有しておらず、かつ過去10年間のうち、<u>5年</u>以下の期間、国内に住所または居所を有する個人

非永住者以外の居住者は、<u>すべての所得</u>に対して課税されます。一方、非永住者と非居住者は、課税される所得の範囲が限定されています。

> 「住所」とは生活の本拠となる場所をいい、「居所」とは、ある程度の期間、継続的に住んでいる場所のことです

納税義務者と課税所得の範囲

納税義務者		課税所得の範囲
居住者	非永住者以外の居住者	すべての所得
	非永住者	国内源泉所得および国外源泉所得のうち国内において支払われたもの、または国外から送金されたもの
非居住者	居住者以外の個人	国内源泉所得

 ひとくちポイント！

国内源泉所得とは、所得が発生した場所が日本国内である所得のことで、国内で行う事業から生じる所得や、国内にある資産の運用・保有・譲渡から得られた所得です。国外源泉所得は、所得が発生した場所が国外である所得です

3 所得税の非課税所得

原則として、所得が発生すると、所得税の課税対象となります。しかし、社会政策上、あるいは担税力の調整などを理由に、所得が非課税となる場合もあります。非課税所得には、次のようなものがあります。

【利子所得関係】
・障害者等に対する少額貯蓄非課税制度（マル優制度）の対象となる預貯金等の利子
・勤労者財産形成促進法による財形住宅貯蓄、財形年金貯蓄の利子

【給与所得関係】
・通勤手当（最も経済的かつ合理的な経路および方法で通勤した場合の通勤定期券などの金額）1カ月 15万円 まで
・通常必要と認められる出張旅費

【譲渡所得関係】
・生活用動産の譲渡による所得（1個当たり 30万円超の貴金属や書画骨董などは除く）

【その他】
・公的年金の障害給付、遺族給付など
・雇用保険の基本手当、育児休業給付、高年齢雇用継続給付等や健康保険の傷病手当金、出産手当金等の給付金など
・心身の障害や資産の損害に対して支払われる保険金、慰謝料・見舞金（社会通念上妥当な金額まで）、損害賠償金など
・国や自治体からの助成金
・宝くじの当せん金

1 ライフプランニングと資金計画

2 リスク管理

3 金融資産運用

4 タックスプランニング

5 不動産

6 相続・事業承継

まとめ｜税制の概要・所得税の基本知識

- 日本の税金は、国税と地方税、直接税と間接税、申告納税方式と賦課課税方式などに分けられる
- 所得税は、収入から必要経費を引いた所得に対して、毎年1月1日から12月31日までを計算期間として個人に課される
- 所得税の非課税所得の代表的なものに、通勤手当（1カ月15万円まで）、障害・遺族給付、雇用保険の基本手当などがある

一問一答・チャレンジ問題！

次の文章で正しいものには○、誤っているものには×で答えましょう。

①所得税は国が課税主体となる国税であり、個人住民税は地方公共団体が課税主体となる地方税である。

②所得税では、納税者が申告をした後に、税務署長が納付すべき税額を計算し、決定する賦課課税方式を採用している。

③所得税の納税義務者は個人であり、個人事業主が事業を行うことにより得た所得は、所得税の対象となる。

④非永住者とは、居住者のうち日本国籍を有しており、かつ過去10年以内の間に日本国内に住所または居所を有していた期間の合計が5年以下の個人である。

⑤1個当たり30万円超の貴金属や書画骨董などを除く生活用動産の譲渡による所得は、所得税のかからない非課税所得とされる。

解答＆ポイント解説

① ○　② ×　③ ○　④ ×　⑤ ○

所得税は、納税者が税額を計算して申告する申告納税方式です。非永住者は、日本国籍を有しません。

03 所得税の計算の概要

必修ポイント
- 所得税の計算の手順をつかむ
- 各種所得と総合課税、分離課税
- 超過累進税率の考え方

1 所得税の計算の手順（1）

1 所得税の計算の手順

所得税は、次のような手順で計算します。

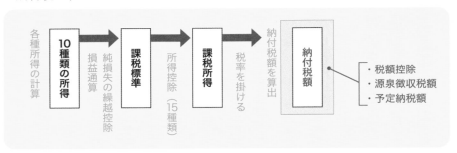

各種所得の計算 → **10種類の所得** → 純損失の繰越控除／損益通算 → **課税標準** → 所得控除（15種類） → **課税所得** → 税率を掛ける → 納付税額を算出 → **納付税額**
- 税額控除
- 源泉徴収税額
- 予定納税額

2 各種所得

所得税の計算では、所得を10種類に分け、それぞれの所得金額を計算します。各種所得には、総合課税の所得と分離課税の所得があります。

総合課税	分離課税
利子所得、配当所得、不動産所得、事業所得、給与所得、雑所得、一時所得、譲渡所得	山林所得、退職所得、譲渡所得

総合課税の所得は合算して税額を算出します。分離課税の所得は、所得ごとに税額を計算します。譲渡所得のうち、不動産と有価証券を譲渡したときの譲渡所得は、分離課税になります。

3 損益通算

各種所得金額を計算した後、一定の所得については、損失が生じた場合に、ほかのプラスになっている所得から控除できます。これを損益通算といいます。

4 純損失の繰越控除

事業所得などに損失があり損益通算しても損失が控除しきれない場合、その金額を純損失といい、一定の手続きをすることにより、翌年以降3年間にわたって繰越控除することができます。

2 所得税の計算の手順 (2)

1 課税標準

課税標準とは、税額を計算する際に必要な基本となる金額のことです。所得税では、総所得金額（総合課税の所得の合計額）や分離課税の各所得額が課税標準となります。

2 課税所得金額

応能負担の原則を反映させるために、課税標準の額から所得控除を行い、課税所得金額を算出します。課税所得金額に税率を掛けたのが所得税の税額です。

3 税額の計算

所得税は、超過累進税率となっており、課税所得金額が一定の金額を超えると税率が段階的に高くなります。課税総所得金額、課税退職所得については超過累進税率を用いて計算しますが、分離課税の譲渡所得は個別にそれぞれの税率が適用されます。

▨ 超過累進税率による所得税の速算表

課税所得金額		税率	控除額
1,000 円から	1,949,000 円まで	5%	−
1,950,000 円から	3,299,000 円まで	10%	97,500 円
3,300,000 円から	6,949,000 円まで	20%	427,500 円
6,950,000 円から	8,999,000 円まで	23%	636,000 円
9,000,000 円から	17,999,000 円まで	33%	1,536,000 円
18,000,000 円から	39,999,000 円まで	40%	2,796,000 円
40,000,000 円以上		45%	4,796,000 円

> 東日本大震災の復興財源として、2037 年までは、所得税の2.1%の復興特別所得税が上乗せされます

◇所得税額を計算してみよう

【問題】課税総所得金額が 300 万円の場合の所得税額はいくらか。

3,000,000 円 × 10% − 97,500 円 = 202,500 円

所得税の速算表をもとに、課税総所得金額に税率を乗じた額から控除額を引いたものが所得税額です

1 ライフプランニングと資金計画

2 リスク管理

3 金融資産運用

4 タックスプランニング

5 不動産

6 相続・事業承継

所得税額の計算のしくみ

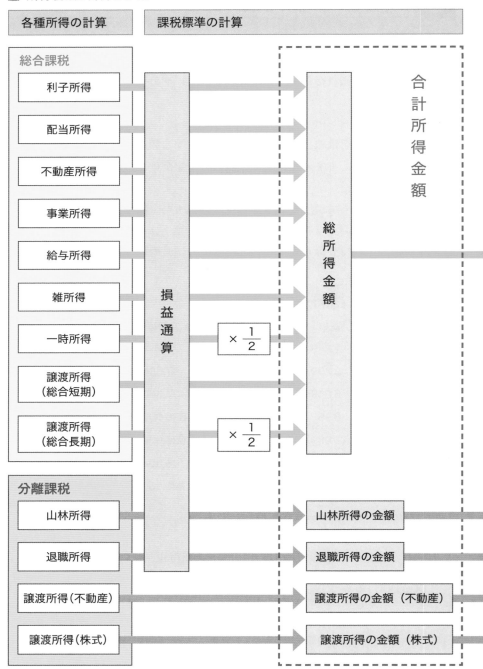

各種所得の計算　　課税標準の計算

総合課税
- 利子所得
- 配当所得
- 不動産所得
- 事業所得
- 給与所得
- 雑所得
- 一時所得
- 譲渡所得（総合短期）
- 譲渡所得（総合長期）

損益通算

$\times \dfrac{1}{2}$

$\times \dfrac{1}{2}$

総所得金額

合計所得金額

分離課税
- 山林所得
- 退職所得
- 譲渡所得（不動産）
- 譲渡所得（株式）

山林所得の金額
退職所得の金額
譲渡所得の金額（不動産）
譲渡所得の金額（株式）

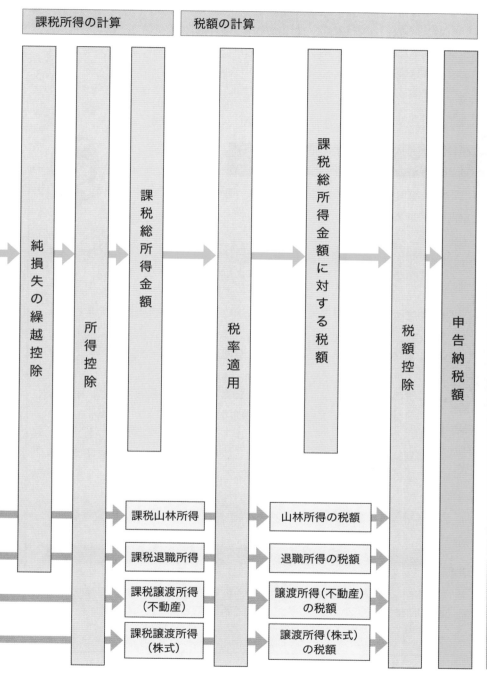

課税所得の計算　税額の計算

純損失の繰越控除 → 所得控除 → 課税総所得金額 → 税率適用 → 課税総所得金額に対する税額 → 税額控除 → 申告納税額

課税山林所得 → 山林所得の税額

課税退職所得 → 退職所得の税額

課税譲渡所得（不動産） → 譲渡所得（不動産）の税額

課税譲渡所得（株式） → 譲渡所得（株式）の税額

1 ライフプランニングと資金計画
2 リスク管理
3 金融資産運用
4 タックスプランニング
5 不動産
6 相続・事業承継

まとめ｜所得税の計算の概要

・所得は、収入を10種類の<u>所得</u>に分類し、必要経費を引いて計算する
・課税標準から所得控除などをして算出した<u>課税所得金額</u>に所得税率を掛けて所得税額を計算する
・所得税は、所得が上がると税率が段階的に上がる<u>超過累進税率</u>を用いて計算する

一問一答・チャレンジ問題！

次の文章で正しいものには○、誤っているものには×で答えましょう。

①所得税では、課税対象となる所得を10種類に区分し、それぞれの所得の種類ごとに定められた計算方法により、所得の額を計算する。

②不動産所得、事業所得、給与所得、退職所得は、総合課税の所得である。

③株式を譲渡した場合の譲渡所得は、分離課税に分類される。

④所得税の計算において、一時所得と総合課税の長期譲渡所得は、所得の額に2分の1を乗じた金額を総所得金額に含めることができる。

⑤超過累進税率による所得税計算では、課税所得が一定の金額を超えた場合、その超えた部分に対して累進的に高い税率が適用される。

⑥課税総所得金額が500万円の場合の所得税額は902,500円である。

解答&ポイント解説

① ○　② ×　③ ○　④ ○　⑤ ○　⑥ ×
不動産所得、事業所得、給与所得は<u>総合課税</u>ですが、退職所得は<u>分離課税</u>です。
課税総所得金額が500万円の場合、所得税額は572,500円となります。
※計算式：500万円 × <u>20</u>%（税率）－ <u>427,500</u>円（控除額）

04 各種所得の計算

- 所得税の対象となる 10 種類の所得
- 不動産所得、事業所得の計算
- 給与所得、退職所得、公的年金等の雑所得の計算

所得税の計算をするためには、まず、収入を各種所得に分類します。どのように得られた収入であるかによって、10 種類の所得に分けられます。

10 種類の所得は、所得の種類ごとに定められた計算方法で計算します。

1 利子所得

1 利子所得の範囲

利子所得は、預貯金の利子、公社債の利子、公社債投資信託の収益分配金などです。

利子所得となるもの	利子所得とならないもの
・預貯金の利子、公社債の利子 ・外貨預金の利子 ・公社債投資信託の収益分配金 ・金銭信託、貸付信託の収益分配金	・事業上の貸付金の利子……………… 事業所得
	・友人に対する貸付金の利子 ・抵当証券の利息、定期積金の給付補てん金、外貨預金の為替差益 ⎫雑所得

2 利子所得の金額

利子所得は、必要経費が認められていないため、収入金額が利子所得の額となります。

3 課税方法

利子所得は源泉分離課税の対象となり、利子の支払いの際に 20.315%が源泉徴収され、納税が終了します。

ただし、特定公社債等の利子、収益分配金は、申告分離課税に該当するため、利子所得として 20.315%の税率で源泉徴収され確定申告は不要ですが、確定申告することも可能です。

2 配当所得

1 配当所得の範囲

配当所得には、法人から受け取る剰余金の配当、株式投資信託や ETF（上場投資信託）、J-REIT（上場不動産投資信託）の収益分配金などが該当します。

② 配当所得の計算方法

　配当所得は、配当収入の額から株式等を取得するための負債利子の額を引いて計算します。

$$配当所得 ＝ \underset{（源泉徴収税額を差し引く前の金額）}{収入金額} － \underset{借入金の利子}{株式などを取得するための}$$

③ 課税方法

●上場株式等に対する課税

　配当所得は総合課税が原則ですが、上場株式等の配当等については、支払い時に 20.315% が源泉徴収され、確定申告不要を選択することができます。確定申告する場合は、総合課税または申告分離課税を選択できます。

総合課税を選択した場合	配当控除の適用を受けられる
申告分離課税を選択した場合	上場株式等の譲渡損失と損益の通算ができる

　なお、発行済株式総数の 3% 以上を保有する大口株主等への配当は総合課税となり、20.42%（所得税、復興特別所得税のみ）が源泉徴収されます。

●非上場株式に対する課税

　非上場株式の配当は総合課税が原則ですが、1 年分に換算した配当の額が 10 万円以下の少額配当は申告不要を選択することができます。

3　不動産所得

① 不動産所得の範囲

　不動産所得は、不動産、不動産の上に存する権利などの貸付による所得です。

不動産所得となるもの	不動産所得とならないもの
・地代、家賃 ・更新料、名義書換料、礼金、権利金 ・敷金や保証金のうち賃借人に返還しない部分 ・屋上や壁面などの広告収入 ・土地信託による信託配当 ・保管責任のない駐車場の賃料	・敷金、保証金のうち賃借人に返還する部分　｝預り金 ・下宿などの食事の提供をする場合 ・保管責任のある駐車場の賃料　｝事業所得

② 不動産所得の計算方法

$$不動産所得 ＝ 総収入金額 － 必要経費（ー青色申告特別控除額）$$

1 資金計画とライフプランニングと

2 リスク管理

3 金融資産運用

4 タックスプランニング

5 不動産

6 相続・事業承継

総収入金額に含めるもの	必要経費に含めるもの
・家賃収入、地代収入 ・礼金、権利金、更新料 ・敷金や保証金のうち返還を要しないもの	・借入金利子、減価償却費、損害保険料 ・租税公課（固定資産税、都市計画税、 　不動産取得税、事業税など） ・広告宣伝費、管理費、修繕費　など

③ 青色申告特別控除

　不動産所得の計算上、青色申告者については、青色申告特別控除を受けることができます。不動産貸付が事業的規模の場合の青色申告特別控除の額は、最高65万円です。事業的規模の判定は、貸付規模、収入金額、管理状況などによって判断しますが、一戸建てでは5棟以上、アパートやマンションでは10室以上の場合、事業的規模と判断されます（5棟10室基準）。

4　事業所得

① 事業所得の範囲

　事業所得は、農業、漁業、製造業、卸売業、サービス業などから得られる所得です。また、医師、弁護士、作家、俳優などを個人で営んでいる場合の所得も事業所得に分類されます。

事業所得となるもの	事業所得とならないもの
・事業主が従業員に社宅を提供して 　受け取る賃料 ・事業上の貸付金の利子 ・棚卸資産の譲渡	・事業用固定資産の譲渡損益 …………… 譲渡所得
	・事業用運転資金の預金利子 ………… 利子所得

② 事業所得の計算方法

> 事業所得 ＝ 総収入金額 － 必要経費（－青色申告特別控除額）

③ 事業所得の収入に含めるもの

　事業所得の収入金額は、その年中に収入となることが確定した金額の総計です。したがって、売上代金が未収であっても収入金額として計算します。また、販売用品を自家消費した場合は、その販売価額を総収入金額に含めます。

> 未収の売上代金も収入に含めるため、帳簿上の利益の額とキャッシュフローの額は異なります

必要経費になるもの	必要経費にならないもの
・青色申告者が家族従業員に支払った給与で届出をしたもの ・事業上必要な借入金の利子 ・地代家賃、水道光熱費、減価償却費 ・固定資産税、都市計画税、事業税 ・減価償却費　　など	・生計を一にする親族に支払った給与 ・借入金の元金 ・生計を一にする親族に支払った地代家賃 ・事業所得に課される所得税・住民税 ・個人事業主が支払った国民健康保険料、国民年金保険料、小規模企業共済の掛金

５ 青色申告特別控除

　事業所得の計算上、青色申告者は、一定の要件のもと、青色申告特別控除を受けることができます。

5 給与所得

１ 給与所得の範囲

　給与所得は、給与、賃金、賞与などの所得です。このほかに住宅手当などの手当や表彰金など、金銭以外の物や権利を受け取った場合などの経済的利益も給与所得になります。

２ 給与所得の計算方法

> 給与所得 ＝ 収入金額 － 給与所得控除額

給与所得控除額の速算表

給与等の収入金額		給与所得控除額
	1,625,000 円まで	550,000 円
1,625,001 円から	1,800,000 円まで	収入金額× 40％ － 100,000 円
1,800,001 円から	3,600,000 円まで	収入金額× 30％ ＋ 80,000 円
3,600,001 円から	6,600,000 円まで	収入金額× 20％ ＋ 440,000 円
6,600,001 円から	8,500,000 円まで	収入金額× 10％ ＋ 1,100,000 円
8,500,001 円以上		1,950,000 円（上限）

●所得金額調整控除

　給与等の収入が 850 万円を超えても、次のいずれかの要件に該当する場合は、税金の負担が重くならないように所得金額調整控除が適用されます。

- 本人が特別障害者に該当する場合、または同一生計の配偶者や扶養親族に特別障害者がいる場合
- 23歳未満の扶養親族がいる場合

所得金額調整控除の額は、次のように計算します。

所得金額調整控除＝（給与等の収入金額[※] － 850万円）× 10%

※ 1,000万円超の場合は 1,000万円

◇所得金額調整控除を計算してみよう

【問題】給与収入が950万円の場合の所得金額調整控除の額はいくらか。

（950万円－ 850万円）× 10% ＝ 10万円

　所得金額調整控除の対象となる場合、給与収入から給与所得控除額を控除し、さらに所得金額調整控除の額を控除できます。

3 課税方法

　給与所得は、原則として、総合課税ですが、給与の支払いをする者が所得税の源泉徴収を行い、その年の最後の給与の支払い時に年間の所得税額の過不足を調整する（年末調整）ため、確定申告をする必要はありません。ただし、年間の給与等の収入が 2,000万円を超える場合、給与所得、退職所得以外の所得が 20万円超ある場合などは、確定申告が必要です。

6 退職所得

1 退職所得の範囲

　退職所得は、退職金、役員退職金、その他退職により一時に受ける給与などです。ただし、退職金を年金方式で受け取る場合などは、雑所得になります。

2 退職所得の計算方法

退職所得＝（収入金額－退職所得控除額）× 1/2

※勤続年数 5年以下の法人役員等が受ける退職金（特定役員退職手当等）の場合は、1/2を乗じない。
　勤続年数 5年以下の従業員の場合（短期退職手当等）、退職所得の額から退職所得控除額を控除した残額の 300万円を超える部分については 1/2を乗じない
※障害者になったことに起因して退職した場合は、退職所得控除額に 100万円を加算する

1 ライフプランニングと資金計画
2 リスク管理
3 金融資産運用
4 タックスプランニング
5 不動産
6 相続・事業承継

退職所得控除額は、勤続年数によって、以下のように計算します。

勤続年数	退職所得控除額
20 年以下	40 万円×勤続年数（最低 80 万円）
20 年超	800 万円＋ 70 万円×（勤続年数－ 20 年）

3 課税方法

退職所得は分離課税に該当するため、他の所得と分離して課税されます。

● 「退職所得の受給に関する申告書」を提出している場合

勤務先を通じて「退職所得の受給に関する申告書」を提出した場合、所得税（超過累進税率）、住民税の税率により源泉徴収されるため、確定申告の必要はありません。

● 「退職所得の受給に関する申告書」を提出していない場合

支給額の 20.42 ％（所得税、復興特別所得税のみ）が源泉徴収され、税額が過大または過少であるときは、確定申告により清算することができます。

7 雑所得

1 雑所得の範囲

他の 9 種類の所得のいずれにも該当しない所得が、雑所得です。

雑所得となるもの	雑所得とならないもの	
・公的年金等 ・非営業用貸付金利子 ・副業に係る収入 ・生命保険契約に基づく年金 ・外貨預金の為替差益 ・定期積金の給付補てん金	・障害年金、遺族年金 …………………… 非課税	
	・事業上の貸付金の利子 ・作家の印税・原稿料	事業所得
	・外貨預金の利子、公社債の利子、 　公社債投資信託の収益分配金	利子所得
	・生命保険契約に基づく一時金 ……… 一時所得	

2 雑所得の計算方法

雑所得の金額は、（1）公的年金等、（2）業務に係るもの、（3）それ以外のものに分けて計算します。業務に係るものとは、副業収入のうち営利を目的とした継続的なものです。

1 ライフプランニングと資金計画

2 リスク管理

3 金融資産運用

4 タックスプランニング

5 不動産

6 相続・事業承継

雑所得の金額 ＝（1）＋（2）＋（3）

（1）公的年金等の雑所得 ＝ 収入金額 － 公的年金等控除額

（2）業務に係る雑所得 ＝ 総収入金額 － 必要経費

（3）その他の雑所得 ＝ 総収入金額 － 必要経費

※（2）および（3）がマイナスのときは、他の雑所得の金額から差し引く

3 公的年金等控除額

公的年金等の雑所得は、収入金額から公的年金等控除額を控除して計算します。公的年金等控除額は、受給者の年齢や公的年金等以外の所得の額によって異なります。

▨ 公的年金等控除額の速算表

公的年金等の収入金額		公的年金等控除額	
		65 歳未満	65 歳以上
	130 万円未満	60 万円	110 万円
130 万円以上	330 万円未満		
330 万円以上	410 万円未満	収入金額× 25％＋ 27.5 万円	
410 万円以上	770 万円未満	収入金額× 15％＋ 68.5 万円	
770 万円以上	1,000 万円未満	収入金額× 5％＋ 145.5 万円	
1,000 万円以上		195.5 万円	

※公的年金等以外の所得の合計所得金額が 1,000 万円以下の場合

4 課税方法

雑所得の金額は総合課税の対象となります。公的年金等については、収入金額が 400 万円以下でかつ年金以外の所得金額が 20 万円以下である場合は、確定申告は不要です。定期積金の給付補てん金は、金融類似商品として 20.315％の源泉分離課税が適用され、源泉徴収で課税関係が終了します。

8 ▶ 一時所得

1 一時所得の範囲

一時所得は、一時金として受ける収入のうち、原則として臨時的・偶発的なもので、労務・役務または資産の譲渡に対する対価性のない所得です。

一時所得となるもの	一時所得とならないもの
・生命保険契約に基づく一時金 ・損害保険契約に基づく満期保険金、 　契約者配当金 ・懸賞の賞金品 ・競馬の馬券の払戻金	・年金方式で支払われる生命保険金……雑所得
	・生命保険契約の特約の保険金 ・損害保険契約の保険金 ・見舞金、損害賠償金 ・宝くじの当せん金　　　　　　　　　非課税

2 一時所得の計算方法

一時所得 ＝ 収入金額 － その収入を得るために要した費用 － 特別控除額

最高 50 万円 ↑

●**特別控除**

一時所得の場合、収入金額からその収入を得るために要した費用を控除した
残額から、最高 50 万円の特別控除を受けることができます。

3 課税方法

一時所得は総合課税の対象ですが、課税標準を計算する際に、一時所得の金
額の 1/2 の額を総所得金額に含めて計算します。損益通算する場合は、1/2
を乗じる前の一時所得の金額から他の所得のマイナスを控除できます。

損益通算の問題では、一時所得の 2 分の 1 の額を
総所得金額に含めるケースがよく出題されています

9　譲渡所得

1 譲渡所得の範囲

譲渡所得とは、不動産や株式、ゴルフ会員権などの資産の譲渡による所得で
す。事業用固定資産（営業用車両等）の譲渡も、事業所得ではなく譲渡所得に
該当します。

2 譲渡所得の区分

譲渡所得は、譲渡する資産の種類によって総合課税と（申告）分離課税に区
分され、さらに所有期間によって短期譲渡所得と長期譲渡所得に分けられます。

1 ライフプランニングと資金計画

2 リスク管理

3 金融資産運用

4 タックスプランニング

5 不動産

6 相続・事業承継

総合課税		所有期間が 5 年以下	短期譲渡所得
		所有期間が 5 年超	長期譲渡所得
申告分離課税	土地、建物	譲渡した日の属する年の 1 月 1 日までの所有期間が 5 年以下	短期譲渡所得
		譲渡した日の属する年の 1 月 1 日までの所有期間が 5 年超	長期譲渡所得
	株式等	所有期間は問わない	

3 譲渡所得の計算方法（総合課税の場合）

譲渡所得 = 総収入金額 −（取得費＋譲渡費用）− 特別控除額

最高 50 万円 ⬆

4 特別控除（最高 50 万円）

　総合課税の短期譲渡所得と長期譲渡所得がある場合、特別控除の 50 万円は、まず短期譲渡所得から控除し、残った額を長期譲渡所得から控除します。課税標準を計算する際に、長期譲渡所得の額は 1/2 の額を総所得金額に含めることができます。

5 譲渡所得の計算方法（土地、建物の場合）

　土地、建物などの不動産を譲渡した場合は、申告分離課税の譲渡所得となります。

譲渡所得 = 総収入金額 −（取得費＋譲渡費用）− 特別控除額※

※譲渡したものにより額は異なる

6 譲渡所得の計算方法（株式等の場合）

　株式等を譲渡した場合は、申告分離課税の譲渡所得となります。

譲渡所得 = 総収入金額 −（取得費＋譲渡費用※）

※委託手数料など

ひとくちポイント！

総合課税の譲渡所得にマイナスが生じた場合は、損益通算の対象ですが、分離課税の譲渡所得（土地・建物、株式等を譲渡した場合）にマイナスが生じても損益通算の対象になりません

10 山林所得

1 山林所得の範囲

　山林所得は、山林の伐採または譲渡による所得で、保有期間が5年超のものです。保有期間が5年以下の場合は、事業所得または雑所得になります。さらに土地とともに山林を譲渡した場合、土地部分の譲渡は譲渡所得となります。

2 山林所得の計算方法

> **山林所得**
> ＝総収入金額－必要経費－特別控除額（最高50万円）（－青色申告特別控除）

　山林所得は、他の所得と合算せず、5分5乗方式により税額を計算します。5分5乗方式の計算方法は、次のようになります。

> （課税山林所得金額 × 1/5 ×超過累進税率）× 5

まとめ｜各種所得の計算

- 各種所得の中では、不動産所得、事業所得、給与所得、公的年金等の雑所得、退職所得などの出題頻度が高い
- 給与所得は、収入金額から給与所得控除額を控除して算出する
- 公的年金等の雑所得は、収入金額から公的年金等控除額を控除して算出する
- 長期譲渡所得（総合課税）と一時所得は、所得の 1/2 の額を総所得金額に算入する

> それぞれの所得の額を、しっかり計算できるようにしましょう！

1 ライフプランニングと資金計画

2 リスク管理

3 金融資産運用

4 タックスプランニング

5 不動産

6 相続・事業承継

一問一答・チャレンジ問題！

次の文章で正しいものには○、誤っているものには×で答えましょう。

①各種所得の金額の計算の際、収入金額には、原則として、その年の収入にすべきである未収の収入も計上しなければならない。

②給与所得が850万円を超える場合の給与所得控除額は195万円であるが、23歳未満の扶養親族がいるなどの要件を満たす場合は、所得金額調整控除の適用を受けることができる。

③退職所得の金額は、特定役員退職手当等及び短期退職手当等に係るものを除き、「（退職手当等の収入金額−退職所得控除額）×1/2」の算式により計算できる。

④障害者になったことに起因して退職した場合は、退職所得控除額に300万円を加算することができる。

⑤老齢基礎年金と老齢厚生年金の合計で年額320万円受給している場合、一時所得の金額が50万円である者は確定申告を行う必要はない。

⑥一時所得の計算では、総収入金額からその収入を得るために要した費用と特別控除額（最高50万円）を控除することができる。

⑦総合課税の短期譲渡所得は、所得の額の2分の1の額を総所得金額に含めることができる。

解答＆ポイント解説

①○　②○　③○　④×　⑤×　⑥○　⑦×

障害者になったことに起因して退職した場合、退職所得控除額に 100万円 を加算できます。公的年金等の受給額が年間 400万円 以下でも、そのほかの所得が 20万円 を超えている場合は確定申告をする必要があります。総合課税の 長期譲渡所得 の場合、その2分の1の額を総所得金額に含めることができます。

05 損益通算

必修ポイント
- 損益通算できる所得とできない所得
- 損益通算の順序
- 損失の繰越控除の考え方

1 損益通算とは

1 損益通算とは何か

　課税標準を計算する際に、特定の所得にマイナスが生じた場合、そのマイナスを、ほかの所得の額から控除することができ、それを<u>損益通算</u>といいます。<u>損益通算</u>の対象となる所得は、次の4つの所得に限られます。

【損益通算の対象となる所得】

<u>不動産</u>所得　　<u>事業</u>所得　　<u>山林</u>所得　　<u>譲渡</u>所得

> 損益通算の対象となる所得の頭文字を取って、「不事山譲（ふじさんじょう（富士山上）の損益通算」と覚えましょう！

📣 ひとくちポイント！

損益通算の対象となる譲渡所得は<u>総合課税</u>の譲渡所得のみで、分離課税の譲渡所得は損益通算の対象外です。また、配当所得、雑所得、一時所得は、所得にマイナスがあっても損益通算の対象となりません

2 損益通算の対象とならない損失の金額

　以下の損失の金額は、同じ所得内であれば損益を通算（内部通算）できますが、ほかの所得と損益通算することはできません。

- 生活に通常必要でない資産（<u>別荘</u>、<u>ゴルフ会員権</u>、1個当たり30万円超の貴金属など）
- 株式等に係る譲渡所得等の金額の計算上生じた損失（ただし、上場株式等の譲渡損失は、申告分離課税を選択した上場株式等の配当等と損益を通算できる）
- 土地・建物等に係る譲渡所得の金額の計算上生じた損失（ただし、特定居住用財産の譲渡損失は、一定の要件のもと損益通算や繰越控除が可能）

・生活用動産の譲渡損失
・不動産所得の金額の計算上生じた損失のうち、土地の取得のための負債
　利子（建物の取得のための負債利子は損益通算が可能）

3 損益通算の順序

　損益通算の順序は、所得を以下の3つのグループに分け、グループごとに対象となるマイナスをプラスの所得から控除します。それでもなおマイナスが残った場合は、ほかのグループのプラスの所得から控除します。

経常所得グループ	利子所得、配当所得、不動産所得、事業所得、給与所得、雑所得
譲渡所得・一時所得グループ	譲渡所得（総合課税のみ）、一時所得
山林所得・退職所得グループ	山林所得、退職所得

◇総所得金額を計算してみよう

【問題】1年間の所得が以下の場合の総所得金額はいくらか。

給与所得	600万円	勤務先からの給与
不動産所得	▲150万円	必要経費の中に、土地の取得に要した負債利子の額50万円が含まれている
雑所得	▲20万円	趣味の雑誌に寄稿した原稿料に係る損失
譲渡所得	▲200万円	上場株式の売却に係る損失

600万円（給与所得）－ 100万円（不動産所得）＝ 500万円

※土地の取得に要した負債利子（50万円）は損益通算の対象外です
※雑所得の損失、株式等を譲渡した場合の損失は、損益通算の対象外です

2　損失の繰越控除

1 純損失の繰越控除

　マイナスの金額が大きく、損益通算によって控除できなかった金額を純損失といい、青色申告者は、翌年以降3年間にわたって繰越控除することができます。白色申告者の場合は、純損失のうち、変動所得の損失と被災事業用資産の損失のみが繰越控除の対象となります。

2 雑損失の繰越控除

　雑損控除による損失の金額が一定の金額を超える場合に、その超える部分の金額を雑損失といい、翌年以降3年間にわたって繰越控除できます。

まとめ｜損益通算

- 損益通算の対象となる所得は、<u>不動産</u>所得、<u>事業</u>所得、<u>山林</u>所得、<u>譲渡</u>所得（総合課税）の４種類
- 別荘やゴルフ会員権など、生活に通常必要でない資産は、譲渡所得にマイナスがあっても<u>損益通算</u>することが<u>できない</u>
- 不動産所得の金額上生じた損失のうち、<u>土地の取得</u>のための<u>負債利子</u>は損益通算の対象外である

一問一答・チャレンジ問題！

次の文章で正しいものには○、誤っているものには×で答えましょう。

①損益通算の対象となる所得は、不動産所得、事業所得、山林所得、雑所得である。

②総合課税の対象となる譲渡所得の金額に損失が生じた場合、公的年金等に係る雑所得の金額と損益通算することができる。

③株式等に係る譲渡所得の金額の計算上生じた損失は、総所得金額と損益通算することができる。

④給与所得の額が300万円、不動産所得の額が▲100万円（土地の取得のために要した負債利子30万円を含む）のとき、損益通算後の総所得金額は230万円である。

⑤青色申告者は、確定申告をすることで、純損失の金額を翌年以降３年間にわたって繰越控除することができる。

解答&ポイント解説

① ×　② ○　③ ×　④ ○　⑤ ○

雑所得の損失は損益通算の<u>対象外</u>です。株式等に係る譲渡所得等の金額は分離課税であるため、損失が生じても<u>損益通算できません</u>。

06 所得控除

必修ポイント
- 所得控除の種類と内容
- 生命保険料控除の額の計算
- 配偶者控除、扶養控除の要件と控除額

1 所得控除とは

　所得控除は、納税者の個人的な事情や社会的な施策などを考慮して、納税負担を調整するために設けられています。それぞれの要件にあてはまる場合に、課税標準で求めた<u>所得金額</u>から所得控除額を引いて、<u>課税所得金額</u>を計算します。所得控除には15種類あり、物的控除と人的控除に分けられます。

	所得控除の種類	趣旨
物的控除	雑損控除、<u>医療費</u>控除	災害などによる生活の困窮に備えるもの
物的控除	社会保険料控除、小規模企業共済等掛金控除、<u>生命保険料</u>控除、<u>地震保険料</u>控除、寄附金控除	社会政策上の要請によるもの
人的控除	<u>配偶者</u>控除、<u>配偶者特別</u>控除、<u>扶養</u>控除、基礎控除	納税者の最低限の生活を保障するもの
人的控除	障害者控除、寡婦控除、ひとり親控除、勤労学生控除	個人的な事情に配慮するためのもの

2 雑損控除

　雑損控除は、納税者本人または生計を一にする配偶者やその他の親族（総所得金額等が<u>48万円</u>以下の者）の資産が、<u>災害・盗難・横領</u>により損害を受けた場合に控除されるものです。控除の対象となる資産は、居住用家屋、生活用動産、現金等で、雑損控除の額は以下のように計算します。

① （損害金額 － 保険金等で補てんされる金額）－ 総所得金額等の10%

② $\left(\text{災害関連支出金額} － \dfrac{\text{災害関連支出金額に対して}}{\text{補てんされる保険金等の金額}}\right) － 5万円$

①と②のいずれか多い金額が、所得金額から控除される

　なお、雑損控除を受けるには、<u>確定申告が必要</u>です。

3 医療費控除

1 医療費控除とは

　医療費控除は、納税者本人または生計を一にする配偶者やその他の親族のために医療費を支払った場合、支払った額が一定額を超える場合に控除されるものです。対象となる配偶者やその他の親族に所得要件はありません。

対象となるもの	対象とならないもの
・医師、歯科医師に支払った診察費、治療費 ・通院のための交通費、食事代 ・療養に必要な医薬品の購入費 ・出産費用 ・寝たきりの人の紙おむつ代 　（医師のおむつ使用証明書が必要） ・人間ドックの費用（重大な疾病が発見され、 　かつ引き続き治療を要した場合）	・美容整形費用 ・通院のための自家用車のガソリン代 ・医薬品以外のビタミン剤など ・人間ドックの費用

　医療費控除の対象となる医療費等は、その年の1月1日から12月31日までに支出したものです。年末までに治療しても未払いとなっている医療費等は、その年分の医療費控除ではなく、実際に支払った年分の医療費控除の対象です。

　医療費控除の額は、以下のように計算し、控除できる額は最高200万円です。

　保険金等で補てんされた金額とは、健康保険から給付を受ける療養費、高額療養費、出産育児一時金のほか、医療保険の給付金などです。雇用保険から給付を受ける傷病手当金、出産手当金や所得補償保険の保険金等は、保険金等で補てんされた金額には該当しません。

　医療費控除は、年末調整では適用できないため、適用を受けるためには確定申告が必要です。確定申告の際は、「医療費控除の明細書」を確定申告書に添付する必要があります。

2 医療費控除の特例（セルフメディケーション税制）

　セルフメディケーション税制は、健康増進や疾病予防について一定の取組（定

期健康診断、予防接種など）を行う納税者が、対象となる医薬品等（スイッチ
OTC医薬品等）を購入した場合に控除を受けられるものです。生計を一にす
る配偶者やその他の親族のために購入したスイッチOTC医薬品等も対象です。

　セルフメディケーション税制による控除額は、以下のように計算し、控除で
きる額は最高 88,000円 です。

> スイッチOTC医薬品等購入費－保険金等で補てんされる金額－12,000円

ひとくちポイント！

セルフメディケーション税制の対象となる要件は、特定健康診断、予防接種、
定期健康診断等を納税者本人が受けていることなどです。医療費控除とセル
フメディケーション税制は併用できず、どちらかの選択となります

4 社会保険料控除

　社会保険料控除は、納税者本人が、本人や生計を一にしている配偶者やその
他の親族が負担すべき社会保険料を支払った場合に控除できます。同一生計親
族の所得要件は、ありません。対象となる社会保険料は、以下のとおりです。

- ・健康保険、国民健康保険の保険料　・国民年金、厚生年金保険の保険料
- ・介護保険、雇用保険の保険料　　　・国民年金基金、厚生年金基金の保険料

　社会保険料控除として所得控除できる額は、その年に支払った社会保険料の
全額で、控除額に上限はありません。

5 小規模企業共済等掛金控除

　納税者本人が、小規模企業共済等の掛金を支払ったときに控除を受けること
ができます。その年に支払った全額が所得控除でき、控除額に上限はありませ
ん。対象となる掛金等には、以下のようなものがあります。

- ・小規模企業共済の掛金
- ・確定拠出年金の企業型年金の掛金で個人が負担したもの・個人型年金
  （iDeCo）の掛金

1 ライフプランニングと資金計画
2 リスク管理
3 金融資産運用
4 タックスプランニング
5 不動産
6 相続・事業承継

1 生命保険料控除とは

生命保険料控除は、納税者本人が、対象となる生命保険や個人年金保険、医療保険等の保険料を支払ったときに控除を受けることができます。生命保険料控除には、<u>一般の生命保険料控除</u>、<u>個人年金保険料控除</u>、<u>介護医療保険料控除</u>の3種類があります。このうち<u>介護医療保険料控除</u>は新しく創設されたもので、2012年1月1日以降に契約した介護医療保険が対象となります。

2 対象となる生命保険契約

一般の生命保険料控除	生命保険契約、かんぽ生命の簡易保険契約、生命共済　など
個人年金保険料控除	個人年金保険契約のうち一定の要件を満たすもの
介護医療保険料控除	介護（費用）保険、医療（費用）保険、所得補償保険、先進医療特約などの特約保険料　など

3 生命保険料控除の額

生命保険料控除の額は、年間に支払った保険料の額によって、一般の生命保険料控除、個人年金保険料控除、介護医療保険料控除に分けてそれぞれ計算します。各控除の額を合計した額が年間の生命保険料控除の額ですが、新契約の場合は、所得税 <u>12万円</u>、住民税 <u>7万円</u> が年間の控除額の上限です。

2011年12月31日までの契約（旧契約）

支払った保険料の金額		控除額
	25,000円以下	支払保険料の全額
25,000円超	50,000円以下	支払保険料の額 × 1/2 ＋ 12,500円
50,000円超	100,000円以下	支払保険料の額 × 1/4 ＋ 25,000円
100,000円超		一律 50,000円

2012年1月1日以降の契約（新契約）

支払った保険料の金額		控除額
	20,000円以下	支払保険料の全額
20,000円超	40,000円以下	支払保険料の額 × 1/2 ＋ 10,000円
40,000円超	80,000円以下	支払保険料の額 × 1/4 ＋ 20,000円
80,000円超		一律 40,000円

生命保険料控除の適用を受けるには、給与所得者は年末調整の際に、「保険

料控除申告書」に支払保険料の明細を記入して勤務先に提出し、確定申告をする場合は、原則として、払込保険料の額を証明する書類の添付が必要です。

7 地震保険料控除

地震保険料控除は、納税者本人が、地震保険契約等の保険料を支払った場合に控除できるものです。地震保険料控除の額は、所得税ではその年に支払った地震保険料の<u>全額</u>（最高 50,000 円）ですが、住民税では支払った保険料の<u>2分の1</u>の金額（最高 25,000 円）となります。

2006 年 12 月 31 日までに契約した長期損害保険契約は、経過措置として、長期損害保険料控除の対象となり、地震保険料控除とあわせて所得控除を受けることができます。

8 寄附金控除

1 寄附金控除とは

納税者本人が、2千円を超える特定寄附金を支払った場合に控除を受けられます。寄附金控除の対象となる寄附金には、次のようなものがあります。

- ・国、地方公共団体に対する寄附金
- ・公益法人などに対する寄附で、財務大臣が指定したもの
- ・日本赤十字社などに対する寄附金
- ・政治活動に関する寄附で特定のもの

寄附金控除の額は、次のように計算します。

寄附金控除は年末調整で適用を受けることはできないため、<u>確定申告をする必要があります</u>。申告書に必要事項を記載し、領収証などを添付します。

2 ふるさと納税

ふるさと納税は、寄附金控除のしくみを使った制度です。納税者自身の出身

1 ライフプランニングと資金計画
2 リスク管理
3 金融資産運用
4 タックスプランニング
5 不動産
6 相続・事業承継

地にかかわらず、自分で自治体を選んで寄附金を支出すると、所得税（所得控除）、住民税（税額控除）において、寄附金控除の適用を受けることができます。

控除を受けるには、原則として、確定申告が必要ですが、確定申告の必要がない給与所得者は、寄附先の自治体が 5 つまでであれば、ふるさと納税ワンストップ特例制度の適用を受けることで、確定申告が不要になります。

9　配偶者控除

配偶者控除は、納税者本人に控除対象配偶者がいる場合に受けられる控除です。控除対象配偶者とは、納税者本人と生計を一にし、その年の合計所得金額が 48 万円以下である配偶者です。

ただし、他の人の扶養親族として扶養控除の対象とされている場合や青色事業専従者、事業専従者に該当する場合は、配偶者控除の対象にはなりません。また、70 歳以上の控除対象配偶者は、老人控除対象配偶者となります。

配偶者控除の額は、納税者本人の合計所得金額に応じて、次のように定められていますが、納税者本人の合計所得金額が 1,000 万円を超えると、配偶者控除の適用は受けられません。

配偶者控除の額

納税者本人の合計所得金額		控除額	
		控除対象配偶者	老人控除対象配偶者
	900 万円以下	38 万円	48 万円
900 万円超	950 万円以下	26 万円	32 万円
950 万円超	1,000 万円以下	13 万円	16 万円

 ひとくちポイント！

控除対象配偶者に該当するか否かは、その年の 12 月 31 日の現況で判定します。ただし、年の途中で配偶者が死亡した場合は、死亡した時点での現況によって判定するので、その年の配偶者控除の適用を受けられます

10　配偶者特別控除

配偶者の合計所得金額が 48 万円超の場合、配偶者控除の適用は受けられま

せんが、その場合でも、配偶者の合計所得金額が133万円以下であれば、配偶者特別控除の適用を受けることができます。配偶者特別控除の控除額も納税者本人と配偶者の合計所得金額によって定められています。

▨ 配偶者特別控除の額

配偶者の 合計所得金額	納税者本人の 合計所得金額	900万円以下	900万円超 950万円以下	950万円超 1,000万円以下
48万円超	95万円以下	38万円	26万円	13万円
95万円超	100万円以下	36万円	24万円	12万円
100万円超	105万円以下	31万円	21万円	11万円
105万円超	110万円以下	26万円	18万円	9万円
110万円超	115万円以下	21万円	14万円	7万円
115万円超	120万円以下	16万円	11万円	6万円
120万円超	125万円以下	11万円	8万円	4万円
125万円超	130万円以下	6万円	4万円	2万円
130万円超	133万円以下	3万円	2万円	1万円
133万円超		0円	0円	0円

 ひとくちポイント！

配偶者の収入が給与収入のみの場合、年収103万円であれば給与所得の額は48万円となり、配偶者控除の適用が受けられます。年収が103万円を超えた場合は、一定の額まで配偶者特別控除の適用を受けられます

11 扶養控除

扶養控除は、納税者本人に扶養親族がある場合に受けられる控除です。扶養親族とは、納税者本人と生計を一にし、その年の合計所得金額が48万円以下の親族です。ただし、配偶者、他の人の扶養親族として扶養控除の適用を受けている場合、青色事業専従者、事業専従者に該当する場合は、扶養控除の対象となりません。

扶養控除の額は、扶養親族の12月31日時点の年齢によって区分され、控除を受けられる金額が異なります。

1 ライフプランニングと資金計画
2 リスク管理
3 金融資産運用
4 タックスプランニング
5 不動産
6 相続・事業承継

扶養控除の額（1人当たり）

区分		控除額	
16歳未満 ……………………… 年少扶養親族		－	
16歳以上19歳未満 23歳以上70歳未満 ｝扶養親族		38万円	
19歳以上23歳未満 ……… 特定扶養親族		63万円	
70歳以上 …………………… 老人扶養親族	同居老親等	58万円	
	それ以外	48万円	

ひとくちポイント！

扶養に該当するか否かは、その年の12月31日の現況で判定します。年の途中で扶養親族が死亡した場合でも、その年分の扶養控除の適用を受けることができます

12 基礎控除

一定所得までであれば、基礎控除の適用を受けることができます。控除額は48万円ですが、納税者本人の合計所得によって基礎控除の額は逓減し、合計所得金額が2,500万円超の場合、基礎控除の適用はありません。

基礎控除の額

合計所得金額		控除額
	2,400万円以下	48万円
2,400万円超	2,450万円以下	32万円
2,450万円超	2,500万円以下	16万円
2,500万円超		0円

13 その他の所得控除

寡婦控除	・夫と離婚後婚姻しておらず、扶養親族がある ・夫と死別後婚姻していないまたは夫の生死が不明 ・合計所得金額が500万円以下	27万円
ひとり親控除	・生計を一にする子（合計所得金額が48万円以下）がある ・合計所得金額が500万円以下 ・事実上婚姻関係と同様の事情にある人がいない	35万円

1 ライフプランニングと資金計画

2 リスク管理

3 金融資産運用

4 タックスプランニング

5 不動産

6 相続・事業承継

勤労学生控除	・納税者本人が勤労学生である ・学校教育法に規定された学校の学生、その他 ・合計所得金額が 75 万円以下	27 万円
障害者控除	・納税者本人が障害者である、または控除対象配偶者や扶養親族のうちに障害者がいる場合 ・障害者福祉手帳の交付を受けている人 ・特別障害者は 40 万円の控除	27 万円

 まとめ｜所得控除

・所得金額から、個人の事情などに配慮した所得控除の額を控除できる
・所得控除では、医療費控除、生命保険料控除、配偶者控除、配偶者特別控除、扶養控除、基礎控除などが出題されやすい
・雑損控除、医療費控除、寄附金控除の適用を受けるためには確定申告が必要

一問一答・チャレンジ問題！

次の文章で正しいものには○、誤っているものには×で答えましょう。

①医療費控除とセルフメディケーション税制は、同一年に併用して控除を受けることができる。

②納税者の合計所得金額が 900 万円以下の場合、適用を受けることができる配偶者控除の額は 38 万円である。

③納税者の合計所得金額が 2,400 万円を超えた場合、基礎控除の適用を受けることはできない。

解答＆ポイント解説

① × ② ○ ③ ×

医療費控除とセルフメディケーション税制は選択適用です。合計所得額が 2,500 万円を超えると、基礎控除の適用は受けられません。

重要度 ★★★

07 所得税額の計算

必修ポイント

- 課税所得金額の計算の手順
- 課税総所得金額に対する税額の計算
- 分離課税の課税所得に対する税額

1 課税所得金額の計算

　各種所得金額を合算し損益通算などをした後、<u>所得控除</u>の額を控除したものを課税所得金額といいます。所得税額は、課税所得金額に税率を乗じて算出しますが、総合課税の課税所得と分離課税の課税所得では、税率が異なります。

2 所得税額の計算

1 課税総所得金額に対する税額

　課税総所得金額に対する税額は、<u>超過累進税率</u>を用いて計算します。

> 所得税額 ＝ 課税総所得金額 × <u>超過累進税率</u>

2 その他の課税所得金額に対する税額

　その他の課税所得金額は、以下のように計算します。

退職所得は分離課税のため、ほかの所得と分けて計算しますが、用いる税率は超過累進税率です

課税退職所得金額		課税退職所得金額 × 超過累進税率
課税山林所得金額		課税山林所得金額 × 1/5 × 超過累進税率 × 5
譲渡所得（分離課税）	課税短期譲渡所得	課税短期譲渡所得金額 × 30%　※住民税は 9%
	課税長期譲渡所得	課税長期譲渡所得金額 × 15%　※住民税は 5%
	上場株式等に係る課税譲渡所得	上場株式等に係る課税譲渡所得金額 × 15%　※住民税は 5%

 ひとくちポイント！

　東日本大震災の復興財源として、所得税には、所得税額に対して 2.1%の復興特別所得税が上乗せされます。例えば、上場株式の所得税率は 15%ですが、その 2.1%の 0.315%が復興特別所得税の税率となります

08 税額控除

- 税額控除の考え方
- 配当控除の概要と手順
- 住宅借入金等特別控除の概要

1 税額控除とは

　算出された所得税額から、さらに税額控除の金額を差し引くことができます。代表的な税額控除には、配当控除や住宅借入金等特別控除（住宅ローン控除）、外国税額控除があります。税額控除は、所得税額から直接、控除することができるので、所得控除より節税効果が高いといえます。

2 配当控除とは

1 配当控除とは何か

　国内の法人から支払いを受ける剰余金の配当は、すでに法人税が課税された後の利益を配分するものであり、個人が受けた配当に所得税が課税されると二重課税となってしまいます。これを避けるために、配当控除が設けられています。配当控除の対象となる配当所得には、次のものがあります。

対象となるもの	対象とならないもの
・剰余金の配当・分配 ・国内株式投資信託の収益分配金	・国内株式投資信託の元本払戻金（特別分配金） ・申告不要、申告分離課税を選択した配当 ・J-REIT の収益分配金 ・外国法人から受ける配当

2 配当控除額

　配当控除の額は、配当所得を含めた課税総所得金額等が 1,000 万円以下か 1,000 万円超かで控除額が異なります。

課税総所得金額等	配当控除の額
1,000 万円以下	配当所得の額 × 10%
1,000 万円超	配当所得の額のうち 　1,000 万円以下の部分 × 10% 　1,000 万円超の部分 × 5%

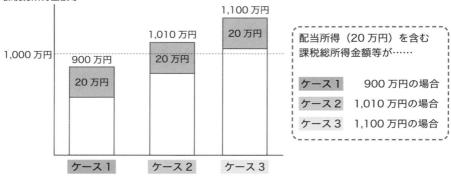

課税総所得金額等

1,100万円

1,010万円

20万円

1,000万円　　900万円　　20万円

20万円

配当所得（20万円）を含む
課税総所得金額等が……

ケース1	900万円の場合
ケース2	1,010万円の場合
ケース3	1,100万円の場合

ケース1　ケース2　ケース3

配当控除の額

ケース1　20万円 × 10% ＝ 20,000円

ケース2　10万円 × 10% ＋ 10万円 × 5% ＝ 15,000円

ケース3　20万円 × 5% ＝ 10,000円

3 住宅借入金等特別控除（住宅ローン控除）

1 住宅借入金等特別控除とは

　個人が金融機関等からの借入金（住宅ローン）を利用して、一定の要件を満たす住宅を取得または増改築を行った場合に、住宅借入金等特別控除の適用を受けられます。適用を受ける際の要件には、次のようなものがあります。

住宅の要件	・居住用住宅であること（店舗併用住宅は、居住用部分の床面積が 1/2 以上） ・家屋の登記床面積が 50m² 以上（新築の場合 40m² 以上） ・中古住宅の場合、新耐震基準に適合していること ・親族からの取得でないこと ・増改築の場合、工事費用が 100万円超であること
取得者の要件	・住宅の取得または増改築をしてから 6カ月以内に居住の用に供し、控除を受ける年の 12月31日まで引き続き居住していること ・合計所得金額が 2,000万円以下であること ・住宅借入金等の年末残高があること
借入金の要件	・住宅取得のための借入金で償還期間が 10年以上であること （繰上げ返済をした場合、その返済により償還金が 10年未満になると適用外となる） ・金融機関、勤務先等からの借入金であること （勤務先融資の場合は金利 0.2%以上の場合のみ） ・建物とともにその敷地を購入した場合、土地取得の借入金も適用可

その他	・適用を受ける最初の年は確定申告が<u>必要</u> （給与所得者の場合、2 年目以降は年末調整で適用可能） ・転勤等でその住宅を居住の用に供さなくなった場合は適用を受けられないが、再び 居住の用に供した場合は適用を受けられる ・所得税からの控除残額が生じた場合は翌年度分の住民税から控除できる（上限は 136,500 円）

2 控除額（2024 年以降新築住宅に入居の場合）

	限度額	控除期間	控除率	最大控除額
長期優良住宅・低炭素住宅	<u>4,500 万円</u>			409.5 万円
ZEH 水準省エネ住宅	3,500 万円	<u>13 年</u>		318.5 万円
省エネ適合住宅	3,000 万円		<u>0.7%</u>	273 万円
一般住宅※	2,000 万円	10 年		140 万円

※一般住宅は 2023 年までに新築の建築確認をしたものが対象
中古住宅の場合、控除期間は 10 年、住宅ローン残高の限度額は
認定優良住宅等が 3,000 万円、一般住宅が 2,000 万円

ひとくちポイント！

2024 年度税制改正で、子育て世帯・若者夫婦世帯については、住宅ローン控除の借入限度額が優遇されることが決まっており、例えば、長期優良住宅では 5,000 万円を限度に住宅ローン控除の対象となります

4　外国税額控除

　外国税額控除とは、外国で課税された外国所得税を日本の所得税額から控除することで二重課税を調整するしくみです。外国法人から受けた配当は配当控除の対象になりませんが、外国税額控除の適用を受けることができます。

まとめ｜所得税額の計算・税額控除

・課税所得金額（課税標準）から<u>所得控除</u>を控除した課税所得金額に税率を
掛けて、<u>所得税額</u>を計算する
・配当控除や住宅借入金等特別控除（住宅ローン控除）などの<u>税額控除</u>は、
算出された<u>所得税額</u>から控除する
・住宅借入金等特別控除は、対象住宅の種類に応じて限度額となる住宅ローンの残高が異なり、新築住宅（一般住宅以外）では <u>0.7%</u>、<u>13 年</u>間の控除である

1 ライフプランニングと資金計画
2 リスク管理
3 金融資産運用
4 タックスプランニング
5 不動産
6 相続・事業承継

次の文章で正しいものには○、誤っているものには×で答えましょう。

①課税退職所得金額に対する所得税は、公平性の観点から、一律15％（住民税5％）の税率で課税される。

②J-REITの収益分配金について、総合課税を選択して確定申告をした場合、配当控除の適用を受けることができない。

③課税総所得金額が1,000万円以下の場合、上場株式の配当に対する配当控除の額は、配当金の10％である。

④店舗併用住宅の場合、居住用部分の床面積が2分の1以上であることが、住宅借入金等特別控除の適用を受ける要件となる。

⑤償還期間が10年以上の住宅ローンを繰上げ返済したことにより償還期間が10年未満となった場合でも、引き続き住宅借入金等特別控除の適用を受けられる。

⑥2024年に建築確認を受けた新築住宅の住宅ローン控除の控除期間は、当該住宅に入居した年から10年間である。

解答&ポイント解説

① ×　② ○　③ ○　④ ○　⑤ ×　⑥ ×

課税退職所得金額に対する税額は、超過累進税率を用いて計算します。住宅ローンの繰上げ返済の結果、当初からの償還期間が10年未満となった場合、それ以降、住宅借入金特別控除の適用は受けられません。2024年に建築確認を受けた新築住宅の場合、13年間にわたって住宅ローン控除の適用が受けられます。

09 所得税の申告と納付

必修ポイント
- 源泉徴収制度の概要
- 源泉徴収票の見方
- 確定申告の方法と申告・納付期限

1 源泉徴収制度

◆1 源泉徴収とは

　源泉徴収とは、給与や報酬の支払いをする人が、支払いの際に所定の税額相当分を徴収し、納税者に代わって納税するしくみです。源泉徴収される主な所得には、次のようなものがあります。

所得の種類	具体例		所得税の源泉徴収税率
利子所得	預貯金、公社債の利子		15%（住民税 5%）
配当所得	上場株式等の配当		
給与所得	賃金、給料、賞与		源泉徴収税額表による
退職所得	退職金功労金	「退職所得の受給に関する申告書」の提出あり	
		「退職所得の受給に関する申告書」の提出なし	20%（住民税なし）
雑所得	公的年金等		一定額を控除後の金額に対して5%
事業所得	報酬・料金等		10%（100万円を超える部分は20%）

◆2 給与所得に対する源泉徴収

　給与所得では、給与の支払者が、給与や賞与の支払い時に「給与所得の源泉徴収税額表」によりその月の税額を求めて源泉徴収します。源泉徴収された所得税は年末調整で清算され、1年間の給与等の金額や源泉徴収された税額などが記載された源泉徴収票を受け取ります。

ひとくちポイント！

会社員などの給与所得者が源泉徴収された所得税について、会社が12月に1年分の過不足を清算し、1年間の所得税額を決定することを年末調整といいます。源泉徴収票に記載されているのが、年末調整の結果です

源泉徴収票の例

令和6年分　　給与所得の源泉徴収票

支払を受ける者	住所又は居所	東京都千代田区富士見○-△-□				（受給者番号） （個人番号）　××××××××××× （役職名） 氏名　（フリガナ）　スズキ ハナコ　**鈴木 花子**			

種別	❶支払金額	❷所得控除後の金額（調整控除後）	❸所得控除の額の合計額	❾源泉徴収税額
給与・賞与	千 8,500,000 円	千 6,550,000 円	千 3,160,000 円	内　千 250,500 円

（源泉）控除対象配偶者の有無等		配偶者（特別）控除の額	控除対象扶養親族の数（配偶者を除く。）					16歳未満扶養親族の数	障害者の数（本人を除く。）		非居住者である親族の数
❹有	従有	老人　千	特定	従人	老人	従人	❻その他		特別	その他	
○			❺1 人		内　人		1 人 従人		人	人	人

社会保険料等の金額 ❼	生命保険料の控除額 ❽	地震保険料の控除額	住宅借入金等特別控除の額
内　千 1,250,000 円	千 40,000 円	千　円	千　円

（摘要）

生命保険料の金額の内訳	新生命保険料の金額	100,000 円	旧生命保険料の金額	円	介護医療保険料の金額	円	新個人年金保険料の金額	円	旧個人年金保険料の金額	円
住宅借入金等特別控除の額	住宅借入金等特別控除適用数		居住開始年月日（1回目）	年　月　日	住宅借入金等特別控除区分（1回目）		住宅借入金等年末残高（1回目）	円		

源泉徴収票の見方

❶ 1年間の給与・賞与の合計　850万円

❷給与所得控除後の金額　655万円

❸所得控除の合計額　316万円（下記の合計）

- ❹配偶者控除の額　38万円
- ●扶養控除の額 ❺特定扶養親族　63万円
- ❻一般扶養親族　38万円
- ❼社会保険料控除の額　125万円
- ❽生命保険料控除の額　4万円
- ●基礎控除の額　48万円

●課税総所得金額　給与所得－所得控除

　　655万円 － 316万円 ＝ <u>339万円</u>

❾所得税額　課税総所得金額 × 税率 － 控除額

　　3,390,000円 × 20% － 427,500円 ＝ <u>250,500円</u>

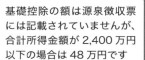

基礎控除の額は源泉徴収票には記載されていませんが、合計所得金額が2,400万円以下の場合は48万円です

2 　確定申告と納税

　所得税は<u>申告納税方式</u>が採られているため、納税者が1年間の所得とそれに基づく税額を計算して<u>確定申告</u>を行う必要があります。

　所得税の確定申告書の提出期限は、所得があった年の翌年2月16日から<u>3月15日</u>までで、納付期限も同じです。

●給与所得者の特例

　給与所得者は、原則として、年末調整によって所得税の清算が行われるので、通常は確定申告の必要はありません。ただし、給与所得者であっても、以下の場合は確定申告をしなければなりません。

> ・その年の給与等の収入金額が <u>2,000万円</u> を超える場合
> ・給与所得および退職所得以外の所得金額が <u>20万円</u> を超える場合
> ・2カ所以上から給与などを受ける人で、一定の要件に該当する場合

●還付を受けるための申告

　申告納税額より源泉徴収税額や予定納税額などが多い場合、納めた税額の還付を受けるための確定申告をすることができます。雑損控除、<u>医療費控除</u>、寄附金控除、配当控除の適用を受けるときも確定申告が必要です。

　還付を受けるための申告書には提出期限の定めがないので、翌年1月1日以降、いつでも提出することができますが、還付金の請求権は、請求できる日から5年間で時効により消滅します。

●所得税の納付方法

　所得税は納付期限までに現金により納付をしますが、金融機関を通じて振替納税することもできます。また、納付すべき金額の2分の1以上を納付期限までに納付した場合、残額を5月31日まで延納することができますが、延納した期間に応じて利子税がかかります。

●修正申告と更生の請求

修正申告	確定申告により納めた税額が、本来の税額より<u>少なかった</u>場合などに行う申告
更生の請求	確定申告により納めた税額が、本来の税額より多かった場合、申告期限から5年以内であれば、<u>更生の請求</u>ができる

1 ライフプランニングと資金計画
2 リスク管理
3 金融資産運用
4 タックスプランニング
5 不動産
6 相続・事業承継

まとめ｜所得税額の申告と納付

・給与所得者は、源泉徴収制度により毎月徴収された所得税を<u>年末調整</u>で清算するため、一定の者を除き、確定申告の<u>必要はない</u>
・雑損控除、<u>医療費控除</u>、寄附金控除、配当控除の適用を受ける場合は、<u>確定申告</u>が必要である
・確定申告書の提出と所得税の納付期限は、所得があった年の翌年 2 月 16 日から<u>3 月 15 日</u>までである

一問一答・チャレンジ問題！

次の文章で正しいものには〇、誤っているものには×で答えましょう。

①給与や報酬の支払いをする者は、支払いの際に所定の税額相当分を徴収し、納税者に代わって納付することが定められている。

②その年の給与等の収入金額が、1,000 万円を超える給与所得者は、年末調整を受けることができない。

③所得税は、原則として、その所得が生じた年の翌年の 2 月 16 日から 3 月 15 日までの期間に確定申告書を提出し納税する必要がある。

④年末調整の対象となる給与所得者の給与所得と退職所得以外の所得金額が 20 万円の場合、確定申告をする必要はない。

⑤生命保険料控除、地震保険料控除、医療費控除は、年末調整で所得控除を受けられる。

解答&ポイント解説

① 〇　② ×　③ 〇　④ 〇　⑤ ×
給与所得者のその年の給与等の収入金額が<u>2,000 万円</u>を超える場合、年末調整を受けられません。<u>医療費控除</u>の適用を受けるためには、確定申告をする必要があります。

10 青色申告制度

必修ポイント
- 青色申告の対象となる所得
- 青色申告承認申請書の提出期限
- 青色申告特別控除と青色事業専従者給与

1 青色申告制度の概要

1 青色申告制度とは

　青色申告制度とは、個人事業主などが適正な申告・納付を行うことを目的に、一定の帳簿を備え付け、適正な記帳（正規の簿記）を行うことで、所得計算や申告、納税の手続きにおけるさまざまな特典を受けられる制度のことです。<u>不動産</u>所得、<u>事業</u>所得、<u>山林</u>所得のいずれかがある場合、青色申告をすることができます。なお、青色申告をしない一般の申告は、白色申告といいます。

2 青色申告の要件

　青色申告をするためには、次の要件をすべて満たす必要があります。

- <u>不動産</u>所得、<u>事業</u>所得、<u>山林</u>所得を業務としていること
- 一定の帳簿を備え付け、日々の取引に関して記帳していること
　一定の帳簿とは、仕訳帳、総勘定元帳などを備えて、複式簿記により記帳し、確定申告の際、貸借対照表および損益計算書を添付すること
- あらかじめ税務署長の承認を受けていること

3 青色申告承認申請書の提出期限

　青色申告承認申請書の提出期限は、原則として、その年の<u>3月15日</u>です。ただし、その年の1月16日以降新たに業務を開始した場合は、開始した日から<u>2カ月</u>以内が提出期限となります。

2 青色申告の主な特典

1 青色申告特別控除

　青色申告者は、不動産所得、事業所得、山林所得を計算する際に、<u>青色申告特別控除額</u>を控除することができます。控除額は、原則<u>55万円</u>ですが、一定の要件を満たすことで<u>65万円</u>控除することができます。

　また、<u>不動産</u>所得が事業的規模でない場合、山林所得、申告期限後に確定申告書を提出した場合などは<u>10万円</u>の控除となります。

青色申告の控除額

控除額	要件等
55万円	・不動産所得が事業的規模（5棟10室基準）、事業所得 ・正規の簿記の方法で記帳 ・貸借対照表と損益計算書を確定申告書に添付して提出
65万円	55万円控除の要件を満たし、かつe-Tax（電子申告）による確定申告 または仕訳帳および総勘定元帳の電磁的記録の備付・保存
10万円	・山林所得、事業的規模でない不動産所得 ・簡易の簿記で貸借対照表の添付なし ・申告期限後の確定申告書の提出

2 青色事業専従者給与、事業専従者控除

　不動産所得（事業的規模）、事業所得、山林所得の生じるいずれかの事業を行っており、その事業主の親族がその事業に従事している場合、青色申告者は青色事業専従者給与として、白色申告者は事業専従者控除として、一定の金額を必要経費に算入することができます。

	青色事業専従者給与	事業専従者控除
内容	事業主が青色申告者である場合、 青色事業専従者に支払った給与の額を 必要経費に算入できる	事業主が白色申告者である場合、 事業専従者に対して一定の額を 必要経費に算入できる
要件	・年齢が15歳以上の生計を一にする 　親族であること ・もっぱら（6カ月超またはその年の 　従事可能期間の1/2を超える期間） 　事業に専従すること	・年齢が15歳以上の生計を一にする 　親族であること ・6カ月超の期間、事業に専従すること
給与の額	給与の額が労務の対価として相当な額であること	事業主の配偶者：86万円 それ以外の専従者：50万円
その他	①実際に給与を支払っていること ②あらかじめ支給する給与の額を届け出ていること、の要件を満たすこと	定額で必要経費に算入でき、算入に当たって給与の支払いの有無は問わない

3 純損失の繰越控除

　青色申告者は、青色申告を選択した年に生じた損失で、損益通算してもなお控除しきれず残った損失（純損失）を、確定申告することで、翌年以降3年間にわたって所得から控除することができます。

11 個人住民税・個人事業税

必修ポイント
- 個人住民税の概要
- 個人住民税と所得税の違い
- 個人事業税の概要

1 個人住民税

1 個人住民税の特徴

個人住民税は、個人に課される税金で、住所地に納める地方税です。道府県民税（東京は都民税）と市町村民税（東京23区は特別区民税）があります。

その年の <u>1月1日</u>現在の住所地の市区町村から都道府県民税分を含めて課税され、前年の所得をもとに、市町村が税額を決定する<u>賦課課税方式</u>が採られています。

2 所得割と均等割

個人住民税の税額は、所得割と均等割を合わせた額ですが、その他に利子割、配当割、株式等譲渡所得割があります。

所得割	前年の所得をもとに計算され、税率は一律 10%
均等割	条例で定める一定基準額以上の所得がある人に、所得金額に係わらず定額で課税される
利子割	預貯金や公社債の利子、公社債投資信託の収益分配金などに課され、税率は5%
配当割	上場株式等の配当等に課され、税率は5%
株式等譲渡所得割	特定口座の源泉徴収選択口座で譲渡した株式等の譲渡益に課され、原則として、税率は5%

3 個人住民税の納付方法

個人住民税の納付の方法には、普通徴収と特別徴収があります。

普通徴収	市区町村から送られてくる納税通知書により税額が通知され、原則として、4回に分けて各納期限までに納付する
特別徴収	会社員等は、会社（特別徴収義務者）により給与等から住民税相当額が控除され、各市区町村に納付する

4 個人住民税の税額計算

個人住民税の税額の計算方法は、所得税とほぼ同じです。ただし、所得控除

の額は、個人住民税のほうが低くなっているものが多く、所得割を計算する際の課税所得金額は個人住民税のほうが高くなります。

▨ 個人住民税と所得税の主な所得控除の額の違い

	控除額	
	個人住民税	所得税
生命保険料控除	最高 7 万円	最高 12 万円
地震保険料控除	保険料 × 1/2（最高 2 万 5 千円）	保険料の全額（最高 5 万円）
配偶者控除	33 万円（配偶者が 70 歳以上の場合、38 万円）	38 万円（配偶者が 70 歳以上の場合、48 万円）
配偶者特別控除	最高 33 万円	最高 38 万円
扶養控除	33 万円 19 歳以上 23 歳未満：45 万円 70 歳以上　　　　：38 万円 同居老親等　　　：45 万円	38 万円 19 歳以上 23 歳未満：63 万円 70 歳以上　　　　：48 万円 同居老親等　　　：58 万円

2　個人事業税

1 個人事業税とは

　個人事業税は、個人で一定の事業を営んでいる者に課せられる税金で、事業所のある都道府県が課す地方税です。所得税の確定申告書を提出している場合は個人事業税の申告書を提出する必要はなく、各都道府県税事務所から送付される納税通知書により納税します。

　個人事業税の税率は、課税区分により異なります。

課税区分	事業の種類	税率
第一種事業	物品販売業、金銭貸付業、製造業、運送業、印刷業、飲食業、不動産貸付業　など	5%
第二種事業	畜産業、水産業、薪炭製造業	4%
第三種事業	医業、弁護士業、公認会計士業、税理士業、美容業、クリーニング業、コンサルタント業　など	原則 5%

2 個人事業税の税額計算

　課税標準 ＝ 前年の事業所得（または不動産所得）－ 事業主控除（290 万円）
　個人事業税額 ＝ 課税標準 × 税率

まとめ｜青色申告制度・個人住民税・個人事業税

1 ライフプランニングと資金計画

2 リスク管理

3 金融資産運用

4 タックスプランニング

5 不動産

6 相続・事業承継

- 青色申告をすることができるのは、<u>不動産</u>所得、<u>事業</u>所得、<u>山林</u>所得のいずれかの所得がある者である
- その年の1月16日以降に新たに事業を開始した場合の青色申告承認申請書の提出期限は、事業を開始した日から<u>2カ月</u>以内である
- 青色申告の適用を受けることで、青色申告特別控除（最高<u>65万円</u>）、<u>青色事業専従者給与</u>などの特典を受けることができる

一問一答・チャレンジ問題！

次の文章で正しいものには○、誤っているものには×で答えましょう。

①不動産所得、事業所得、譲渡所得のいずれかがある者は、青色申告承認申請書を提出することができる。

②既に事業を行っている者が、青色申告の承認申請書を提出する場合の提出期限は、青色申告をしようとする年の3月15日である。

③55万円の青色申告特別控除を受けることができる者は、e-Taxによる確定申告を行うなどの要件のもと、75万円の青色申告特別控除を受けることができる。

④青色事業専従者の要件として、1年のうち6カ月超またはその年の事業可能期間の1/2を超える期間、事業に専従することが求められる。

⑤個人住民税の均等割は、条例で定める一定額以上の所得がある納税義務者に同じ金額が課税される。

解答＆ポイント解説

① ×　② ○　③ ×　④ ○　⑤ ○

譲渡所得のみの場合は青色申告の対象外です。青色申告者がe-Taxによる確定申告などの要件を満たした場合、<u>65万円</u>の青色申告特別控除が受けられます。

12 法人税の概要

必修ポイント
- 法人税の概要
- 法人税の申告と納付
- 法人税が課税される法人

1 法人税の概要

　法人税は法人の所得に対して課税される国税で、各法人が税額を計算して納付する申告納税方式が採られています。各法人が定款に定める会計期間が<u>事業年度</u>であり、4月1日から3月31日までといった任意の期間（1年未満も可）となります。

　内国法人は、原則として本店または主たる事務所の住所地が納税地で、納税地を所轄する税務署に納付します。

2 法人税の申告と納付

法人税の申告には、確定申告と中間申告があります。

確定申告	・株主総会の承認を受けた決算に基づいた申告書を、原則、事業年度終了の翌日から2カ月以内に納税地の所轄税務署長に提出する ・災害や会計監査を受けなければならないなどの理由によって申告期限までに決算が確定しない場合は、申請により申告期限を最大6カ月以内まで延長することができる
中間申告	・事業年度の期間が6カ月を超える法人は、原則、事業年度開始から6カ月を経過した日から2カ月以内に、中間申告書を、納税地の所轄税務署長に提出しなければならない

　法人税の申告をした法人は、原則として申告書の提出期限までに法人税を納付しなければなりません。

3 法人税が課される法人

　普通法人、協同組合などは、すべての事業に対して法人税が課されます。公益法人（学校法人、社団法人など）、人格のない社団など（PTA、町内会など）は、収益事業が課税の対象です。公共法人（地方公共団体、国民生活金融公庫など）には、法人税は課されません。

13 法人税の計算

必修ポイント
- 法人税の計算の考え方（益金・損金）
- 交際費の損金算入の考え方
- 会社と役員間の取引の考え方

1 法人税の所得金額の考え方

　法人は、企業会計上、帳簿により収益と費用を計算し、当期純利益を計算します。一方、法人税法上の「所得金額」は、益金から損金を控除した額となります。

　企業会計上の収益・費用と、法人税における益金・損金は、まったく同じではありません。そこで、法人が計算した企業会計上の当期利益に、一致しない部分を加算・減算して法人税における所得金額を計算します。これを申告調整といい、法人税の申告書の別表四で行います。

当期純利益と所得金額の関係

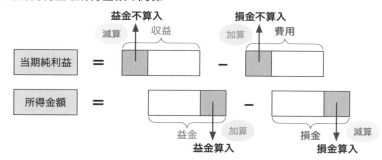

所得金額の計算（加算・減算）と具体例

利益金額			10,000
加算	益金算入	（収益ではないが益金となる）	➕500
	損金不算入	（費用であるが損金にならない）	➕2,000
減算	益金不算入	（収益であるが益金にならない）	➖1,000
	損金算入	（費用ではないが損金となる）	➖300
所得金額			11,200

2 ▶ 法人税額の計算

法人税法における所得金額に税率を乗じたものが法人税額です。法人税の税率は、法人の種類によって税率が決まる比例税率となっています。算出された税額から税額控除額を控除し、特別税額を加算したものが納付税額です。法人税の税額計算は、法人税の申告書の別表一で行います。

▨ 法人税の税率（普通法人）

法人の区分	課税所得金額の区分	税率
期末資本金1億円超（大法人）	所得金額	23.2%
期末資本金1億円以下（中小法人）	年800万円超	23.2%
	年800万円以下	15%※

※期末資本金1億円以下の中小法人は、年800万円以下の所得については軽減税率が適用されている

3 ▶ 受取配当金の益金不算入

法人が他の法人の株式を保有し、その配当等を受け取った場合は会計上収益となります。

しかし、配当等を支払った法人は、法人税を課税された残りの利益から配当等を支払っているため、配当等を受け取った法人に課税すると二重課税となってしまいます。そのため、持株比率に応じて、受け取った配当等の一定の割合が益金不算入となります。

法人の持株比率	配当等の益金不算入の割合
100%	全額益金不算入
3分の1超100%未満	原則、100%
5%超3分の1未満	50%
5%以下	20%

4 ▶ 損金

① 役員給与

法人が支給する給与は、会社法に基づく役員給与と、民法の雇用契約に基づ

く使用人給与に区分され、役員給与については、原則として<u>損金不算入</u>となっています。ただし、役員給与のうち役員退職給与、使用人兼務役員の給与のうち使用人分に対する給与は、損金算入できます。また、これ以外の役員給与も、<u>定期同額給与</u>、<u>事前確定届出給与</u>、利益連動給与に該当するものは、損金算入することができます。

●役員の範囲

法人税法上の役員には、会社法の役員（取締役、監査役など）だけでなく、事実上、経営に参加している相談役や顧問、同族会社の使用人のうち大株主の親族なども該当します。

●損金算入される役員給与

定期同額給与	支給時期が1カ月以下の一定期間ごとで、その事業年度内の各支給時期の支給額が同額である給与
事前確定届出給与	所定の時期に確定額を支給する旨の定めに基づいて支給し、定められた期限までに所轄税務署長に届出をしている給与（株式、新株予約権の現物交付も含む）
利益連動給与	原則として、非同族会社が役員に支給する利益に関する指標を基礎として算定される給与

これらの給与に該当する場合でも、不相当に高額な部分については、損金算入することができません。また、事前確定届出給与として届け出た額より過大な額を支給した場合は、支給した額の<u>全額</u>が損金不算入となります。

② 役員退職給与

法人が支給する役員退職給与は、適正な額は<u>損金算入</u>することができますが、不相当に高額な部分は<u>損金不算入</u>となります。

役員退職給与の適正額 ＝ 最終報酬月額 × 在任年数 × 功績倍率

③ 交際費

交際費とは、法人がその得意先・仕入先などに対する接待、供応、慰安、贈答などのために支出するものです。

交際費として支出した額は、会計上は費用となりますが、法人税では、原則として、損金不算入となります。ただし、一定の額までは<u>損金算入</u>することができ、大法人と中小法人では、損金算入できる額の上限が異なります。なお、1人当たり10,000円以下の飲食費は交際費の範囲から除かれ、損金算入することができます。

1 ライフプランニングと資金計画

2 リスク管理

3 金融資産運用

4 タックスプランニング

5 不動産

6 相続・事業承継

◼ 交際費のうち損金算入できる限度額

期末資本金	損金算入限度額
1 億円以下（中小法人）	次のうちいずれか有利なほうを選択 ・交際費のうち 800 万円以下の全額を損金算入 ・飲食のために支出する費用の 50%を損金算入
1 億円超（大法人）	飲食のために支出する費用の 50%

ただし、次の支出については、交際費には含まれません。

- 従業員の慰安旅行などの福利厚生費
- カレンダー製作費などの広告宣伝費
- 会議のための飲食費などの会議費
- 1 人当たり 10,000 円以下の得意先等との一定の飲食費

4 租税公課

法人が負担する税金は、原則として損金算入されますが、一定の租税公課については、損金の額に算入しないことになっています。

損金算入 となるもの	・法人事業税、固定資産税、都市計画税、自動車税、不動産取得税、 　印紙税　など ・法人税の利子税、納期限の延長による法人住民税、法人事業税の延滞金
損金不算入 となるもの	・法人税、法人住民税 ・延滞税、過少申告加算税、無申告加算税、不納付加算税、重加算税　など ・交通違反金、罰金、科料　など

5 減価償却費

●減価償却とは

減価償却とは、建物や機械などの、使用していくうちにその価値が減じていく資産（減価償却資産）を、購入時に購入価額の全額を費用として計上せず、使用期間にわたって少しずつ費用に計上していく手続きです。

減価償却資産は、時の経過や使用によって価値が減少していく資産で、次のようなものがあります。

有形固定資産	建物、機械装置、車両運搬具、工具、器具備品　など
無形固定資産	特許権、実用新案権、商標権、ソフトウエア　など
生物	牛、馬、果樹　など

●減価償却の方法

　減価償却費は、資産の種類などによって決められている耐用年数と取得価額によって計算します。償却方法には、<u>定額法</u>と<u>定率法</u>があります。

定額法	毎年、同じ額を<u>均等</u>に減価償却費として計上していく
定率法	毎年の未償却残高に一定の償却率を乗じて減価償却費を計算する →残存価額に償却率を掛けるため、償却額は年々少なくなっていく

　法人の場合、法定償却方法は<u>定率法</u>ですが、届出により、定額法を選択することもできます。なお、1998年4月1日以降に取得した建物、2016年4月1日以降に取得した建物附属設備および構築物の償却方法は、<u>定額法</u>のみです。

ひとくちポイント！

個人事業主に不動産所得や事業所得がある場合、減価償却費を経費として計上することができます。個人の場合は、<u>定額法</u>が法定償却法となり、届出によって定率法を選択することができます

●定額法と定率法の計算方法

　定額法と定率法の減価償却費は、次のように計算します。法人の場合は、減価償却は<u>任意</u>なので、以下の計算式で算出した額が、損金算入できる限度額となります。

定額法	取得価額×耐用年数に応じた償却率 × $\dfrac{事業の用に供した月数}{12}$
定率法	期首未償却残高×耐用年数に応じた償却率 × $\dfrac{事業の用に供した月数}{12}$

◇その年の減価償却費を計算してみよう

【問題】個人事業主の柴田さんが、業務用の自動車を500万円で購入し、その年の7月から事業の用に供した場合の減価償却費はいくらか。なお、柴田さんは減価償却の選択の届出書を提出していない。

法定耐用年数	定額法の償却率	定率法の償却率
5年	0.2	0.034

$$500万円 × 0.2 × \dfrac{6}{12} = 50万円$$ 　※個人の場合、法定償却法は定額法となる

1 ライフプランニングと資金計画
2 リスク管理
3 金融資産運用
4 タックスプランニング
5 不動産
6 相続・事業承継

●少額な減価償却資産の償却方法

　減価償却は原則として、取得価額を耐用年数に応じて費用に計上（定額法または定率法）していきますが、少額な減価償却資産については、次のような方法を選択することができます。

	取得価額	償却方法
少額減価償却資産	10万円未満（または使用可能期間が1年未満）	事業の用に供した事業年度に全額損金算入
一括償却資産	20万円未満	3年間で3分の1ずつ均等に償却
中小企業者等の少額減価償却資産の特例	30万円未満	事業の用に供した事業年度に全額損金算入

取得価額が10万円未満の減価償却資産であれば、上記の3つのいずれかの償却方法を選択できます。また、減価償却では、耐用年数経過時点に備忘価額として「1円」を残した額まで償却できます

 ひとくちポイント！

中小企業者等の少額減価償却資産の特例は、青色申告法人である一定の中小企業者等が適用を受けることができ、合計で年間300万円まで、その事業年度に取得価額の全額を損金算入することができます

6 会社と役員間の取引

●役員に対する経済的利益の供与

　役員に対する経済的利益の供与とは、法人が役員に物品や資産を贈与するなどして、実質的にその役員に対して給与を支給したと同様の経済的効果をもたらすものです。

　経済的利益の額が毎月概ね一定などの場合は、定期同額給与として取り扱い、それ以外の場合は役員給与として損金不算入になります。

供与の種類	経済的利益の額
物品・資産の贈与	その物品・資産の額
資産の低額譲渡	その資産の価額と譲渡価額との差額
役員所有資産の高価買入	その資産の価額と買入価額との差額
建物等の無償・低額貸与	実際の賃貸料と通常の賃貸料の差額
無利息・低利率の貸付	実際の貸付利率と適正利率との差額
清算しない渡切交際費	その金額

●法人と役員間の取引の税務

法人と役員間の取引があった場合の税務処理は、以下のようになります。

	譲渡価額	法人の税務	役員の税務
法人の資産を役員に譲渡した場合	無償または低額で譲渡	時価との差額を役員給与（原則、損金不算入）	時価との差額を臨時的役員給与
	高額で譲渡	時価との差額を譲渡益	時価との差額は寄付とみなされる
法人が役員に金銭の貸付をした場合	無利息、通常金利より低い金利で貸付	通常の利息との差額を役員給与（損金不算入）	通常の利息との差額が役員給与
役員所有の資産を法人に譲渡した場合	時価より高額で譲渡	・時価で資産計上 ・時価との差額は役員給与（損金不算入）	・時価を譲渡価額として譲渡所得を計算 ・時価との差額は役員給与
	時価の1/2以上時価未満で譲渡	・時価で資産計上 ・時価との差額が受贈益	実際の譲渡価額で譲渡所得を計算
	時価の1/2未満で譲渡		時価で譲渡したとみなして譲渡所得を計算
役員が法人に金銭の貸付をした場合	無利息で貸付	経理処理は不要	課税されない

まとめ｜法人税の概要・法人税の計算

- ・法人税は、法人の所得に課税される国税であり、原則として、事業年度終了の翌日から2カ月以内に確定申告書を提出しなければならない
- ・会計上の収益・費用と法人税における益金・損金は異なるため、会計上の当期利益に対して加算・減算の申告調整を行って所得金額を計算する
- ・申告調整で一定の額が損金不算入となる代表的な項目に、役員給与、役員退職金、交際費、減価償却費がある

1 ライフプランニングと資金計画

2 リスク管理

3 金融資産運用

4 タックスプランニング

5 不動産

6 相続・事業承継

次の文章で正しいものには○、誤っているものには×で
答えましょう。

①法人は、その本店の所在地またはその法人の代表者の住所地のいずれか
　を法人税の納税地とすることができる。

②法人は、法人税の確定申告書を、原則として事業年度終了の翌日から2
　カ月以内に納税地の所轄税務署長に提出しなければならない。

③企業会計上の費用として計上した額で、法人税法上は損金として認めら
　れない額は、法人税の計算上、別表四においてその額を加算する必要が
　ある。

④法人税は税率が一律である比例税率であるが、期末資本金等の額が1億
　円以下の中小法人は、一定までの課税所得に軽減税率が認められている。

⑤損金の額に算入することができる適正な額の役員退職金は、一般的に「最
　終報酬月額 × 在任年数 × 功績倍率」により求める。

⑥資本金1億円以下の中小法人は、年間1,000万円以下の交際費を全額、
　損金に算入することができる。

⑦法人が所有する建物を適正な価額よりも低額で役員に譲渡した場合、時
　価との差額は役員給与となる。

解答&ポイント解説
①×　②○　③○　④○　⑤○　⑥×　⑦○
法人税の納税地は、法人の本店または主たる事業所の所在地です。資本金1億
円以下の中小法人は、年間800万円までの交際費の全額、または「飲食のため
に支出する費用の額の50%」のいずれかを損金算入できます。

14 法人の決算書の見方と法人成り

必修ポイント
- 法人の決算書の種類と役割
- 貸借対照表と損益計算書の見方
- 法人成りと各種書類の提出期限

1 決算書の種類と役割

1 決算書とは

　法人の決算の際には、一定期間の業績や、資産や負債といった財務状態を表す決算書を作成します。決算書には、主に、<u>貸借対照表</u>、<u>損益計算書</u>、<u>キャッシュフロー計算書</u>、株主資本等変動計算書、個別注記書があり、中でも<u>貸借対照表</u>、<u>損益計算書</u>、<u>キャッシュフロー計算書</u>は財務三表と呼ばれています。

　中小企業の場合、キャッシュフロー計算書の作成義務はありませんが、その他の書類と合わせて見ることで正確に資金の流れを判断できる重要な書類です。

2 貸借対照表（B/S）

　貸借対照表では、ある時点の<u>資産</u>、<u>負債</u>、<u>純資産</u>を表します。右側（負債の部、純資産の部）に資金の調達方法を、左側（資産の部）にその資金によって得た財産を示します。そのため「資産合計」と「負債・純資産合計」は同じ金額になります。

▨ 貸借対照表の例

（単位：千円）

資産の部		負債の部	
流動資産	44,000	流動負債	90,000
固定資産	155,500	固定負債	76,000
		負債合計	166,000
		純資産の部	
		資本金	30,000
		資本剰余金	1,400
		利益剰余金	2,100
		純資産合計	33,500
資産合計	199,500	負債・純資産合計	199,500

合致！

貸借対照表の項目と内容

流動**資産**	1年以内に現金化できる資産	
	例 現金・預金、売掛金、棚卸資産 など	
固定**資産**	流動資産以外の資産	
	例 有形固定資産（不動産など）、無形固定資産（特許権など）	
流動**負債**	1年以内に返済・支払い義務がある負債	
	例 支払手形、買掛金 など	
固定**負債**	返済期間が1年を超える負債	
	例 長期借入金、社債発行による資金 など	
純**資産**	株式発行で調達した資金や企業が内部に積み立てた資金など	
	例 資本金、資本剰余金 など	

③ 損益計算書（P/L）

損益計算書は、その事業年度の収益から費用を差し引き、事業年度の利益を把握するための書類です。損益計算書では、利益を5つに分けて計算していきます。

損益計算書の例　　（単位：千円）

売上高	150,000
売上原価	106,000
売上総利益	44,000
販売費及び一般管理費	39,000
営業利益	5,000
営業外収益	600
営業外費用	1,000
経常利益	4,600
特別利益	500
特別損失	1,500
税引前当期純利益	3,600
法人税・住民税及び事業税	1,300
当期純利益	2,300

売上総利益
売上から売上原価を引いたもの

営業利益
売上総利益から販売費及び一般管理費を引いた、営業活動で得た利益

経常利益
本業以外の損益も含めた経常的な利益

税引前当期純利益
通常の営業と直接関係ない臨時的な損益も含めた利益

当期純利益
税引前当期純利益から法人税等の税金を払った残りの利益

1 ライフプランニングと資金計画

2 リスク管理

3 金融資産運用

4 タックスプランニング

5 不動産

6 相続・事業承継

4 キャッシュフロー計算書

　キャッシュフロー計算書は、その事業年度における企業の<u>キャッシュフローの状況</u>を表すものです。営業活動でどれだけのキャッシュを獲得し、それを投資活動や財務活動に有効に活用したかを表します。キャッシュフロー計算書は、<u>営業活動</u>によるキャッシュフロー、<u>投資活動</u>によるキャッシュフロー、<u>財務活動</u>によるキャッシュフローに分けられます。

<u>営業活動</u>によるキャッシュフロー	本業の営業活動による手元の現金の増減を表す
<u>投資活動</u>によるキャッシュフロー	固定資産の取得や売却、剰余金の運用等の投資活動による現金の増減を表す
<u>財務活動</u>によるキャッシュフロー	金融機関からの資金調達・返済などの営業活動や投資活動を維持するための現金の増減を表す

2 ▶ 法人成り

　法人成りとは、個人事業主が営んでいた事業を、法人を設立して行うことです。個人事業主と法人では、税制面などにさまざまな違いがあります。

　法人成りのメリットとしては、税率が比例税率となる、欠損金の繰越控除の期間が 10 年となる、減価償却費が任意で計上できる、役員退職金を損金算入できるなどがあります。デメリットとしては、会社設立費用が発生する、一定以上の交際費が損金不算入となる、所得が赤字でも法人住民税の均等割の負担が生じるなどがあります。

　法人を設立する際は、開業時に以下のような届出書の提出が必要です。

開業時の各種届出書

届出書類	提出期限
法人設立届出書	法人設立の日以降 <u>2 カ月</u>以内
法人青色申告の承認申請書	法人設立の日以降 <u>3 カ月</u>以内
棚卸資産の評価の方法の届出書	最初の確定申告書の提出期限まで
減価償却資産の償却方法の届出書	
給与支払事務所等の開設届出書	事業開始から 1 カ月以内
源泉所得税の納期の特例の承認	特例を受けようとする月の前月末日まで

15 消費税

1 消費税の特徴

消費税は、消費者が行う商品の購入やサービスの利用などの消費行為に課される税金で、消費税と地方消費税があります。消費税の担税者は消費者ですが、納付義務者は事業者であり、担税者と納税義務者が異なる<u>間接税</u>です。

2 消費税の課税取引と非課税取引

消費税は、事業者が国内で事業として対価を得て行う資産の譲渡、資産の貸付および役務の提供に対して課されます。ただし、消費税の課税対象の要件に該当していても、社会通念上、消費税の課税になじまないものや、社会政策上の配慮から消費税が課されないものもあります。

〈消費税の非課税取引〉

・<u>土地</u>の譲渡や貸付（1カ月以上の場合）など ・<u>住宅</u>の貸付
・公社債や株式等の有価証券の譲渡・配当 ・預貯金、貸付金の利子
・生命保険料、損害保険料 ・社会保険料、医療費など

3 消費税の納税義務者と基準期間

1 消費税の納税義務者

消費税の納税義務者は、国内取引の場合は、資産の譲渡などを行う事業者であり、課税取引を行う事業者は、原則として、すべて納税義務者となります。

2 消費税が免除される者

一定規模以下の事業者は<u>免税事業者</u>となり、納税義務が免除されます。免税事業者は、課税期間の基準期間における課税売上高が<u>1,000万円</u>以下である事業者です。ただし、特定期間の課税売上高が1,000万円を超えかつ給与等支払額が1,000万円を超えている場合は、免税事業者となることはできません。

新規開業した場合は、基準期間における課税売上高がないので、免税事業者

となりますが、事業開始時の資本金が<u>1,000 万円</u>を超える法人は、免税事業者となることができません。

　消費税の免税事業者が、<u>消費税課税事業者選択届出書</u>を提出し、課税事業者となることもでき、最低 2 年間の継続義務が課せられます。

3 課税期間と基準期間

　法人の課税期間はその事業年度であり、<u>前々事業年度</u>が基準期間です。個人事業主の課税期間は 1 月 1 日から 12 月 31 日で、基準期間は<u>前々年</u>です。

4　納付税額の計算

　消費税の納付税額の算出方法には、一般課税と簡易課税制度があります。

1 一般課税

消費税の納付（還付）税額	=	課税期間の 課税売上高 × 10%	−	課税期間の 課税仕入高 × 10%

　一般課税では、「課税期間の課税売上高 ×10%」から「課税期間の課税仕入高 ×10%」で求めた額がマイナスになった場合、その額の還付を受けられます。

2 簡易課税制度

消費税の納付税額	=	課税期間の 課税売上高 × 10%	−	課税期間の 課税売上高 × 10% × みなし仕入率

　簡易課税制度では、事業区分に応じた「<u>みなし仕入率</u>」を用いて計算するため、消費税額がマイナスになることはありません。簡易課税制度を選択することができるのは、基準期間における課税売上高が<u>5,000 万円</u>以下の事業者で、所轄税務署長に<u>簡易課税制度選択届出書</u>を提出する必要があります。

3 インボイス（適格請求書）制度

　2023 年 10 月からインボイス方式が導入され、一般課税において仕入税額控除の適用を受けるに当たり、取引相手である登録事業者から交付を受けた<u>適格請求書</u>の保存などが必要になりました。売り手である事業者が取引先に<u>適格請求書</u>を提出するためには、適格請求書発行事業者の登録が必要です。

5　消費税の納付と申告

　消費税の申告期限は、法人は事業年度末日の翌日から<u>2 カ月</u>以内、個人は課税期間の翌年 1 月 1 日から<u>3 月 31 日</u>までです。なお、前の課税期間に納めた消費税額が 48 万円を超える場合は、中間申告が必要です。

1 ライフプランニングと資金計画

2 リスク管理

3 金融資産運用

4 タックスプランニング

5 不動産

6 相続・事業承継

まとめ｜法人の決算書の見方と法人成り・消費税

- 貸借対照表は、ある時点の資産、負債、純資産を表す
- 損益計算書は、その事業年度の収益から費用を差し引いた利益の額を把握できる
- キャッシュフロー計算書には、営業活動によるキャッシュフロー、投資活動によるキャッシュフロー、財務活動によるキャッシュフローがある
- 消費税の納税義務者の基準と、一般課税、簡易課税制度の税額の計算方法の違いを押さえる

一問一答・チャレンジ問題！

次の文章で正しいものには○、誤っているものには×で答えましょう。

①貸借対照表における流動資産とは、原則として、1年以内に現金化できる資産をいう。

②損益計算書の営業利益は、売上総利益に営業外収益・費用を加算・減算して求める。

③キャッシュフロー計算書において、固定資産の取得や売却は、投資活動によるキャッシュフローに含まれる。

④その年の基準期間がなく、事業開始日の資本金額が1,000万円以上である新規法人は、免税事業者になることができない。

⑤簡易課税制度を選択することができるのは、基準期間における課税売上高が1,000万円以下の事業者である。

解答＆ポイント解説

① ○ ② × ③ ○ ④ ○ ⑤ ×
営業利益は、売上総利益から販売費及び一般管理費を引いた額です。簡易課税制度は、基準期間の課税売上高が5,000万円以下の事業者が対象です。

第5章

不動産

　この章では、不動産の権利関係や価格の考え方、取引の方法などを学習します。また、都市計画法や建築基準法などの不動産に関連する法律も学習します。特に、建築基準法で定められている建蔽率（けんぺい）や容積率は、計算問題が頻出です。不動産を取得・保有・譲渡するときの税金もしっかりと押さえましょう。

01 不動産の基礎

- 不動産の定義
- 土地上に存在する権利（更地、建付地、借地権、底地）
- 建物の権利関係による分類（所有権、賃借権）

1 不動産の定義

　民法では、「土地およびその定着物は、不動産と定義する」と定められています。日本では、土地と建物は別々の不動産として扱われるため、土地だけを売買したり、建物だけを賃貸するなど、さまざまな形で活用できます。

2 土地の上に存する権利による分類

　土地は、その上に存する権利関係の状況により、更地、建付地、借地権、底地に分類できます。

①更地

　建物が建っておらず、使用収益も制約されず、自由に使える未利用の状態の土地

所有者　　：A
使用収益者：A

②建付地

　建物の敷地になっている土地で、建物と土地が同一の所有者に使用され、使用収益を制約する権利が存在しない土地

所有者　　：A
使用収益者：A

③借地権

　建物の所有を目的として土地を借りる権利

所有者　　：A
使用収益者：B
借地権
底地

④底地

　借地権の設定がなされている土地の所有権のこと

使用収益とは、土地を直接に利用して利益・利便を得ることです

3 土地の上に存する権利

土地の上に存する権利には、所有権、借地権などがあります。

1 所有権

所有権は、法令の範囲内で自由に使用、収益、処分ができる権利です。土地の所有権は、単独で所有する場合と、複数で所有する（共有）場合があります。

2 借地権

借地権は、「建物の所有を目的とする地上権および土地の賃借権」のことで、借地借家法に規定されています。地上権は物権であるため、譲渡、転貸に土地所有者の承諾は不要です。一方、賃借権は債権であるため、譲渡、転貸には土地所有者の承諾が必要です。

3 使用貸借

使用貸借とは、土地使用の対価を支払わずにその土地を使用することで、民法の規定する債権の一種です。親族間の貸借関係（親の土地に子が地代を払わずに自宅を建てて住んでいるなど）も多く、借地借家法の適用は受けません。

4 建物の上に存する権利

建物の上に存する権利には、所有権、賃借権(借家権)などがあります。

1 所有権

所有権は、その建物を法令の範囲内で自由に使用や、収益、処分ができる権利です。建物の所有権には、建物一棟の所有権と、分譲マンションのように共同住宅の独立した部分を所有する区分所有権があります。

■ 所有権

建物：A所有
土地：A所有

2 賃借権（借家権）

賃借権は、その建物を所有しておらず、賃貸借されている場合の権利です。建物の賃借権は、借家権として借地借家法が適用されます。

■ 賃借権

建物：A所有
　　　B賃借
土地：A所有

5 抵当権

抵当権とは、債務者の使用収益に任せながら、債権の弁済がなされないときは、その目的物から優先して弁済を受ける権利です。

1 ライフプランニングと資金計画
2 リスク管理
3 金融資産運用
4 タックスプランニング
5 不動産
6 相続・事業承継

02 不動産登記

必修ポイント
- 不動産登記の種類（表示・権利に関する登記）
- 不動産登記簿の表題部と権利部の内容
- 不動産登記の効力

1 不動産登記制度

1 不動産登記制度とは

法務局（登記所）において、不動産の物理的な概要（所在、面積、構造など）と権利関係（所有権、抵当権など）を記載し、公示することを不動産登記といいます。登記の内容は、登記簿に記録され、手数料を納付することで、誰でも登記事項証明書や登記事項要約書の交付を請求することができます。

2 登記簿と登記記録

登記は、登記官が登記簿に登記事項を記録することにより行われます。登記記録とは、一筆の土地または一個の建物ごとに作成される電磁的記録のことで、その不動産の所在地を管轄する登記所に備えられます。登記簿とは、登記記録が記録される帳簿のことです。

3 登記の種類

登記には、表示に関する登記と権利に関する登記があります。

●表示に関する登記

表示に関する登記では、不動産の物理的概要が、登記簿の表題部に記載されます。表題部には登記義務があるため、建物を新築した場合は、取得の日から1カ月以内に表題登記（建物表題登記）の申請をしなければなりません。

●権利に関する登記

権利に関する登記は、登記簿の権利部に記載されます。権利部は甲区と乙区に区分され、甲区には所有権に関する事項が、乙区には所有権以外の権利に関する事項が記載されます。権利に関する登記についての申請は任意です。

所有権保存登記	新築などにより不動産の所有権を取得したとき
所有権移転登記	売買または相続などにより不動産を取得したとき
抵当権設定登記	不動産を担保に金銭を貸借したとき
抵当権抹消登記	不動産に係る債務を返済したとき

1 ライフプランニングと資金計画

2 リスク管理

3 金融資産運用

4 タックスプランニング

5 不動産

6 相続・事業承継

●本登記

　権利に関する登記の本来的なもので、本登記によって対抗力が発生します。同一の不動産に登記した権利の順位は、原則として登記した順番によります。

●仮登記

　仮登記は、後日行う本登記の順位を保全するために行う登記です。例えば、登記の申請に必要な書類がそろわない場合や、権利変動の請求権を保全しようとする場合に、仮登記をします。

　仮登記には対抗力はありませんが、仮登記を本登記に改めたときの登記の順位は、本登記が完了した順位ではなく、仮登記をしたときの順位になります。

4 登記記録の取得

　その不動産の利害関係者でなくても、手数料を納付して、登記事項証明書や登記事項要約書の交付を請求することができます。いずれも申請書に必要事項を記入し、収入印紙を貼付して手数料を支払います。登記事項証明書については、郵送やインターネットで交付請求をすることも可能です。

| 登記事項証明書 | 登記記録に記録されている全部または一部を証明した書面 |
| 登記事項要約書 | 登記記録に記録されている事項の概要を記載した書面 |

2 ▶ 不動産の登記簿（登記記録）の構成

　不動産の登記簿は、表題部と権利部（甲区、乙区）で構成されます。それぞれの記載内容は、以下のとおりです。

▨ 不動産登記簿の構成と記載内容

表題部	表示に関する事項が記載される	土地	所在、地番、地目、地積　など
		建物	所在、家屋番号、種類、構造、床面積　など
権利部	甲区	所有権に関する事項が記載される	所有権保存、所有権移転、差押え　など
	乙区	所有権以外の権利に関する事項が記載される	抵当権、地上権、賃借権　など

登記簿上の土地の地番は、土地を個別に特定するためのもので、住居表示とは、必ずしも一致しません

■ 登記事項証明書（土地）の記載例

表題部 （土地の表示）	調製	余白	不動産番号	123456789XXXX

地図番号	余白	筆界特定	余白		

所在	△△田区富士見○丁目		余白		

①地番	②地目	③地積　m²		原因及びその日付〔登記の日付〕
417 番	宅地	150	54	不詳 〔平成 23 年 2 月 10 日〕
所有者	○○市△△田区富士見○丁目 417 番　角川大地			

権利部 （甲区） （所有権に関する事項）			
順位番号	登記の目的	受付年月日・受付番号	権利者その他の事項
1	所有権保存	平成 27 年 4 月 15 日 第 35XX 号	所有者　○○市△△田区富士見○丁目 417 番 角川大地
2	所有権移転	令和 2 年 1 月 20 日 第 45XX 号	原因　令和 2 年 1 月 20 日売買 所有者　△△区 × 五丁目 8 番 8 番 角山花子

- 表題部には、所在、地番、地目、地積など、物理的現況に関する事項が記載される
- 権利部（甲区）には、所有権に関する事項が記載され、売買や贈与などの履歴がわかる。この例では、現在の土地の所有者は角山花子
- 抵当権が設定されている場合は、権利部（乙区）に記載される

3　区分所有建物の登記簿

　区分所有建物（マンション）の登記簿は、一戸建ての場合と異なり、建物一棟全体の表題部と、各専有部分の表題部に分かれています。

　建物一棟の表題部には、建物の所在、構造、床面積のほか、敷地権の目的たる土地の表示が記録されます。専有部分の表題部には、専有部分の建物の表示のほかに敷地権の表示が記録されます。

　つまり、区分所有建物では、建物と土地（敷地）は登記手続き上、一体となり、別々に登記することはできません。

1 ライフプランニングと資金計画
2 リスク管理
3 金融資産運用
4 タックスプランニング
5 不動産
6 相続・事業承継

4　不動産登記の効力

●対抗力

不動産登記をすることで、その不動産に関する自己の権利を第三者に対抗する（主張する）ことができます（登記の対抗力）。

例えば、ある不動産の所有者がAとBに二重に土地を譲渡していた場合は、AとBの先に所有権移転登記を済ませたほうが、所有権を主張できます。

借地権に関しては、登記がなくても借地上に所有する建物の登記をすることにより対抗力を持ちます。借家権は建物の引渡しを受けることにより、第三者に対抗できます。また、前述のとおり、仮登記には、対抗力はありません。

●公信力

不動産登記には公信力がないため、登記を信用して無権利者と取引をした場合でも法的に保護されません。したがって、不動産取引の際は、登記簿上の権利者が真の権利者かどうかを調査・確認することが重要です。

5　その他の調査資料

地図	土地の区画の名称、地図の番号、方位、縮尺等を明らかにする図面。精度が高く現地復元能力を有するが、すべての地図が備え付けられているのではない
公図	地図に代えて備え付けられているもので、土地の区画、地番を明確にする図面。土地の位置やおおまかな形状を明らかにする
地積測量図	土地家屋調査士、測量士が測量により作成する図面。隣地との位置関係や境界標の位置、地積、方位、地番などが記載されている
建物図面	建物の位置、家屋番号、床面積などを表示する図面

まとめ｜不動産の基礎・不動産登記

・土地は、その土地の権利関係の状況によって、更地、建付地、借地権、底地に分けることができる
・不動産登記簿は、表題部には不動産の物理的概要が、権利部甲区には所有権、乙区には所有権以外の権利に関する事項が記載される
・不動産登記には、自分の権利を第三者に主張する対抗力はあるが、公信力はない

次の文章で正しいものには○、誤っているものには×で
答えましょう。

①自己の所有する土地に建物を建て、その建物を第三者に賃貸している場合、その土地は、借地権が設定された土地といえる。

②不動産の登記記録は、当該不動産の所在地の市町村の役所や役場に備えられている。

③不動産登記において、表示に関する登記は義務であり、建物を新築した場合は1カ月以内に表題登記の申請をしなければならない。

④不動産登記事項証明書の交付の請求をすることができるのは、当該不動産に利害関係を有する者に限られる。

⑤当該不動産に設定されている抵当権に関する事項は、不動産登記記録の権利部乙区に記載される。

⑥同一の不動産について二重に売買契約が締結された場合、所有権移転登記の先後に係わらず、先に売買契約をした者が所有権の取得を対抗できる。

⑦普通借家契約において、賃借人は、その賃借権の登記がなくても、引渡しを受けていれば、賃借権を対抗することができる。

解答&ポイント解説

① ×　② ×　③ ○　④ ×　⑤ ○　⑥ ×　⑦ ○

借地権は、建物の建築を目的として土地を借りる権利です。不動産の登記記録は、法務局（登記所）に備えられ、誰でも登記事項証明書などの交付の請求ができます。不動産登記には対抗力があるので、どちらが先に売買契約をしたかではなく、不動産登記を先にした者に対抗力があります。

03 不動産の価格と鑑定評価

必修ポイント
- 土地の価格の種類と特徴
- 不動産の鑑定評価の方法
- 収益還元法（直接還元法、DCF法）の考え方

1 土地の価格

土地の価格には、市場価格である実勢価格（時価）に加えて、行政目的によって4つの評価額が設けられています。

土地の4つの評価額

価格の種類	公示価格	基準値標準価格	相続税評価額	固定資産税評価額
公表機関	国土交通省	都道府県	国税庁	市町村（東京23区は東京都）
利用目的	一般の土地取引の指標 公共事業用地の取得価格の基準	一般の土地取引の指標として公示価格を補完	相続税、贈与税の算出の基礎となる	固定資産税、都市計画税、不動産取得税、登録免許税等の算定基準
基準日	毎年1月1日	毎年7月1日	毎年1月1日	基準年度の前年の1月1日
発表時期	3月下旬	9月下旬	7月上旬	4月上旬（基準年度は4月1日）
評価水準	100%	100%（公示価格と同等）	公示価格の80%程度	公示価格の70%程度
特徴	自由な取引で通常成立すると考えられる1m²当たりの価格を示す	調査対象の基準値は、原則、公示価格が設定されていない地点であるが、公示価格と同じ地点に設定されるものもある	相続税評価額（路線価）が定められていない土地は、倍率方式により評価を行う	3年に1回、評価替えが行われる

2 不動産の鑑定評価の方法

不動産価格の評価は、不動産鑑定評価基準に従い、不動産鑑定士が行います。鑑定評価の方法として、取引事例比較法、原価法、収益還元法があり、原則と

して、この3方式を併用して価格や賃料を定めます。

●取引事例比較法

　取引事例比較法は、近隣地域などの実際の取引事例をもとに、事情補正や時点修正等を行って地域的要因および個別的要因の比較により資産価格を求める方法です。取引事例比較法によって求めた価格を比準価格といいます。

> 事情補正：取引事例の取引が特殊な事情により価格に影響を及ぼしている
> 　　　　　場合、その事情を適正に補正すること
> 時点修正：取引事例の取引時点と価格水準に変動がある場合、価格時点の
> 　　　　　価格に修正すること

●原価法

　原価法は、不動産の再調達価格を求め、その価格から種々の減価要因を考慮した減価修正を行って資産価格を求める方法です。原価法によって求めた価格を積算価格といいます。

　原価法は、造成宅地や建物の価格を求める場合に適用し、既成市街地は再調達価格を求めることが困難であるため、一般的に原価法は使えません。

> 減価修正：経年に伴う劣化だけでなく、型式の旧式化などの機能的要因や近
> 　　　　　隣地域の市場性などの経済的要因もあわせて減価要因を判断する

●収益還元法

　収益還元法は、対象不動産が将来生み出すであろう収益をもとに、資産価格を求める方法です。収益還元法によって求めた価格を収益価格といいます。収益還元法は、賃貸用不動産や事業用不動産などの価格を求める場合に有効です。

　収益価格を求める方法には、直接還元法とDCF法があります。

直接還元法	一定期間の純収益を還元利回りによって還元する方法 　収益価格＝（総収益－総費用）÷還元利回り※ 　　　　　　　　　　　　　　　　　　　※不動産がもたらす投資利回りのこと
DCF法	連続する複数の期間に発生する純収益と復帰価格（販売予測価格－売却費用）を、その発生時期に応じて現在価値に割り引いて、それぞれを合計する方法

まとめ｜不動産の価格と鑑定評価

- 土地の価格は、市場価格である実勢価格のほかに、行政目的によって、公示価格、基準値標準価格、相続税評価額、固定資産税評価額がある
- 公示価格の水準を100%とした場合、基準値標準価格は100%、相続税評価額は80%、固定資産税評価額は70%程度の水準となる
- 不動産鑑定評価の方法には、取引事例比較法、原価法、収益還元法があり、収益還元法には直接還元法やDCF法がある

一問一答・チャレンジ問題！

次の文章で正しいものには○、誤っているものには×で答えましょう。

①公示価格は、毎年1月1日を基準日として、国税庁が、標準地の1m² 当たりの価格を公表している。

②固定資産税評価額は、市町村（東京23区は東京都）によって公表され、3年に1回評価替えが行われる。

③取引事例比較法では、取引事例の取引時点が価格時点と異なり、その間に価格の変動があった場合、事情補正をしなければならない。

④原価法は、価格時点の対象不動産の再調達価格を求めたうえで、減価修正を行って対象不動産の価格を求める手法である。

⑤直接還元法は、一定期間の総収入を還元利回りで還元して対象不動産の価格を求める手法である

解答&ポイント解説

① ×　② ○　③ ×　④ ○　⑤ ×

公示価格は、国土交通省が公表しています。取引事例比較法で、取引事例の取引時点が価格時点と異なり、その間に価格の変動があった場合は時点修正をします。直接還元法では、一定期間の純収益を還元利回りで還元します。

1 ライフプランニングと資金計画

2 リスク管理

3 金融資産運用

4 タックスプランニング

5 不動産

6 相続・事業承継

04 不動産の取引

必修
ポイント
- 宅地建物取引業法の概要
- 一般媒介契約、専任媒介契約、専属専任媒介契約の違い
- 不動産取引の手付金と契約不適合責任

1 宅地建物取引業法

1 宅地建物取引業法とは

宅地建物取引業は、土地や建物の売買や賃貸を行う<u>宅地建物取引業者</u>について必要な規制を定めた法律です。

宅地建物取引業とは、以下の「<u>取引</u>」を「<u>業</u>」として行うことです。

取引	・自ら行う宅地・建物の<u>売買</u>・<u>交換</u> ・宅地・建物の売買・交換・貸借の<u>代理</u> ・宅地・建物の売買・交換・貸借の<u>媒介</u>
業	不特定多数の人に反復継続して<u>取引</u>を行うこと

 ひとくちポイント！

アパートの大家さんなど、保有する建物を自らが貸主となって賃貸するのは、宅地建物取引業法に当たらないため、宅建業の免許は不要です

2 宅地建物取引業者

宅地建物取引業の免許を受けて業を営む者を、<u>宅地建物取引業者</u>といいます。免許には2つあり、2以上の都道府県に事務所を持つ場合は<u>国土交通大臣免許</u>、1の都道府県内にのみ事務所を持つ場合は<u>都道府県知事免許</u>を受けます。

3 宅地建物取引士

宅地建物取引業者は、その事務所ごとに従業員数に応じた専任の<u>宅地建物取引士</u>を置くことが義務付けられています。次の業務は、宅地建物取引士のみができます。<u>重要事項説明書</u>の交付と説明は、売買契約成立までに行います。

宅建士のみできる業務	・重要事項の説明 ・<u>重要事項説明書</u>への記名※ ・<u>契約書</u>等への記名※ ※相手方の承諾があれば電磁的方法も可

4 媒介契約

不動産の売主や買主が、宅地建物取引業者に取引の媒介（仲介）を依頼する契約が媒介契約です。媒介契約には3種類あり、いずれも記名・押印した書面の交付が必要ですが、依頼者に承諾を得て、電磁的方法で行うこともできます。

3種類の媒介契約

	一般媒介契約	専任媒介契約	専属専任媒介契約
他の業者への依頼	可	不可	不可
自己発見取引※	可	可	不可
有効期間	定めなし	3カ月以内	3カ月以内
指定流通機構への登録	登録義務なし	契約日から7日以内	契約日から5日以内
依頼者への報告義務	報告義務なし	2週間に1回以上	1週間に1回以上

※自己発見取引とは、自分で取引の相手を探すこと

ひとくちポイント！

指定流通機構とは、不動産情報の規格化、オンライン化、共有化を確立し、不動産取引の活性化を図るための不動産情報ネットワークで、「レインズ」と呼ばれています

5 報酬の限度額

宅地建物取引業者が請け負う報酬の額（媒介手数料）は、宅地建物取引業法で定められています。

●売買・交換の媒介

宅地建物取引業者が依頼者の一方から受け取ることができる限度額は、以下のとおりです。売主と買主の双方から依頼されたときは、それぞれから限度額までの報酬を受け取ることができます。

売買代金	報酬の限度額
200万円以下	売買代金×5%（＋消費税）
200万円超 400万円以下	売買代金200万円までの部分：売買代金×5%（＋消費税） 売買代金200万円超の部分　：売買代金×4%（＋消費税）
400万円超	売買代金200万円までの部分：売買代金×5%（＋消費税） 売買代金400万円までの部分：売買代金×4%（＋消費税） 売買代金400万円超の部分　：売買代金×3%（＋消費税）

1 ライフプランニングと資金計画
2 リスク管理
3 金融資産運用
4 タックスプランニング
5 不動産
6 相続・事業承継

●その他の場合の報酬の限度額

売買・交換の代理	売買・交換の媒介の場合の 2 倍以内
賃借の媒介・代理	貸主・借主双方をあわせて賃料の 1.1 カ月分以内

6 クーリング・オフ

　宅地建物取引業者が自ら売主となり、一般の消費者が買主となる不動産の売買契約では、事務所以外の場所で買受けの申込み、または売買契約を締結した場合は、クーリング・オフの対象となります。

　買主は、クーリング・オフに関する書面を受け取った日から起算して 8 日以内であれば、書面（電磁的方法を含む）により、申込みの撤回または契約の解除を行うことができます。ただし、宅地建物の引渡しを受け、かつ、代金を全部支払った場合は、クーリング・オフの対象となりません。

2 ▶ 不動産広告の明示上のルールと基準

　不動産広告については、購入判断に影響を及ぼす広告内容について、宅地建物取引業法や不動産の表示に関する公正競争規約により規制されています。

●特定事項の明示

　取引に際して、著しく不利な条件がある場合は、それを明示しなければなりません。例えば、市街化調整区域に所在する土地であること、接道義務を満たさない土地であること、セットバックを要するなどです。

●おとり広告の禁止

　実際には存在しない不動産や販売する予定がない不動産などを、取引できると誤認する可能性がある表示は禁止されています。

●不当表示の禁止

「完全」「完璧」「絶対」などの断定的な用語を使用すること、客観的な事実がなく、不動産の形質や取引条件に「抜群」「最高」などの表示をすることは禁止されています。

●表示の基準

　徒歩による所要時間は、道路距離 80 mにつき 1 分間を要するものとして算出（1 分間未満の端数は切り上げ）して表示します。また、「新築」という言葉は、新たに建設された住宅であって、建設工事の完了から 1 年以内で、かつ、人が住んだことのないものでなければ用いることができません。

3 不動産の売買契約の留意点

不動産売買契約書に定めてあるもののうち、特に重要なものは、手付金、危険負担です。

1 手付金

手付金とは、契約の締結に伴って買主等が相手方に交付する金銭のことで、一般的には、解約手付を指します。解約手付は、自己都合による解約を円滑に行うことを目的としたもので金銭の多寡は問いませんが、宅地建物取引業者が自ら売主になる場合は、代金の2割を超える額の手付を受領することはできません。

解約手付の交付により、相手方が契約の履行に着手するまでは、買主は、売主に交付した手付金を放棄することにより、売主は、買主から交付された手付金の倍額を償還することにより、契約を解除できます。解約手付による契約の解除を行う場合は、特約がない限り、損害賠償の請求はできません。

2 危険負担

売買契約を締結した後、建物の引渡しまでの間に、売買契約の対象となる物件が天災などの不可抗力で破損した場合、損失（危険）を売主、買主のどちらが負うかを危険負担といいます。売主側に責任がない場合でも、買主が目的を達成できない場合は、特約がなくても、買主は代金の支払いを拒むことができます。つまり、危険負担は、売主が負うことになります。

3 契約不適合責任

契約不適合責任とは、買主へ引渡された物件が、品質などの点で契約に適合しない箇所（瑕疵）があった場合に、売主が買主に対して負う責任のことです。買主は売主に対して、追完請求、代金減額請求、損害賠償請求、契約の解除ができます。

| 追完請求 | 引渡された目的物が契約の内容に適合しない場合、買主は売主に対し、目的物の補修、代替物の引渡しまたは不足分の引渡しによる履行の追完を請求できる |
| 代金減額請求 | 追完請求を行った場合、売主の履行の追完がないときは、買主は、不適合の程度に応じて代金の減額を請求できる |

なお、売主に契約不適合責任を請求できる期間は、買主が契約不適合を知ったときから1年間で、買主が売主に対して、契約内容に適合していないことを通知する必要があります。

４ 建物の床面積の表示

建物の床面積の表示の方法には、壁芯(へきしん)と内法(うちのり)の２種類がありますが、マンションなどの区分建物の場合、広告に表示されている床面積は一般的に、壁芯で表示した<u>壁芯</u>面積です。区分建物の専有部分の登記記録では、<u>内法</u>面積で表示されるため、広告に記載されている面積のほうが広くなります。

<u>壁芯</u>面積	壁の中心線により囲まれた部分の面積
<u>内法</u>面積	内壁で囲まれた部分の面積

4 ▶ 不動産取引に関する法律

住宅の品質確保の促進等に関する法律（品確法）は、住宅に関するトラブルを未然に防ぎ、万一のトラブルの際も、消費者保護の立場から紛争を速やかに処理することを目的とした法律です。

● 10 年間の瑕疵担保責任の義務化

新築住宅の取得契約において、基本構造部分については、引渡したときから<u>10 年</u>間の瑕疵担保責任を負うことが義務付けられています。

●住宅性能表示制度

住宅の性能を契約前に比較できるように、国土交通大臣が日本住宅性能表示基準、評価方法基準を定め、申請者の求めに応じて住宅性能評価を行い、住宅性能評価書を交付することができます。

●紛争処理機関の設置

住宅性能評価書を交付された住宅にかかわるトラブルに対して、裁判外の紛争処理体制を整備し、指定住宅紛争処理機関により、紛争処理のあっせん・調停・仲裁を受けることができます。

まとめ｜不動産の取引

・宅地建物取引業法における媒介契約には、<u>一般</u>媒介契約、<u>専任</u>媒介契約、<u>専属専任</u>媒介契約の３つがある

・売買契約の締結後、相手が契約の履行に着手するまでは、買主は手付金を<u>放棄</u>し、売主は手付金の<u>倍額</u>を償還することで契約を解除できる

・売買契約の締結後、引渡しまでに天災などで建物が損壊した場合の危険負担は<u>売主</u>が負う

1 ライフプランニングと資金計画

2 リスク管理

3 金融資産運用

4 タックスプランニング

5 不動産

6 相続・事業承継

一問一答・チャレンジ問題！

次の文章で正しいものには○、誤っているものには×で答えましょう。

①自ら所有する宅地・建物を賃貸する場合は、宅地建物取引業法の取引には当たらない。

②宅地建物取引業者が2以上の都道府県において事務所を有する場合、その都道府県ごとに都道府県知事免許を受ける必要がある。

③専属専任媒介契約では、媒介契約を締結した日から5日以内に指定流通機構（レインズ）に登録することが定められている。

④宅地建物取引業者が宅地建物の売買の媒介をした場合、売買代金の400万円を超える部分については、売買代金の3％に消費税を加えた額を売主と買主の双方から受領することができる。

⑤不動産広告において、所在地までの道路距離が300mの場合、徒歩3分と表示することができる。

⑥宅地建物取引業者が自ら売主になる場合、受領できる手付金の額は、売買代金の100分の20が上限とされている。

⑦引渡された物件に契約不適合があった場合、買主が売主に契約不適合責任を請求できる期間は、原則として、その不適合を知ったときから10年である。

解答＆ポイント解説

① ○　② ×　③ ○　④ ○　⑤ ×　⑥ ○　⑦ ×

2つ以上の都道府県に事務所がある場合は、国土交通大臣免許を受けます。所在地までの所要時間は80m＝1分として端数は切り上げるので4分です。民法では、契約不適合を請求できる期間は知ったときから1年です。

05 借地借家法

必修ポイント
- 普通借地権と定期借地権の違い
- 3種類の定期借地権の用途や契約方式の違い
- 普通借家権と定期借家権の特徴

1 借地借家法とは

　借地借家法は、土地や建物を借りる者の保護を目的として、1992年8月に施行されました。施行日以降に成立した借地、借家については、原則として借地借家法が適用されますが、それ以前の借地、借家関係については、原則として、旧法の規定が適用されます。

　ここでは、新法である借地借家法について見ていきます。

2 借地権

1 借地権とは

　借地権とは、建物の所有を目的として土地を借りる権利のことです。したがって、一時的な土地の利用、土地を資材置き場や駐車場などに使う場合、使用貸借の場合などは、借地借家法は適用されません。

　借地借家法において、借地権は、普通借地権と定期借地権に分けられます。

2 普通借地権

　普通借地権には契約の存続期間の定めがありますが、存続期間が満了した場合でも、地主に正当な事由がない限り、建物がある場合には借地人が契約の更新を望めば、前の契約と同一条件で、契約が更新されます。

●存続期間

　普通借地権の存続期間は30年であり、これよりも短い期間を定めた場合でも30年とされます。当事者で契約により、これよりも長い期間を定めることもできます。

当事者間の定めあり	30年以上	当事者間の定めなし	30年

●契約の更新

　普通借地権の契約の更新には、合意による更新、請求による更新、法定更新があります。

合意による更新	普通借地権は当事者間の<u>合意</u>により更新できる
請求による更新	当事者間の合意がない場合でも、借地権者が更新の請求をした場合、<u>建物</u>がある場合に限り、前の契約と同一の条件で更新される
法定更新	借地権の存続期間が満了した場合、借地権者が土地の使用を継続するときは、<u>建物</u>がある場合に限り、前の契約と同一の条件で更新される

契約更新後の普通借地権の存続期間は、次のようになります。

当事者間の定めあり	最初の更新：<u>20 年</u>以上　2 回目以降の更新：<u>10 年</u>以上
当事者間の定めなし	最初の更新：<u>20 年</u>　　　2 回目以降の更新：<u>10 年</u>

●正当事由

更新請求や土地の使用継続がなされた場合でも、地主に<u>正当事由</u>がある場合は、契約の更新はされません。<u>正当事由</u>は、当事者双方が土地の使用を継続する事情、借地に関する従前の経過、土地の利用状況、立退料の支払等の申し出などを考慮して判断されます。

●建物再築による期間延長

普通借地権の存続期間の満了前に、借地権者が借地権の残存期間を超えて存続する建物を再築したときは、地主の<u>承諾</u>がある場合に限り、借地権の存続期間が延長されます。延長される期間は、地主の承諾があった日または建物が再築された日のいずれか早い日から<u>20 年</u>間です。

●建物買取請求権

借地権の存続期間が満了し契約の更新がないときは、借地人は地主に対して、建物等を時価で買い取る旨の請求をすることができます。

③ 定期借地権

定期借地権は、定められた契約期間を満了すると借地契約が終了し、契約の<u>更新</u>がない借地契約です。定期借地権には、<u>一般定期借地権</u>、<u>建物譲渡特約付借地権</u>、<u>事業用定期借地権等</u>の 3 つがあります。

 ひとくちポイント！

定期借地権は 1992 年に施行された借地借家法によって新しくできた借地権の考え方です。借地契約の更新がないので、所有者は安心して土地を貸すことができ、借主の負担も少なく、円滑な土地の貸借が期待できます

1 ライフプランニングと資金計画

2 リスク管理

3 金融資産運用

4 タックスプランニング

5 不動産

6 相続・事業承継

定期借地権の種類と概要

	一般定期借地権	建物譲渡特約付借地権	事業用定期借地権等
存続期間	50年以上	30年以上	10年以上50年未満※
用途	制限なし	制限なし	事業用に限る
契約方式	公正証書等の書面 （電磁的方法を含む）	定めなし	公正証書に限る
契約内容	特約を定める事項 ・契約の更新なし ・建物再築による 　期間延長なし ・建物買取請求権なし	特約を付けて設定 ・30年以上経過後、 　地主が建物を相当の 　対価で買い取る	公正証書で以下の規定 を排除する ・契約の更新 ・再築による期間延長 ・建物買取請求権
返還方法	原則、更地で返還	・建物は地主に帰属 ・借地人は借家人として 　使用継続が可	原則、更地で返還

※事業用定期借地権等には、存続期間が10年以上30年未満の事業用借地権と、存続期間が30年以上50年未満の事業用定期借地権がある

〈定期借地権のポイント〉
・一般定期借地権は、書面（電磁的契約を含む）で契約するが、公正証書でなくても可
・建物譲渡特約付借地権の期間終了後は、地主が建物を買い取るため、建物の所有者は地主となるが、それ以降借地人は、借家人としてその建物の使用を継続することができる
・一般定期借地権、建物譲渡特約付借地権の用途に制限はないため、事業用も居住用も可能
・事業用定期借地権等の用途は、事業用に限るため、一棟の建物の一部でも居住用の部分がある建物は建てられない
　（従業員向けの社宅として利用する場合も不可）
・事業用定期借地権等の契約方式は、公正証書に限られる

専門用語が多いですが、試験でもそのまま出題されるので、しっかり覚えましょう！

312

3　借家権

1 借家権とは

　借家権とは建物の賃借権のことで、建物の用途は、居住用建物、店舗、事務所など制限がありません。一時使用目的の建物賃貸借については、借地借家法は適用されません。借家権も普通借家権と定期借家権に分けられます。

2 普通借家権

　普通借家権には期間の定めがありますが、期間が満了しても、賃貸人に正当な事由がない限り、賃借人が契約の更新を望めば、契約が更新されます。

●存続期間

　普通借家権の存続期間は最短で1年で、最長期間の制限はありません。1年未満の契約は、期間の定めのない契約とみなされます。

●契約の更新

　期間の定めのある場合、当事者が期間満了の1年前から6カ月前までの間に相手方に対して更新拒絶の通知をしない場合は、従前の契約と同一の条件で契約の更新をしたとみなされます（法定更新）。この場合、賃貸借契約は、期間の定めのない契約になります。

　期間の定めのない場合、賃借人からはいつでも解約の申し入れをすることができ、賃貸借は申し入れ後3カ月経過すると終了します。賃貸人からの解約の申し入れには正当事由が必要で、賃貸借は、解約申し入れ後6カ月経過すると終了します。

●正当事由

　正当事由は、当事者双方が建物を必要とする理由、建物賃貸借に関する従前の経過、建物の使用状況、立退料の支払等の申し出などを考慮して判断します。

●造作買取請求権

　賃借人は、賃貸人の同意を得て付加した造作（エアコン、畳、建具など）については、賃貸借終了のときに、賃貸人に対して時価で買い取ることを請求できます。ただし、造作買取請求権を認めない特約は、有効です。

●借賃増減請求権

　建物の借賃（家賃）が一定の要因によって不相当となったとき、当事者は、将来に向かって借賃の増減額を請求することができます。ただし、一定の期間借賃を増額しない特約がある場合は、その期間の増額請求は認められません。

1 ライフプランニングと資金計画
2 リスク管理
3 金融資産運用
4 タックスプランニング
5 不動産
6 相続・事業承継

3 定期借家権

定期借家権は、定められた期間が満了すると借家契約が終了し、契約の<u>更新</u>がない借家権です。

●**存続期間**

契約の存続期間は自由に定めることができ、1年未満の契約も<u>有効</u>です。

●**契約の方法**

公正証書等の<u>書面</u>で契約しますが、賃貸人は、契約前に、契約の更新がなく期間満了により賃貸契約が終了する旨を記載した書面を、賃借人に交付して説明をしなければなりません。これを怠った場合、契約の更新がない定めは無効になり、<u>普通借家契約</u>を締結したことになります。

●**造作買取請求権**

賃借人には、造作買取請求権が認められていますが、これを認めない旨の契約は<u>有効</u>です。

●**賃貸借の終了**

契約期間が<u>1年</u>以上の場合は、賃貸人は契約期間満了の1年前から<u>6カ月前</u>までの間に、賃借人に対して、賃貸借が終了する旨の通知をしなければなりません。期間を過ぎて通知した場合は、通知から<u>6カ月</u>を経過したときに賃貸借が終了します。

●**賃借人からの中途解約**

原則として、特約がない限り、中途解約は認められません。例外として、<u>200m^2</u>未満の<u>居住用住宅</u>に限り、転勤、療養、親族の介護などのやむを得ない事情によって自己の生活の本拠とすることが困難になった場合は、中途解約が可能です。この場合、解約の申し入れ日から<u>1カ月</u>後に契約が終了します。

まとめ｜借地借家法

・借地借家法は、土地や建物を借りる人の保護を目的として施行された法律である

・借地権には、<u>普通借地権</u>と<u>定期借地権</u>があり、<u>普通借地権</u>は契約の更新があるが、<u>定期借地権</u>には契約の更新がない

・定期借地権には、<u>一般定期借地権</u>、<u>建物譲渡特約付借地権</u>、<u>事業用定期借地権等</u>の3種類がある

1 ライフプランニングと資金計画

2 リスク管理

3 金融資産運用

4 タックスプランニング

5 不動産

6 相続・事業承継

一問一答・チャレンジ問題！

次の文章で正しいものには○、誤っているものには×で答えましょう。

①普通借地権の当初の存続期間は30年以上とされているが、当事者間の合意により、20年以上とすることができる。

②普通借地権の当初の存続期間が満了した場合、借地上に建物がある場合に限り、従前の契約と同一の条件で契約を更新したとみなされる。

③一般定期借地権において、事業用の建物を建築する場合は、存続期間を30年とすることができる。

④事業用定期借地権等は、公正証書により契約をすることが定められている。

⑤事業用定期借地権等においては、建物の一部を居住用とする建物を建築することはできない。

⑥普通借家契約において、造作買取請求権を認めない旨の契約は有効である。

⑦定期借家契約において、床面積が200m²未満の居住用建物では、賃借人のやむを得ない事情により中途解約をする場合は、解約の申し入れから3カ月後に契約が終了する。

解答&ポイント解説

① ×　② ○　③ ×　④ ○　⑤ ○　⑥ ○　⑦ ×

普通借地契約の当初の存続期間は <u>30 年</u>以上、一般定期借地権の存続期間は <u>50 年</u>以上で、これより短くすることはできません。定期借家契約を、賃借人のやむを得ない事情で中途解約する場合、解約の申し入れ日から <u>1 カ月</u>後に契約が終了します。

06 区分所有法

必修ポイント
- 区分所有建物の専有部分と共用部分
- 敷地利用権のポイント
- 集会での決議における必要な議決権の割合

1 区分所有法とは

　区分所有法（建物の区分所有等に関する法律）は、区分所有建物の各部屋の所有者（区分所有者）の管理、使用に関して定めた法律です。区分所有建物とは、いわゆる分譲マンションなど、一棟の建物の中に構造上区分された部分があり、独立して住居、事務所、店舗などに使用できる建物です。

2 専有部分・共用部分と敷地利用権

1 専有部分と共用部分

　区分所有建物の専有部分とは、それぞれの独立した部屋のことです。専有部分となるためには、構造上の独立性と利用上（機能上）の独立性が必要です。

　共用部分は、廊下や階段、エレベーターなどの専有部分以外の部分です。原則として、専有部分の床面積の割合による共有とされますが、共有者は専有部分と切り離して持分を処分することはできません。共用部分には、法定共用部分と規約共用部分があります。

法定共用部分	共同廊下、階段、エレベーターなど、客観的に見て、当然に共用部分とされる部分
規約共用部分	管理人室や会議室など、規約により共用部分と定めた部分。登記をしなければ共用部分として第三者に対抗できない

2 敷地利用権

　敷地利用権とは、区分所有建物の専有部分を所有するために必要な敷地の権利です。所有権以外に、地上権や賃借権であっても認められます。

　敷地利用権は、原則として、専有部分の床面積の割合によって持分割合が定められ、規約で別段の定めがある場合を除き、専有部分と切り離して処分することはできません。このように、専有部分と切り離して処分することができない敷地利用権として登記されたものを、敷地権といいます。

1 ライフプランニングと資金計画

2 リスク管理

3 金融資産運用

4 タックスプランニング

5 不動産

6 相続・事業承継

■ 専有部分と敷地利用権のイメージ

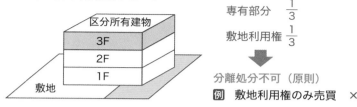

専有部分 $\dfrac{1}{3}$

敷地利用権 $\dfrac{1}{3}$

分離処分不可（原則）

例 敷地利用権のみ売買 ×

3 区分所有建物の管理と集会

1 管理

　区分所有者は全員で、建物、敷地、付属設備の管理を行う管理組合を構成し、管理組合を任意で脱退することはできません。また、その賃借人も、建物、敷地などの使用方法については、区分所有者と同等の義務を負います。

2 集会

　管理者は、少なくとも毎年1回、集会を招集しなければいけません。規約に関することは、集会で決議されます。決議事項には、普通決議事項と特別決議事項があり、決議に必要な区分所有者と議決権の割合が定められています。

普通決議事項	通常の管理行為等に関する事項
特別決議事項	区分所有建物の建替え等、区分所有者の利害に大きな影響を及ぼす事項

■ 決議に必要な区分所有者と議決権の割合

決議の内容	必要な割合
集会の招集	5分の1以上
大規模な修繕、小規模な滅失の復旧、管理者の選任および解任	過半数
規約の設定・変更・廃止、共用部分の重大な変更、大規模な滅失の復旧、管理組合の法人化	4分の3以上
建替え	5分の4以上

 ひとくちポイント！

　議決権とは、重要な決定の意思表示を行う議決に参加する権利で、原則として、専有部分の床面積によります。決議には、区分所有者と議決権の両方で必要な割合を満たす必要があります

まとめ｜区分所有法

- 区分所有建物には、専有部分と共用部分があり、共用部分には、法定共用部分と規約共用部分がある
- 区分所有建物の敷地利用権は、原則として、専有部分と切り離して処分することはできない
- 区分所有建物の建替えには、区分所有者と議決権の5分の4以上の賛成が必要となっている

一問一答・チャレンジ問題！

次の文章で正しいものには○、誤っているものには×で答えましょう。

①区分所有建物の専有部分は構造的な独立性がある部分であり、規約によって共用部分とすることはできない。

②区分所有者は、敷地利用権が数人で有する所有権である場合、専有部分と分離して処分することはできない。

③区分所有建物の管理者は、少なくとも毎年1回以上、集会を招集しなければならない。

④規約の設定・変更・廃止に必要な区分所有者と議決権の割合は、5分の3以上である。

⑤区分所有建物の建替えに必要な区分所有者と議決権の割合は、5分の4以上である。

解答&ポイント解説

① × ② ○ ③ ○ ④ × ⑤ ○

構造的に独立した部分でも、管理人室や会議室のように規約で共用部分とすることができます。規約の設定・変更・廃止に必要な区分所有者と議決権の割合は4分の3以上です。

07 都市計画法

必修ポイント
- 都市計画法の概要
- 市街化区域と市街化調整区域
- 用途地域の種類と内容

1 都市計画法とは

都市計画法は、都市の健全な発展と秩序ある整備を図ることを目的に、都市計画に必要な事項を定めた法律です。都市計画は、次の3つの手順で進めます。

①都市計画区域を定める
②市街化区域と市街化調整区域に線引きする
③用途地域を定める

2 都市計画区域と準都市計画区域

1 都市計画区域

都市計画区域は、計画的な街づくりのために必要な整備や開発などを行う区域です。また、都市計画区域外の区域のうち、相当数の住居等の建物の建築や敷地の造成が行われている区域を準都市計画区域に指定することができます。

都市計画区域	・必要に応じて、行政区画とは関係なく定められる ・1つの都道府県に指定する場合は、都道府県が指定する ・2つ以上の都府県にわたって指定する場合、国土交通大臣が指定する
準都市計画区域	都道府県が指定する

2 区域区分

都市計画区域には、無秩序な都市計画を防止するなどの必要があるときは、市街化区域と市街化調整区域の区分を定めることができます。大都市やその周辺部の都市計画区域では、区域区分を定めることが義務付けられています。

市街化区域	すでに市街地を形成している区域およびおおむね10年以内に優先的かつ計画的に市街化を図るべき区域
市街化調整区域	市街化を抑制すべき区域
非線引き都市計画区域	市街化区域と市街化調整区域に区分されていない区域

都市計画区域
準都市計画区域
市街化区域
市街化調整区域
非線引き都市計画区域
都市計画区域外
および
準都市計画区域外

③ 用途地域

　計画的に市街化を図るべき区域である市街化区域には、地域地区である用途地域が定められます。用途地域には 13 種類あり、用途地域が定められると、建築基準法などによって建築物の用途や容積率、建蔽率、高さ制限などの規制を受けます。

　市街化を抑制すべき区域である市街化調整区域には、原則として、用途地域を定めません。準都市計画区域については、用途地域を定めることができます。

　地域地区には、防火地域や準防火地域などの補助的地域地区もありますが、必ず定めなくてはならないわけではありません。

■ 13 種類の用途地域

	用途地域
住居系	第一種低層住居専用地域
	第二種低層住居専用地域
	第一種中高層住居専用地域
	第二種中高層住居専用地域
	第一種住居地域
	第二種住居地域
	準住居地域
	田園住居地域
商業系	近隣商業地域
	商業地域
工業系	準工業地域
	工業地域
	工業専用地域

用途地域には、

住居系 8 種類
商業系 2 種類
工業系 3 種類

の合計 13 種類あります！

1 ライフプランニングと資金計画

2 リスク管理

3 金融資産運用

4 タックスプランニング

5 不動産

6 相続・事業承継

3 開発行為の規制

1 開発行為とは

<u>建物などを建てる目的</u>で土地の造成等（区画形質の変更）をすることを開発行為といいます。造成等を行っても、建築物の建築、特定工作物の建設を目的としない場合は、開発行為に該当<u>しません</u>。

2 開発行為の許可

都市計画区域内、準都市計画区域内で開発行為をする場合は、あらかじめ<u>都道府県知事</u>（政令指定都市などの場合は市長）の許可を得なければなりません。また、都市計画区域、準都市計画区域以外で開発行為を行う場合も、一定規模以上の場合は、都道府県知事の許可が必要です。

ただし、例外として許可の必要がない場合もあります。

▨ 開発許可の例外（許可不要の場合）

	小規模開発	農林漁業用建築物	公的機関が行う一定の建築物
市街化区域	1,000m² 未満※1 は許可不要	許可不要	許可不要
市街化調整区域	必要※2		
非線引き区域 準都市計画区域	3,000m² 未満は 許可不要		
都市計画区域外 準都市計画区域外	1ha 未満は 許可不要		

※1　3大都市圏の既成市街地などでは500m² 未満
※2　農業・林業・漁業用の施設（畜舎、サイロなど）や農林漁業などを営む者の住居の建築は許可が不要

ひとくちポイント！

開発許可を受けた開発区域内の土地に建築物を建築する場合であっても、これとは別に、建築基準法の建築確認を受ける必要があります

3 開発行為の完了後の公告

開発許可を受けた者は、開発行為に関する工事が終了したときは、都道府県知事に届出をします。都道府県知事は、許可の内容にあっているかを検査し、適合しているときは検査済証を交付し、工事完了の公告を行います。

まとめ｜都市計画法

- 都市計画区域内の<u>市街化</u>区域は、すでに市街地を形成している区域、および<u>10年</u>以内に優先的かつ計画的に市街化を図るべき区域のこと
- 市街化区域には13種類の<u>用途地域</u>が定められるが、市街化調整区域には、原則として、用途地域は定めない
- 都市計画区域、準都市計画区域内で開発行為を行う場合は、<u>都道府県知事</u>等の許可が必要だが、例外として許可が不要の場合もある

一問一答・チャレンジ問題！

次の文章で正しいものには○、誤っているものには×で答えましょう。

①市街化調整区域は、市街化を抑制すべき区域のことで、原則として、用途地域は定めない。

②都市計画区域内には、市街化区域にも市街化調整区域にも線引きされない区域がある。

③都市計画区域内の用途地域が定められている区域については、防火地域または準防火地域のいずれかを定めなければならない。

④開発行為とは、建築物等を建築する目的で土地の区画形質を変更することで、建築物の建築を目的としない場合は開発行為に該当しない。

⑤市街化調整区域では、1,000m² 未満の小規模開発は、開発許可は不要となっている。

解答＆ポイント解説

① ○　② ○　③ ×　④ ○　⑤ ×

用途地域が定められている地域でも、防火地域などの防火規制を定めないこともできます。市街化調整区域では、小規模開発でも<u>開発許可</u>が必要です。

建築基準法

- 用途地域内の建築物の用途制限
- 建蔽率と容積率の制限
- 建築物の高さに関する制限

1 建築基準法と建築物の用途制限

　建築基準法は、建築物の敷地、構造、設備および用途に関する最低限の基準を定めています。国宝・重要文化財などの建築物や、建築基準法の制定・改正により適合しなくなった建築物(既存不適格建築物)は、例外的に適用が除外されますが、既存不適格建築物でも増改築などをする際は適用が求められます。

　建築基準法では、用途地域内にある建築物の用途を制限して、建築できる建物と建築できない建物を定めています。

用途地域内の建築物の用途制限

用途地域 / 建築用途	住居系								商業系		工業系		
	第一種低層住居専用地域	第二種低層住居専用地域	第一種中高層住居専用地域	第二種中高層住居専用地域	第一種住居地域	第二種住居地域	準住居地域	田園住居地域	近隣商業地域	商業地域	準工業地域	工業地域	工業専用地域
診療所、保育所	○	○	○	○	○	○	○	○	○	○	○	○	○
住宅、共同住宅	○	○	○	○	○	○	○	○	○	○	○	○	×
図書館、老人ホーム	○	○	○	○	○	○	○	○	○	○	○	○	×
店舗兼用住宅	○	○	○	○	○	○	○	○	○	○	○	○	×
小・中・高校	○	○	○	○	○	○	○	○	○	○	○	×	×
店舗、飲食店	×	△	△	△	△	△	△	△	○	○	○	△	△
事務所	×	×	×	×	△	△	○	×	○	○	○	○	○
病院、大学、各種学校	×	×	○	○	○	○	×	×	○	○	○	×	×
ホテル、旅館	×	×	×	×	×	△	○	×	○	○	○	×	×
劇場、映画館	×	×	×	×	×	×	△	×	○	○	○	×	×
工場	×	×	×	×	△	△	△	△	△	○	△	○	○

○：建築可能　×：建築不可　△：建物の条件により建築可能

●**敷地が２つ以上の用途地域にまたがる場合**

建築物の敷地が２つ以上の用途地域にまたがる場合は、その敷地の<u>すべて</u>に対して、<u>過半</u>の属する地域の用途制限が適用されます。

2 道路関係の建築基準法の制限

●**原則**

建築基準法の「道路」とは、幅員<u>４ｍ</u>以上（特定行政庁の指定区域内は６ｍ以上）である道路のことをいいます。

●**建築基準法の例外「42条２項道路」**

建築基準法が適用されたときすでにあって、特定行政庁の指定を受けた幅員４ｍ未満の道路を「２項道路」といい、次のように扱います。

・**幅員４ｍ未満のとき**

道路中心線から<u>２ｍ</u>の線を道路境界線とみなし、幅員４ｍの道路として扱う。

・**道路の反対側ががけ地、川、線路敷地などの場合**

反対側の道路境界線から<u>４ｍ</u>の線を道路境界線とみなす。

２項道路の場合、敷地からみなし境界線まで後退（<u>セットバック</u>）することになりますが、セットバック部分は敷地に含まれず、建築物を建築することはできません。建蔽率や容積率の算定上、敷地面積に算入できないので、注意が必要です。

▨ **42条２項道路とセットバック**

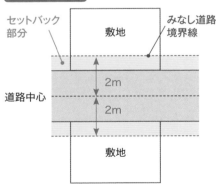
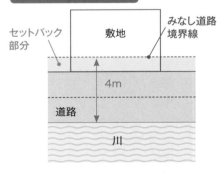

324

3　建蔽率の制限

◪ 建蔽率とは

建蔽率とは、建築物の<u>建築面積</u>の、敷地面積に対する割合です。建蔽率は、以下のように求められます。

$$建蔽率 = \frac{建築面積}{敷地面積}$$

次のような土地では、この土地に建てる建築物の建築面積の上限は <u>60m²</u> になります。

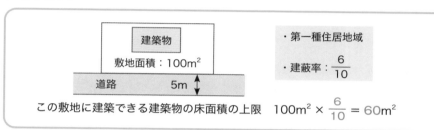

この敷地に建築できる建築物の床面積の上限　$100m^2 \times \dfrac{6}{10} = 60m^2$

◪ 建蔽率の最高限度

建蔽率の最高限度は用途地域ごとに異なり、行政庁が、都市計画で定めています。これを<u>指定建蔽率</u>といいます。

▨ 建蔽率の最高限度

用途地域	以下の数値の中から都市計画で定める
第一種低層住居専用地域、第二種低層住居専用地域、第一種中高層住居専用地域、第二種中高層住居専用地域、田園住居地域、工業専用地域	3/10、4/10、5/10、6/10
第一種住居地域、第二種住居地域、準住居地域、準工業地域	5/10、6/10、8/10
近隣商業地域	6/10、8/10
商業地域	<u>8/10</u>
工業地域	5/10、6/10

問題では、敷地の建蔽率は与えられるので、暗記しなくても大丈夫！

1 ライフプランニングと資金計画
2 リスク管理
3 金融資産運用
4 タックスプランニング
5 不動産
6 相続・事業承継

3 建蔽率の緩和措置

次のいずれかに該当する場合、都市計画で定められた建蔽率に <u>1/10</u> を加えることができます。

> ①建蔽率が 8/10 の地域<u>以外</u>で、<u>防火地域</u>内にある<u>耐火建築物</u>等
> ②<u>準防火地域</u>で、耐火建築物または<u>準耐火建築物</u>等
> ③特定行政庁が指定する<u>角地</u>にある建築物
> ※①と③、または②と③の両方に該当する場合、<u>2/10</u> を加えることができる

4 建蔽率の制限がないもの

次のいずれかに該当する際は建蔽率の制限が適用されません（建蔽率 <u>100</u>％）。

> ・建蔽率が <u>8/10</u> とされている地域内で、<u>防火地域</u>内にある<u>耐火建築物</u>
> ・巡査派出所、公衆便所、公共用歩廊等
> ・公園、広場、道路、河川等の内にある建築物で、特定行政庁が安全上、防火上および衛生上支障がないと認めて許可したもの

◇建築面積の最高限度を計算してみよう

【問題】次の図のような敷地に耐火建築物を建築する場合の、建築面積の最高限度はいくらか。

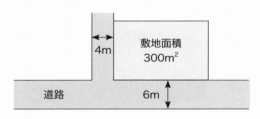

・近隣商業地域
・指定建蔽率：$\dfrac{6}{10}$
・防火地域
・特定行政庁が指定した角地

・都市計画で定められた建蔽率は 6/10 である
・特定行政庁が指定した角地であるため 1/10 の緩和となる
・防火地域内に耐火建築物を建築するので 1/10 の緩和となる

したがって、建築面積の最高限度は、次のようになる。

$$300\text{m}^2 \times \left(\dfrac{6}{10} + \dfrac{2}{10} \right) = 240\text{m}^2$$

1 ライフプランニングと資金計画

2 リスク管理

3 金融資産運用

4 タックスプランニング

5 不動産

6 相続・事業承継

⑤ 建築物の敷地が建蔽率の異なる地域にわたる場合

建築物の敷地が、建蔽率の異なる地域にわたる場合は、それぞれの地域の建蔽率に、その敷地の敷地全体に占める割合を乗じた数値の合計が、その敷地全体の建蔽率の最高限度になります。

◇建蔽率の最高限度を計算してみよう

【問題】次のような敷地に建築物を建築する場合の、建蔽率の最高限度はいくらか。

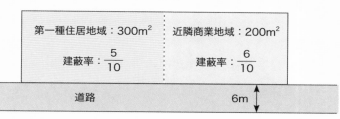

この敷地の建蔽率の最高限度は、以下のように計算する。

$$\frac{5}{10} \times \frac{300\text{m}^2}{500\text{m}^2} + \frac{6}{10} \times \frac{200\text{m}^2}{500\text{m}^2} = \frac{3}{10} + \frac{2.4}{10} = \frac{5.4}{10} = 54\%$$

4 容積率の制限

① 容積率とは

容積率とは、建築物の<u>延べ面積</u>（床面積の合計）の、敷地面積に対する割合です。容積率は、以下のように求められます。

$$\text{容積率} = \frac{\text{延べ面積}}{\text{敷地面積}}$$

建築基準法では、用途地域ごとに容積率の制限が定められています。ある敷地に建築物を建築する場合、建蔽率の制限と容積率の制限の両方を満たす必要があります。

次のような土地に建築物を建築する場合、この土地に建てる建築物の延べ面積の上限は、容積率をもとに次のように考えます。

敷地面積 100m² の敷地に建築物を建築する場合

| 2階 | 100m² |
| 1階 | 100m² |

敷地面積 100m²　容積率 $\dfrac{20}{10}$

3階	100m²
2階	100m²
1階	100m²

敷地面積 100m²　容積率 $\dfrac{30}{10}$

容積率 20/10 の場合の建築可能な延べ面積：100m² × 20/10 = 200m²
容積率 30/10 の場合の建築可能な延べ面積：100m² × 30/10 = 300m²

2 容積率の最高限度

　容積率の最高限度は用途地域ごとに異なり、行政庁が、都市計画で定めています。これを<u>指定容積率</u>といいます。

容積率の最高限度

用途地域	以下の数値の中から都市計画で定める
第一種低層住居専用地域、第二種低層住居専用地域、田園住居地域	5/10、6/10、8/10、10/10、15/10、20/10
第一種中高層住居専用地域、第二種中高層住居専用地域、第一種住居地域、第二種住居地域、準住居地域、近隣商業地域、準工業地域	10/10、15/10、20/10、30/10、40/10、50/10
工業地域、工業専用地域	10/10、15/10、20/10、30/10、40/10
商業地域	20/10、30/10、40/10、50/10、60/10、70/10、80/10、90/10、100/10、110/10、120/10、130/10

問題では、敷地の容積率は与えられるので、暗記しなくても大丈夫！

3 容積率の緩和措置

　容積率の緩和については、建築物ごとに個別に判断します。次のような建築物で、特定行政庁が交通上、安全上、防災上、衛生上支障がないと認めて許可したものは、その許可の範囲で容積率が緩和されます。

　敷地の周囲に広い公園、広場、道路その他の空地を有する建築物

1 ライフプランニングと資金計画

2 リスク管理

3 金融資産運用

4 タックスプランニング

5 不動産

6 相続・事業承継

4 前面道路の幅員による容積率の制限

　建築物の前面道路の幅員が<u>12 m</u>未満の場合、その幅員に、定められた法定乗数を乗じた数値に容積率が制限され、その敷地の容積率は、都市計画で定められた数値と、前面道路の幅員に法定乗数を掛けた数値のいずれか<u>低い</u>数値となります。

　敷地が2つの道路に接している場合は、幅員の<u>広い</u>ほうの道路を前面道路とすることができます。

用途地域	前面道路の幅員に乗じる数値（法定乗数）
住居系	4/10
商業系、工業系	6/10

◇延べ面積の最高限度を計算してみよう

【問題】次の図のような敷地に耐火建築物を建築する場合の、延べ面積の最高限度はいくらか。

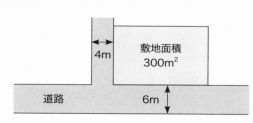

・第二種住居地域

・指定容積率：$\dfrac{30}{10}$

・前面道路の幅員に対する
　法定乗数：$\dfrac{4}{10}$

・都市計画で定められた容積率は 30/10 である

・前面道路の幅員が 12 m 未満であり、容積率の制限を受けるので、前面道路の幅員に法定乗数を乗じた数値と、都市計画で定められた数値を比較する

　　6 m × 4/10 = 24/10 ＜ 30/10 ⇒低い数値の 24/10 が適用される

したがって、この敷地の延べ面積の最高限度は、次のようになる

　　300m² × 24/10（240%）= 720m²

前面道路の幅員によって容積率が制限される際の計算問題は、よく出題されています

5 建築物の敷地が容積率の異なる地域にわたる場合

　建築物の敷地が、容積率の異なる地域にわたる場合は、それぞれの地域の容積率に、その敷地の敷地全体に占める割合を乗じた数値の合計が、その敷地全体の容積率の最高限度になります。

◇容積率の最高限度を計算してみよう

【問題】次のような敷地に建築物を建築する場合の、容積率の最高限度はいくらか。

この敷地の容積率の最高限度は、以下のように計算する。

$$\frac{40}{10} \times \frac{300m^2}{400m^2} + \frac{20}{10} \times \frac{100m^2}{400m^2} = \frac{30}{10} + \frac{5}{10} = \frac{35}{10}\ (350\%)$$

5　建築物の高さに関する制限

1 絶対高さ制限

　第一種低層住居専用地域、第二種低層住居専用地域、田園住居地域内の建築物の高さは、原則として、10 mまたは12 mのうち都市計画で定められた限度を超えることができません。

2 斜線制限

　建築物の各部分は、道路境界線や隣地境界線からの距離に一定の勾配を乗じた線（斜線）を超えて建築することはできません。この規制を斜線制限と呼んでおり、道路斜線制限、隣地斜線制限、北側斜線制限の３つの制限があります。

●道路斜線制限

　道路斜線制限は、道路の採光や風通しを確保するための規制です。前面道路の反対側の境界線から、建築物の敷地の上空に向かって、用途地域によって異なる勾配で斜線を引き、建築物はその内側に建築されなければなりません。

　道路斜線制限は、都市計画区域内と準都市計画区域内のすべての地域に適用

されます。

●隣地斜線制限

隣地斜線制限は、建物の間の空間を確保し、隣家の日照権や風通しを妨げないための規制です。隣地との境界線から、建築物の敷地の上空に向かって、用途地域によって異なる勾配で斜線を引き、建築物はその斜線の内側に建築されなければなりません。隣地斜線制限は、第一種・第二種<u>低層住居専用地域</u>、<u>田園住居地域</u>を<u>除く</u>すべての地域に適用されます。

●北側斜線制限

北側斜線制限は、北側にある建物の日照権を確保するための規制です。真北方向の隣地境界線または前面道路の反対側の境界線から、建築物の上空に向かって一定の勾配で斜線を引き、建築物はその斜線の内側に建築されなければなりません。北側斜線制限は、第一種・第二種<u>低層住居専用地域</u>、第一種・第二種<u>中高層住居専用地域</u>、<u>田園住居地域</u>に適用されます。

▨ 斜線制限が適用される用途地域

道路斜線制限	<u>都市計画区域</u>と<u>準都市計画区域</u>内の<u>すべての地域</u>
隣地斜線制限	第一種・第二種<u>低層住居専用地域</u>、<u>田園住居地域</u>を<u>除く</u>すべての地域
北側斜線制限	第一種・第二種<u>低層住居専用地域</u>、第一種・第二種<u>中高層住居専用地域</u>、<u>田園住居地域</u>

▨ 道路斜線制限のイメージ

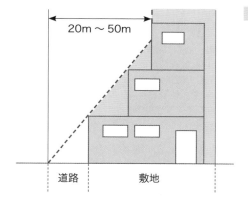

：建築可能な空間

20m～50m

道路　　敷地

斜線制限や日影規制では、それぞれの規制が適用される用途地域を覚えましょう！

1 ライフプランニングと資金計画
2 リスク管理
3 金融資産運用
4 タックスプランニング
5 不動産
6 相続・事業承継

6 　日影規制

　日影規制の対象区域内に一定の建築物を建築する場合、敷地境界線からの距離範囲により、一定の時間以上日影となる部分が生じないように建築物を建築しなければならないという規制です。

用途地域	日影規制が適用される場合
第一種・第二種低層住居専用地域、田園住居地域	軒の高さが 7 m超、または地階を除く階数が 3 以上
第一種・第二種中高層住居専用地域、第一種・第二種住居地域、準住居地域、近隣商業地域、準工業地域	高さが 10 m超
商業地域、工業地域、工業専用地域	制限なし

7 　防火規制

1 防火地域と準防火地域

　市街地における火災の危険を防ぐ目的で、「防火地域」や「準防火地域」の規制が定められる場合があります。その場合は、建築物の階数や床面積に応じて、耐火建築物、準耐火建築物または一定の防火基準に適合する建築物とする必要があります。

防火地域	・最も規制が<u>厳しい</u> ・「地階を含む階数が 3 以上の建築物」「延べ面積が 100m² を超える建築物」は、耐火建築物等にしなければならない ・それ以外は、耐火建築物等または準耐火建築物等にしなければならない
準防火地域	・「地階を除く階数が 4 以上の建築物」「延べ面積が 1,500m² を超える建築物」は、耐火建築物等にしなければならない ・「地階を除く階数が 3 の建築物」「延べ面積が 500m² 超 1,500m² 以下の建築物」は、耐火建築物等または準耐火建築物等にしなければならない

2 建築物が異なる防火規制の地域にわたる場合

　建築物が「防火地域」「準防火地域」「防火規制なし」といった異なる区域にまたがる場合は、原則として、最も<u>厳しい</u>地域の規制が適用されます。

　最も厳しい規制は<u>防火地域</u>の規制、次が準防火地域の規制です。

1 ライフプランニングと資金計画

2 リスク管理

3 金融資産運用

4 タックスプランニング

5 不動産

6 相続・事業承継

 まとめ｜建築基準法

・建築基準法の道路とは、幅員 4m 以上の道路のことで、42条2項道路に該当する場合はセットバックが必要になる

・建蔽率と容積率を使った計算問題は、試験では頻出なので、建築面積や延べ面積の計算ができるようにする

・建築物の高さ制限や日影制限は、それぞれの制限の対象となる用途地域を覚える

一問一答・チャレンジ問題！

次の文章で正しいものには〇、誤っているものには×で答えましょう。

①工業の利便を増進するために定める地域である工業専用地域内には、原則として、診療所や保育所を建てることはできない。

②敷地が接する道路の反対側が川などの場合、反対側の道路境界線から水平距離4mの線が道路境界線とみなされる。

③建築物の敷地が建蔽率の異なる地域にわたる場合、過半の属する用途地域の建蔽率の制限が敷地全体に適用される。

④建築物の絶対高さ制限は、第一種低層住居専用地域、第二種低層住居専用地域、田園住居地域内の建築物に適用される。

⑤北側斜線制限は、商業地域内の建築物について適用される。

解答＆ポイント解説

① ×　② 〇　③ ×　④ 〇　⑤ ×

診療所や保育所は、用途地域に係わらず建築することができます。建築物の敷地が建蔽率の異なる地域にわたる場合、それぞれの地域の建蔽率に、その敷地の敷地全体に占める割合を乗じた数値の合計が敷地全体の建蔽率になります。北側斜線制限は、商業地域の建築物には適用されません。

その他の法律

必修ポイント
- 国土利用計画法の事後届出制と事前届出制
- 農地法、生産緑地法のポイント
- 土地区画整理法の考え方の基本について

1 国土利用計画法

1 国土利用計画法とは

　国土利用計画法は、総合的かつ計画的な国土の利用を図ることを目的として、土地利用計画の作成や土地取引の規制を定めています。

　国土利用計画法による土地取引の規制には、<u>届出制</u>と<u>許可制</u>の2つがあり、さらに届出制は、<u>事後</u>届出制と<u>事前</u>届出制に分けられます。

2 届出の対象となる土地取引

　次の3つの要件をすべて満たす土地取引は、届出の対象となります。

- ・土地の所有権、地上権、賃借権またはこれらの権利の取得を目的とする権利の移転または設定
- ・対価の授受を伴うもの
- ・契約（予約を含む）により行われるもの

3 届出が必要な土地の面積の要件

　土地の面積は、一団の土地について判定されます。そのため、個々の土地の取引が対象となる面積以下であっても、最終的に取引の対象となる土地面積が以下の面積以上の場合は、届出が必要です。

事後届出制 注視区域	市街化区域内	2,000m² 以上
	市街化区域を除く都市計画区域内	5,000m² 以上
	都市計画区域外	10,000m²（1ha）以上
監視区域	都道府県知事が、届出が必要となる土地の面積を決める	

1 資金計画とライフプランニングと

2 リスク管理

3 金融資産運用

4 タックスプランニング

5 不動産

6 相続・事業承継

4 事後届出制と事前届出制

事後届出制は、土地取引の売買契約を締結した後に、<u>取得者（買主）</u>が<u>都道府県知事</u>に届出をしなければなりません。事前届出制は、土地の売買契約を締結する前に、<u>当事者（買主・売主）</u>が届出をしなければなりません。

	届出義務者	内容
事後届出制	<u>権利取得者（買主）</u>	・注視区域、監視区域、規制区域外の区域 ・権利取得者（買主）が、契約締結日から<u>2週間</u>以内に、都道府県知事に利用目的、取引価格等を届け出なければならない
事前届出制	<u>両当事者（買主・売主）</u>	・注視区域、監視区域に指定された区域内 ・事前（契約締結前）に当事者（買主・売主）が届出を行う ・届出をした日から6週間を経過するまで契約を締結できない

ひとくちポイント！

注視区域とは、地価が相当な程度上昇、または上昇する恐れがある区域のこと。監視区域は、地価が急激に上昇、または上昇する恐れがある区域のことで、どちらも都道府県知事が期間を決めて指定します

5 許可制

規制区域が指定された場合は、原則として、その区域内のすべての土地取引には、契約前に都道府県知事の許可が必要になります。ただし、これまでに規制区域が指定されたことはありません。

2 農地法

1 農地法とは

農地法では、農地や採草放牧地の売買や転用を行う場合の制限が定められています。

農地	・「耕作の目的に供される土地」のこと ・登記簿上の地目とは関係なく客観的な事実関係により農地と判断される
採草放牧地	・「主として耕作または養畜の事業のための採草、または家畜の放牧の目的に供される土地」のこと ・客観的な土地の使用状況により採草放牧地と判断される

2 農地法による制限

農地法では主に<u>権利移動</u>、<u>転用</u>、<u>転用を目的とする権利移動</u>が制限されます。

	内容	許可主体
権利移動 （農地法第3条）	農地、採草放牧地の所有権等を移転すること	農業委員会の許可が必要
転用 （農地法第4条）	自己が所有する農地を農地以外のものにすること	都道府県知事の許可が必要 ※市街化区域内では、農業委員会への届出で足りる
転用目的での権利移動 （農地法第5条）	農地、採草放牧地をそれ以外のものにするために所有権等を移転すること	

許可を受けずに権利移動が行われても、その契約の効力は生じず、原状回復などの是正措置命令が行われる場合もあります

3 生産緑地法

1 生産緑地法とは

生産緑地法では、農林漁業との調整を図り良好な都市環境を形成するために、市街化区域内の一団の農地などについて、生産緑地地区の指定をしています。生産緑地地区に指定されると、固定資産税が農地課税とされるなどの税制上の優遇を受けることができます。

2 生産緑地地区の規制

生産緑地地区に指定された場合、建築物その他の工作物の新築、改築、増築を行う場合、宅地の造成、土石の採取その他の土地の形質の変更を行う場合は、市町村長の許可を得なければなりません。

3 生産緑地の買取の申出

生産緑地の所有者は、次の場合に、市町村長に対して、生産緑地を時価で買い取ることを申し出ることができます。

・生産緑地の都市計画の告示の日から 30 年経過したとき（2022 年）
・主たる農林漁業者の死亡等で継続が困難になったとき

 ひとくちポイント！

生産緑地の指定から 2022 年で 30 年となります。生産緑地が市場で大量に売却されて開発が乱発する懸念があるため、田園住居地域を定めて、住居と農地が調和しながら発展できるように規制することになりました

1 ライフプランニングと資金計画

2 リスク管理

3 金融資産運用

4 タックスプランニング

5 不動産

6 相続・事業承継

4 土地区画整理法

1 土地区画整理事業とは

　土地区画整理事業とは、都市計画区域内の土地について、公共施設の整備改善や宅地の利用増進を図るために行われる区画形質の変更等の事業です。「換地」という手法で、土地所有者や借地権者などの権利関係を再分配して、合理的な土地利用の促進を図っています。

2 土地区画整理事業のしくみと手順

●土地区画整理事業の施行者

　土地区画整理事業は、個人、土地区画整理組合、区画整理会社、公共機関が施行者になって行われます。

●換地計画

　土地区画整理事業は、換地計画によって行われ、換地、減歩、公共施設の設置、保留地、清算金などが定められます。

換地	区画整理前の宅地に代わるものとして区画整理後に割り当てられる宅地
減歩	施行地区内の土地所有者から一定の割合で土地の提供を受け、公共施設の用地と保留地に充てられる
保留地	土地区画整理事業施行の費用に充てるため、一部の土地を換地とせずに保留地とする
清算金	換地を定めない宅地については清算金を支払う

●建築行為等の規制

　事業の認可等の告示があってから、換地処分の公告があるまでの間、原則として、都道府県知事の許可がなければ、施行地区内で事業の障害となる恐れのある建設行為をすることはできません。

ひとくちポイント！

土地区画整理事業によって、従前の宅地が区画や公共施設の整った宅地になります。住環境が整備されるため、宅地の評価額が上昇することもあり、土地所有者にとってもメリットがあります

- 国土利用計画法では、土地取引について、届出制と許可制が定められており、届出制には事後届出制と事前届出制がある
- 農地法では、農地や採草放牧地の権利移動や転用、転用目的での権利移動の際の農業委員会や都道府県知事の許可が定められている
- 市街化区域内の農林漁業用地は、生産緑地法によって生産緑地の指定がされた場合、建築物の建築などに規制が行われる

一問一答・チャレンジ問題！

次の文章で正しいものには○、誤っているものには×で答えましょう。

①市街化区域内で 2,000m² 以上の土地の取引をするときに、その土地が注視区域に指定されている場合は、事前届出制の対象となる。

②監視区域に指定された土地の取引をする場合、その土地が 5,000m² 以上の場合は、あらかじめ都道府県知事の許可が必要である。

③自己が所有する農地の権利移動を行い、その後も農地として使用する場合は、農業委員会の許可を受けなければならない。

④市街化区域内で、自己が所有する農地を農地以外のものに転用する場合は、都道府県知事の許可を受けなければならない。

⑤換地計画では、区画整理前の宅地に代わるものとして、区画整理後に換地が割り当てられる。

解答＆ポイント解説

① ○ ② × ③ ○ ④ × ⑤ ○
監視区域では、都道府県知事が、届出が必要な土地の面積を定めます。市街化区域内で自己が所有する農地を農地以外のものに転用する場合は、特例として、農業委員会への届出で足ります。

10 不動産の取得と税金

必修ポイント
- 不動産取得税の納税義務者と課税標準の特例
- 登録免許税の課税標準と軽減税率の特例
- 印紙税の課税対象となる文書

1 不動産取得税

1 不動産取得税の概要

　不動産取得税は、土地や建物を取得した個人、法人に対して、対象となる不動産が所在する<u>都道府県</u>が課す<u>地方税</u>です。

2 納税義務者

　不動産取得税の納税義務者は、不動産を<u>取得</u>した者です。

　土地は地目にかかわらず、すべての土地が対象となり、家屋は新築・増改築・中古やその用途にかかわらず、すべての家屋が対象となります。

　不動産取得税が課される取得の時期は、現実に所有権を取得したときであり、<u>有償・無償</u>にかかわらず、また、<u>登記</u>がなされているかどうかを問わず課税の対象となります。ただし、不動産取得税が課されない場合もあります。

課税される	課税されない
売買、<u>贈与</u>、新築・増改築、相続人以外への特定遺贈	<u>相続</u>・合併、相続人への遺贈、相続人以外への包括遺贈

3 課税標準と税率

　不動産取得税の課税標準は、<u>固定資産税評価額</u>ですが、<u>宅地</u>を取得した場合は、固定資産税評価額の<u>2分の1</u>とされます。

> 不動産取得税 ＝ 課税標準 × 税率

　税率は4%ですが、土地や住宅の場合は特例として<u>3%</u>となります。

4 不動産取得税の特例

●住宅の取得に係る課税標準の特例

　一定の要件を満たす新築住宅または中古住宅を取得した場合は、課税標準から一定額が引かれる特例があり、課税標準から控除額を引いた金額に税率を掛けて税額を計算します。対象となる住宅の要件と控除額は、次のとおりです。

不動産取得税 ＝（課税標準 － 控除額）× 税率（3%）

	新築住宅	中古住宅
用途	住宅（賃貸住宅も可）	自己の居住用
種類	新築住宅	1982 年 1 月 1 日以降に新築されたもの、または新耐震基準等に適合するもの（建築経過年数を問わない）
床面積	50m^2（賃貸住宅は 40m^2）以上 240m^2 以下	50m^2 以上 240m^2 以下
控除額	1,200 万円（認定長期優良住宅は 1,300 万円）	築年数に応じて 350 万円〜1,200 万円を控除できる

●**住宅用土地の取得に係る税額控除の特例**

「住宅の取得に係る課税標準の特例」が適用される住宅の敷地の場合、一定の要件を満たすと、税額から一定額が控除される特例の適用を受けることができます。

	新築住宅	中古住宅
要件	・敷地の取得から 3 年以内に住宅を新築 ・新築後 1 年以内に取得	・敷地取得の前後 1 年以内に住宅を取得
控除額	①②のいずれか多い金額 　① 45,000 円 　②土地 1m^2 の価格×住宅の床面積の 2 倍× 3%	

5 免税点

　不動産取得税の免税点は、土地の取得は 10 万円、家屋の取得については、新築・増改築の場合は 23 万円です。

 ひとくちポイント！

免税点とは、税法によって一定の金額に満たない場合は課税しないと決められている、その金額のことです。不動産取得税の場合、土地の免税点は 10 万円なので、10 万円未満の土地を取得しても課税の対象になりません

2　登録免許税

1 登録免許税の概要

登録免許税は、登記を受ける者に対して、国が課す国税です。

2 納税義務者

登録免許税の納税義務者は、登記を受ける者です。登記を受ける者が2人以上いる場合は、連帯して納税義務を負います。所有権移転登記の場合、通常、登記権利者（買主）と登記義務者（売主）の両方が納税義務者となりますが、実質的には買主が全額負担するのが一般的です。

3 課税標準と税率

登録免許税の課税標準は、不動産の固定資産税評価額または債権金額です。

> 登録免許税 ＝ 課税標準 × 税率

税率は、登記事項によって異なります。

登記事項		課税標準	税率	
			本則	特例
所有権保存登記		固定資産税評価額	0.4%	－
所有権移転登記	売買（土地）		2.0%	1.5%
	売買（既存住宅）		2.0%	－
抵当権設定登記		債権金額	0.4%	－

4 住宅用家屋の軽減税率の特例

次のような要件を満たす住宅用家屋は、登録免許税の税率が軽減されます。この特例は、建物のみに適用され、土地に対する軽減税率の特例はありません。

登記の時期	新築または取得後 1 年以内に登記すること
用途	自己居住用
床面積	50m² 以上
中古住宅の場合	一定の耐震基準に適合している家屋または 1982 年 1 月 1 日以降に建築された家屋

	税率	
	本則	軽減税率
所有権保存登記	0.4%	0.15%
所有権移転登記	2.0%	0.3%
抵当権設定登記	0.4%	0.1%

> この特例は、自己居住用家屋にのみ適用され、土地への適用がないので気をつけてください

1 ライフプランニングと資金計画
2 リスク管理
3 金融資産運用
4 タックスプランニング
5 不動産
6 相続・事業承継

3 印紙税

1 印紙税の概要

　印紙税は、不動産の売買契約書などの課税文書を作成する際に課される<u>国税</u>です。納税義務者は、課税文書を作成した個人や法人です。納付の際は、課税文書の種類や記載されている金額に応じた<u>収入印紙</u>を貼付し、<u>消印</u>をすることで納付します。

2 印紙税の課税文書と非課税になる場合

　印紙税の課税対象となる文書には、次のようなものがあります。

課税文書	土地の賃貸借に関する契約書 不動産の譲渡に関する契約書 消費貸借に関する契約書 請負に関する契約書 売上代金にかかる金銭の受取書
非課税文書	・契約金額が1万円未満の売買契約書、請負契約書等 ・5万円未満の受取書、営業に関しない受取書等 ・国、地方公共団体および一定の公共法人が作成する文書　　など

3 過怠税

　課税文書に印紙を貼付しなかったり消印をしなかった場合には、<u>過怠税</u>が課されます。ただし、その場合でも契約の効力がなくなることは<u>ありません</u>。

●印紙を貼付しなかった場合

　納付しなかった印紙税の額とその<u>2倍</u>の額の合計額（合計で印紙税の<u>3倍</u>の額を納付する）の過怠税が課されます。

●消印をしなかった場合

　消印をしていない印紙の額と<u>同額</u>の過怠税が課されます。

4 その他

●複数の文書を作成する場合

　印紙税は文書ごとに課税されるので、同一内容の文書を複数作る場合は、それぞれに課税されます。

●仮契約書

　本契約書だけでなく、仮契約書、念書、覚書きなども課税の対象です。

●写し・副本・謄本

　その内容に証明力があり、課税文書と認められるものは課税の対象です。

1 ライフプランニングと資金計画

2 リスク管理

3 金融資産運用

4 タックスプランニング

5 不動産

6 相続・事業承継

まとめ｜不動産の取得と税金

- 不動産取得税は、不動産を取得した者が課せられ、税率は4%だが、一定の要件を満たす住宅の場合は、税率 3% になる特例がある
- 登録免許税は、不動産登記をする場合に課せられ、住宅用家屋を新築後または取得後 1 年以内に登記をすると税率が軽減される特例がある
- 土地の賃貸借契約書や不動産の売買契約書、金銭消費貸借契約書は印紙税の課税文書である

一問一答・チャレンジ問題！

次の文章で正しいものには○、誤っているものには×で答えましょう。

①不動産取得税は、贈与により不動産を取得した場合であっても、その不動産を取得した者に課される。

②要件を満たす戸建て住宅を新築した場合、不動産取得税の課税標準から1戸につき、最高1,500万円を控除することができる。

③登録免許税は、住宅を新築した場合の所有権保存登記と、中古住宅を購入した場合の所有権移転登記では、税率が異なる。

④個人が、所定の要件を満たす自己居住用の住宅を、新築または取得後1年以内に登記をした場合、登録免許税が軽減される。

⑤印紙税の課税文書に印紙を貼付しなかった場合、課税文書に貼付するべき印紙の額と同額の過怠税が課される。

解答&ポイント解説

① ○　② ×　③ ○　④ ○　⑤ ×

要件を満たす戸建て住宅を新築した場合は、特例により、課税標準から最高 1,200万円（認定長期優良住宅は 1,300万円）を控除できます。印紙を貼付しなかった場合の過怠税は、印紙税の額の 3倍 です。

11 # 不動産の保有と税金

必修ポイント
- 固定資産税と都市計画税の概要
- 住宅用地に対する課税標準の特例
- 都市計画税の対象となる土地と家屋

 1 ## 固定資産税

1 固定資産税の概要

　固定資産税は、その固定資産（土地・建物）が所在する<u>市町村</u>によって課せられる<u>地方税</u>です。納税義務者は、賦課期日（毎年<u>1月1日</u>）にその固定資産を所有している者です。

 ### ひとくちポイント！

一年の途中で不動産を売却した場合でも、固定資産税の納税義務者は1月1日現在の所有者です。そのため、慣行として、売買の際に所有期間分の固定資産税を、買主が売主に支払うのが一般的です

2 課税標準と税率

　固定資産税の課税標準は、賦課期日における<u>固定資産税評価額</u>です。

　固定資産税 ＝ 課税標準 × 税率

　固定資産税の税率は市町村が定めます。標準税率は<u>1.4%</u>ですが、各市町村は、条例によって、異なる税率を定めることができるため、全国一律ではありません。固定資産税の納期限は、原則として、年4回（4月、7月、12月、2月）で、普通徴収により、賦課された税額を納税者が自ら納めます。

 ### ひとくちポイント！

固定資産税評価額は、基準年度ごとに市町村長が決定し、原則として3年間据え置かれます（3年に1度評価替え）。固定資産税課税台帳に登録され、閲覧できる者は、納税義務者、借地人、借家人に限られます

1 ライフプランニングと資金計画

2 リスク管理

3 金融資産運用

4 タックスプランニング

5 不動産

6 相続・事業承継

3 住宅用地に対する課税標準の特例

　住宅用地については、課税標準が一定の割合で減額される特例があります。自己居住用だけでなく、賃貸用住宅のための住宅用地でも適用を受けることができます。ただし、住宅用地に対する課税標準の軽減を受けられるのは、建物床面積の <u>10 倍</u>までが限度となります。

小規模住宅用地（<u>200m²</u> 以下の部分）	固定資産税評価額× <u>1/6</u>
一般住宅用地（<u>200m²</u> 超の部分）	固定資産税評価額× <u>1/3</u>

敷地 600m² の住宅用地の場合

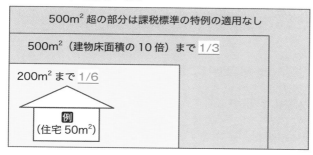

4 新築住宅に対する税額の特例

　新築住宅については、一定の要件に該当する場合、<u>120m²</u> 以下の床面積に対する税額が、新築後、一定期間、<u>2 分の 1</u> に減額されます。

	新築住宅	新築中高層耐火住宅
居住用部分の割合	総床面積の <u>1/2</u> 以上	
床面積	<u>50m²</u>（一戸建て以外の賃貸住宅は <u>40m²</u>）以上 280m² 以下	
控除期間	新築後 <u>3 年度</u>分	新築後 <u>5 年度</u>分
控除額	固定資産税の <u>1/2</u>（床面積のうち <u>120m²</u> までの居住用部分に限る）	

新築住宅の場合、居住用部分が <u>2 分の 1</u> 以上あれば、税額控除の対象になります

5 免税点

　固定資産税は、同一の市町村に所有する課税標準の合計が、土地は 30 万円、家屋の場合は 20 万円未満であるときは、課されません。

2 都市計画税

1 都市計画税の概要

　都市計画税は、都市計画事業や土地区画整理事業に必要な費用に充てるため、市町村が課す地方税です。納税義務者は、賦課期日（毎年1月1日）に、市街化区域内にある土地、家屋を所有している者です。

ひとくちポイント！

都市計画税は、市街化区域内にある土地や建物の所有者に課される税金であり、市街化調整区域内の土地や建物の所有者には課税されません

2 課税標準と税率

都市計画税の課税標準は、賦課期日における固定資産税評価額です。

都市計画税 ＝ 課税標準 × 税率

　固定資産税の税率は市町村が定めます。制限税率が0.3%とされているため、各市町村が0.3%を上限に税率を定めることができます。納期限は、原則として、年4回（4月、7月、12月、2月）で、固定資産税とあわせて、賦課された税額を納税者が自ら納めます。

3 住宅用地に対する課税標準の特例

　住宅用地については、固定資産税と同様に、課税標準が一定の割合で減額される特例があります。自己居住用だけでなく、賃貸用住宅のための住宅用地でも適用を受けることができます。ただし、住宅用地に対する課税標準の軽減を受けられるのは、建物床面積の10倍までが限度となります。

| 小規模住宅用地（200m² 以下の部分） | 固定資産税評価額× 1/3 |
| 一般住宅用地（200m² 超の部分） | 固定資産税評価額× 2/3 |

固定資産税と都市計画税の住宅用地に対する課税標準の特例は、軽減される割合を覚えましょう！

4 免税点

　都市計画税は、同一の市町村に所有する課税標準の合計が、土地は30万円、家屋の場合は20万円未満であるときは、課されません。

まとめ｜不動産の保有と税金

- 固定資産税と都市計画税は、<u>1月1日</u>現在で固定資産（土地、建物）を所有している者に納税義務がある地方税である
- 都市計画税の対象となるのは、<u>都市計画区域内</u>にある土地、建物を所有している者である
- 固定資産税と都市計画税には、<u>住宅用地</u>に対する課税標準の特例があり、住宅用地の面積に応じて課税標準が減額される

一問一答・チャレンジ問題！

次の文章で正しいものには○、誤っているものには×で答えましょう。

①土地に係る固定資産税は、毎年4月1日における土地の所有者に対して課される。

②土地および家屋に係る固定資産税の標準税率は1.4%と定められているが、各市町村は条例によって、これとは異なる税率を定めることができる。

③住宅用地に対する固定資産税の課税標準の特例では、住宅1戸当たり300m² 以下の部分に対して課税標準を6分の1にする特例がある。

④都市計画税は、都市計画区域内の土地および家屋に課される。

⑤住宅用地に対する都市計画税の課税標準の特例では、住宅1戸当たり200m² 以下の部分に対して課税標準を3分の1にする特例がある。

解答&ポイント解説

① × ② ○ ③ × ④ × ⑤ ○
固定資産税の賦課期日は、毎年 <u>1月1日</u> です。住宅用地に対する固定資産税の課税標準の特例では、住宅1戸当たり <u>200m²</u> 以下の部分の課税標準が <u>6分の 1</u> になります。都市計画税は、<u>市街化区域内</u>の土地、家屋に課されます。

1 ライフプランニングと資金計画

2 リスク管理

3 金融資産運用

4 タックスプランニング

5 不動産

6 相続・事業承継

12 不動産の譲渡と税金

- 不動産を譲渡した場合の長期・短期譲渡所得の違い
- 譲渡所得を計算する際の概算取得費の考え方
- 不動産を譲渡した際の3,000万円控除の特例

1 不動産の譲渡所得の課税のしくみ

1 譲渡所得

不動産を譲渡した場合の所得は、譲渡所得に該当します。譲渡所得には、総合課税と分離課税がありますが、不動産の譲渡所得は分離課税となります。

2 不動産の譲渡所得の区分

土地建物を保有していた期間によって長期譲渡所得と短期譲渡所得に区分されます。

長期譲渡所得	譲渡した日の属する年の1月1日時点で、所有期間が5年を超える土地・建物を譲渡した場合
短期譲渡所得	譲渡した日の属する年の1月1日時点で、所有期間が5年以下の土地・建物を譲渡した場合

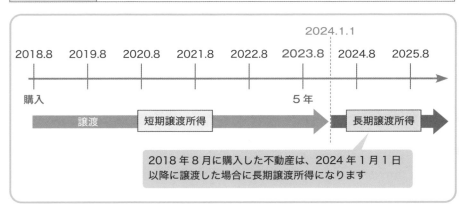

2018年8月に購入した不動産は、2024年1月1日以降に譲渡した場合に長期譲渡所得になります

 ひとくちポイント！

「取得の日」と「譲渡の日」は、原則として、譲渡した資産の引渡し日ですが、契約の効力発生日とすることも認められています。相続、贈与により取得した場合は、被相続人などが取得した日が「取得の日」となります

3 課税譲渡所得の計算

課税譲渡所得は、次のように計算します。

課税譲渡所得 ＝ 総収入金額 －（取得費＋譲渡費用）－ 特別控除額

●取得費

取得費 ＝ 譲渡資産の取得に要した金額 ＋ 設備費・改良費 － 減価償却費

譲渡資産の取得に要した金額	譲渡資産の購入代金、購入の際の仲介手数料、不動産取得税、印紙税、登記費用　など
設備費・改良費	取得後に、資産価値を高めるために新たに設置した設備、取り替えた設備などの費用
減価償却費	建物の取得費の計算では減価償却費を差し引く

●概算取得費

譲渡資産の取得費が不明な場合は、収入金額の 5% を取得費とすることができます。これを概算取得費といいます。また、課税所得の計算の際には、実際の取得費と概算取得費のいずれか多い金額を取得費とすることができます。

●譲渡費用

譲渡費用は、仲介手数料、建物取り壊し費用、賃借人への立退料、売却のための広告費など、譲渡のときに直接要した費用です。

●特別控除額

特別控除の対象となる譲渡の種類には、以下のようなものがあります。

	譲渡の種類	特別控除額
1	公共事業等のための土地建物の譲渡	5,000 万円
2	居住用財産の譲渡	3,000 万円
3	特定土地区画整理事業等のための土地の譲渡	2,000 万円
4	特定住宅地造成事業等のための土地の譲渡	1,500 万円
5	2009 年および 2010 年に取得した国内の土地の譲渡	1,000 万円
6	農地保有の合理化等のための土地の譲渡	800 万円
7	低未利用土地等の譲渡	100 万円

※複数の特別控除の適用を受けられるときは、1 から 7 の順序で適用を受け、同一年中の適用は、合計で 5,000 万円までとなる

4 税額の計算

課税譲渡所得に対する税額は次のように計算し、課税長期譲渡所得と課税短期譲渡所得では税率が異なります。

> 不動産を譲渡したときも、所得税には復興特別所得税（2.1％）がプラスされます

> 税額 ＝ 課税譲渡所得金額 × 税率

課税長期譲渡所得	税率 20％（所得税 15％、住民税 5％）
課税短期譲渡所得	税率 39％（所得税 30％、住民税 9％）

ひとくちポイント！

不動産の譲渡所得は、分離課税に該当するため、譲渡損失があっても、原則として、土地建物等の譲渡による所得以外の所得と損益通算をしたり、譲渡損失を翌年以降に繰り越したりすることはできません

2 譲渡所得の特例

1 譲渡益がある場合の特例

居住用財産を譲渡し、譲渡益が発生した場合に適用できる特例があります。

●居住用財産とは

居住用財産と認められるためには、次の要件を満たす必要があります。
・現在住んでいる家屋またはその家屋の敷地であること
・次のいずれかによるもので、その家屋に住まなくなってから 3 年を経過した年の年末までに譲渡したもの
　　①災害で損壊した家屋の敷地
　　②以前は住んでいたが、今は住んでいない家屋とその敷地
　　③住んでいる家屋（または以前に住んでいた家屋）を取り壊した場合の敷地

※家屋のすべてが居住用財産として認められるわけではなく、特例の適用を受けるために入居したものや一時的に入居したもの、別荘・セカンドハウスなどは特例の対象外となる

> 店舗併用住宅の場合、居住用部分が 90％以上であれば、居住用家屋となります

●居住用財産を譲渡した場合の 3,000 万円の特別控除

居住用財産を譲渡した場合、一定の要件を満たせば、譲渡所得金額から特別控除として 3,000 万円を控除することができます。

適用要件	・居住用財産であること ・譲渡した相手が親子や夫婦等の特別の間柄でないこと ・前年および前々年にこの特例、または居住用財産の買換えの特例などの適用を受けていないこと ・居住の用に供しなくなった日から 3 年を経過した年の 12 月 31 日までに譲渡すること
その他	・居住していた期間や保有期間の要件はないため、短期譲渡所得の場合でも控除が可能 ・適用を受けるためには、譲渡所得がゼロになる場合でも確定申告が必要 ・住宅とその敷地が夫婦の共有名義となっている場合、共有者それぞれが、最高 3,000 万円まで控除を受けられる ・買い換えた住宅に住宅ローンがある場合でも、住宅ローン控除と併用できない

●軽減税率の特例

所有期間が 10 年を超える居住用財産を譲渡した場合、一定の要件を満たせば、長期譲渡所得の軽減税率の特例の適用を受けることができます。

適用要件	・譲渡した年の 1 月 1 日現在で、所有期間が 10 年を超える居住用財産であること ・譲渡した相手が親子や夫婦等の特別の間柄でないこと ・前年および前々年にこの特例または居住用財産の買換えの特例などを受けていないこと ・居住の用に供さなくなった日から 3 年を経過した年の 12 月 31 日までに譲渡すること
その他	・3,000 万円の特別控除の特例と併用が可能 ・適用を受けるためには、譲渡所得がゼロになる場合でも確定申告が必要

軽減税率の特例の適用を受けると、税率が以下のように軽減されます。

課税長期譲渡所得 6,000 万円以下の部分	14%（所得税 10%、住民税 4%）
課税長期譲渡所得 6,000 万円超の部分	20%（所得税 15%、住民税 5%）

●特定の居住用財産の買換えの特例

特定の居住用財産を譲渡して、別の居住用財産を取得・購入した（買換え）場合、一定の要件を満たせば、特定の居住用財産の買換えの特例の適用を受けることができます。

1 ライフプランニングと資金計画

2 リスク管理

3 金融資産運用

4 タックスプランニング

5 不動産

6 相続・事業承継

①譲渡資産の譲渡価額　≦　買換資産の取得価額　の場合

買換資産の価格が譲渡資産の価格以上の場合は、譲渡益はなかったものとされ、課税されない（税金が100%繰り延べられる）

②譲渡資産の譲渡価額　＞　買換資産の取得価額　の場合

譲渡資産の価格より買換資産の価格のほうが低い場合は、その差額が課税の対象になり、残りは課税が繰り延べられる

※この特例の適用を受けた場合、買換資産の取得費は、譲渡資産の取得費となる（取得費を引き継ぐ）ため、買換資産を譲渡した場合の取得費は譲渡資産の取得費を用いる。また、取得時期については引き継がない

適用要件	・居住用財産を譲渡し、別の居住用財産を買い換えること ・譲渡資産 　・所有期間が1月1日現在で10年超かつ居住期間が10年以上であること 　・譲渡の額が1億円以下であること ・買換資産 　・床面積50m² 以上、敷地面積500m² 以下 　・一定の省エネ基準を満たすこと 　・譲渡した年の前年1月1日から譲渡した年の翌年12月31日までの間に取得し、譲渡した年の翌年12月31日までに居住すること
その他	・譲渡した相手が親子や夫婦等の特別の間柄でないこと ・前年および前々年に3,000万円特別控除の特例、軽減税率の特例の適用を受けていないこと

譲渡資産の取得費を引き継ぎ、取得時期は引き継がないので、買換資産を譲渡した場合に多額の税金が課せられることもあります

2 譲渡損がある場合の特例

●居住用財産の買換え等の場合の譲渡損失の繰越控除

居住用財産を買い換えて譲渡損失が発生した場合、一定の要件を満たせば、譲渡した年の他の所得と損益通算を行い、さらに翌年以降3年間にわたって繰越控除を受けることができます。

適用要件	・譲渡資産 　・所有期間が、譲渡年の 1 月 1 日時点で 5 年超であること 　・土地の面積が 500m² を超える部分は除く ・買換資産 　・居住用部分の床面積が 50m² 以上 　・譲渡した年の前年 1 月 1 日から譲渡した年の翌年 12 月 31 日までの間に 　　取得し、譲渡した年の翌年 12 月 31 日までに居住するまたはその見込みで 　　あること 　・返済期間が 10 年以上の住宅ローンがあること
その他	・譲渡した相手が親子や夫婦等の特別の間柄でないこと ・繰越控除を受ける年の合計所得金額が 3,000 万円以下であること ・前年および前々年に 3,000 万円特別控除の特例、軽減税率の特例の適用を 　受けていないこと（住宅ローン控除との併用は可能）

●特定居住用財産の譲渡損失の繰越控除

　居住用財産を新たに購入しない場合、一定の要件を満たせば、特定居住用財産の譲渡損失の繰越控除の特例の適用を受けることができます。

適用要件	・譲渡資産 　・所有期間が譲渡した年の 1 月 1 日時点で 5 年超であること 　・譲渡契約をした日の前日において、住宅ローンの残高があること ・繰越控除を受ける年の合計所得金額が 3,000 万円以下であること ・前年および前々年に 3,000 万円特別控除の特例、軽減税率の特例の適用を 　受けていないこと
その他	譲渡損失の金額と、譲渡価額を超える住宅ローンの残高のいずれか少ない額が、 損益通算と繰越控除の対象となる

③ 空き家に係る譲渡所得の特別控除の特例

　被相続人が居住していた家屋やその敷地を、相続により取得した相続人が譲渡する場合、一定の要件を満たせば、空き家に係る譲渡所得の特別控除の特例の適用を受け、譲渡所得から 3,000 万円控除することができます。

適用要件	・1981 年 5 月 31 日以前に建築された家屋で、新耐震基準を満たしていること ・相続時に、被相続人以外に居住者がいなかったこと ・相続から譲渡するときまで、事業、貸付、居住等に使用されていなかったこと 　（空き家のままだったこと） ・譲渡価額が 1 億円以下であること ・相続の開始があった日から 3 年経過する年の 12 月 31 日までに譲渡すること
その他	対象となる空き家を耐震リフォームにより新耐震基準を満たした家屋として譲渡 する、または空き家を撤去し更地として譲渡した場合、3,000 万円の特別控除 を受けられる

1 ライフプランニングと資金計画

2 リスク管理

3 金融資産運用

4 タックスプランニング

5 不動産

6 相続・事業承継

4 低未利用土地の長期譲渡所得の特別控除

　都市計画区域内にある低未利用土地を譲渡した場合、譲渡益から 100 万円を控除することができます。低未利用土地とは、居住の用や事業の用に利用されていない土地や、その土地の上に存する権利のことです。

適用要件	・譲渡した年の 1 月 1 日において、所有期間が 5 年超であること ・譲渡した相手が親子や夫婦等の特別の間柄でないこと ・譲渡した後に、その低未利用土地の利用がされること
その他	・特例の適用を受ける低未利用土地と一筆であった土地が前年または前々年に、この特例の適用を受けていないこと

まとめ｜不動産の譲渡と税金

- 不動産の譲渡所得は、譲渡した日の属する年の 1 月 1 日時点までの所有期間で、長期譲渡所得と短期譲渡所得に区分され、税率が異なる
- 不動産所得を計算する際に、取得費が不明の場合は、概算取得費として収入金額の 5% を取得費とすることができる
- 居住用財産を譲渡した場合の 3,000 万円の特別控除の特例では、所有期間に係わらず特別控除として 3,000 万円控除できる

第 5 章の学習も、残りはあと少しです。
あせらずに読み進めて、理解を深めていきましょう

1 資金計画とライフプランニング

2 リスク管理

3 金融資産運用

4 タックスプランニング

5 不動産

6 相続・事業承継

一問一答・チャレンジ問題！

次の文章で正しいものには○、誤っているものには×で
答えましょう。

①土地を譲渡した日の属する年の1月1日における所有期間が5年超の
場合は、長期譲渡所得に区分される。

②相続により取得した土地を譲渡した場合の所有期間を判定する取得の日
は、相続人がその土地を取得した日である。

③譲渡所得の金額の計算上、譲渡した土地の取得費が不明の場合は、譲渡
収入金額の5％を取得費とすることができる。

④3,000万円の特別控除の特例は、居住用財産を居住の用に供さなくなっ
た日から1年を経過する日までに譲渡しないと適用を受けることができ
ない。

⑤軽減税率の特例は、課税長期譲渡所得の金額のうち、6,000万円以下の
部分について軽減税率が適用される。

⑥3,000万円の特別控除の特例と軽減税率の特例は、それぞれの特例の
要件を満たすことで、併用して適用を受けることができる。

⑦空き家に係る譲渡所得の特別控除の特例の適用を受けるためには、当該
空き家の譲渡価額が3億円以下でなければならない。

解答&ポイント解説

①○　②×　③○　④×　⑤○　⑥○　⑦×

相続により取得した土地を譲渡した場合の取得の日は、被相続人がその土地を
取得した日です。3,000万円の特別控除の特例は、居住用財産を居住の用に供
さなくなった日から3年後の12月31日までに譲渡しなければ適用を受けら
れません。空き家に係る譲渡所得の特別控除の適用を受けるには、譲渡価額が
1億円以下でなければなりません。

13 不動産の有効活用

- 不動産の有効活用の事業方式
- 等価交換方式、建設協力金方式の手法
- 不動産の証券化とSPC法

1 不動産の有効活用とは

　不動産の有効活用とは、使われていない土地などをさまざまに利活用することで、収益性のある土地に転換し、土地利用の促進を図る方法です。

　土地の有効活用事業の方式には、自己建設方式、事業受託方式、土地信託方式、等価交換方式、定期借地権方式、建設協力金方式などがあり、それぞれにメリット・デメリットがあります。

1 自己建設方式

概要	・土地の所有者が自ら、事業計画の企画、建物の建設、管理・運営等の業務を行う
メリット・デメリット	・地主が所有している土地であるため、権利関係に制約がなく、収益を自らがすべて受けられる ・専門家によるサポートがなく、手間がかかる
資金負担	土地所有者

2 事業受託方式

概要	・デベロッパー（土地や建物の開発事業者）に事業計画の企画、建物の建設、管理・運営のすべてを委託する
メリット・デメリット	・所有者は土地を手放さずに有効活用を図ることができる ・デベロッパーのノウハウを利用することができる ・デベロッパーに支払う報酬が発生するため、収益のすべてを所有者が得ることはできない ・建物の賃貸等による収入は不動産所得となる
資金負担	土地所有者

６つの土地の有効活用事業方式について、それぞれの特徴や違いを覚えましょう

1 ライフプランニングと資金計画

2 リスク管理

3 金融資産運用

4 タックスプランニング

5 不動産

6 相続・事業承継

3 土地信託方式

概要	・土地所有者が、土地を信託銀行等に信託し、所有権等を信託銀行に移転させ、信託銀行が自らの名義で、事業の計画、資金の調達、建物の建設、管理・運営を行う
メリット・デメリット	・一切の事業を信託銀行等に任せるため、有効活用のわずらわしさがなく、信託銀行のノウハウや信用力を利用できる ・土地の形式的な所有権は信託銀行に移転するが、信託期間が満了すると、土地と建物等は現状有姿で所有者に戻される ・信託銀行に支払う信託報酬が発生する ・信託の配当は不動産所得となる ・配当は運用結果によって支払われ、配当の額の保証はない
資金負担	資金調達は信託銀行が行う

4 等価交換方式

概要	・土地所有者は、土地の全部または一部をデベロッパーに譲渡し、デベロッパーの資金でその土地に建物を建てる ・土地所有者とデベロッパーは、土地と建物を等価で譲渡し合い、土地は共有、建物は区分所有となる ・等価交換の方式として部分譲渡方式と全部譲渡方式がある
メリット・デメリット	・デベロッパーの資金で建物を建てるので、土地所有者の資金負担がない ・土地所有者は土地の一部を手放すことになる ・土地の譲渡代金で建物を購入したと考えるため、建物の取得費は土地の取得費を引き継ぎ、土地の取得費が安かった場合は、建物の減価償却費が少なくなる ・建物の賃貸などによる収入は不動産所得となる
資金負担	デベロッパー

▨ 部分譲渡方式と全部譲渡方式のイメージ

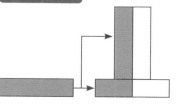

部分譲渡方式

土地所有者は、土地の一部を譲渡し、その対価として、建物の一部を取得

全部譲渡方式

土地所有者は、土地の全部をいったん譲渡し、その対価として建物の区分所有権と土地の共有持ち分を取得

5 定期借地権方式

概要	・一般定期借地権、建物譲渡特約付借地権、事業用定期借地権等により土地を一定期間、貸し付ける
メリット・デメリット	・資金負担や建物の管理のわずらわしさがなく、事業リスクが小さい ・権利金等や地代収入が得られる ・契約終了後、土地は更地で返還される ・収益性が低く、相続の際は借地権が設定された土地となり、普通借地権よりも底地の評価が高くなる
資金負担	借地人

6 建設協力金方式

概要	・土地の所有者が、建物の借主（テナント）から建設資金の全部または一部を借りて、事業用建物を建築する
メリット・デメリット	・テナントのニーズにあわせた建物を建設することができる ・事業計画などは、土地所有者が行う ・土地所有者に相続が発生した場合、貸家建付地として評価する
資金負担	建物の借主（テナント）

2 不動産の証券化

1 資産流動型と資産運用型

　資産流動型の不動産の証券化では、証券化の対象となる資産が特定されていて、その資産を証券化して売却することで資金調達を行います。資産運用型の不動産の証券化では、証券の発行により投資家から資金を調達し、その資金で不動産に投資、運用します。

2 特定目的会社（SPC）

　特定目的会社（SPC）とは、「資産の流動化に関する法律（資産流動化法）」による特定目的会社（SPC）が中心となって、資産流動型の証券化を行うことです。SPCは、証券の発行や借り入れで調達した資金を原資として特定不動産を譲り受け、運用で得られた資金を投資家に分配します。

　一気に覚えようとするよりも、毎日少しずつでも時間を作って継続的に進めると効果的です

まとめ｜不動産の有効活用

- 事業受託方式の資金負担は<u>土地所有者</u>、土地信託方式の資金調達は<u>信託銀行等</u>が行い、いずれも得られた収益は<u>不動産</u>所得となる
- 等価交換方式は、<u>デベロッパー</u>の資金で建物を建設し、土地と建物を等価で交換する方法で、土地は共有、建物は<u>区分所有</u>となる
- 建設協力金方式では、<u>建物の借主</u>（テナント）から建設資金を借りて事業用建物を建てる

一問一答・チャレンジ問題！

次の文章で正しいものには○、誤っているものには×で答えましょう。

①事業受託方式では、建設会社の選定や建物の管理・運営などをデベロッパーに任せ、建設資金の調達や返済は土地所有者が行う。

②土地信託方式では、土地の所有権を信託銀行等に移転し、信託銀行等が自らの名義で、事業の計画、資金の調達、建物の建設などを行う。

③等価交換方式では、土地所有者は、建設資金を負担することなく、建設された建物を全部取得することができる。

④等価交換方式によって建設した建物を賃貸することにより土地所有者が得られる収入は、事業所得となる。

⑤定期借地権方式では、土地所有者は地代収入と、借地期間中の当該土地上の建物の賃貸収入の一部を得ることができる。

解答＆ポイント解説

① ○　② ○　③ ×　④ ×　⑤ ×

等価交換方式では、土地所有者は建物を<u>区分所有</u>します。また、土地所有者が建物を賃貸することで得られる収入は、<u>不動産所得</u>です。定期借地権方式では、建物の所有者は<u>借地人</u>で、土地所有者は建物の賃貸収入は得られません。

1 ライフプランニングと資金計画

2 リスク管理

3 金融資産運用

4 タックスプランニング

5 不動産

6 相続・事業承継

14 不動産の投資分析

必修ポイント
- 不動産事業の採算性（利回り）を見る指標
- 不動産の投資分析指標のDCF法
- 正味現在価値法（NPV法）と内部収益率法（IRR法）

1 不動産事業の利回り

1 総投下資本総収益利回り（表面利回り）

年間の総収入を投下資本で割ったもので、最も簡便な方法として用いられます。ただし、諸経費が考慮されていないため、実際の収益性は測れません。

$$総投下資本総収益利回り（表面利回り）＝\frac{年間総収入合計}{投下資本（自己資金＋借入金）}$$

2 総投下資本純利益利回り（ネット利回り）

年間の純収益を投下資本で割った利回りです。諸経費を考慮するため、表面利回りよりも実態に即しているといえます。

$$総投下資本純利益利回り（ネット利回り）＝\frac{年間総収入合計－諸経費}{投下資本（自己資金＋借入金）}$$

3 キャッシュ・オン・キャッシュ

キャッシュ・オン・キャッシュは、自己資本投資額に対する現金手取額の割合を見るもので、自己資本の運用効率を示す指標です。

$$キャッシュ・オン・キャッシュ＝\frac{現金手取額}{自己資金}$$

2 不動産の投資分析指標

● DCF法

DCF法は、不動産の所有期間中に得られると期待される純収益と最終的な転売価格を、その発生時期に応じた現在価値に割り引いて合計し、その不動産に投資をするべき価値があるかの判断に用います。DCF法の考え方を用いた判断基準に、正味現在価値法（NPV法）と内部収益率法（IRR法）があります。

1 ライフプランニングと資金計画

2 リスク管理

3 金融資産運用

4 タックスプランニング

5 不動産

6 相続・事業承継

◇不動産の評価額を計算してみよう

【問題】次の条件の場合の DCF 法による不動産の評価額はいくらか。

- 不動産からの賃貸収入（毎年）　　300 万円
- 3 年経過後の不動産価格　　　　5,000 万円
- 割引率　　　　　　　　　　　　3%

1 年目から 3 年目までの各年の家賃収入と 3 年後の不動産価格を、割引率で割り引いて現在価値を求め、それぞれの金額を合計する。

1 年目：300 万円 ÷ 1.03 ≒ 291 万円
2 年目：300 万円 ÷ (1.03)² ≒ 282 万円
3 年目：300 万円 ÷ (1.03)³ ≒ 274 万円
3 年経過後の不動産価格の現在価値：5,000 万円 ÷ (1.03)³ ≒ 4,575 万円

※現在価値は千円未満切り捨て

評価額 = 291 万円 + 282 万円 + 274 万円 + 4,575 万円 = 5,422 万円

●正味現在価値法（NPV 法）

NPV 法では、投資期間中の賃料などの収益と転売価格の現在価値の合計から、投資予定額を引いて、正味現在価値を求めます。正味現在価値がプラスであれば、その不動産は投資価値があるとみなされ、プラスの幅が大きいほど投資価値は高くなります。

●内部収益率法（IRR 法）

内部収益率とは、投資期間中の収益の現在価値の合計と、不動産投資終了後の不動産価格の現在価値が等しくなる収益率のことです。内部収益率と投資家の期待収益率を比較して、その不動産に投資すべきかを判断する手法になります。内部収益率が投資家の期待収益率よりも高いほど、投資価値が高いと判断されます。

ひとくちポイント！

不動産投資を行う際に、十分に物件調査権を活用し、建物・設備の整備や劣化状況、周囲のマーケット環境などを詳細に調査することをデュー・デリジェンスといいます

まとめ｜不動産の投資分析

- 表面利回りは<u>年間総収入合計</u>を投下資本で割り、ネット利回りは<u>年間総収入合計から諸経費を引いたもの</u>を投下資本で割って求める
- <u>DCF法</u>は、不動産の所有期間中に得られる純収益と最終的な転売価格を現在価値に割り戻すことによって不動産の評価額を算出する手法
- DCF法の考え方を用いた判断基準には、<u>正味現在価値法（NPV法）</u>と<u>内部収益率法（IRR法）</u>がある

一問一答・チャレンジ問題！

次の文章で正しいものには○、誤っているものには×で答えましょう。

①総投下資本純利益利回り（ネット利回り）は、年間総収入合計をその不動産に投下した資本の額で除して求める。

②キャッシュ・オン・キャッシュとは、不動産に投資した自己資金に対する当該不動産から得られた現金手取額の割合を示す指標である。

③DCF法は、複数の期間に発生する純収益と保有期間終了後の不動産価格を現在価値に割り戻し、対象不動産の評価額を求める手法である。

④投資期間中の収益の現在価値の合計と、投資終了後の不動産価格が等しくなる収益率を内部収益率という。

⑤不動産投資におけるデュー・デリジェンスとは、投資対象となる不動産に関する詳細かつ多面的な調査を事前に行うことをいう。

解答&ポイント解説

① ×　② ○　③ ○　④ ×　⑤ ○

ネット利回りは、年間総収入合計から<u>諸経費</u>を引いた額を投下資本の額で除して求めます。内部収益率は、投資期間中の収益の現在価値の合計と、投資終了後の不動産価格の<u>現在価値</u>が等しくなる利回りです。

第6章

相続・事業承継

　この章では、民法における相続の考え方と、税法における相続税や贈与税の計算について学習します。相続が発生したときの法定相続人と法定相続分に関する問題は頻出です。親族関係図からこれらを読み取れるようにしましょう。また、相続税に関しては、基礎控除と相続税の総額を計算できるようにしておきましょう。

01 親族関係

- 親族の範囲と概要
- 嫡出子・非嫡出子と普通養子・特別養子の違い
- 成年後見制度の概要

1 親族の概要

1 親族の範囲

　民法で定める親族とは、<u>6 親等</u>内の血族、<u>配偶者</u>、<u>3 親等</u>内の姻族のことです。<u>血族</u>とは血縁関係にある親族で、<u>姻族</u>とは婚姻関係による親族です。

　民法では、<u>直系血族</u>、<u>兄弟姉妹</u>および<u>配偶者</u>は、互いに扶養義務を負うことを定めています。また、特別の事情があるときは、家庭裁判所が<u>3 親等</u>内の親族間においても扶養義務を負わせることがあります。

　養子と養親（義父・義母）およびその血族は、養子縁組の日から血族と同一の親族関係を持ち、養子の離縁により終了します。姻族関係は、離婚により終了します。

 ひとくちポイント！

血族の親等は、本人を 0 として、世代を介するごとに 1 つずつ増えていきます。姻族の親等は、配偶者を 0 として世代を介するごとに 1 つずつ増えていきます。本人の親・子は **1** 親等、祖父母は **2** 親等、叔父・叔母は **3** 親等です

2 配偶者

　<u>配偶者</u>は、婚姻届を出した婚姻によって生じる地位で、法律上は親族となりますが、親等はありません。配偶者の地位は、婚姻関係の解消（離婚）によって失われます。夫婦の一方が死亡した場合でも、生存している配偶者と死亡した配偶者の血族は姻族関係が継続しますが、生存している配偶者が姻族関係終了の届出を提出することにより姻族関係は終了します。

3 親子

●実子

　実子は、<u>嫡出子</u>と<u>非嫡出子</u>に分けられます。<u>嫡出子</u>は、婚姻中に妻が懐胎した子であり、親子関係が当然に発生します。<u>非嫡出子</u>は、婚姻関係にない女性

から出生した子で、父が認知をすることで父子関係が発生します。

まだ出生していない子（胎児）は権利能力がありませんが、胎児であることによる法律上の効果（胎児の認知、相続権など）は個別に定められています。

1 ライフプランニングと資金計画
2 リスク管理
3 金融資産運用
4 タックスプランニング
5 不動産
6 相続・事業承継

●養子

親子関係は養子縁組によっても発生します。養子と養親の間には嫡出の親子関係が発生し、養子と養親の血族との間には親族関係が発生します。ただし、養子縁組前に生まれた養子の子は、養親およびその血族との親族関係は発生しません。養子縁組には、普通養子縁組と特別養子縁組があります。

普通養子縁組	・養子の実父母およびその血族との親族関係が継続する ・当事者の届出により養子縁組が成立するが、未成年者を養子とする場合は、原則として家庭裁判所の許可が必要
特別養子縁組	・実方の父母およびその血族との親族関係は終了する ・養親は満 25 歳以上の夫婦、養子は原則として 15 歳未満 ・特別養子縁組の場合は、家庭裁判所の審判が必要

2 成年後見制度

1 成年後見制度とは

成年後見制度は、知的障害、精神障害、認知症などにより判断能力が不十分な者の判断能力を補い、その者の権利や利益を擁護する制度です。成年後見制度には、法定後見制度と任意後見制度があります。

2 法定後見制度

法定後見制度では、精神上の障害の程度に応じて後見・保佐・補助の３区分があります。後見・保佐・補助をする者を成年後見人・保佐人・補助人といい、家庭裁判所が選任します。

3 任意後見制度

任意後見制度は、本人が健常なうちに任意後見人（任意後見受任者）を選任し、判断能力が低下した後の財産管理などに関する事務について代理権を付与し、その処理を委託する任意後見契約を締結するものです。

任意後見契約は公正証書によって行われ、本人の判断能力が低下し、本人または配偶者などが家庭裁判所に申し立て、家庭裁判所によって任意後見人の職務を監督する任意後見監督人が選任されたときから効力が生じます。任意後見人に資格は不要で、複数の任意後見人や法人任意後見人も認められます。

まとめ｜親族関係

- 民法では、6親等内の血族、配偶者、3親等内の姻族を親族と定める
- 養親縁組には、普通養子縁組と特別養子縁組があり、特別養子縁組は、実方の父母およびその血族との親族関係が終了する
- 成年後見制度は、知的障害や認知症などで判断能力が不十分な者の権利や利益を擁護する制度で、法定後見制度と任意後見制度がある

一問一答・チャレンジ問題！

次の文章で正しいものには○、誤っているものには×で答えましょう。

①本人の配偶者の兄弟姉妹は、3親等の姻族であり、親族に該当する。

②胎児は、死産とならない限り、相続開始時にすでに生まれたものとみなされ、相続権を有する。

③普通養子縁組が成立すると、養子と実方の父母との親族関係は終了する。

④特別養子縁組が成立すると実方の父母およびその血族との親族関係が終了するため、実方の父母が死亡した場合の相続権はない。

⑤任意後見制度による任意後見契約は、法務省令で定める様式の公正証書により行われる。

解答&ポイント解説

① × ② ○ ③ × ④ ○ ⑤ ○

本人の配偶者の兄弟姉妹は2親等の姻族で、親族に該当します。普通養子縁組では、養子と実方の父母およびその血族との親族関係は継続するため、実の父母が死亡した場合の相続権はあります。特別養子縁組では、実の父母が死亡した場合の相続権はありません。

02 相続の基礎知識

必修ポイント
- 法定相続人と法定相続分の考え方
- 特別受益、寄与分、特別の寄与制度、配偶者居住権
- 相続の承認と放棄の方法

1 相続とは何か

相続とは、亡くなった人（被相続人）の財産を、相続人が引き継ぐことです。相続は人の死によって開始し、被相続人の財産は、その死亡と同時に相続人に引き継がれます。なお、死亡には失踪宣告によって死亡したとみなされる場合も含まれます。

相続が開始されると、被相続人の財産上の一切の権利義務は相続人に引き継がれます。ただし、被相続人の一身に専属していたものは除かれます。

相続できる財産	被相続人の財産上の一切の権利義務 積極財産：土地、建物、預貯金等（いわゆるプラスの財産） 消極財産：借入金、保証債務等（いわゆるマイナスの財産）
相続できない財産	被相続人の資格・技能、使用貸借の借主の場合の地位、組合員の地位など、被相続人の一身に専属していたもの

2 相続人

相続人とは、相続により被相続人の財産上の一切の権利義務を引き継ぐことができる一定範囲内の親族のことです。民法では、相続人を配偶者と一定範囲内の血族に限定しており、これを法定相続人といいます。

1 法定相続人

法定相続人には、被相続人の配偶者、子（養子を含む）、直系尊属、兄弟姉妹が該当し、相続に当たっての優先順位が定められています。

相続人	順位	相続人となる者
配偶者	常に相続人となる	正式な婚姻関係がある者のみ
子	第1順位	養子、非嫡出子、胎児を含む
直系尊属	第2順位	被相続人の父母、祖父母などのうち最も親等の近い者
兄弟姉妹	第3順位	被相続人の兄弟姉妹

2 相続欠格と相続廃除

相続人となるべき者でも、一定の重大な事情があり、相続欠格や相続廃除に当たる場合は、相続が認められないことがあります。

相続欠格	相続欠格に該当する場合、法律上、当然に相続権を失う ・被相続人や先順位・同順位の相続人を殺害したり、殺害しようとして確定有罪判決を受けた場合 ・詐欺や強迫により被相続人に遺言書を書かせたり、書かせようとした場合 ・遺言書を破棄したり、偽造・変造などをした場合
相続廃除	推定相続人が、被相続人に対して一定の非行があった場合、被相続人の意思によって推定相続人の相続権を失わせることができる ・被相続人への虐待行為 ・被相続人への重大な侮蔑　など

3 代襲相続

代襲相続とは、相続人となるべき者が相続開始時にすでに死亡している場合、その者の子等（直系卑属、傍系卑属）が代わりに、同順位の相続人になることです。代襲相続する者を代襲相続人、代襲相続される者を被代襲相続人といいます。相続欠格、相続廃除で相続権を失っている場合も、その者の子等が代襲相続人になることができます。ただし、相続の放棄をした場合、その者の子は代襲相続人になれません。

代襲できる者は、被相続人の子および兄弟姉妹で、被相続人の配偶者、直系尊属については、代襲相続は認められていません。また、兄弟姉妹の場合、代襲できるのは、兄弟姉妹の子（被相続人の甥・姪）までです。

▨ 親族関係図による代襲相続のイメージ

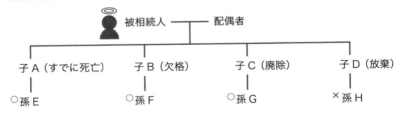

孫E（子Aがすでに死亡）、孫F（子Bが相続欠格）、孫G（子Cが相続廃除）は代襲相続人となる（○）が、孫H（子Dが相続の放棄をした場合）は代襲相続人になれない（×）

3 相続分

　被相続人が遺した財産を、相続人がどのような割合で引き継ぐのかを<u>相続分</u>といいます。相続分には、<u>指定相続分</u>と<u>法定相続分</u>があります。

1 指定相続分

　指定相続分とは、<u>遺言</u>によって定められた相続分のことです。被相続人が、自分の財産を誰にどれだけ与えるかは自由であり、それを<u>遺言</u>によって意思表示することができます。つまり、指定相続分では、遺言で法定相続分とは異なる相続分の割合を指定することができます。また、法定相続人以外の者に、自分の財産を相続させる遺言も可能です。

2 法定相続分

　法定相続分とは、<u>民法</u>で定める相続分のことです。遺言による相続分の指定がない場合は、法定相続分によることになります。

　法定相続分は、配偶者と他の相続人との組み合わせによって、それぞれの相続分が変わります。また、相続人が1人のみの場合は、その者が単独で被相続人のすべての財産を相続します。

法定相続人の組み合わせと法定相続分

配偶者	他の相続人		
<u>2分の1</u>	第1順位	子	<u>2分の1</u>
<u>3分の2</u>	第2順位	直系尊属	<u>3分の1</u>
<u>4分の3</u>	第3順位	兄弟姉妹	<u>4分の1</u>

例えば、相続人が配偶者と子の場合は、法定相続分は、配偶者が2分の1、子が2分の1になる

〈法定相続分のポイント〉

・同順位の法定相続人が2人以上いる場合は、法定相続分を<u>均等</u>に分けるが、半血兄弟姉妹（父母の一方のみが同じ兄弟姉妹）の相続分は、全血兄弟姉妹（父母の両方が同じ兄弟姉妹）の相続分の<u>2分の1</u>である
・実子（嫡出子・非嫡出子）、養子とも法定相続分は<u>同一</u>である
・代襲相続人の法定相続分は、その代襲された者の法定相続分と<u>同じ</u>であり、代襲相続人が複数いる場合は、その相続分を<u>均等</u>に分ける
・相続放棄をした者がいる場合、その者は<u>はじめから相続人でなかった</u>ものとみなされ、相続分は<u>ない</u>
・配偶者とは、<u>正式な婚姻関係</u>にある者で、内縁関係にある者は含まれない

1 ライフプランニングと資金計画
2 リスク管理
3 金融資産運用
4 タックスプランニング
5 不動産
6 相続・事業承継

●相続人が配偶者と子（第1順位）の場合

　相続人が配偶者と子（第1順位）の場合、法定相続分は、配偶者が<u>2分の1</u>、子が<u>2分の1</u>となります。子が複数いる場合は、法定相続分を<u>均等</u>に分けます。

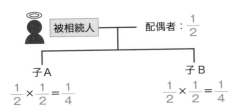

> 子の場合、実子・養子に係わらず、また<u>非嫡出子</u>、先妻の子も法定相続分は<u>同一</u>になる

●相続人が配偶者と直系尊属（第2順位）の場合

　被相続人に第1順位の子がいない場合、相続人は配偶者と<u>直系尊属</u>（第2順位）となります。この場合の法定相続分は、配偶者が<u>3分の2</u>、直系尊属が<u>3分の1</u>です。

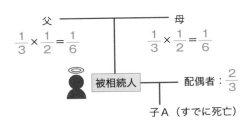

> 被相続人に子がいない場合、第2順位の<u>直系尊属</u>が法定相続人になる

●相続人が配偶者と兄弟姉妹（第3順位）の場合

　被相続人に第1順位の子も第2順位の直系尊属もいない場合、相続人は配偶者と<u>兄弟姉妹</u>（第3順位）になります。この場合の法定相続分は、配偶者が<u>4分の3</u>、兄弟姉妹が<u>4分の1</u>です。兄弟姉妹が複数いる場合は、法定相続分を均等に分けますが、半血兄弟姉妹（父母の片方のみ同じ兄弟姉妹、異父兄弟・異母兄弟など）の場合の法定相続分は全血兄弟姉妹の<u>2分の1</u>です。

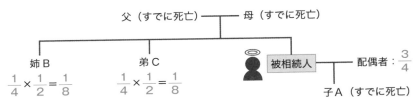

●代襲相続の場合

　代襲相続人の法定相続分は、その代襲された者の法定相続分と<u>同じ</u>です。代襲相続人が複数いる場合は、相続分を<u>均等</u>に分けます。

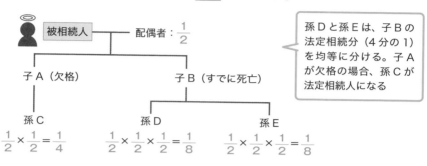

孫Dと孫Eは、子Bの法定相続分（4分の1）を均等に分ける。子Aが欠格の場合、孫Cが法定相続人になる

●二重身分による相続の場合

　二重身分による相続とは、相続人が代襲相続人であり被相続人の養子でもある場合など、相続人として二重の権利がある場合の相続です。

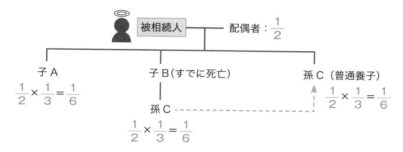

孫Cの法定相続分は、代襲相続人としての相続分（1/6）と普通養子としての相続分（1/6）を合計した<u>3分の1</u>となる

ひとくちポイント！

被相続人の子がすでに死亡している場合は、被相続人の<u>孫</u>が代襲相続します。この場合は限りなく下へ（子→孫→ひ孫）代襲相続が可能です。兄弟姉妹が相続人の場合の代襲相続は<u>一代限り</u>（被相続人の甥・姪まで）です

1 ライフプランニングと資金計画
2 リスク管理
3 金融資産運用
4 タックスプランニング
5 不動産
6 相続・事業承継

相続分を計算する際に、特別な配慮をして、相続分が修正変更される場合があります。それが特別受益と寄与分です。また、民法の改正により、特別の寄与制度、配偶者居住権などが創設されました。

1 特別受益

共同相続人の中に、被相続人の生前に住宅取得資金や開業資金など、特別の利益を贈与された者（特別受益者）がいる場合、その贈与された特別利益を相続分の前渡しであるとみなして、相続財産に加えます。

特別受益者の相続分は、本来の相続分から特別受益分を控除して計算し、相続人間の公平を図ります。

ひとくちポイント！

婚姻期間が20年以上の夫婦間で居住用不動産の贈与や遺贈があった場合、特例として、その不動産は特別受益の対象とならず、遺産分割の対象から除外します。これにより配偶者が受け取る財産が増えることになります

2 寄与分

共同相続人の中に、被相続人の財産の形成や維持に特別に貢献した者（寄与分権利者）がいる場合、財産の増加分を寄与分であるとみて、相続財産から控除します。寄与分権利者が受け取ることができる寄与料の額は、原則として共同相続人の協議で定めますが、協議が調わないときは、家庭裁判所が寄与分を定めます。

寄与分権利者の相続分は、本来の相続分に寄与料を加算して計算することになり、被相続人に貢献した相続人と貢献しなかった相続人との相続分の調整をすることで、相続人間の公平を図ります。

3 特別の寄与制度

例えば、相続人である子の妻が被相続人の介護をした場合などの場合、被相続人の子の配偶者は法定相続人ではないため、相続財産を受け取ることはできません。そこで、新たに特別の寄与制度が創設され、法定相続人以外の親族が介護等に尽くした場合、相続人に対して金銭（特別寄与料）を請求することができることになりました。これにより、介護等による貢献に報い、実質的な面

での公平性が図られます。

特別寄与料は、各相続人がそれぞれの法定相続分に応じて負担し、特別寄与者が受け取った金銭は遺贈により取得したとみなされ、相続税が課されます。

4 配偶者居住権

配偶者居住権とは、被相続人が所有する建物に住んでいる配偶者が、被相続人の死亡後もその建物に居住することができる権利のことで、配偶者居住権と配偶者短期居住権があります。

●配偶者居住権

相続開始時に被相続人が所有する建物に住んでいた配偶者は、遺産分割において配偶者居住権を取得し、登記することで、原則として、一生涯、その家に無償で住み続けることができます。配偶者居住権は、被相続人からの遺言や遺産分割協議により配偶者が取得することができます。

▨ 配偶者居住権のイメージ

自宅の評価額（2,000万円）

| 配偶者居住権（住む権利） | 評価額：1,000万円 |
| その他の権利（負担付所有権） | 評価額：1,000万円 |

> 仮に、自宅のほかに預貯金4,000万円があった場合、配偶者が配偶者居住権（1,000万円）と預貯金2,000万円を取得し、子が負担付所有権（1,000万円）と預貯金2,000万円を取得することで、配偶者は自宅での生活を維持しつつ、その他の財産も取得することができる

配偶者居住権は、特別受益財産として配偶者の相続税の対象になります。ただし、居住権（住む権利）を持っている配偶者が死亡したときに消滅するので、配偶者居住権を取得した配偶者が死亡したときは相続税の対象となりません。

●配偶者短期居住権

配偶者短期居住権は、被相続人の所有する建物に住んでいた配偶者が、配偶者居住権を取得しなくても、遺産分割協議が成立するまで（最低6カ月間）、その建物に無償で住むことができる権利です。

1 ライフプランニングと資金計画

2 リスク管理

3 金融資産運用

4 タックスプランニング

5 不動産

6 相続・事業承継

配偶者短期居住権は、相続が開始すると自動的に配偶者に権利が発生します。相続財産には含まれないため、相続税の課税価格を計算する際は、遺産分割の対象となりません。

5 遺産分割前の相続預貯金の払い戻し制度

遺産分割前の相続預貯金の払い戻し制度とは、遺産分割が終わる前でも、被相続人の預貯金を、それぞれの相続人が、他の相続人の同意なしに、一部払戻しを受けることができる制度です。この制度によって払い戻された預貯金は、払戻しを受けた相続人が遺産分割によって取得した財産とみなされます。そのため、預貯金以外の相続財産について、相続分が減額されます。

この制度で払い戻しを受けられる額は、「預貯金債権の額 × 1/3 × 払戻しを行う相続人の法定相続分」で、1つの金融機関から払戻しを受けられるのは150万円が上限となります。

5 相続の承認と放棄

相続人は、相続の開始があったことを知ったときから3カ月以内に、単純承認、限定承認、相続の放棄のうち、いずれかを選択し、相続をするかどうかの意思表示をする必要があります。

1 単純承認

単純承認とは、相続人が被相続人のプラスの財産（積極財産）とマイナスの財産（消極財産）のすべてを相続することです。

次のような場合は、相続人が単純承認をしたとみなされます。

・相続人が、相続の開始があったことを知ったときから3カ月以内に、限定承認または相続の放棄をしなかったとき
・相続人が、相続財産の全部または一部を処分したとき
・相続人が、限定承認または相続の放棄をした後に、相続財産の全部または一部を隠したり、私的に使用したり、悪意で財産目録に載せなかったとき

聞き慣れない言葉も出てきますが、自分のことに置き換えて考えてみると、イメージがしやすいですよ

2 限定承認

　限定承認とは、相続人が相続によって得た<u>積極財産</u>の限度においてのみ、消極財産の債務を弁済することを条件に承認することです。仮に、被相続人に借金がある場合、相続人は相続した財産の範囲内で支払うことになります。

　限定承認の要件には、以下のようなものがあります。

- ・相続の開始があったことを知ったときから<u>3カ月</u>以内に、<u>相続人全員</u>が共同で家庭裁判所に申述すること
- ・相続の放棄をした者がいる場合、その者は初めから相続人でなかったとみなされるため、残りの相続人で限定承認をする

3 相続の放棄

　相続の放棄とは、被相続人の積極財産も消極財産も、一切相続しないことをいいます。相続の放棄には、以下のような要件があります。

- ・相続の放棄は、各相続人が<u>単独</u>でできる
- ・相続の放棄をしようとする者は、相続の開始があったことを知ったときから<u>3カ月</u>以内に家庭裁判所に申述をしなければならない。
- ・被相続人の<u>生前</u>に相続の放棄をすることはできない
- ・相続の放棄をすると、後日、撤回することはできない

　相続の放棄をした者は、<u>初めから相続人でなかった</u>とみなされるため、<u>代襲相続</u>の事由とはならず、その者の子は代襲相続人に<u>なれません</u>。また、相続放棄をした者は、法定相続人に含めないで他の相続人の相続分を計算するため、他の相続人が取得する相続財産の割合が変わることがあります。

まとめ｜相続の基礎知識

- ・法定相続人には、<u>配偶者</u>、<u>子</u>、<u>直系尊属</u>、<u>兄弟姉妹</u>がなることができ、法定相続人の組み合わせにより、<u>法定相続分</u>が定められている
- ・相続の公平性を保つための<u>特別受益</u>や<u>寄与分</u>などに加えて、民法の改正によって、<u>特別の寄与制度</u>や<u>配偶者居住権</u>などが創られた
- ・<u>限定承認</u>と<u>相続の放棄</u>は、相続の開始があったことを知ったときから<u>3カ月以内</u>に行う必要があり、行わない場合は<u>単純承認</u>とみなされる

1 ライフプランニングと資金計画

2 リスク管理

3 金融資産運用

4 タックスプランニング

5 不動産

6 相続・事業承継

次の文章で正しいものには○、誤っているものには×で
答えましょう。

①相続とは、被相続人の財産を引き継ぐことで、相続人は被相続人の積極
　財産を引き継ぎ、債務などの消極財産は引き継がない。

②被相続人の配偶者がすでに死亡し、被相続人に子がいる場合、相続人は、
　第1順位の子のみとなる。

③被相続人の子が相続開始以前に、廃除により相続権を失っていて、その
　者に子がいる場合でも、その子（被相続人の孫）は代襲相続人となるこ
　とができない。

④相続人が被相続人の配偶者と兄弟姉妹の場合、配偶者の法定相続分は、
　4分の3となる。

⑤相続人が被相続人の子である場合、実子と養子の法定相続分は同じであ
　るが、非嫡出子の相続分は嫡出子の2分の1である。

⑥被相続人に対して特別の寄与をした特別寄与者は、相続人に対して、そ
　の寄与に応じた金銭（特別寄与料）を請求できる。

⑦配偶者居住権とは、被相続人の配偶者が相続開始時に居住していた被相
　続人所有の建物を、配偶者が無償で使用、収益することができる権利で
　ある。

解答＆ポイント解説

①× ②○ ③× ④○ ⑤× ⑥○ ⑦○
相続では、被相続人の<u>債務</u>などの消極財産も引き継ぎます。<u>欠格</u>、<u>廃除</u>により
相続権を失った者の子は、代襲相続人に<u>なれます</u>。被相続人の子は、実子、養子、
非嫡出子に係わらず、<u>法定相続分は同じ</u>です。

03 遺産分割

必修ポイント
- 遺言書の方式と特徴
- 遺留分の概要と遺留分侵害額請求権について
- 遺産分割の方法（現物分割、換価分割、代償分割）

1 遺言

遺言とは、遺言者（被相続人）の死亡後、その財産を誰にどのように分けるかを具体的に指定することです。遺言により、被相続人が意思表示をすることができ、相続人間の争いを防ぐことができるメリットもあります。

民法で定められた法律行為であり、遺言ができる者や遺言書の方式などが定められています。

●遺言の効力

遺言は、被相続人の最終意思を尊重しようという制度なので、法定相続分に優先します。

> 6,000万円の相続財産がある場合、相続人が妻と子（1人）であれば、法定相続分はそれぞれ2分の1なので、3,000万円ずつ相続することになる。ただし、「妻に3分の2を、残りを子どもに」という遺言があった場合、法定相続分と遺言による指定（指定相続分）で相続する額に差が出る。この場合、指定相続分が優先するので、妻が4,000万円、子が2,000万円を相続するが、子は相続できる額が少なくなっても、被相続人の意思ということで、受け入れやすくなる

●遺言ができる者

遺言は、満15歳以上で意思能力があれば、誰でも作成できます。未成年者であっても、法定代理人（通常は親権者）などの同意は不要で、被保佐人も保佐人の同意なく遺言ができます。

2 遺言の方式

民法で定める遺言の方式は、普通方式と特別方式に分けられます。普通方式は、公証人などの関与がない自筆証書遺言と、公証人などの関与を必要とする公正証書遺言と秘密証書遺言に分けられます。特別方式には、臨終遺言、隔絶

地遺言があります。

▨ 遺言の方式と特徴

普通方式	自筆証書遺言	遺言者自らが作成し、証人の立ち合いなどは不要
	公正証書遺言	公証人が作成し、証人の立ち合いが必要
	秘密証書遺言	遺言者が作成した遺言書を証人の立会いのもと公証人が公証する
特別方式	臨終遺言	臨終間際や船の遭難現場などで作成する遺言
	隔絶地遺言	伝染病で隔離中や在船中など、一般社会との交通が断たれ、普通方式による遺言ができない場合

FP2級試験で出題されるのは、普通方式の遺言です。
3つの遺言の方式をしっかり覚えましょう

1 自筆証書遺言

　自筆証書遺言は、遺言者が全文、日付および氏名を自書し、これに押印することで作成します。普通方式の遺言の中で最も簡便な方式で、証人の立ち合いなども不要なので、遺言の内容や存在を秘密にしておけますが、遺言者自らの遺言書の紛失や遺言書の未発見などに注意が必要です。

●要件

- ・遺言者が、遺言分の全文・日付・氏名を自書し、押印する（ワープロ、パソコン、代筆、録音機器による録音などでの作成は無効）
- ・財産目録については、パソコンでの作成や通帳のコピーなども可能だが、財産目録の各ページに署名押印が必要
- ・様式は自由だが、日付は、日にちまで特定できなければならない（○○年○月吉日などは認められない）
- ・相続開始後、家庭裁判所の検認手続きが必要

●特徴

　秘密の保持には適しているが、偽造・改ざんなどの恐れがあります。また、遺言そのものの存在も秘密にできますが、相続人に発見してもらえない可能性があります。自書により作成するため、方式違反や文意不明、自筆かどうかなど、効力が問題になる場合もあります。

1 ライフプランニングと資金計画

2 リスク管理

3 金融資産運用

4 タックスプランニング

5 不動産

6 相続・事業承継

●法務局による自筆証書遺言の保管制度

　法改正により、2020年7月1日から、法務局に自筆証書遺言の保管を申請することができるようになりました。被相続人の死亡後、相続人や受遺者は、遺言書保管事実証明書の交付請求をすることで、遺言書保管所に遺言書が保管されているかどうか調べることができ、遺言書情報証明書の交付請求をすることで遺言書の写しの交付を受けることができます。また、遺言書保管所で遺言書を閲覧することも可能です。

　法務局における自筆証書遺言の保管制度を利用した場合は、相続開始後の家庭裁判所の検認手続きが不要となります。

② 公正証書遺言

　公正証書遺言は、遺言者が公証役場へ行くか公証人の出張を求め、公証人の面前で口述した遺言内容を、公証人が筆記する方式の遺言です。原本が公証役場に保管されているため、紛失・改変の恐れはありませんが、煩雑で費用がかかり、秘密保持が難しいというデメリットもあります。

●要件

・証人2人以上の立ち合いが必要

・公証人が筆記した内容が正確なことを承認した遺言者および証人が署名押印をする

・遺言者が署名することができない場合は、公証人がその事由を付記して、署名に代えることができる

 ひとくちポイント！

公正証書遺言の作成には2人以上の証人の立ち合いが必要ですが、①未成年者、②遺言者の推定相続人、受遺者および配偶者と直系血族、③公証人の配偶者、4親等内の家族、書記、雇人は、証人になることができません

●特徴

　少なくとも公証人と証人には、遺言の内容を知られてしまう恐れがありますが、原本は公証役場で保管されるので、偽造・改ざんの恐れはありません。また、公証人が法律に従って作成するため、効力が問題になる可能性は低いです。

3 秘密証書遺言

　秘密証書遺言は、<u>遺言者</u>が、自己または第三者の作成した遺言書に署名押印し、封筒に入れ封をしたものを<u>公証人</u>に提出し、<u>公証人</u>が日付および遺言者の申述を封書に記載する方式です。遺言の内容は秘密にできますが、公証役場で保管することはないので、被相続人が相続開始まで保管する必要があります。

●要件

- 証人<u>２人</u>以上の立ち合いが必要
- ワープロ、パソコン、代筆等による作成は可能だが、録音機器による録音は認められない
- 遺言を記載した証書に、遺言者が署名押印、封入・封印をしたうえで、公証人が公証する

●特徴

　内容は秘密にできますが、遺言の存在は公証人および証人に知られてしまいます。偽造・改ざんの恐れはありませんが、公証役場での保管はされないので、遺言者自身が保管方法を考える必要があり、滅失・隠匿・未発見の恐れがあります。また、封書された内容の解釈などをめぐって対立が生じる恐れがあります。

普通方式の遺言方式のまとめ

	自筆証書遺言	公正証書遺言	秘密証書遺言
作成方法	遺言者が遺言の全文、日付、氏名を<u>自書</u>し、<u>押印</u>する（自書以外の方法は不可だが、<u>財産目録</u>はパソコン作成やコピーでも可）	遺言者の<u>口述</u>により、<u>公証人</u>が遺言書を作成する	<u>遺言者</u>が遺言書に署名・押印・封印し、<u>公証人</u>が日付等を記入
証人	不要	<u>２人</u>以上の証人が必要	
秘密保持	秘密保持に適しているが、偽造・滅失等の恐れがある	公証人と証人には内容を知られるが、偽造・滅失の恐れはほとんどない	遺言の内容は秘密にして、存在だけを証明してもらうが、滅失・未発見の恐れがある
検認	<u>必要</u>※	<u>不要</u>	必要

※法務局における自筆証書遺言の保管制度を利用した場合、検認は<u>不要</u>

1 ライフプランニングと資金計画

2 リスク管理

3 金融資産運用

4 タックスプランニング

5 不動産

6 相続・事業承継

 ひとくちポイント！

遺言書の検認は、家庭裁判所が、遺言書が法定の条件を満たしているかどうかを確認する手続きのことです。遺言の内容が有効かどうかを判断するものではありません。相続人は、相続発生後、遅滞なく、検認を受けなくてはなりません

4 遺言できる事項

遺言書に記載する内容は自由ですが、法的な効力を持つものは、民法で厳格に定められています。

遺言でのみ 指定できる事項	相続分の指定、遺産分割方法の指定、遺産分割禁止の指定（死亡後最長5年間有効）、遺留分侵害額の負担に関する定め、遺言執行者の指定、後見人・後見監督人の指定、遺産分割における共同相続人間の担保責任の指定
遺言でも生前行為でも 指定できる事項	遺贈（生前行為の場合は贈与となる）、財団法人設立のための寄付、子どもの認知、推定相続人の廃除・廃除の取消し

5 遺言の撤回と変更

遺言者が遺言書を作成しても、自由にいつでも全部または一部を撤回したり変更することができます。その際は、先に作った遺言の方式と異なる方式で行うことも可能です。

前後の遺言の内容が食い違っていたり、遺言をした後にその財産を処分した場合などは、元になる遺言の内容に抵触する部分を撤回したとみなされます。

3 ▶ 遺贈

遺贈とは、遺言により被相続人の財産の全部または一部を無償で与えることです。遺贈により財産を与える者を遺贈者、遺贈により財産を受け取る者を受遺者といいます。

遺贈には、特定遺贈と包括遺贈があります。

特定遺贈	・遺贈者が特定の財産（〇〇銀行の定期預金など）を指定して遺贈する ・受遺者は、遺言者の死亡後、いつでも自由に遺贈の承認や放棄をすることができる
包括遺贈	・遺贈者が包括的に（全財産の10分の1を〇〇に遺贈するなど）遺贈する ・受遺者は、相続人と同一の権利を持ち、承認・放棄については規定の適用を受け、遺産分割協議に参加することができる

4 遺留分

① 遺留分とは

　民法では、遺言書の内容に関係なく、一定の相続人が遺産の一定割合を受け取ることが保証されています。この割合のことを遺留分といい、相続人の権利として奪うことができない最低限の相続分のことです。

　遺留分を有する者を遺留分権利者といい、相続人によって遺留分の割合が定められています。

② 遺留分権利者

　遺留分権利者は、①配偶者、②子（代襲相続人を含む）、③直系尊属に限定されています。兄弟姉妹は遺留分権利者に該当しません。

③ 遺留分の割合

　遺留分の割合は、相続人が直系尊属のみの場合は被相続人の財産の3分の1、その他の場合は被相続人の財産の2分の1と定められています。これを総体的遺留分といいます。

総体的遺留分の割合

相続人	総体的遺留分の割合
直系尊属のみ	財産の 1/3
その他の場合（配偶者のみ、配偶者と子または直系尊属、子のみなど）	財産の 1/2
兄弟姉妹	なし

　各相続人の個別的遺留分は、総体的遺留分に各相続人の法定相続分を乗じた割合となります。

【個別的遺留分の割合の計算】

・相続人が配偶者と子2人の場合

　　総体的遺留分：1/2　　配偶者の法定相続分：1/2　　子の法定相続分：各 1/4

　　配偶者の個別的遺留分：1/2 × 1/2 ＝ 1/4

　　子の個別的遺留分：1/2 × 1/4 ＝ 1/8

遺言に「配偶者に財産のすべてを渡す」とあっても、それぞれの子は、最低限、財産の8分の1を受け取ることができる

---

1 ライフプランニングと資金計画

2 リスク管理

3 金融資産運用

4 タックスプランニング

5 不動産

6 相続・事業承継

4 遺留分の放棄

遺留分は、相続開始後はもちろん、<u>相続開始前</u>にも<u>放棄</u>することができます。ただし、被相続人やその他の推定相続人が遺留分の放棄を強要するなどが懸念されるため、相続開始前の遺留分の放棄には、家庭裁判所の許可が必要です。

遺留分を有している共同相続人のうち1人が遺留分を放棄しても、他の共同相続人の遺留分がその分増えるということはありません。

> 遺留分の放棄は被相続人の生前でもできますが、<u>相続の放棄</u>は、被相続人の死亡後にしかできません

5 遺留分侵害額請求権

遺留分権利者が実際に取得した相続財産の額が遺留分に達しないことを<u>遺留分の侵害</u>といい、遺留分権利者は侵害された遺留分を請求する権利があります。これを<u>遺留分侵害額請求権</u>といいます。

遺留分侵害額請求権を行使できるのは、相続が開始され、遺留分権利者が遺留分の侵害を知ったときから <u>1年</u> 以内です。また、相続開始の日から <u>10年</u> を経過すると時効により消滅します。

2019年7月1日以降、遺留分の侵害によって生じる権利は、金銭債権であることが明文化されました。そのため、相続財産が不動産のみというような場合でも、侵害額に相当する金額を<u>金銭</u>で受け取ることができます。

 ひとくちポイント！

> 遺留分を侵害する内容の遺言であっても、その遺言の効力は<u>有効</u>です。ただし、<u>遺留分侵害額請求権</u>がある相続人は、侵害額の請求ができます

遺留分を算定する基準となる相続財産は、相続開始時の財産に1年以内の贈与財産や特別受益等を加算し、債務の全額を控除した額となります。財産の価額は、相続開始時の時価で計算します。

5 遺産分割

1 遺産分割の方法

相続財産は、相続開始後、いったん共同相続人全員の共有となり、その後、遺産分割を通じて各相続人に分けられ、最終的に、各相続人が単独で所有する

ことになります。遺産分割の方法には、指定分割、協議分割などがありますが、相続人全員の合意が得られない場合、調停・審判による分割を行います。

指定分割	・被相続人が遺言で分割方法を決め、相続人がそれに従う方法 ・遺言で、分割方法を第3者に委託することもある ・指定分割は、協議分割、調停・審判による分割に優先する
協議分割	・共同相続人全員の協議によって分割する方法 ・被相続人の遺言がある場合でも、共同相続人全員の合意があれば指定分割に優先する ・共同相続人全員の合意によって、遺言や法定相続分と異なる遺産分割をすることができる
調停による分割	・遺産分割協議が整わない場合、調停を申し立てる ・家庭裁判所で、裁判官と調停委員2名が当事者に加わり、話し合いによって遺産分割を成立させる
審判による分割	・調停が不成立となった場合、家庭裁判所の審判により遺産分割を成立させる ・審判は、一度確定すると、審判により指定された方法で分割を行わなければならない

2 遺産分割協議

　共同相続人は、遺言による遺産分割方法の指定がない場合、協議により遺産を分割することができます。遺産分割協議は、共同相続人全員の参加と合意が必要ですが、必ずしも全員が一堂に会する必要はなく、電話や手紙などでの参加も可能です。

　一部の共同相続人を除外して行われた協議は無効となり、除外された相続人は、他の相続人に対して、再分割を請求することができます。

　遺産分割協議がまとまり、各相続人が取得する財産が確定したときは、一般的に、遺産分割協議書を作成します。対象となる財産の一部に遺産分割協議が成立していない場合は、それを除いた財産の遺産分割協議書を作成することができます。

 ひとくちポイント！

遺産分割協議書を作成する目的は、後日の紛争を避けることだけでなく、財産の名義変更や預貯金の引き出しの際には、法務局や金融機関に遺産分割協議書を提出する必要があります

6　遺産分割の具体的方法

相続財産を実際に分割する際に、土地・建物などの分割しにくい財産や、共同で相続したくない財産などもあります。具体的な財産分割の方法には、相続財産の現物を分割する方法（現物分割）以外に、換価分割、代償分割といった方法があり、これらの方法を組み合わせて分割することもできます。

現物分割	・個別財産ごとに、相続する数量、金額、割合を決めて分割する方法
換価分割	・共同相続人が、相続する財産の全部または一部を金銭に換価し、その代金を分割する方法 ・相続財産の売却時に所得税・住民税が課されることがある
代償分割	・共同相続人のうち特定の相続人が現物財産の全部または一部を取得し、その代償として、自己の固有財産を他の相続人に支払う方法 ・遺産分割協議書に、代償分割の旨を記載しなければならない ・代償分割で得られた財産は、相続税の対象となる（贈与税は課されない） ・代償財産が土地・建物などの場合、時価で譲渡したとみなされ、代償分割した者に対して、譲渡所得として所得税・住民税が課されることがある

代償分割は、被相続人の事業を相続人の1人が承継し、自社株をすべて相続する場合などに活用できます

まとめ｜遺産分割

・普通方式の遺言には、自筆証書遺言、公正証書遺言、秘密証書遺言の
　3種類がある
・遺留分権利者は、配偶者、子（代襲相続人を含む）、直系尊属であり、
　遺留分を侵害されたときに遺留分侵害額請求を行うことができる
・遺産分割では指定分割が優先されるが、共同相続人全員の合意があれば、
　協議分割により遺言と異なる割合で遺産分割することができる

次の文章で正しいものには○、誤っているものには×で
答えましょう。

① 15歳以上で意思能力があれば、未成年者であっても法定代理人等の同
　意なく遺言をすることができる。

②遺言者が自筆証書遺言を作成する場合、自筆証書に添付する財産目録も
　自書しなければ無効となる。

③遺言者が公正証書遺言を作成する場合、証人2人以上の立ち合いが必要
　となる。

④遺留分権利者は、被相続人の配偶者、子（代襲相続人を含む）、兄弟姉
　妹である。

⑤相続人が被相続人の配偶者と直系尊属の場合の総体的遺留分の割合は、
　相続財産の3分の1である。

⑥遺留分侵害額請求権は、相続が開始され、遺留分の侵害を知ったときか
　ら1年以内に行使しない場合は時効により消滅する。

⑦相続人が、代償分割により他の相続人から交付を受けた現金は、相続税
　の対象となる。

解答&ポイント解説

① ○　　② ×　　③ ○　　④ ×　　⑤ ×　　⑥ ○　　⑦ ○

自筆証書遺言は、原則として自書で作成しますが、財産目録はパソコンなどで
の作成や預金通帳等のコピーでも認められます。遺留分権利者は配偶者、子（代
襲相続人を含む）、直系尊属のみで、兄弟姉妹には遺留分はありません。相続人
が配偶者と直系尊属の場合の総体的遺留分の割合は、相続財産の2分の1です。

04 相続税

重要度 ★★★

必修ポイント
- 相続税がかかる財産、かからない財産
- 遺産に係る基礎控除額の計算
- 相続税の総額の計算と各相続人の納付税額

1 相続税の計算の流れ

　相続税は、被相続人から、相続や遺贈などによって財産を受け継いだときに課せられる税金です。相続税の計算は、次のような手順で行います。

Step1　相続税の課税価格の計算

↓

Step2　相続税の総額の計算

↓

Step3　各相続人等の納付税額の計算

2 相続税の課税価格の計算

1 相続税の課税価格の計算の手順

　相続税の課税価格は、次の手順で計算します。

$$課税価格 = \boxed{本来の相続財産} + \boxed{みなし相続財産} - \boxed{非課税財産} - \boxed{債務・葬式費用} + \boxed{生前贈与財産}$$

2 本来の相続財産

　本来の相続財産とは、被相続人が相続開始時に所有していたもので、相続人等が相続、遺贈、死因贈与により取得した財産です。これには、次のようなものがあります。

> 現金、預貯金、有価証券、土地、家屋、事業用資産、家具・什器等の家庭用資産、貴金属・宝石・書画・骨董品、電話加入権

3 みなし相続財産

　みなし相続財産とは、被相続人が相続開始時に所有していた財産ではないが、被相続人の死亡を原因として支払われる財産です。実質的には、被相続人が相続開始時に所有していたとして、相続税の課税対象となります。みなし相続財産には、次のようなものがあります。

- 死亡によって支払われる生命保険金や損害保険金のうち、被相続人が支払った保険料に対応する部分
- 死亡退職金、功労金、退職給付金など
- 生命保険契約に関する権利
- 定期金、保証期間付き定期金に関する権利

4 生前贈与財産

生前贈与財産とは、被相続人が生前に暦年贈与により贈与した財産です。生前に被相続人の財産を相続人等に分け与えてしまうと、相続税の課税対象となる財産がなくなるので、相続開始前の一定の期間に生前贈与された財産は、相続税の対象とされます。

2024年1月1日以降に生前贈与された財産については、相続開始前7年以内に贈与を受けた財産を生前贈与財産として、相続税の課税価格に加算します。

 ひとくちポイント！

以前は、相続開始前3年以内に贈与された財産を生前贈与財産としていましたが、税制改正により、2024年1月1日以降に贈与を受けた財産は、7年間さかのぼって、相続税の対象となることになりました

生前贈与財産の持ち戻し期間が4年間延長されましたが、延長となる4年間の生前贈与財産のうち、合計100万円については、相続税の課税価格に加算されません。相続開始の年に受けた贈与については、初めから相続税の課税対象となるため、生前贈与財産には該当せず、贈与税も課されません。

●加算対象者

生前贈与財産の加算の対象となるのは、生前贈与により財産を取得した者で、相続または遺贈などにより財産を取得した者です。

●加算される価額

相続税の課税価格に加算される価額は、贈与時の時価です。

贈与税の配偶者控除の特例の適用を受けた財産、直系尊属から住宅取得資金の贈与を受けた資金は、生前贈与財産に含めません。相続時精算課税制度の適用を受けた場合は、その額を課税価格に含めて計算します

1 ライフプランニングと資金計画

2 リスク管理

3 金融資産運用

4 タックスプランニング

5 不動産

6 相続・事業承継

5 非課税財産

原則として、相続や遺贈などによって取得した財産は、すべて相続税の対象となりますが、財産の性質上、国民感情、公益性などの観点から、相続税を非課税としている財産もあります。

- ・相続人が取得した<u>生命保険金</u>などのうち、一定の金額
- ・相続人が取得した<u>死亡退職金</u>などのうち、一定の金額
- ・墓地、仏壇、仏具などの<u>祭祀</u>財産
- ・公共事業を行う者が取得した財産で、公共事業を行うことが確実なもの
- ・相続税の申告期限までに国などに寄付した場合の財産

●生命保険金の非課税限度額

相続人が取得した生命保険金（死亡保険金）などのうち、一定の金額までは非課税となります。

死亡保険金の非課税限度額 ＝ 500万円 × 法定相続人の数

複数の者が生命保険金を受け取った場合で、生命保険金の額が非課税限度額を超えるときは、以下のように各人の非課税限度額を計算します。

$$500万円 \times 法定相続人の数 \times \frac{その相続人が受け取った生命保険金の額}{すべての相続人が受け取った生命保険金の額の合計額}$$

●死亡退職金等の非課税限度額

死亡退職金についても、一定の金額までは非課税となります。

死亡退職金の非課税限度額 ＝ 500万円 × 法定相続人の数

被相続人の死亡により、相続人が被相続人の勤務先から受け取った<u>弔慰金</u>についても、一定の金額まで非課税となります。

業務上の死亡：死亡時の給与（賞与を除く）× 36カ月（3年）
業務外の死亡：死亡時の給与（賞与を除く）× 6カ月

6 債務および葬式費用

相続人と包括受遺者は、プラスの財産（積極財産）だけでなく、マイナスの財産（消極財産）も引き継がなくてはなりません。相続税の計算の際は、被相

続人から取得したプラスの財産の額から、負担したマイナス分を差し引いて計算することができます。これを債務控除といい、具体的には債務と葬式費用があります。

	控除できるもの	控除できないもの
債務	借入金、アパート等の預かり敷金、未払い医療費、被相続人の未払いの所得税・住民税・固定資産税	墓地購入の未払金または借入金、保証債務（主たる債務者が弁済不能のときは控除できる）、遺言執行費用、弁護士費用、税理士費用、土地の測量費用
葬式費用	通夜・本葬費用、葬式前後に生じた支出で通常必要と認められるもの、死体の捜索・運搬費用	香典返戻費用、法会（四十九日など）費用、墓碑・墓地の購入費、墓地の賃借料、医学上・裁判上の特別の処置に要した費用

●債務・葬式費用の控除対象者

債務・葬式費用の控除ができる者は、相続人と包括受遺者です。相続を放棄した者や、相続権を失った者は、債務や葬式費用を控除することはできません。

ただし、相続を放棄した者が、遺贈によって取得した財産がある場合には、葬式費用を控除することができます。

3 相続税の総額の計算

1 遺産に係る基礎控除額

相続税の総額の計算では、まず、次の計算によって遺産に係る基礎控除額を求めます。

遺産に係る基礎控除額 ＝ 3,000万円 ＋ 600万円 × 法定相続人の数

2 「法定相続人の数」の数え方

「法定相続人の数」は、相続税の公平性を図るために、民法で定める法定相続人とは異なる相続税法独自の考え方をします。具体的には、次のときに「法定相続人の数」は、民法で定める法定相続人の数と異なります。

・相続の放棄があった場合、その放棄がなかったものとする
・実子がいる場合、養子は1人まで、実子がいない場合、養子は2人まで法定相続人の数に算入できる

●相続の放棄があった場合

例えば、第1順位の子が相続の放棄をした場合、第2順位の直系尊属がす

でに死亡していれば、第3順位の兄弟姉妹が法定相続人となります。恣意的に相続人数を増やすことで相続税を少なくする行為を排除するために、相続税法では、相続の放棄があった場合には、その放棄はなかったものとして、法定相続人の数を算出します。

子Aが相続の放棄をすると、民法上の法定相続人は第3順位の兄弟姉妹となるが、相続税法では、相続の放棄はなかったものとするため、法定相続人の数は2人（配偶者、子A）となる

●養子がいる場合の制限

子の場合、実子、養子に係わらず法定相続人となることができます。また、養子にできるのは他人に限らず、親族も養子にできます。

養子縁組をすることで恣意的に相続税を少なくする行為を排除するため、相続税法では、法定相続人の数に算入できる養子の数に制限を定めています。

被相続人に実子がいる場合	養子は1人まで法定相続人の数に算入できる
被相続人に実子がいない場合	養子は2人まで法定相続人の数に算入できる

ただし、次の養子は実子とみなされ、養子の数の制限を受けません。
・特別養子縁組により養子となった場合（特別養子）
・被相続人の配偶者の実子で、被相続人の養子となった場合
　（いわゆる連れ子養子）
・代襲相続人で被相続人の養子となった場合

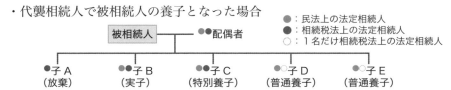

民法上は、配偶者と子B、C、D、Eが法定相続人となるが、相続税法では、養子の数の制限を受ける。被相続人に実子がいるため、養子は1人まで算入でき、法定相続人の数は、①配偶者、②子A、③子B、④子C、⑤子Dまたは子Eの5人となる

1 ライフプランニングと資金計画
2 リスク管理
3 金融資産運用
4 タックスプランニング
5 不動産
6 相続・事業承継

ひとくちポイント！

民法上は、相続の放棄があった場合、初めから相続人でなかったとみなされます。ですが、相続税を計算する場合は、放棄があってもそれがなかったものとして法定相続人の数を算出します

3 課税遺産総額の計算

相続税の課税遺産総額は、課税価格の合計から遺産に係る基礎控除額を控除して求めます。

課税遺産総額	＝	課税価格の合計	－	遺産に係る基礎控除額

4 相続税の総額の計算

相続税を計算する際は、まず相続人全員が支払う相続税の合計額である「相続税の総額」を計算し、その後、各人の相続税額を算出します。

相続税の総額は、課税遺産総額を相続人が法定相続分どおりに相続したとして、相続税の税率を掛けて各相続人の相続税額を計算します。各相続人の相続税額を合計したものが、相続税の総額です。

相続税の速算表

法定相続分に応ずる取得金額		税率	控除額
	1,000 万円以下	10%	－
1,000 万円超	3,000 万円以下	15%	50 万円
3,000 万円超	5,000 万円以下	20%	200 万円
5,000 万円超	1 億円以下	30%	700 万円
1 億円超	2 億円以下	40%	1,700 万円
2 億円超	3 億円以下	45%	2,700 万円
3 億円超	6 億円以下	50%	4,200 万円
6 億円超		55%	7,200 万円

相続税も、所得税と同様の超過累進税率となっています。各人の相続税額を計算する際は、「取得金額×税率－控除額」で計算します

1 ライフプランニングと資金計画

2 リスク管理

3 金融資産運用

4 タックスプランニング

5 不動産

6 相続・事業承継

◇相続税を計算してみよう

【問題】課税遺産総額（遺産に係る基礎控除額を控除した後の金額）が３億円の場合、次の親族関係図における相続税の総額はいくらか。

（親族関係図）

```
        被相続人 ──────── 配偶者
     ┌──────────┬──────────┐
  子Ａ（放棄）   子Ｂ（実子）   子Ｃ（養子）
```

・各相続人の法定相続分を求める（相続の放棄があってもなかったものとして計算する）

　　　配偶者：<u>2分の1</u>（1億5,000万円）

　　　子Ａ、子Ｂ、子Ｃ：それぞれ<u>6分の1</u>（各5,000万円）

・各相続人の相続税額を計算する

　　　配偶者：1億5,000万円 × <u>40</u>% − <u>1,700万円</u> = <u>4,300万円</u>

　　　子Ａ、子Ｂ、子Ｃ：5,000万円 × <u>20</u>% − <u>200万円</u> = <u>800万円</u>

・相続税の総額を求める

　　　<u>4,300万</u>円 + <u>800万</u>円 × <u>3</u>人 = <u>6,700万円</u>

4 各相続人等の納付税額の計算

　各相続人等が納付する相続税額は、<u>相続税の総額</u>を、各人が取得した相続財産の課税価格に応じて<u>按分</u>して算出します。その際に、それぞれの相続人等の個別の事情によって、税額の加算（相続税額の２割加算）や税額控除を行って納付税額を調整します。

1 相続税額の２割加算

　相続や遺贈等によって財産を取得した者が、<u>配偶者</u>、<u>被相続人の１親等の親族</u>以外の場合は、相続税額の<u>20%</u>相当額を加算します。

　<u>代襲相続人</u>である孫は２割加算の対象に<u>なりません</u>が、<u>養子</u>となった被相続人の孫（代襲相続人である場合を除く）は２割加算の対象<u>となります</u>。

2 税額控除

●贈与税額控除

　相続税の課税価格の計算のもととなる財産に生前贈与財産が含まれている場合は、贈与を受けたときに贈与税を支払っているケースがあります。さらに相

続税が課されると二重課税となるため、贈与税額控除の適用を受けることができます。相続時精算課税制度の適用を受けて支払った贈与税も、贈与税額控除の対象となります。

●配偶者の税額軽減の特例

　被相続人の配偶者が、相続または遺贈等により取得した財産が「課税価格の合計額×法定相続分」までか、1億6,000万円までの場合は、配偶者の税額軽減の特例の適用を受けることにより、相続税は課されません。

配偶者の税額軽減額

$$= 相続税の総額 \times \frac{下記の①、②のうち少ない金額}{相続税の課税価格の合計額}$$

①相続税の課税価格の合計額 × 法定相続分（1億6,000万円に満たない場合は1億6,000万円）
②配偶者の取得した財産の課税価格

　この特例の対象となるのは、婚姻の届出をしている配偶者で、内縁関係の場合は適用を受けることはできません。また、配偶者が相続を放棄した場合でも、遺贈により財産を取得した場合は適用を受けることができます。

　適用を受けるためには、相続税の申告期限までに財産を分割により取得していることが必要ですが、申告期限から3年以内に分割された場合は、適用を受けられます。適用を受けた結果、相続税額がゼロとなった場合でも、相続税の確定申告書を提出する必要があります。

●未成年者控除

　相続または遺贈などで財産を取得した相続人が法定相続人で、かつ18歳未満の場合、未成年者控除の対象となります。未成年者控除は、相続の放棄をした相続人でも適用を受けることができます。

未成年者控除額 ＝ 10万円 × （18歳 － 相続開始時の年齢）

※18歳になるまでの年数に1年未満の端数がある場合は、1年として計算する

　未成年者控除の適用を受けられるのは、その相続人が無制限納税義務者の場合のみです。

●障害者控除

　相続または遺贈などで財産を取得した相続人が法定相続人で、かつ85歳未

満の障害者である場合は、障害者控除の対象となります。障害者控除は、相続の放棄をした相続人でも適用を受けることができます。

> **一般障害者**
> ・障害者控除額 ＝ 10万円 ×（85歳 － 相続開始時の年齢）
> **特別障害者：障害者手帳の1級または2級の者**
> ・障害者控除額 ＝ 20万円 ×（85歳 － 相続開始時の年齢）
> ※ 85歳になるまでの年数に1年未満の端数がある場合は、1年として計算する

障害者控除の適用を受けられるのは、その相続人が無制限納税義務者の場合のみです。

●相次相続控除

最初の相続と次の相続との間が10年以内で、2回とも相続税が課せられた場合、相次相続控除の適用を受けられます。相次相続控除では、1回目の相続で支払った相続税のうち一定額を、2回目の相続税額から控除できます。

●外国税額控除

相続または遺贈などによって取得した財産の中に国外財産があり、この国外財産に海外でも相続税が課せられている場合、国際間の二重課税を防ぐために、外国税額控除の適用を受けることができます。

$$外国税額控除額 ＝ 各種控除後の相続税額 \times \frac{国外財産の価額}{その者の相続税の課税価格}$$

まとめ｜相続税

- 相続税の課税価格は、本来の相続財産、みなし相続財産、生前贈与財産から、非課税財産、債務・葬式費用を控除した額である
- 遺産に係る基礎控除額は、「3,000万円＋600万円×法定相続人の数」で計算した額である
- 相続税では、法定相続人が法定相続分どおりに相続したと仮定して、相続税の総額を計算する

1 ライフプランニングと資金計画
2 リスク管理
3 金融資産運用
4 タックスプランニング
5 不動産
6 相続・事業承継

次の文章で正しいものには○、誤っているものには×で答えましょう。

①契約者（＝保険料負担者）および被保険者を被相続人とする生命保険契約の死亡保険金を相続人が受け取った場合、相続税の課税対象となる。

②被相続人の死亡により、相続人が死亡退職金を受け取った場合の非課税限度額は、「600万円×法定相続人の数」である。

③被相続人の勤務先から弔慰金を受け取った場合、業務上の死亡の場合、「死亡時の給与×36カ月」を上限として相続税が非課税となる。

④相続を放棄した者に遺贈によって取得した財産がある場合、その者が負担した被相続人の葬式費用を、債務控除することができる。

⑤遺産に係る基礎控除額を計算する際、相続の放棄があった場合、その放棄がなかったものとして法定相続人の数を算出する。

⑥被相続人の孫で、被相続人の養子になった者は、代襲相続人としての地位があっても、相続税の2割加算の対象となる。

⑦未成年者控除の額は、「10万円×（20歳－相続開始時の年齢）」の算式で計算した額である。

解答＆ポイント解説

① ○　② ×　③ ○　④ ○　⑤ ○　⑥ ×　⑦ ×

死亡退職金の非課税限度額は、「500万円×法定相続人の数」です。被相続人の配偶者、1親等の血族以外は2割加算の対象ですが、代襲相続人である孫は、被相続人の養子であっても2割加算の対象外です。未成年者控除は18歳になるまでの年数をもとに計算します。

05 相続税の申告と納付

必修ポイント
- 相続税の申告書の提出義務者と提出期限
- 所得税の準確定申告書の提出期限
- 相続税の納付方法と延納・物納

1 相続税の申告と準確定申告

1 相続税の申告

相続税の申告書は、課税価格の合計額が遺産に係る基礎控除額を超える場合に提出する義務があります。相続税の納付税額がゼロの場合、申告書を提出する必要はありませんが、次の特例の適用を受けた結果、相続税額がゼロになった場合は、申告書を提出する必要があります。

- 配偶者の税額軽減の特例
- 小規模宅地等の相続税の課税価格の特例（小規模宅地等の評価減の特例）

相続税の申告書は、相続の開始があったことを知った日の翌日から **10 カ月**以内に、被相続人の死亡時の住所地の所轄税務署長に提出します。

ひとくちポイント！

申告期限までに相続財産が未分割の場合は、法定相続分で相続したとみなして申告書を提出します。その場合、配偶者の税額軽減や小規模宅地等の評価減の特例は受けられませんが、**3 年**以内に分割すれば適用を受けられます

提出した相続税の申告書を修正する場合は、修正申告や更正の請求を行うことができます。

- 申告した相続税額が少なかった場合（相続税額が増える）⇒修正申告
- 申告した相続税額が多すぎた場合（相続税額が減る）　⇒更正の請求

2 所得税の準確定申告

所得税の納税義務者が死亡した場合、相続人は、その年の1月1日から死亡の日までの所得を申告しなければなりません。これを準確定申告といい、申告の期限は、相続の開始があったことを知った日の翌日から **4 カ月**以内です。

2 相続税の納付

1 相続税の納付方法

　相続税は、申告書の提出期限までに、金銭で一括納付するのが原則です。ただし、相続税は一時に多額の納税資金を必要とすることもあるため、金銭による一括納付が困難な場合は、延納や物納が認められます。

2 延納

　延納は、相続税額を限度として分割して納める方法です。延納期間は5年から10年で、延納期間中は利子税が課されます。主な適用要件は以下です。

- ・金銭で一括納付できない理由があること
- ・相続税額が10万円を超えること
- ・担保を提供すること（延納税額が100万円以下で、かつ延納期間が3年以内の場合は不要）
- ・相続税の申告期限までに延納申請書を提出し、税務署長の許可を得ること

●延納に充てることができる財産

　相続税を延納する場合に担保として認められる財産には、国債、地方債、社債、その他の有価証券、自動車、船舶などがあります。担保は、相続により取得した財産でなくても構いません。

3 物納

　物納は、相続、遺贈などにより取得した財産で相続税を納める方法です。相

続税を延納によっても金銭で納付することができない場合、その納付できない金額を限度に物納が認められます。物納には、以下のような適用要件があります。

> ・延納の適用を受けても金銭で納付することが困難であること
> ・物納に充てる財産があること
> ・共有財産は、共有者<u>全員</u>が持分の<u>全部</u>を物納する場合のみ認められる
> ・質権、抵当権の担保になっている財産は、原則として、物納<u>できない</u>
> ・相続税の申告期限までに物納申請書を提出し、税務署長の許可を得ること

●物納に充てることができる財産

物納に充てることができるのは、相続・遺贈等により<u>取得した相続財産</u>で、国内にある財産のうち、次のものに限られます。また、物納による納付が完了するまでの間は、<u>利子税</u>が課されます。

物納に充てることができる財産は、第1順位から第3順位まで定められ、第1順位から順番に物納します。なお、<u>相続時精算課税制度</u>を適用した財産や、相続人が初めから所有していた財産は、物納に充てることは<u>できません</u>。

第1順位	国債、地方債、不動産、船舶、上場株式・社債・証券投資信託
第2順位	非上場の社債・株式・証券投資信託など
第3順位	動産

④ 物納財産の収納価額

物納財産の収納価額（金銭に充てられる金額）は、原則として、相続税評価額です。小規模宅地等の評価減の特例の適用を受けた土地を物納する場合は、特例適用<u>後</u>の価額が収納価額になります。

⑤ 超過物納

相続税額より物納する財産の価額のほうが高い場合を超過物納といいます。この場合、相続税額を超える部分は金銭で還付されますが、還付額は譲渡所得とみなされ、所得税、住民税の対象となります。

⑥ 物納の撤回

物納の許可前は、<u>いつでも</u>撤回ができ、許可後は、賃借権などの不動産を使用する権利の付いている不動産は、許可を受けた日から1年以内に限り撤回できます。物納撤回後は、延納に変えることができます。

1 ライフプランニングと資金計画
2 リスク管理
3 金融資産運用
4 タックスプランニング
5 不動産
6 相続・事業承継

- 相続税の申告書の提出と納付は、相続の開始があったことを知った日の翌日から 10 カ月 以内に、被相続人の死亡時の住所地で行う
- 所得税の納税義務者が死亡した場合、相続人は、相続の開始があったことを知った日の翌日から 4 カ月 以内に 準確定申告 を行わなければならない
- 相続税の納付は、金銭 による一括納付が原則だが、それができない場合は、税務署長の許可により 延納 や 物納 をすることができる

一問一答・チャレンジ問題！

次の文章で正しいものには○、誤っているものには×で答えましょう。

①相続税の申告書は、相続の開始があったことを知った日の翌日から 10 カ月以内に、相続人の住所地の税務署長に提出する。

②相続税の申告書により申告した相続税額に不足がある場合、税務署長の更正があるまでは、修正申告書を提出することができる。

③相続により土地を取得した者が、相続税の延納をする場合、相続した土地以外の財産を担保として提供することはできない。

④延納の許可を得た相続税額について、所定の要件を満たせば、延納から物納へ変更することができる。

⑤相続時精算課税制度の適用を受けた贈与財産は、物納に充てることができない。

解答&ポイント解説

① ×　② ○　③ ×　④ ○　⑤ ○
相続税の申告書は、被相続人 の死亡時の住所地の税務署長に提出します。相続税の延納をする場合、担保とする財産は、相続により取得した財産でなくても構いません。

06 贈与税

重要度 ★★★

必修ポイント
- 贈与の種類と概要
- 暦年贈与と相続時精算課税制度
- 贈与税の配偶者控除の特例

1 贈与とは

　贈与は、当事者の一方が自己の財産を無償で相手方に与える意思表示をし、相手方がこれを受諾することによって成立する契約です。これを諾成契約といい、単独行為である相続や遺贈とは異なります。

　贈与は、必ずしも書面で行う必要はなく、口頭でも贈与の契約は成立します。ただし、書面で行われた贈与契約は、相手の承諾なしに撤回することはできませんが、口頭による場合は、履行が終わっていない部分については、相手の承諾なしに撤回することができます。

2 贈与契約の種類

　贈与契約には、次の4種類があります。

負担付贈与	受贈者が、第三者に対する債務を支払うことを条件にした贈与 例 土地（3,000万円）を贈与する代わりに、2,000万円の借入金の返済を負担させる ・贈与財産の価額から、負担額を控除した額が贈与税の対象 ・催告しても受贈者が債務を履行しない場合、贈与者は贈与契約を解除できる
定期贈与	定期的な給付を目的とする贈与 例 毎年300万円ずつ10年間贈与する ・贈与者または受贈者の一方が死亡した場合、それ以降の契約は効力を失う
死因贈与	贈与者が死亡すると効力が発生する贈与 例 自分が死んだらこの土地を贈与する ・受贈者が合意することで贈与契約が成立する ・死因贈与によって取得した財産は相続税の対象となる
通常の贈与	上記以外の贈与 ・贈与ごとに、その都度贈与契約を結ぶ

1 贈与税とは

贈与税は、個人から個人に贈与が行われた場合に、贈与された個人に課される税金です。相続税は「死亡後の財産の引き継ぎ」に課せられますが、贈与税は「生前の財産の引き継ぎ」に課せられます。

2 贈与税の納税義務者

贈与税の納税義務者は、個人から贈与により財産を取得した個人（受贈者）です。ただし、次の組織は個人とみなされ、要件に該当すれば対象となります。

- ・人格のない社団または財団で、収益事業を行わない場合（学会、町内会、同窓会、PTA など）
- ・法人税が課されないなどの要件を満たす公益法人

日本国内に住所がある者から国内外の財産の贈与を受けた場合、取得した者に日本国籍があれば、国内外すべての財産に贈与税が課せられます。

3 贈与税の課税財産

贈与税が課される財産には、本来の贈与財産とみなし贈与財産があります。

本来の贈与財産	贈与により取得した金銭で見積もることができる経済価値のある財産 ・現金、預貯金、有価証券、土地、家屋、貴金属・宝石、書画・骨董品
みなし贈与財産	形式的には贈与に該当しないが、実質的に贈与と同じ経済効果があると考えられるもの ・委託者以外の者が受益者である信託受益権 　例　親が財産を信託銀行に信託し、受益者を子にした場合 ・保険料を負担しない保険金 　例　生命保険料を支払っていない生命保険契約の満期保険金や死亡保険金を受け取った場合 ・掛金を負担しない定期金（年金） 　例　掛金を支払っていないが、定期金（年金）を受け取った場合 ・低額譲受による利益 　例　時価より低い価格で財産を譲り受けた場合、支払った対価と時価との差額が贈与とみなされ贈与税の対象になる ・債務免除による利益 　例　債務の免除、引受けなどにより利益を受けた者は、その額を贈与により取得したとみなされ、贈与税の対象となる

4 贈与税の非課税財産

次のような場合は、贈与税は課されません。

1 ライフプランニングと資金計画

2 リスク管理

3 金融資産運用

4 タックスプランニング

5 不動産

6 相続・事業承継

- 扶養義務者相互間の<u>通常必要な範囲</u>での生活費や教育費
- <u>離婚</u>による慰謝料や財産分与
- <u>社会通念上相当</u>である冠婚葬祭費、公共事業用の財産、選挙活動のための寄付金
- <u>法人</u>から贈与された財産
  - →贈与を受けた者が法人の従業員であれば<u>給与所得</u>、それ以外の場合は一時所得として課税される
- <u>相続開始の年</u>に被相続人から贈与された財産
  - →<u>相続税</u>の課税価格に加算され、<u>相続税</u>の対象となる

4 暦年課税の概要

<u>暦年課税</u>は、1月1日から12月31日までの1年間を課税期間として、<u>受贈者</u>が、贈与により取得した財産の合計額（課税価格）をもとに贈与税を計算する方法です。暦年贈与では、<u>110万円</u>の基礎控除が認められているため、受贈者の贈与財産の課税価格が<u>110万円</u>未満であれば贈与税は課されず、贈与税の申告は不要です。贈与税額は、課税価格から<u>110万円</u>を控除した後の額に超過累進税率による税率を掛けて計算します。

贈与税額 ＝（贈与税の課税価格 － <u>110万円</u>）× 税率

贈与税の速算表（特例税率：<u>18歳</u>以上の者が<u>直系尊属</u>から贈与を受けた場合）

課税価格（基礎控除後）		税率	控除額
	200万円以下	10%	－
200万円超	400万円以下	15%	10万円
400万円超	600万円以下	20%	30万円
600万円超	1,000万円以下	30%	90万円
1,000万円超	1,500万円以下	40%	190万円
1,500万円超	3,000万円以下	45%	265万円
3,000万円超	4,500万円以下	50%	415万円
4,500万円超		55%	640万円

特例税率は、世代間の資産の移転がしやすいように、一般税率より低くなっています

（一般税率：直系尊属以外の者から贈与を受けた場合）

課税価格（基礎控除後）		税率	控除額
	200 万円以下	10%	−
200 万円超	300 万円以下	15%	10 万円
300 万円超	400 万円以下	20%	25 万円
400 万円超	600 万円以下	30%	65 万円
600 万円超	1,000 万円以下	40%	125 万円
1,000 万円超	1,500 万円以下	45%	175 万円
1,500 万円超	3,000 万円以下	50%	250 万円
3,000 万円超		55%	400 万円

例えば、伯父（叔父）から贈与を受けた場合、直系尊属ではないので、一般税率で計算します

 ひとくちポイント！

暦年課税では、受贈者ごとに贈与税額を計算します。複数の贈与者（父と母の両方など）から贈与を受けた場合は、贈与額を合計して贈与税額を算出します。ただし、その場合も、受贈者の基礎控除額は 110 万円です

5 　贈与税の配偶者控除

1 贈与税の配偶者控除の概要

　配偶者から居住用財産またはその取得資金の贈与を受けた場合、一定の要件のもとに、贈与税の課税価格から 2,000 万円 を控除することができます。基礎控除の 110 万円とは別枠の控除となるので、この特例の適用を受けると、合計 2,110 万円 までの贈与について、贈与税が課されないことになります。

　ただし、贈与を受けた居住用財産の価額が 2,000 万円 以下でも、残りの控除額を翌年に繰り越すことはできません。

> 贈与税額 ＝（贈与税の課税価格 − 110 万円 − 2,000 万円 （上限））× 税率

2 贈与税の配偶者控除の適用要件

婚姻期間	婚姻期間 20 年 以上（1 年未満は 切り捨て ）の配偶者間の贈与（同一夫婦間では 1 度 しか適用できない）
贈与の目的	・居住用不動産 または居住用不動産を取得するための 金銭 の贈与（家屋の増改築も可） ・店舗併用住宅の場合、居住用部分が 90% 以上あれば適用を受けることができる

1 ライフプランニングと資金計画

2 リスク管理

3 金融資産運用

4 タックスプランニング

5 不動産

6 相続・事業承継

受贈者の居住要件	・居住用不動産の贈与を受けた場合 翌年 3月15日まで居住し、その後も引き続き居住する見込みであること ・金銭の贈与を受けた場合 翌年 3月15日までに、居住用不動産を取得し、居住を始め、その後も引き続き居住する見込みであること
申告要件	その年分の贈与税の申告書を提出すること

 ひとくちポイント！

配偶者の税額軽減の適用を受けた後、贈与者である配偶者が死亡した場合でも、2,000万円までは、相続税の生前贈与加算の対象にはなりません。また、贈与者が贈与した年に死亡しても特例の適用を受けることができます

6 贈与税の申告と納付

1 贈与税の申告と納付の時期

贈与税の申告と納付は、受贈者が、贈与を受けた翌年の 2月1日から 3月15日の間に行います。申告書の提出先は、受贈者の居住地の税務署長です。

2 贈与税の延納

贈与税は、原則として、金銭で一括納付しますが、納付できない場合は延納することができます。延納期間は 5年以内で、延納税額に対して利子税がかかります。延納には、以下のような要件があります。また、贈与税には、物納の制度はありません。

・納付すべき税額が 10万円を超えること
・納付期限までに金銭で納付することが困難な事由があること
・担保を提供すること（延納税額が 100万円以下で、かつ延納期間が 3年以内の場合は不要）
・納期限までに延納申請書を提出し、税務署長の許可を得ること

7 相続時精算課税制度

1 相続時精算課税制度の概要

相続時精算課税制度は、贈与税と相続税を一体化して課税するしくみです。

贈与時は贈与税の負担がないまたは少ない負担で生前贈与でき、相続が発生したときに、贈与を受けた財産の価格を相続税の<u>課税価格</u>に加えて相続税を計算します。すでに納めた贈与税額は、相続税額から控除することができます。

暦年課税制度と相続時精算課税制度は、どちらかを<u>選択して適用</u>を受けます。1人の贈与者について相続時精算課税制度を選択した場合、その後、その贈与者から受ける贈与は、<u>すべて相続時精算課税制度</u>が適用されます。

② 相続時精算課税制度の要件

相続時精算課税制度の適用を受けるためには、贈与者、受贈者などの要件を満たす必要があります。

対象者	贈与者：贈与があった年の1月1日現在で、<u>60歳以上の親</u>または<u>祖父母</u>（贈与によって<u>自己居住用の住宅</u>を購入する場合は<u>60歳未満でも可</u>） 受贈者：贈与があった年の1月1日現在で、<u>18歳以上の子</u>である推定相続人（代襲相続人を含む）と<u>18歳以上の孫</u>
対象財産	贈与する財産の種類や金額に制限はなく、贈与回数や期間にも制限はない
非課税枠 （特別控除額）	・相続時精算課税制度を選択した贈与者（特定贈与者）ごとに、<u>2,500万円</u>（複数回の贈与の場合は累計）に達するまでは、<u>贈与税</u>が非課税となる ・2,500万円を超えた部分は、一律<u>20%</u>の税率で贈与税額を計算する ・2024年1月1日以降の贈与は、各年、贈与額から110万円の基礎控除額を控除することができる

③ 相続時精算課税制度適用時の手続き

相続時精算課税制度の適用を選択する受贈者は、最初の贈与を受けた年の翌年<u>2月1日</u>から<u>3月15日</u>までの間に、贈与税の申告書に相続時精算課税制度選択届出書を添付して、受贈者の住所地の税務署に提出します。この届出をした場合、贈与者の相続発生時まで継続して適用され、途中で<u>撤回</u>できません。

ひとくちポイント！

相続時精算課税制度は、受贈者が、<u>贈与者</u>ごとに選択します。例えば、父と母から贈与を受けた場合、父からの贈与は相続時精算課税制度を適用し、母からの贈与は暦年課税とすることも可能です

④ 相続税額の計算

相続時精算課税制度を選択した贈与者の相続が発生した場合は、この制度による贈与財産の累計額と相続財産の価格を合算して計算した相続税額から、す

でに支払った<u>贈与税額を控除</u>して、相続税額を計算します。相続税額から控除できない贈与税額があるときは、還付を受けることができます。

相続財産に合算する際の贈与財産の価額は、贈与を受けたときの時価となります。

◇贈与税額を計算してみよう

【問題】父から次のように贈与を受け、相続時精算課税制度を選択した場合に支払う贈与税額はいくらか。

　　【父からの贈与額】

　　2022年：1,400万円

　　2023年：1,000万円

　　2024年：1,300万円（基礎控除後の価額）

相続時精算課税制度を選択した場合、累計で<u>2,500万円</u>までは贈与税はかからない。2023年までの累計額は2,400万円なので、この時点では贈与税はかからない。2024年に贈与を受けたことにより累計額が3,700万円となるので、<u>2,500万円</u>を超えた部分が贈与税の対象となる。

　　（1,400万円＋1,000万円＋1,300万円）－2,500万円 ＝ 1,200万円

　　　　　　　　　　　　　　　　　　　1,200万円×20% ＝ 240万円

ひとくちポイント！

改正により、2024年1月1日以降の贈与については、相続時精算課税制度の適用を受けた場合も、110万円の基礎控除の適用を受けられるようになりました。相続時に課税価格に算入する額も、基礎控除後の価額となります

まとめ｜贈与税

・贈与とは、<u>個人</u>から個人に無償で財産を与える契約で、書面での契約だけでなく、<u>口頭</u>でも贈与契約が成立する

・暦年課税では<u>110万円</u>の基礎控除があり、相続時精算課税制度では累計<u>2,500万円</u>までの贈与は、贈与時に課されない

・贈与税の配偶者控除の特例では、要件を満たす<u>2,000万円</u>までの贈与に贈与税が課されない

1 ライフプランニングと資金計画

2 リスク管理

3 金融資産運用

4 タックスプランニング

5 不動産

6 相続・事業承継

次の文章で正しいものには○、誤っているものには×で
答えましょう。

①贈与契約は、当事者の一方が、ある財産を無償で提供する意思表示をすることで成立する。

②契約者（＝保険料負担者）が父、被保険者が母、死亡保険金受取人が子である生命保険契約の死亡保険金を受けった場合、贈与税の課税対象となる。

③子が同一年中に父と母のそれぞれから贈与を受けた場合、暦年課税に係る贈与税額の計算上、基礎控除額として最高 220 万円を控除することができる。

④配偶者から居住用不動産の贈与を受けた場合、贈与税の配偶者控除の適用を受けるためには、婚姻期間が 10 年以上なければならない。

⑤贈与税の延納について、所轄税務署長の許可を受けた後に、延納できない事由が発生した場合は、物納の申請をすることができる。

⑥受贈者の配偶者の父母から贈与を受けた場合、相続時精算課税制度の適用を受けることができない。

⑦相続時精算課税制度の適用を選択する場合の相続時精算課税制度選択届出書の提出期限は、最初の贈与を受けた年の翌年 2 月 1 日から 3 月 15 日までの間である。

解答&ポイント解説

①× ②○ ③× ④× ⑤× ⑥○ ⑦○

贈与契約が成立するには、贈与者と受贈者の合意が必要です。暦年課税の基礎控除額は、複数の贈与者がいる場合でも 110 万円です。贈与税の配偶者控除の適用を受けるための婚姻期間は 20 年以上です。贈与税には、物納の制度はありません。

07 　**贈与税の非課税措置**

 必修ポイント
- 住宅取得等資金の贈与税の非課税措置
- 教育資金の一括贈与に係る贈与税の非課税措置
- 結婚・子育て資金の一括贈与に係る贈与税の非課税措置

1　直系尊属からの住宅取得等資金の贈与

1 概要

　直系尊属から住宅取得等資金の贈与を受けた場合、一定額まで、非課税の適用を受けることができます。

省エネ等住宅	1,000万円
一般住宅	500万円

> この特例は、暦年課税や相続時精算課税制度と併用できます

2 要件

　この非課税措置の適用を受けるには、以下のような要件があります。

贈与者	父母・祖父母等の直系尊属（配偶者の直系尊属は対象外）
受贈者	・贈与を受けた年の1月1日において、18歳以上であること ・贈与を受けた年の合計所得金額が2,000万円以下（家屋の床面積が40m² 以上50m² 未満の場合は1,000万円以下） ・贈与を受けた年の翌年3月15日までに住宅用家屋の新築などをし、その家屋に居住すること
対象住宅	・登記簿上の床面積が40m² 以上240m² 以下 ・家屋の床面積の2分の1以上が受贈者の居住の用に供される ・中古住宅の場合は、新耐震基準を満たしていること ・一定の増改築も対象となる
その他	配偶者、親族などの特別の関係がある人から取得した住宅でないこと

2　教育資金の一括贈与

1 概要

　要件を満たす孫や子に対して直系尊属が教育資金を贈与し、金融機関に信託した場合、一定額までの贈与税が非課税となります。制度の適用を受けるには、受贈者が金融機関に教育費の領収証等を提出する必要があります。

2 要件

この非課税措置の適用を受けるには、以下のような要件があります。

贈与者	父母や祖父母等の直系尊属
受贈者	30 歳未満の子や孫（前年の合計所得金額が 1,000 万円以下）
非課税金額	受贈者 1 人につき 1,500 万円（習い事や塾などの学校等以外に支払われるものは 500 万円が限度）
その他	・贈与者は、贈与した額を金融機関に信託する ・受贈者は、払い出した金銭を教育資金に充当したことを証明する領収証等を金融機関に提出しなければならない ・受贈者が 30 歳に達すると信託契約は終了し、残額は贈与税の対象となる ・贈与者が死亡したときに残額がある場合、相続税の対象となり、受贈者が子以外の場合は 2 割加算の対象となる

3 結婚・子育て資金の一括贈与

1 概要

要件を満たす孫や子に対して直系尊属が結婚・子育て資金を贈与し、金融機関に信託した場合、一定額までの贈与税が非課税となります。制度の適用を受けるには、受贈者が、結婚・子育て資金に充てられたことがわかる領収証等を金融機関に提出する必要があります。

2 要件

この非課税措置の適用を受けるには、以下のような要件があります。

贈与者	父母や祖父母等の直系尊属
受贈者	18 歳以上 50 歳未満の子や孫（前年の合計所得金額が 1,000 万円以下）
非課税金額	受贈者 1 人につき 1,000 万円 （結婚資金に支払われるものは 300 万円が限度）
その他	・贈与者は、贈与した額を金融機関に信託する ・受贈者は、払い出した金銭を結婚・子育て資金に充当したことを証明する領収証等を金融機関に提出しなければならない ・受贈者が 50 歳に達すると信託契約は終了し、残額は贈与税の対象となる ・贈与者が死亡したときに残額がある場合、相続税の対象となり、受贈者が子以外の場合は 2 割加算の対象となる

まとめ｜贈与税の非課税措置

- 直系尊属から住宅取得等資金の贈与を受けた場合、要件を満たせば、省エネ等住宅は 1,000 万円、一般住宅は 500 万円まで非課税となる
- 直系尊属から教育資金の贈与を受けた場合、要件を満たせば、受贈者 1 人につき 1,500 万円（うち学校等以外は 500 万円）まで非課税となる
- 直系尊属から結婚・子育て資金の贈与を受けた場合、要件を満たせば、受贈者 1 人につき 1,000 万円（うち結婚資金は 300 万円）まで非課税となる

一問一答・チャレンジ問題！

次の文章で正しいものには○、誤っているものには×で答えましょう。

① 18 歳以上の者が直系尊属から住宅取得等資金の贈与を受けた場合、省エネ等住宅を取得したときは、1,000 万円まで贈与税の非課税措置を受けることができる。

②教育資金の一括贈与に係る贈与税の非課税措置の適用を受けることができる受贈者には、前年の合計所得金額が 3,000 万円以下であることという要件がある。

③教育資金の一括贈与に係る贈与税の非課税措置による贈与者が死亡した場合、その残額は受贈者の贈与税の対象となる。

④結婚・子育て資金の一括贈与に係る贈与税の非課税措置の適用を受ける場合、受贈者は、払い出した金銭を結婚・子育て資金に充当したことを証明する領収書等を金融機関に提出しなければならない。

解答＆ポイント解説

① ○　② ×　③ ×　④ ○

教育資金の非課税措置の適用を受けるには、前年の合計所得金額が 1,000 万円以下でなくてはなりません。また、贈与者が死亡した場合の残額は、受贈者が相続したとみなされ、相続税の対象となります。

1 ライフプランニングと資金計画
2 リスク管理
3 金融資産運用
4 タックスプランニング
5 不動産
6 相続・事業承継

08 相続財産の評価

必修
ポイント
- 路線価方式による宅地と宅地上の権利の評価
- 小規模宅地等の相続税の課税価格の特例
- 不動産以外の相続財産の評価

1 財産評価の考え方

　相続や贈与で取得した財産は、取得した財産の課税時期（財産を相続したり贈与を受けたとき）の時価で評価をして、相続税や贈与税を計算します。ただし、実際に売却したときにいくらで売れるかは個々の状況によって異なるため、国税庁の財産評価基本通達を基準に算定することになっています。

　財産の種類によって評価の方法が異なり、特に不動産については、土地は相続税評価額や固定資産税評価額を基礎として、土地の使われ方や土地の上に存する権利によって評価の方法が定められています。

2 宅地の評価

　土地の評価方法には、路線価方式と倍率方式があります。宅地、田、畑、山林などの地目ごとに評価し、地目が登記簿上の地目と異なるときは、課税時期の現況によって評価します。地積が登記簿上の地積と実際の地積が異なる場合は、課税時期の実際の地積で評価します。

1 宅地の評価単位と評価方式

　宅地と宅地上にある権利の価額は、利用の単位である1画地ごとに評価します。1筆の宅地が2画地以上の宅地として利用されていたり、2筆の宅地を一体として利用している場合もありますが、いずれも1画地ごとに評価します。

　宅地の評価方式には、路線価方式と倍率方式があります。

路線価方式	宅地に面する道路に付けられた路線価を基礎に、宅地の位置や形状によって調整し、評価額を求める
倍率方式	路線価が定められていない地域にある宅地を評価する方法で、その宅地の固定資産税評価額に一定の倍率を乗じて計算する

2 路線価方式による評価の方法

　路線価方式では、宅地が面する道路に付けられた路線価に地積を乗じて計算しますが、宅地がどのように道路に面しているかによって、奥行価格補正率、

側方路線影響加算率、二方路線影響加算率などを用いて調整します。

●宅地が1つの道路のみに面している場合

評価額 ＝ 路線価 × 奥行価格補正率 × 地積

奥行価格補正率：道路に面した間口が狭い土地(使い勝手が悪いため評価が下がる)
など、個別の事情を反映させる数値

路線価は $1m^2$ 当たりの価額です。
「路線価 150 千円」とは $1m^2$ 当たり
15 万円という意味です

評価額 ＝ 15 万円 × 1.00 × 300m^2 ＝ 4,500 万円

●宅地が角地（2つの道路に面している）の場合

・宅地が角地であり、2つの道路に面している場合、2つの道路の路線価に
　奥行価格補正率を乗じた価額の高いほうが正面路線価となる
・角地の評価は、正面路線価に側方路線影響加算率を用いて調整する

評価額 ＝（正面路線価 × 奥行価格補正率 ＋ 側方路線価
　　　　　× 奥行価格補正率 × 側方路線影響加算率）× 地積

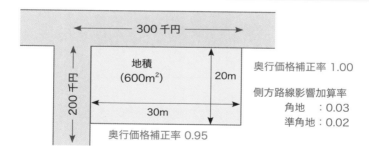

・正面路線価の判定

300 千円 × 1.00 ＝ 30 万円　＞　200 千円 × 0.95 ＝ 19 万円
従って、正面路線価は 30 万円となる

・評価額を求める

（30万円×1.00＋20万円×0.95×0.03）×600m^2＝1億8,342万円

1 ライフプランニングと資金計画
2 リスク管理
3 金融資産運用
4 タックスプランニング
5 不動産
6 相続・事業承継

●角地と準角地

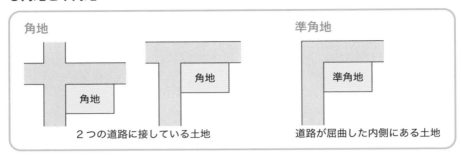

●正面と裏面に道路がある場合

- 正面と裏面に道路がある場合、<u>正面路線価</u>を基本として、もう一方の路線価（裏面路線価）に<u>二方路線影響加算率</u>を用いて調整する

> 評価額 ＝（正面路線価 × 奥行価格補正率 ＋ 裏面路線価
> 　　　　 × 奥行価格補正率 × 二方路線影響加算率）× 地積

・奥行価格補正率 1.00

・二方路線影響加算率 0.05

評価額 ＝（20 万円× 1.00 ＋ 15 万円× 1.00 × 0.05）× 500m²
　　　　 ＝ 1 億 375 万円

3 倍率方式による評価の方法

　倍率方式は、その宅地の<u>固定資産税評価額</u>に、地域と地目によって国税庁が定めた一定の倍率を乗じて計算する方法です。

> 評価額 ＝ 宅地の<u>固定資産税評価額</u> × 倍率

　家屋の場合、倍率は 1.0 なので、評価額は固定資産税評価額と同じですが、土地は、その地域によって倍率が異なります。また、賃貸されている土地や家屋の場合、権利関係に応じて評価額が調整されます。

1 ライフプランニングと資金計画

2 リスク管理

3 金融資産運用

4 タックスプランニング

5 不動産

6 相続・事業承継

4 宅地の上にある権利の評価

借地権などの宅地の上に存する権利は、<u>自用地評価額</u>をもとに、その権利に相当する分を<u>減額</u>して評価額を求めます。

●自用地評価額

自用地評価額は、路線価方式または倍率方式で計算します。

●借地権、貸宅地の評価額

借地権（普通借地権）は、建物の所有を目的にその土地を使う権利があるため、相続税の対象となります。貸宅地とは、<u>借地権</u>の設定のある土地の所有権です。

借地権の評価額 ＝ 自用地評価額 × <u>借地権割合</u>

> <u>借地権割合</u>とは、その土地に対する借地権価額の割合のことで、国税庁が地域によって30〜90%の割合で定めます

貸宅地の評価額 ＝ 自用地評価額 ×（1 － <u>借地権割合</u>）

▨ 借地権と貸宅地の評価額の考え方

所有者Bさん
Bさん（借地権）
所有者Aさん（貸宅地）

自用地評価額：7,000万円
借地権割合　：70%　　の場合

Bさん（借地権）
　7,000万円 × 70% ＝ 4,900万円
Aさん（貸宅地）
　7,000万円 ×（1 － 70%）＝ 2,100万円

> 借地権の設定がある土地は、同じ土地が借地権と貸宅地に分けられると考えるので、借地権の評価額と貸宅地の評価額を足した金額が自用地評価額となります

ひとくちポイント！

所有地を、車庫などの設備がない青空駐車場として提供している場合、その敷地は貸宅地ではなく、自用地として評価し、相続税が課されます

●貸家建付地の評価額

<u>貸家建付地</u>とは、土地所有者が自らの土地に建物を建築し、その建物を賃貸

の用に供している場合の敷地です。貸家建付地は、<u>借地権割合</u>と<u>借家権割合</u>を考慮して評価額を計算します。

> 貸家建付地の評価額
> ＝ 自用地評価額 ×（1 －<u>借地権割合</u> × <u>借家権割合</u> × <u>賃貸割合</u>）

　借家権割合は、原則として、一律30％です。賃貸割合は、その建物のうち継続的に賃貸している部分の割合です。相続開始時に、たまたま空室（一時的に賃貸されていなかった）の場合も、賃貸割合に入れられます。

貸家建付地の評価額の考え方

所有者Aさん

所有者Aさん（貸家建付地）

この場合、貸家建付地としての評価額は、自用地評価額の79％になったので、所有する土地を貸家建付地にすることで相続税評価額を下げる効果があります！

Aさんが所有する土地に
アパートを建てて、賃貸している場合

自用地評価額：7,000万円
借地権割合　：70％
借家権割合　：30％
賃貸割合　　：100％　　　　　の場合

貸家建付地の評価額
7,000万円 ×（1 － 70％× 30％ × 100％）
＝ 5,530万円

●貸家建付借地権の評価額

　貸家の敷地が借地の場合のことを貸家建付借地権といいます。

> 貸家建付借地権評価額
> ＝自用地評価額 × 借地権割合 ×（1 － 借家権割合×賃貸割合）

 ## ひとくちポイント！

使用貸借（無償でその土地を使っている）の場合は、相続財産として<u>評価されません</u>。使用貸借の土地の所有者に相続が発生した場合は、<u>自用地評価額</u>が相続財産の評価額となります

1 ライフプランニングと資金計画

2 リスク管理

3 金融資産運用

4 タックスプランニング

5 不動産

6 相続・事業承継

3 小規模宅地等の相続税の課税価格の特例（小規模宅地等の評価減の特例）

1 小規模宅地等の評価減の特例とは

相続や遺贈によって取得した宅地等に被相続人の居住用建物や事業用建物があった場合、一定の要件を満たすことで、通常の評価額から一定割合を減額することができます。これを小規模宅地等の評価減の特例といいます。

生活の基盤となる財産に通常の財産と同じ相続税を課すことは合理的でなく、遺族の生活への影響も大きいと考えられるため設けられている特例です。

2 減額割合と対象となる地積

小規模宅地等の評価減の特例では、相続や遺贈によって取得した宅地が、特定居住用宅地等、特定事業用宅地等、貸付事業用宅地等に該当する場合に適用を受けることができます。

宅地等の利用区分	減額割合	対象面積
特定居住用宅地等 ・被相続人の配偶者や被相続人と同居していた親族が相続により取得した場合	80%	330m²
特定事業用宅地等 ・被相続人または生計同一の親族が事業を営んでいた宅地で、引き続き事業を営む場合		400m²
貸付事業用宅地等 ・マンション、駐車場などの貸付事業に利用されている宅地（貸付事業が相続開始前3年超の場合）	50%	200m²

〈小規模宅地等の評価減の特例のポイント〉

【特定居住用宅地等】

・配偶者が相続や遺贈により取得した場合は、居住の継続は不要で、取得後、相続税の申告期限までに譲渡、賃貸した場合も適用を受けられる
・配偶者以外の同居親族の場合、相続税の申告期限まで保有・居住を継続することが要件となる
・被相続人に配偶者または同居親族がいない場合、その他の親族が適用を受けられるが、相続開始前3年以内に自己または配偶者の所有する家屋に居住したことがないこと、その家屋を過去に所有していたことがないことが要件となる

【特定事業用宅地等】

・被相続人の事業用宅地等だけでなく、生計同一親族の事業用宅地等（父が所有する土地で子が事業を営んでいた場合など）も対象となる

・相続税の申告期限まで事業を継続しかつ保有を継続することが要件

【貸付事業用宅地等】

・建物または構築物の敷地が対象となるため、青空駐車場や青空資材置き場として利用していた場合は対象外

・被相続人の貸付事業の用に供されていた宅地等だけでなく、被相続人と生計を一にしていた親族の貸付事業の用に供されていた宅地等も対象となる

・相続税の申告期限までその事業を継続しかつ保有を継続することが要件

・相続開始前3年以内に新たに貸付事業の用に供された宅地等でも、被相続人等が、相続開始の日まで3年を超えて事業的規模で貸付事業を行っていた場合は対象となる

◇相続税評価額を計算してみよう

【問題】自用地評価額が6,000万円（600m²）の特定居住用宅地等に小規模宅地等の評価減の特例の適用を受ける場合、相続税評価額はいくらになるか。

・減額される金額

$$6,000 万円 \times \frac{330m^2}{600m^2} \times 80\% = 2,640 万円$$

> 600m²の土地のうち、330m²が小規模宅地等の評価減の特例の対象となる

・適用後の相続税評価額

$$6,000 万円 - 2,640 万円 = 3,360 万円$$

 ひとくちポイント！

特定居住用宅地等と特定事業用宅地等の両方がある場合は、それぞれの限度面積まで適用を受けることができます。貸付事業用宅地等と併用する場合は、対象面積の調整計算が必要です

3 **小規模宅地等の評価減の特例の適用要件**

　この特例の適用を受けるには、相続税の申告書を提出することが要件です。適用を受けた結果、相続税がゼロになる場合でも申告書の提出が必要です。

1 ライフプランニングと資金計画

2 リスク管理

3 金融資産運用

4 タックスプランニング

5 不動産

6 相続・事業承継

また、相続税の申告期限までに宅地の遺産分割が終了している宅地が適用の対象となります。相続人が確定していない場合でも、申告期限から <u>3 年</u>以内に分割された場合は適用を受けることができます。

 ひとくちポイント！

特例が適用される土地が複数ある場合、どの土地に適用を受けるかは相続人が選択できます。評価額の高い土地に適用したり、適用面積を調整することで節税効果を高められます

4 家屋の評価

家屋は、自用・貸付用のどちらも<u>固定資産税評価額</u>をもとに評価額を計算します。建設中の家屋の場合は、家屋の<u>費用現価</u>をもとに評価額を計算します。

自用家屋	固定資産税評価額 × 1.0
貸付用家屋	固定資産税評価額 × (1 − 借家権割合 × 賃貸割合)
建設中の家屋	費用現価[※] × <u>70%</u>　　　※ 課税時期までにかかった建築費用の合計額

マンションや一戸建ての貸家を借りている借家人には借家権がありますが、借家権は相続財産としては評価されず、相続税の対象と<u>なりません</u>。

5 その他の財産の評価

1 ゴルフ会員権の評価

ゴルフ会員権のうち取引相場があるものは、以下のように評価します。

評価額＝課税時期の取引価格× <u>70%</u> ＋取引価格に含まれない預託金等の額

2 上場株式の評価

上場株式は、次の4つのうち最も低い価額で評価します。

①<u>課税時期</u>の<u>終値</u>
②課税時期の<u>属する月</u>の毎日の終値の平均額
③課税時期の属する月の<u>前月</u>の毎日の終値の平均額
④課税時期の属する月の<u>前々月</u>の毎日の終値の平均額

課税時期とは被相続人が死亡した日ですが、証券取引所の休業日の場合、課税時期の終値はありません。その場合は、課税時期に<u>最も近い日</u>の終値を用います。課税時期に最も近い日が課税時期の前後の両方にある場合は、その<u>平均額</u>を用います。

3 生命保険契約に関する権利の評価

　相続開始時点で、保険事故が発生していない生命保険契約で、被相続人が保険料を負担しかつ契約者である場合、生命保険契約に関する権利として、<u>解約返戻金相当額</u>が評価額となります。

4 個人年金保険契約に関する権利の評価

　個人年金保険契約に関する権利は、保険金を支払う事由が発生していない場合は、課税時期の<u>解約返戻金相当額</u>で、保険金を支払う事由が発生している場合は、以下の3つのうち最も<u>高い</u>金額で評価します。

①解約返戻金相当額

②一時金として受け取った場合の一時金相当額

③予定利率をもとに算出した金額

5 その他の金融財産の評価

預貯金	預入残高＋<u>既経過利子</u>の額 ※ただし、普通預金などで既経過利子が少額なものは、<u>預入残高</u>で評価する ※外貨預金は、課税時期の<u>TTB</u>で円換算した価額で評価する
公社債	・利付債（上場しているもの） 　<u>課税時期の最終価格</u> ＋ <u>源泉徴収控除後の既経過利子</u> ・利付債（上場していないもの） 　発行価額 ＋ 源泉徴収後の既経過利子 ・個人向け国債 　<u>額面金額</u> ＋ <u>経過利子相当額</u> － 中途換金調整額
投資信託	原則、課税時期の<u>基準価額</u>（解約手数料は差し引く）

まとめ｜相続財産の評価

・路線価方式による宅地の評価では、宅地の前面道路の<u>路線価</u>に基づき、<u>奥行価格補正率</u>、側方路線影響加算率などを用いて調整する

・借地権、貸宅地、貸家建付地の評価額を計算する問題は、出題頻度が高いので、計算式を確実に覚えておく

・小規模宅地等の評価減の特例では、<u>特定居住用宅地等</u>、<u>特定事業用宅地等</u>に該当する場合、一定の面積まで相続税評価額を<u>80%</u>減額できる

1 ライフプランニングと資金計画

2 リスク管理

3 金融資産運用

4 タックスプランニング

5 不動産

6 相続・事業承継

一問一答・チャレンジ問題！

次の文章で正しいものには○、誤っているものには×で
答えましょう。

①宅地の評価は、その宅地が登記簿上は2筆であっても、一体化して利用
している場合は、1画地として評価する。

②宅地の評価方式には、路線価方式と倍率方式があり、納税者がどちらの
方式を利用するか選択することができる。

③2つの道路に面している角地を路線価方式により評価する場合、それぞ
れの路線価に奥行価格補正率を乗じた価額の高いほうが、正面路線価と
なる。

④貸宅地の相続税評価額は、「自用地評価額×借地権割合」の算式で計算
した額となる。

⑤自己の所有する土地の上に共同住宅を建築し、第三者に賃貸していた場
合、この土地は貸家建付地として評価する。

⑥小規模宅地等の評価減の特例において、貸付事業用宅地等に該当する場
合、200m^{2}までの部分について80％減額できる。

⑦保険事故が発生していない生命保険契約に関する権利は、相続開始時の
解約返戻金の額によって評価する。

解答＆ポイント解説

① ○　　② ×　　③ ○　　④ ×　　⑤ ○　　⑥ ×　　⑦ ○

宅地の評価をする際は、路線価が定められている場合は、<u>路線価方式</u>で評価し
ます。貸宅地の相続税評価額は、「<u>自用地評価額×（1－借地権割合）</u>」の計算式
で評価した額です。貸付事業用宅地等に該当する場合、<u>200m^2</u>まで<u>50％</u>減額
できます。

09 取引相場のない株式の評価

必修ポイント

- 取引相場のない株式（非上場株式）の評価の考え方
- 類似業種比準方式の考え方と計算の方法
- 純資産価額方式と配当還元方式の考え方

1 取引相場のない株式の評価方法

取引相場のない株式とは、証券取引所に上場していない株式（非上場株式）のことです。取引相場がないので、その株式を取得した場合は、独自の評価方法でその価額を計算し、相続税や贈与税などを計算します。

同族株主等については、原則的評価方式である<u>類似業種比準方式</u>や<u>純資産価額方式</u>で計算し、同族株主等以外の株主は、特例的評価方式である<u>配当還元方式</u>で計算します。

 ひとくちポイント！

同族株主とは、経営支配権のある株主と、その株主の親族や使用人、株主等からの金銭等で生計を維持する者など一定範囲の同族関係者です。これらの者を同族株主等といいます

2 会社規模区分と株式の評価方式

従業員が<u>70人</u>以上の場合は、<u>大会社</u>に区分されます。従業員が<u>70人</u>未満の場合は、業種別に定められた取引金額、従業員数を加味した総資産価額基準により、大会社、中会社（大・中・小）、小会社に区分します。

▨ 会社規模区分による評価方式

会社規模区分		原則的評価方式による場合の評価方式
大会社		類似業種比準方式
中会社	大	純資産価額 ×（1－L）＋ 類似業種比準価額 × 0.9
	中	純資産価額 ×（1－L）＋ 類似業種比準価額 × 0.75
	小	純資産価額 ×（1－L）＋ 類似業種比準価額 × 0.6
小会社		純資産価額 × 0.5 ＋ 類似業種比準価額 × 0.5

※上記の算式による価額と純資産価額のいずれか低い価額で評価する
※Lは、中会社の大：0.9、中：0.75、小：0.6

ひとくちポイント！

会社法により、株式会社は 1 円以上の資本金があれば設立できます。また、取締役会を設置する場合は 3 人以上の取締役を置くこと、特定の株主から自己株式を有償で取得する場合は、株主総会の特別決議が必要です

1 ライフプランニングと資金計画

2 リスク管理

3 金融資産運用

4 タックスプランニング

5 不動産

6 相続・事業承継

3　3つの評価方法

① 類似業種比準方式

類似業種比準方式は、事業内容の類似する上場会社の株価をもとに、比準要素（年配当金額、年利益金額、純資産価額）を使って評価会社の株価を計算する方法です。

$$\text{1株当たりの評価額} = A \times \frac{\dfrac{b}{B} + \dfrac{c}{C} + \dfrac{d}{D}}{3} \times \text{斟酌率} \times \frac{\text{1株当たりの資本金額}}{50\text{円}}$$

A：類似業種の株価

B：類似業種の1株当たりの配当金額　　b：評価会社の1株当たりの配当金額

C：類似業種の1株当たりの利益金額　　c：評価会社の1株当たりの利益金額

D：類似業種の1株当たりの純資産価額　d：評価会社の1株当たりの純資産価額

※斟酌率は、大会社：0.7、中会社：0.6、小会社：0.5

類似業種比準方式は、上場会社の株価と比較するため、一般的に、次の純資産価額方式よりも評価額が低くなります

② 純資産価額方式

純資産価額方式は、評価会社を清算した場合の価値をもとに、評価額を計算する方法です。純資産価額方式では、資産の含み益が評価額に反映されるのが特徴です。

$$\text{1株当たりの評価額} = \frac{(A - B) - \{(A - B) - (C - D)\} \times 37\%}{\text{発行済株式総数}}$$

A：相続税評価額による総資産価額　　　C：帳簿価額による総資産額

B：相続税評価額による負債額　　　　　D：帳簿価額による負債額

③ 配当還元方式

配当還元方式は、評価会社の配当金をもとに評価額を計算する方法です。経

営支配権のない株主は配当を期待して株式を保有していると考えられるため、この方式で評価します。

$$1株当たりの評価額 = \frac{年配当金額^{※}}{10\%} \times \frac{1株当たりの資本金等の額}{50円}$$

※年配当金額が2円50銭未満または無配当の場合は、2円50銭とする

まとめ｜取引相場のない株式の評価

・取引相場のない株式は、類似業種比準方式、純資産価額方式、配当還元方式などにより評価額を計算する
・従業員数が70人以上の会社は大会社に区分され、70人未満の会社は、業種別に定められた基準により大会社、中会社、小会社に区分される
・類似業種比準方式は、事業内容の類似する上場会社の株価をもとに、年配当金額、年利益金額、純資産価額を比較して評価額を計算する方法である

一問一答・チャレンジ問題！

次の文章で正しいものには○、誤っているものには×で答えましょう。

①役員退職金を支払うことは、類似業種比準方式による評価額を引き下げる効果がある。

②不動産を取得して賃貸の用に供することは、純資産価額方式による評価額を引き下げる効果がある。

③株式会社は、設立時に最低資本金額として300万円が必要である。

解答&ポイント解説

① ○　② ○　③ ×

役員退職金を支払うことにより評価会社の年利益が減少し、その結果、純資産価額も減少するため、類似業種比準価額を引き下げる効果があります。賃貸不動産の土地は貸家建付地として、家屋は貸家として評価するため、総資産価額を引き下げ、純資産価額を引き下げる効果があります。会社法により、株式会社の設立時の最低資本金額は1円以上と定められています。

索引

英数字

2 項道路 ················· 324
B/S ················· 45,287
CI ················· 155
CPI ················· 157
D&O 保険 ················· 140
DCF 法 ················· 302,360
DI ················· 155
ETF ················· 205
GDE ················· 154
GDP ················· 154
GDP デフレーター ················· 155
iDeCo ················· 97
JPX 日経インデックス 400
················· 193
J-REIT ················· 206
MMF ················· 214
MRF ················· 201
NISA ················· 196
PBR ················· 191
PER ················· 191
P/L ················· 45,288
PL 法 ················· 129
PL 保険 ················· 140
ROE ················· 191
SPC ················· 358
TOPIX ················· 193
TOPIX 先物取引 ················· 219
TTB ················· 211
TTS ················· 211
ZEH 水準省エネ住宅 ················· 267

あ行

アービトラージ取引 ················· 217
青色事業専従者給与 ················· 274
青色申告制度 ················· 273
アカウント型保険 ················· 118

アクティブ運用 ················· 201
アクティブファンド ················· 202
アセットアロケーション ················· 222
イールドカーブ ················· 166
育児休業給付 ················· 58
遺言 ················· 369,377
遺産に係る基礎控除額 ················· 390
遺産分割 ················· 377,383
遺贈 ················· 381
遺族基礎年金 ················· 70,87
遺族給付 ················· 70
遺族厚生年金 ················· 70,88
遺族補償給付 ················· 51
一時所得 ················· 238,247
一部損 ················· 134
一部保険 ················· 128
一致系列 ················· 156
一般 NISA ················· 196
一般教育訓練給付金 ················· 58
一般定期借地権 ················· 311
一般の生命保険料控除 ················· 144
一般媒介契約 ················· 305
遺留分 ················· 382
遺留分侵害額請求権 ················· 383
医療給付金 ················· 147
医療費控除 ················· 256
医療保険 ················· 49,122
インカムゲイン ················· 223
印紙税 ················· 342
姻族 ················· 364
インターバンク市場 ················· 161
インデックスファンド ················· 202
インボイス制度 ················· 291
請負賠償責任保険 ················· 140
受取配当金 ················· 280
内法面積 ················· 308
売上総利益 ················· 288
売上高総利益率 ················· 46
売りオペレーション ················· 158

運用報告書 ················· 204
営業利益 ················· 288
益金 ················· 280
縁故債 ················· 173
円高 ················· 210
円建て外債 ················· 213
延長保険 ················· 114
延納 ················· 398
円安 ················· 210
応能負担の原則 ················· 233
応募者利回り ················· 178
大口定期預金 ················· 170
オープン型 ················· 200
オープン市場 ················· 161
乙区 ················· 297
オプション取引 ················· 217,219

か行

買いオペレーション ················· 158
海外委託取引 ················· 213
海外旅行傷害保険 ················· 138
外貨建て MMF ················· 214
外貨建て外債 ················· 213
外貨建て個人年金保険 ················· 125
外貨建て商品 ················· 211
外貨建て生命保険 ················· 119
外貨預金 ················· 212
介護医療保険料控除 ················· 144
介護休業給付 ················· 57
外国株式 ················· 213
外国為替市場 ················· 210
外国債 ················· 173
外国債券 ················· 213
外国税額控除 ················· 267
外国取引 ················· 213
介護保険 ················· 49,67,123
介護補償給付 ················· 51
会社役員賠償責任保険 ················· 140

開発行為 ……………… 321
解約返戻金 ……………… 110
家屋の評価 ……………… 419
価格変動リスク ……………… 181
価格優先 ……………… 186
加給年金額 ……………… 79
学資保険 ……………… 31
学生の納付特例 ……………… 72
拡張担保特約 ……………… 141
格付け ……………… 106,181
確定給付型 ……………… 95
確定給付企業年金 ……………… 95
確定拠出型 ……………… 95
確定拠出年金 ……………… 70,95,96
確定申告 ……………… 271,278
確定年金 ……………… 124
火災保険 ……………… 131
貸金業法 ……………… 44
貸宅地 ……………… 415
貸出金利 ……………… 166
貸家建付地 ……………… 415
可処分所得 ……………… 24
課税標準 ……………… 237
家族傷害保険 ……………… 138
家族埋葬料 ……………… 64
家族療養費 ……………… 62
角地 ……………… 413
株価指数 ……………… 192
株価収益率 ……………… 191
株価純資産倍率 ……………… 191
寡婦控除 ……………… 262
株式 ……………… 184,422
株式投資信託 ……………… 200
株式ミニ投資 ……………… 187
株式累積投資制度 ……………… 171,188
寡婦年金 ……………… 70,88
仮登記 ……………… 297
為替相場 ……………… 210
為替レート ……………… 210
換価分割 ……………… 385
元金均等返済 ……………… 37
間接金融 ……………… 46
間接税 ……………… 232
がん保険 ……………… 123

元利均等返済 ……………… 37
管理組合 ……………… 317
期間短縮型 ……………… 39
企業型年金 ……………… 96
企業年金 ……………… 95
企業物価指数 ……………… 157
危険負担 ……………… 307
期日指定定期預金 ……………… 170
基準価額 ……………… 203
基準値標準価格 ……………… 301
基礎控除 ……………… 262
基礎年金 ……………… 70
期待収益率 ……………… 223
既発債 ……………… 174,177
寄附金控除 ……………… 259
基本手当 ……………… 54
キャッシュ・オン・キャッシュ
……………… 360
キャッシュフロー計算書
……………… 45,287,289
キャッシュフロー表 ……………… 24
キャピタルゲイン ……………… 223
休業補償給付 ……………… 51
旧契約 ……………… 144
求職者給付 ……………… 54
給付金 ……………… 111
給付制限 ……………… 56
給付・反対給付均等の原則
……………… 128
給与所得 ……………… 238,244
教育一般貸付 ……………… 32
教育訓練給付 ……………… 57
教育資金 ……………… 31,409
協会けんぽ ……………… 60
協議分割 ……………… 384
共用部分 ……………… 316
許可制 ……………… 334
居住者 ……………… 233
寄与分 ……………… 372
金 ETF ……………… 216
金貨 ……………… 216
金地金 ……………… 216
金投資 ……………… 216
均等割 ……………… 275

金融サービス提供法 ……………… 228
金融債 ……………… 173
金融市場 ……………… 161
金融商品取引法 ……………… 20,229
金融政策 ……………… 158
金融派生商品 ……………… 217
金利 ……………… 162
近隣商業地域 ……………… 320,323
勤労学生控除 ……………… 263
クーリング・オフ ……………… 104,306
区分所有法 ……………… 316
組合管掌健康保険 ……………… 60
繰上げ受給 ……………… 75
繰下げ受給 ……………… 76
クレジットカード ……………… 43
グロース運用 ……………… 202
グロース市場 ……………… 185
クローズド期間 ……………… 203
経過的加算 ……………… 80
経過的寡婦加算 ……………… 90
経過利子 ……………… 177
景気指標 ……………… 154
景気動向指数 ……………… 155
経済成長率 ……………… 155
経常利益 ……………… 288
契約者 ……………… 111
契約のしおり ……………… 111
契約不適合責任 ……………… 307
結婚・子育て資金 ……………… 410
決算書 ……………… 287
血族 ……………… 364
現価係数 ……………… 27
減価償却費 ……………… 282
原価法 ……………… 302
健康保険 ……………… 60
減債基金係数 ……………… 27
建設協力金方式 ……………… 356
源泉徴収 ……………… 269
建築基準法 ……………… 323
建築年割引 ……………… 134
限定承認 ……………… 374
現物分割 ……………… 385
建蔽率 ……………… 325
権利部 ……………… 297

公開市場操作 ……………… 158
高額療養費 ……………… 62
後期高齢者医療制度 ……… 65
公共債 ……………… 173
工業専用地域 ………… 320,323
工業地域 ………… 320,323
甲区 ……………… 297
後見 ……………… 365
交際費 ……………… 281
公示価格 ……………… 301
公社債投資信託 ……… 200
公信力 ……………… 299
公正証書 ……………… 365
公正証書遺言 ……… 377
厚生年金基金 ……… 95
厚生年金保険 ……… 70
更生の請求 ……… 271
交通事故傷害保険 ……… 138
公的年金 ……………… 70
公的年金等控除額 ……… 93
高年齢求職者給付金 ……… 56
高年齢雇用継続給付 ……… 56
公募債 ……………… 173
公募投資信託 ……… 200
コード決済 ……………… 43
コール・オプション ……… 219
顧客利益の優先 ……… 18
国債 ……………… 173,174
国税 ……………… 232
告知義務 ……………… 112
国土利用計画法 ……… 334
国内委託取引 ……… 213
国内総支出 ……… 154
国内総生産 ……… 154
国内店頭取引 ……… 213
国内旅行傷害保険 ……… 139
国民健康保険 ……… 64
国民年金 ……………… 70
国民年金基金 ……… 70,98
個人型年金 ……… 97
個人事業税 ……… 276
個人住民税 ……… 275
個人情報保護法 ……… 20
個人単位課税の原則 ……… 233

個人年金保険 ……… 124,147
個人年金保険料控除 ……… 144
個人賠償責任保険 ……… 139
個人バランスシート ……… 29
個人向け国債 ……… 175
固定金利 ……………… 36,165
固定金利選択型 ……… 36
固定資産 ……………… 288
固定資産税評価額 ……… 301,344
固定長期適合率 ……… 46
固定比率 ……………… 46
固定負債 ……………… 288
こども保険 ……………… 31
雇用保険 ……………… 49,53
ゴルフ会員権 ……… 419
コンポジット・インデックス
……………… 156

さ行

財形住宅貯蓄 ……… 35
財形住宅融資 ……… 38
財形制度 ……………… 168
債券 ……………… 173
債券のデュレーション ……… 180
財産評価 ……………… 412
最終利回り ……… 178
在職老齢年金 ……… 81
再調達価額 ……… 128
裁定請求 ……………… 92
裁定取引 ……………… 217
債務控除 ……………… 390
財務三表 ……………… 45,287
財務諸表 ……………… 45
先物取引 ……………… 217
指値注文 ……………… 186
雑所得 ……………… 238,246
雑損控除 ……………… 255
雑損失 ……………… 253
サムライ債 ……… 213
更地 ……………… 294
山林所得 ……………… 238,250
死因贈与 ……………… 401
時価 ……………… 128

市街化区域 ……… 319
市街化調整区域 ……… 319
時間優先 ……………… 186
敷地利用権 ……… 316
事業受託方式 ……… 356
事業所得 ……………… 238,243
事業専従者控除 ……… 274
事業用定期借地権等 ……… 311
仕組預金 ……………… 170
自己建設方式 ……… 356
自己資本比率 ……… 45,191
自己資本利益率 ……… 191
資産 ……………… 287
資産運用型 ……… 358
資産流動型 ……… 358
地震保険 ……………… 133
地震保険料控除 ……… 259
システマティック・リスク
……………… 222
施設所有者賠償責任保険 …… 140
自損事故保険 ……… 136
失火責任法 ……… 128
失効 ……………… 113
実子 ……………… 364
実質GDP ……… 155
実損てん補 ……… 128
指定代理請求人 ……… 123
指定分割 ……………… 384
自動車損害賠償責任保険 …… 135
自動車損害賠償保障法 ……… 129
自動車保険 ……… 135
自賠責保険 ……… 135
自筆証書遺言 ……… 377
死亡一時金 ……… 70,88,98
死亡給付金 ……… 122,123
死亡保険金 ……… 145
私募債 ……………… 173
私募投資信託 ……… 200
資本回収係数 ……… 27
シャープレシオ ……… 224
社会保険料控除 ……… 257
社会保険労務士法 ……… 19
借地権 ……………… 294,295,310
借地権割合 ……… 415

借地借家法 ……………………… 310
借家権 ……………………… 295,313
借家権割合 ……………………… 416
社債 ……………………… 173,175
斜線制限 ……………………… 330
車両保険 ……………………… 136
収益還元法 ……………………… 302
集会 ……………………… 317
終価係数 ……………………… 27
従業員積立投資プラン ……… 171
収支相当の原則 ……………… 109
終身年金 ……………………… 124
終身保険 ……………………… 117
修正申告 ……………………… 271
住宅火災保険 ………………… 132
住宅借入金等特別控除 ……… 266
住宅取得資金 …………………… 35
住宅取得等資金 ……………… 409
住宅総合保険 ………………… 132
住宅ローン …………………… 36
住宅ローン控除 ……………… 266
住宅ローンの繰上げ返済 ……… 39
手術給付金 ……………… 122,123
受託者責任 …………………… 205
受託者賠償責任保険 ………… 140
出産育児一時金 ………………… 63
出産手当金 …………………… 63
ジュニアNISA ………………… 196
守秘義務の厳守 ………………… 18
準確定申告 …………………… 397
純金積立 ……………………… 216
準工業地域 …………… 320,323
純資産 ……………………… 287
純資産価額方式 ……………… 422
準住居地域 …………… 320,323
純損失 ……………………… 236,253
準都市計画区域 ……………… 319
準防火地域 …………………… 332
純保険料 ……………… 109,128
準有配当保険 ………………… 111
障害基礎年金 ………………… 70,84
障害給付 ……………………… 70
障害給付金 …………………… 98
障害厚生年金 ……………… 70,84,85

障害者控除 …………………… 263
生涯生活設計 …………………… 22
障害手当金 …………………… 70
傷害保険 ……………………… 137
障害補償給付 ………………… 51
奨学金 ……………………… 32
少額短期保険業者 …………… 105
少額投資非課税制度 ………… 196
償還期限 ……………………… 176
償還差損益 …………………… 176
小規模企業共済 ………………… 99
小規模企業共済等掛金控除
……………………………… 257
小規模宅地等の評価減の特例
……………………………… 417
商業地域 ……………… 320,323
証券取引所 …………………… 185
上場投資信託 ………………… 205
上場不動産投資信託 ………… 206
使用貸借 ……………………… 295
自用地評価額 ………………… 415
譲渡益 ……………………… 350
譲渡所得 …………… 238,248,348
譲渡損 ……………………… 352
小半損 ……………………… 134
消費者契約法 ………………… 228
消費者物価指数 ……………… 157
消費税 ……………………… 290
傷病手当金 …………………… 63
傷病補償年金 ………………… 51
剰余金 ……………………… 110
ショーグン債 ………………… 213
職業倫理 ……………………… 18
所得控除 ……………………… 255
所得税 ……… 145,233,236,264
所得補償保険 ………………… 140
所得割 ……………………… 275
所有期間利回り ……………… 178
所有権 ……………………… 295
所有権移転登記 ……………… 296
所有権保存登記 ……………… 296
新契約 ……………………… 144
申告納税方式 ………………… 232
人身傷害保険 ………………… 137

申請免除 ……………………… 72
親族 ……………………… 364
診断給付金 …………………… 123
人的控除 ……………………… 255
新発債 ……………… 174,177
信用取引 ……………………… 188
信用リスク …………………… 181
スーパー定期 ………………… 170
スタンダード市場 …………… 185
スペキュレーション取引 ……… 217
スワップ取引 ……… 217,220
税額控除 ……………………… 265
生産物賠償責任保険 ………… 140
生産緑地法 …………………… 336
生前給付金 …………………… 147
生前贈与財産 ………………… 388
製造物責任法 ………………… 129
成年後見制度 ………………… 365
成年後見人 …………………… 365
税引前当期純利益 …………… 288
政府関係機関債 ……………… 173
政府保証債 …………………… 174
生命保険 ……………………… 109
生命保険契約 ………………… 112
生命保険の特約 ……………… 120
生命保険料控除 …… 143,258
税理士法 ……………………… 19
責任開始日 …………………… 112
責任準備金 …………………… 110
絶対高さ制限 ………………… 330
セットバック ………………… 324
セルフメディケーション税制
……………………………… 256
セレクト型ファンド ………… 202
ゼロクーポン債 ……………… 213
先行系列 ……………………… 156
全国企業短期経済観測調査
……………………………… 157
全国健康保険協会管掌健康保険
……………………………… 60
専属専任媒介契約 …………… 305
全損 ……………………… 134
専任媒介契約 ………………… 305
全部保険 ……………………… 128

専門実践教育訓練給付金 ······· 58
専有部分 ······························ 316
相関係数 ······························ 224
総合課税 ······························ 236
総資本回転率 ························ 46
総資本経常利益率 ················· 46
相続 ···································· 367
相続欠格 ······························ 368
相続時精算課税制度 ··········· 405
相続税 ························· 145,387
相続税の申告 ······················ 397
相続税の納付 ······················ 398
相続税評価額 ······················ 301
相続の放棄 ·························· 374
相続廃除 ······························ 368
相続分 ································· 369
総投下資本純利益利回り ····· 360
総投下資本総収益利回り ····· 360
贈与契約 ······························ 401
贈与税 ························· 146,401
贈与税の申告 ······················ 405
贈与税の納付 ······················ 405
底地 ···································· 294
租税公課 ······························ 282
ソルベンシー・マージン比率
 ··· 105
損益計算書 ··············· 45,287,288
損益通算 ····················· 236,252
損害保険 ······························ 127
損害保険金 ·························· 150
損害保険料 ·························· 149
損金 ···································· 280

た行

第 1 号被保険者 ·········· 67,70,71
第 2 号被保険者 ·········· 67,70,71
第 3 号被保険者 ············· 70,71
第一種住居地域 ············ 320,323
第一種中高層住居専用地域
 ································· 320,323
第一種低層住居専用地域
 ································· 320,323
待期期間 ······························· 55

代金減額請求 ······················ 307
対抗力 ································· 299
貸借対照表 ··················· 45,287
代襲相続 ······························ 368
代償分割 ······························ 385
退職所得 ····················· 238,245
耐震診断割引 ······················ 134
耐震等級割引 ······················ 134
対人賠償保険 ······················ 136
大数の法則 ·························· 109
第二種住居地域 ············ 320,323
第二種中高層住居専用地域
 ································· 320,323
第二種低層住居専用地域
 ································· 320,323
大半損 ································· 134
対物賠償保険 ······················ 136
ダウ平均株価 ······················ 194
宅地建物取引業者 ··············· 304
宅地建物取引業法 ··············· 304
宅地建物取引士 ·················· 304
宅地の評価 ·························· 412
脱退一時金 ··························· 98
建付地 ································· 294
建物譲渡特約付借地権 ········ 311
単位型 ································· 200
短期金融市場 ······················ 161
短期譲渡所得 ······················ 348
単元株 ································· 185
単純承認 ······························ 374
団体生命保険 ······················ 119
団地保険 ······························ 132
単利 ···································· 162
遅行系列 ······························ 156
地方債 ························· 173,174
地方税 ································· 232
嫡出子 ································· 364
中間申告 ······························ 278
中高齢寡婦加算 ··················· 90
中小企業退職金共済制度 ······· 98
超過収益率 ·························· 224
超過保険 ······························ 128
長期金融市場 ······················ 161
長期国債先物取引 ··············· 219

長期譲渡所得 ······················ 348
直接還元法 ·························· 302
直接金融 ······························· 46
直接税 ································· 232
直接利回り ·························· 178
著作権法 ······························· 20
貯蓄預金 ······························ 170
賃借権 ································· 295
賃貸割合 ······························ 416
追加型 ································· 200
追完請求 ······························ 307
追納制度 ······························· 73
通院給付金 ·························· 122
通常貯金 ······························ 171
通常貯蓄貯金 ······················ 171
つみたて NISA ···················· 196
積立型商品 ·························· 171
定額貯金 ······························ 171
定額法 ································· 283
定期借地権 ·························· 310
定期借地権方式 ··················· 356
定期借家権 ·························· 313
定期贈与 ······························ 401
定期貯金 ······························ 171
定期積金 ······························ 171
定期保険 ····················· 114,116
抵当権 ································· 295
抵当権設定登記 ··················· 296
抵当権抹消登記 ··················· 296
ディフュージョン・インデックス
 ··· 155
定率法 ································· 283
適格請求書制度 ··················· 291
手付金 ································· 307
デビットカード ····················· 43
デュアルカレンシー債 ········ 213
デリバティブ ······················ 217
田園住居地域 ············· 320,323
電子マネー ··························· 43
店頭市場 ······························ 177
店舗総合保険 ······················ 133
等価交換方式 ······················ 356
登記記録 ······························ 296
登記事項証明書 ··················· 296

当期純利益 ……………… 45,288
登記所 ………………………… 296
登記簿 ………………………… 296
当座比率 ………………………… 46
投資収益率 …………………… 223
投資信託 ……………………… 199
東証REIT指数 ……………… 194
東証株価指数 ………………… 193
東証グロース市場指数 … 194
搭乗者傷害保険 ……………… 136
東証スタンダード市場指数
………………………………… 194
東証プライム市場指数 … 194
道路 …………………………… 324
登録免許税 …………………… 341
特定一般教育訓練給付金 … 58
特定公社債 …………………… 182
特定目的会社 ………………… 358
特別受益 ……………………… 372
特別徴収 ……………………… 275
特別養子縁組 ………………… 365
都市計画区域 ………………… 319
都市計画税 …………………… 346
都市計画法 …………………… 319
土地区画整理法 ……………… 337
土地信託方式 ………………… 356
途中償還リスク ……………… 181
トップダウン・アプローチ … 202
届出制 ………………………… 334
取引所市場 …………………… 177
取引事例比較法 ……………… 302

な行

ナスダック総合指数 ……… 194
成行注文 ……………………… 186
日銀短観 ……………………… 157
日経平均株価 ………………… 192
日経平均先物取引 …………… 219
入院給付金 ……………… 122,123
任意加入被保険者 …………… 71
任意継続被保険者制度 ……… 64
任意後見制度 ………………… 365
ネット利回り ………………… 360

年金現価係数 ………………… 27
年金終価係数 ………………… 27
年金分割制度 ………………… 82
年金保険 ……………………… 49
農地法 ………………………… 335
納付猶予制度 ………………… 72
ノンフリート等級制度 …… 137

は行

ハーフタックスプラン …… 148
配偶者 ………………………… 364
配偶者控除 …………… 260,404
賠償責任保険 ………………… 139
配当課税 ……………………… 194
配当金 ……………… 111,145,187
配当控除 ……………… 195,265
配当所得 ……………… 238,241
配当性向 ……………………… 190
配当利回り …………………… 190
倍率方式 ……………………… 412
パッシブ運用 ………………… 201
払込猶予期間 ………………… 113
払済保険 ……………………… 114
バリュー運用 ………………… 202
犯罪収益移転防止法 ……… 229
非永住者 ……………………… 233
日影規制 ……………………… 332
非課税貯蓄制度 ……………… 168
非居住者 ……………………… 233
非システマティック・リスク
………………………………… 222
非線引き都市計画区域 …… 319
非嫡出子 ……………………… 364
ひとり親控除 ………………… 262
被保険者 ……………………… 111
秘密証書遺言 ………………… 377
表示 …………………………… 296
標準偏差 ……………………… 223
表題部 ………………………… 297
表面利回り …………………… 360
比例てん補 ……………… 128,132
ファイナンシャル・プランナー
………………………………… 18

ファミリー交通傷害保険 … 138
ファンド・オブ・ファンズ … 202
フィデューシャリー・デュー
ティー ……………………… 205
賦課課税方式 ………………… 232
付加年金 ……………………… 70,77
付加保険料 ……………… 109,128
複利 …………………………… 163
負債 …………………………… 287
負担付贈与 …………………… 401
普通火災保険 ………………… 133
普通株式 ……………………… 184
普通借地権 …………………… 310
普通借家権 …………………… 313
普通傷害保険 ………………… 139
普通徴収 ……………………… 275
普通養子縁組 ………………… 365
普通預金 ……………………… 169
復活 …………………………… 113
物的控除 ……………………… 255
プット・オプション ……… 219
物納 …………………………… 398
不動産広告 …………………… 306
不動産取得税 ………………… 339
不動産所得 ……………… 238,242
不動産登記 …………………… 296
扶養控除 ……………………… 261
プライム市場 ………………… 185
フラット35 …………………… 38
振替加算 ……………………… 80
ブル型ファンド ……………… 202
ふるさと納税 ………………… 259
分散 …………………………… 223
分離課税 ……………………… 236
ベア型ファンド ……………… 202
壁芯面積 ……………………… 308
ヘッジ取引 …………………… 217
変額個人年金保険 ………… 125
変額保険 ……………………… 119
弁護士法 ……………………… 19
返済額軽減型 ………………… 39
変動金利 ……………… 36,165
変動金利定期預金 ………… 170
防火規制 ……………………… 332

防火地域 …………………… 332
法人契約の生命保険 ……… 147
法人契約の損害保険 ……… 151
法人税 ……………………… 278
法人成り …………………… 289
法定後見制度 ……………… 365
法定相続人 …………… 367,390
法定免除 …………………… 72
ポートフォリオ …………… 222
保険価額 …………………… 128
保険業法 ……………… 20,103
保険金 ……………………… 111
保険金受取人 ……………… 111
保険金額 …………………… 128
保険契約者保護機構 ……… 106
保険事故 …………………… 111
保険法 ……………………… 104
保険約款 …………………… 111
保険料 ……………………… 111
保険料の払込み …………… 112
保佐 ………………………… 365
補助 ………………………… 365
ボトムアップ・アプローチ
………………………… 202
本登記 ……………………… 297

ま行

埋葬料 ………………… 51,64
マネーストック …………… 157
マネー・リザーブ・ファンド
………………………… 201
マル優制度 ………………… 168
ミリオン …………………… 171
民間債 ……………………… 173
民間最終消費支出 ………… 154
無配当保険 ………………… 111
無保険車傷害保険 ………… 136
名目 GDP ………………… 154
免震建築物割引 …………… 134
免責 …………………… 111,128
目論見書 …………………… 204
持ち家担保融資 …………… 42

や行

役員給与 …………………… 280
遺言 …………………… 369,377
有期年金 …………………… 124
優先株式 …………………… 184
ゆうちょ銀行 ……………… 171
有配当保険 ………………… 111
ユニット型 ………………… 200
要介護状態 ………………… 67
要介護認定 ………………… 68
養子 ………………………… 365
容積率 ……………………… 327
用途制限 …………………… 323
用途地域 …………………… 320
養老保険 …………………… 118
預金保険制度 ……………… 226
予定事業費率 ……………… 109
予定死亡率 ………………… 109
予定利率 …………………… 109

ら行・わ行

ライフイベント表 ………… 23
ライフデザイン …………… 22
ライフプランニング ……… 22
利差配当保険 ……………… 111
利子所得 ……………… 238,241
リスク細分型自動車保険 … 137
リスクマネジメント ……… 102
リタイアメントプラン …… 42
利付外国債券 ……………… 213
利付国債 …………………… 174
利付債 ………………… 173,182
利得禁止の原則 …………… 128
リバース・デュアルカレンシー債
………………………… 213
リバースモーゲージ ……… 42
利回り ……………………… 165
流動資産 …………………… 288
流動性リスク ……………… 181
流動比率 …………………… 46
流動負債 …………………… 288
利用者負担 ………………… 68

療養補償給付 ……………… 51
旅行傷害保険 ……………… 138
利率 ………………………… 162
利率変動型積立終身保険 … 118
類似業種比準方式 ………… 422
るいとう ……………… 171,188
暦年課税 …………………… 403
暦年単位課税の原則 ……… 233
レクシスの原則 …………… 128
劣後株式 …………………… 184
老後資金 …………………… 42
労災保険 ……………… 49,50
労使折半 ……………… 61,73
労働災害総合保険 ………… 141
労働者災害補償保険 … 49,50
老齢基礎年金 ………… 70,75
老齢給付 …………………… 70
老齢給付金 ………………… 98
老齢厚生年金 ………… 70,77
老齢年金生活者支援給付金
………………………… 91
路線価方式 ………………… 412
割引債 ………………… 173,182

岩田　美貴（いわた　みき）

早稲田大学文学部卒業。経済・金融関係の出版社勤務を経て、1997年に(有)モーリーズ 岩田美貴FP事務所を設立し、ファイナンシャル・プランナーとして独立。「顧客に寄り添うFP」をモットーに、ライフプラン全般にわたるコンサルティングを開始する。LECでの講師歴は22年で、FPの上級講座までを担当。テンポのいい語り口はわかりやすい！ と大評判で、多くの試験合格者を輩出している。ほかにも大学や企業でのFP講座、自治体の市民講座、マネーセミナーや講演会など幅広く活躍している。
監修書に『すぐわかる！ FP3級 知っておきたい「お金」のはなし』（東京リーガルマインド）、主な著書に『ゼロからスタート！ 岩田美貴のFP2級1冊目の教科書』『ゼロからスタート！ 岩田美貴のFP3級1冊目の教科書』『マンガでわかる！ 岩田美貴の世界一やさしいFP3級』（以上、KADOKAWA）がある。

この1冊で合格！

岩田美貴のFP2級 最短完成テキスト 2024-2025年版

2024年5月29日　初版発行

著者／岩田 美貴

監修／LEC東京リーガルマインド

発行者／山下 直久

発行／株式会社KADOKAWA
〒102-8177　東京都千代田区富士見2-13-3
電話 0570-002-301（ナビダイヤル）

印刷所／株式会社加藤文明社印刷所
製本所／株式会社加藤文明社印刷所

©Miki Iwata 2024　Printed in Japan
ISBN 978-4-04-606347-2　C3030